En fin de compte ...

En fin de compte...

COURS COMMUNICATIF DE FRANÇAIS: NIVEAU LICENCE

ESRC RESEARCH PROJECT

préparé par

▶ **Robin Adamson** ◀ ▶ **Chloé Gallien** ◀

▶ **Peter Bartlett** ◀ ▶ **Margaret Lang** ◀

▶ **John Devereux** ◀ ▶ **Samuel Taylor** ◀

Scottish Universities French Language Research Association

HODDER AND STOUGHTON
LONDON SYDNEY AUCKLAND TORONTO

En fin de compte ...

à
**Avon, Della, Nan, Peter, Andrew et Iain
sans lesquels ...**

Copyright © 1988 Robin Adamson, Peter Bartlett, John Devereux,
Chloé Gallien, Margaret Lang, and Samuel Taylor

First published in Great Britain 1988

British Library Cataloguing in Publication Data

En fin de compte: cours communicatif de
  Francais: niveau licence.
  1. Spoken French language
  I. Taylor, Samuel   II. Scottish
  Universities French Language Research
  Association
  448.3'421

ISBN 0-340-42460-5

Printed in Great Britain for Hodder and Stoughton Educational,
a division of Hodder and Stoughton Limited, Mill Road,
Dunton Green, Sevenoaks, Kent by St Edmundsbury Press Limited,
Bury St Edmunds, Suffolk.

Acknowledgements ▷ ▷ ▷ ▷

The authors and publishers would like to thank the following for their permission to reproduce copyright material.

Centre de Recherches et d'Applications Pédagogiques en Langues (Université de Nancy II) for extracts from their brochure; Editions Denoël for the extract from *Ichao Pantin* by Alain Page © Denoël 1982; Kieran Duignan for 'How to get through on paper' published in *The Times*, 21 February 1985; Esprit for the extract from 'Les éducateurs à l'épreuve', *L'Esprit*, October 1988; L'Express for 'Sait-on encore parler le français?' by André Pautard, *L'Express*, 24 August 1984, 'Enquête: Carrières – le profil des gagneurs', *L'Express*, 17–23 May 1985, 'Sondage: 1984 – les questions que vous vous posez sur les proft', *L'Express*, 14 September 1984; Le Ministère de l'education for 'Organisation pédagogique du travail de l'assistant' from *Dossier officiel du Ministère de l'Education nationale – Assistants étrangers en France*; Le Monde for 'Vacances à l'anglaise' by M. Denuzière, *Le Monde*, 21 June 1975, 'L'Emploi des jeunes' by Pierre Viansson, *Le Monde*, 2–3 July 1978, 'Voir Belfast et mourir' by Bernard Brigouleix, *Le Monde*, 4 July 1980, 'L'informatique' by Catherine Arditti, *Le Monde*, 25 October 1980, 'Délinquance nouveau style' by Philippe Boggio, *Le Monde*, 17 June 1981, 'Une meilleure préparation à l'emploi' by Serge Bolloch, *Le Monde*, 14 October 1981, 'Deux mille morts en dix années en Irlande du Nord' by Daniel Vernet, *Le Monde*, 16–17 January 1983, 'Les Grands Prix nationaux – Jean Genet maudit et couronné' by B. Poirot-Delpech, *Le Monde*, 13 December 1983, 'Une Europe de la culture – la recherche insistante d'une identité/Ce qu'ils disent' by Fréderic Gaussen, *Le Monde*, 25 September 1984, 'Etats-Unis – un document des évêques catholiques' by Henri Pierre, *Le Monde*, 14 November 1984, '1984 de Michael Radford – Prolétaires en gris argenté' by Louis Narcorelles, *Le Monde*, 15 November 1984, 'Un ciel de lumière sur une mer d'histoire' by Michel Cournot, *Le Monde*, 22 November 1984, 'Enseigner, apprendre, parler des langues étrangères – un professeur de lycée témoigne' by Serge Bolloch, *Le Monde*, 28 January 1985, 'Plus d'un million d'élèves étrangers en France – Les immigrés dans l'école', *Le Monde*, 11 February 1985, 'Enseignement précoce des langues: la déroute' by Regis Louvet, *Le Monde de l'éducation*, January 1983, 'Les formations de l'enseignement supérieur', *Le Monde de l'éducation*, November 1984, cartoon 'Je crains une méprise' by Cagnat, *Le Monde de l'éducation*, November 1985, 'La nouvelle vigueur de la contestation pacifiste – les partis et l'arme nucléaire' by Jean-Claude Sergeant, *Le Monde diplomatique*, June 1983, 'Criminels de guerre' by Ignacio Ramonet, *Le Monde diplomatique*, November 1983, 'La séduction du mal' by Christian Zimmer, *Le Monde diplomatique*, November 1983, 'Les évêques contre le reaganisme' by Peter Steinfels, *Le Monde diplomatique*, December 1984; *Le Nouvel observateur* for 'Des vérités et des passions – la force de frappe est plus dangereuse que les centrales' *Le Nouvel observateur*, 9 April 1979; *Le Point* for 'Villes: le palmarès écologique: la carte verte de Besançon' by Catherine Bergeron, *Le Point*, 2 July 1984, 'Goncourt: pourquoi Duras?' by François Nourissier, *Le Point*, 19 November 1984, 'Roland Cayrol': Seul le public peut censurer', *Le Point*; Slaz for the cartoon 'Superprof' on page 257, *The Times* for 'Obituary – Baroness Sharp', *The Times*, 4 September 1985, 'Obituary – Pierre Emanuel', *The Times*, 25 September 1984; Editions du Seuil for an extract from *Ils partiront dans l'ivresse*, by Lucie Aubrac © Editions du Seuil, 1984; *La Vie* for 'Enquête: les immigrés sont-ils de trop?' by Marie-Christine Jeanniot, *La Vie*, 3 August 1983.

The authors and publishers would like to thank the following for permission to reproduce photographs: J Allan Cash for the photos on pages 48, 121, 188, 221 and 278; Animal Aid, Tonbridge for the photo on page 66; The Anti-Vivisection Society for the photo on page 66; Associated Press Ltd for the photo on page 201; BBC Hulton Picture Library for the photo on page 75; The Childrens' Hospital Medical Centre, Ohio 45229 for the photo on page 64; The Evening Standard for the photo on page 8; Keith Gibson for the photos on pages 39, 89 and 279; Topham Picture Library for the photo on page 285. All other photographs were provided by courtesy of the authors.

Every effort has been made to trace copyright material reproduced in this book. Any rights not acknowledged here will be acknowledged in subsequent printings if notice is given to the publisher.

Table des matières

*Les textes suivis de (I) sont ceux pour lesquels nous offrons la possibilité d'une interprétation bilatérale. Dans les modules 1–5, l'exercice est basé sur un script imprimé. Dans les modules 6–10 l'exercice est basé sur une improvisation par les deux enseignants exploitant la matière du texte et les ressources linguistiques du module.

Preface ▷ ▷ ▷ ▷

En fin de compte . . . is a final honours language teaching course in French, based on a "communicative" teaching method. It has set itself several major tasks. The first, of bringing teaching and learning into closer contact with research, implied major changes in curriculum and method. Other priorities were to relate students' language skills to their needs in social and professional life and to improve the social skills and confidence on which effective linguistic performance depends. This was to be done in a framework which fully met the academic and intellectual needs of the undergraduate. In particular it was intended to integrate "communicative grammar" fully into the curriculum alongside traditional sentence-grammar.

A major review of curriculum design and teaching method required thorough research validation. It could not be presented to colleagues untried and untested. The necessary research was mounted by an inter-university team from the Universities of Dundee, Heriot-Watt and St Andrews, under the aegis of the Scottish Universities French Language Research Association (SUFLRA). A two-year feasibility study was funded by a Nuffield Foundation "small grant", and the final project funded over a further four years by an Economic and Social Research Council research grant. Curriculum and method have been piloted over 6 years in the United Kingdom and Australia and the final design independently evaluated by Edinburgh University's Godfrey Thomson research unit.

With any radical change in teaching method there is a natural fear that traditional skills are compromised, notably those of writing (including translation) and knowledge of the structures of the language. The curriculum design was specifically shaped as a general language learning method for the final year student and it includes a major analytical element. Piloting has made it clear that writing skills can be significantly improved by this method. As for intellectual demands, students are introduced for the first time in a final honours course to the grammar of combined sentences. Traditional sentence grammar remains a part of any final year programme and is dealt with by traditional methods. What is most important is that the basic work is intellectually demanding, requiring the student to absorb, evaluate and reformulate information, draw conclusions and propose recommendations. We believe that the course has achieved its aims. It combines academic and vocational needs in an entirely new way and, incidentally, it can achieve traditional objectives more effectively than traditional methods.

Members of the ''En fin de compte ...'' ESRC Research Project

Principal Investigator

Professor S.S.B. Taylor   University of St. Andrews

Grammar Team

Dr. R. Adamson   University of Dundee
Dr. M. Lang   Heriot-Watt University, Edinburgh

Video Team (UNIVIDEO)

Mr. J. Devereux   University of St. Andrews
Mr. P. Bartlett   University of Dundee
Mlle. C. Gallien   Université de Nancy II
Audio-Visual Unit   University of Dundee

Curriculum Design and Teaching Method

Professor S.S.B. Taylor   University of St. Andrews

ESRC Research Fellow

Mlle. C. Gallien   Université de Nancy II

Consultants

Professor A. Lodge   University of Newcastle
M. J.-J. Pauleau   Ambassade de France
                            Bureau d'Action Linguistique, Glasgow

Remerciements ▷ ▷ ▷ ▷

Nous tenons à remercier les institutions suivantes, ainsi que leur personnel et leurs étudiants pour l'aide qu'ils ont bien voulu nous accorder.

— Service culturel de l'Ambassade de France, Glasgow.
— The Swiss Embassy, London.
— La République et Canton du Jura.
— Centre d'Accueil et de Formation Linguistique, Nancy.
— Centre de Recherches et d'Applications Pédagogiques en Langues, Université de Nancy II.
— Centre Régional d'Etudes d'Art et d'Histoire, Nancy.
— Audio-Visual Services Unit, University of Dundee.
— Television Centre, Heriot-Watt University, Edinburgh.
— Lycée Kleber, Strasbourg.
— I.N.S.E.R.M., Nancy.
— Institut Universitaire de Technologie de Nancy, Département ''Techniques de Commercialisation''.
— Vidéoscope, Nancy.
— Hotel de Ville de Nancy, Comité de Jumelage.
— Groupement d'Etude et de Conservation de la Nature en Lorraine, Zoo de Haye, Vilaine-en-Haye.
— Association Saulnoise pour le Développement des Peuples, Dieuze.
— Hôtel Ariane, Laxou.
— Mouvement des Objecteurs de Conscience, Nancy.
— Cabinet Claude Blique, Nancy.
— Clinique J.B. Thierry.
— Université de Grenoble III: U.E.R. de langues vivantes, Section d'anglais, Section de formation continue.
— Université de Nancy II, M.I.A.G.E.
— Groupe folklorique Lo Courail, Nancy.

Nos remerciements vont également aux personnes suivantes: M. Bergerot, D. Cers, S. Cibaud, F. Cottard, J.-M. Dollet, J. Durupt, E. Gallien, P. Gallien, J.-C. Gateau, M. Poots, J.-M. Remy, M. Remy, R. Rousselle, M.-J. Stritch, F. Vautrin.

Nos remerciements tout particuliers à Sylvie Thiéblemont qui a aidé à organiser et à coordonner le tournage à Nancy avec tant d'efficacité et de gentillesse. Ils vont de même à tous les étudiants qui, depuis 1982, se sont portés volontaires pour suivre les cours à option de 'communication skills' des universités de Dundee et de St Andrews. Leurs suggestions et leur sens de l'humour nous ont apporté un soutien constant tout au long de cette entreprise.

Mentions très spéciales et chaleureuses au Dr Scott de l'Université de St Andrews, aux collègues écossais qui nous ont tant encouragés et à nos collègues et amis de l'université de Liverpool, Carol Chapman et Malcolm Carroll. Nous ne saurions trop remercier également le professeur Ian Laurie de Flinders University, South Australia et ses aimables étudiants. Ce sont eux qui ont accepté de prendre part à l'expérimentation du projet initial aux côtés de l'équipe de recherche. Nous citons également tous ceux qui ont apporté leur aide aux collègues de l'université d'Edimbourg dans le projet d'évaluation. Cette liste ne serait pas complète sans faire mention de Fabienne Beaublache, de l'université de Dundee, et d'Isabelle Scott dont la contribution au succès des cours a été infiniment précieuse.

Les gravures et photographies reproduites dans ce volume illustrent les actes de parole mis en oeuvre dans l'exposé, l'interview et le débat. Si nous offrons des illustrations remontant au Moyen-Age, au 18e et au 19e siècles, c'est pour nous rappeler que l'étude de la rhétorique ne date pas d'hier et qu'elle a constitué pendant très longtemps une partie importante de tout enseignement universitaire. Sauf indication contraire, les photos ont été prises par S.S.B. Taylor.

The student's guide to En fin de compte . . .

1 The "Communicative" method ▷ ▷ ▷ ▷

1.1 En fin de compte: a general language learning method

Multi-skills approach

Proficiency and knowledge: Communication skills do *not* emphasize oral-aural proficiency at the expense of skill in writing or of knowledge of the structures of language. Despite the "communicative" label and the emphasis laid on oral-aural methods, *En fin de compte . . .* is designed to develop proficiency in all linguistic skills encountered in normal social and professional life. It involves active development of reading, listening, speaking and writing-skills, not separately but in situations in which they interact. The method works by improving the linguistic resource on which proficiency depends and it applies to writing just as much as to the other skills. It even applies to translation. To follow a course emphasizing oral-aural skills is not, therefore, to sacrifice other skills when the course is designed to avoid this. This course involves continual movement between the skills, as in real life, fitting oral-aural practice into a sequence of receptive and productive activities, and involving the skills in a natural relationship. In addition we provide practical and theoretical support, with analysis of the structures of language playing a major rôle. Improvement in communicative proficiency is not, therefore, made at the expense of other essential objectives.

Yet if knowledge of the systems of the French language is desirable at this level, linguists now know that, by itself, it does not automatically lead to proficiency in using French. *En fin de compte . . .* is, therefore, designed:

Aims

▶ to develop your ability to use language autonomously, freeing you from constant reference to books or other "props";
▶ to stimulate sociolinguistic awareness which helps you to use language appropriately.

Intellectual demands: The course should also enhance your intellectual development as you process information – digesting, evaluating and restructuring it – for a specific purpose. You will use the information in contexts that develop your articulacy as a speaker and your awareness of strategies useful in achieving your purpose. In analytical terms this course reveals the "grammatical rules" governing sentences, not as separate units but in combination and it is the first to do so in a final

"Grammar"

honours programme. *En fin de compte* ... uses both an intellectually demanding communicative method, and an element of grammatical analysis which is a significant step beyond sentence grammar. It ensures that you leave university or college more articulate in French and more knowledgeable in both sentence- and text-grammar.

Strategies

The group work developed in language classes will also have an impact on your participation in literary seminars, while the practice in structuring language exercises should improve your verbal presentations in other courses. The awareness that the course creates of stylistic strategies and the grammar of text and discourse will also assist your understanding in linguistics and stylistics courses. The development of your communication skills in the context of language study will therefore benefit many other areas of study.

BENEFITS

VOCATION BENEFITS

1.2   Social and vocational relevance

The meaning of "vocational":   The social and professional needs of the graduate have determined many aspects of course design. We do not see "vocational", however, as simply implying the provision of technical, or special-purpose vocabulary. *En fin de compte* ... trains you to master new vocabulary areas with ease, since each module introduces a new lexical area. In vocational terms vocabulary will be the least of your problems.

Skills developed

We have preferred to see the "vocational" element as communication skills and selected, core management-activities. As a result, you will find yourself involved in such activities as:

▶ drafting and delivering an *exposé* based on a dossier of material
▶ interrogating and interviewing
▶ interpreting between persons with no common language
▶ *table ronde*, or committee work
▶ committee chairmanship
▶ decision-making, problem-solving
▶ team work, project planning and leadership
▶ management etc.
▶ evaluating others' performances

To do any of these effectively, you will need precise skills, notably:

▶ mastering and processing information related to a problem or task
▶ structuring ideas and material confidently and efficiently in verbal and written presentation
▶ operating at a variety of levels of formality appropriate in social and professional life.

Our understanding of the term "vocational" is based on the expectations that the outside world has of the successful graduate. You should be able to meet your French-speaking professional and social counterparts on equal terms, without major linguistic or social handicaps.

Of the communicative language activities we use, only interpreting relates solely to a foreign language context. All the others develop skills as useful in the mother tongue as in French. In following *En fin de compte* ... therefore, you are acquiring skills as useful in your own country as in France. In aiming at these particular vocational skills, moreover, we are giving priority to those which are "transferable" and of increasing value as the graduate rises in a profession. The course should make you as a graduate more successful socially, more appointable and ultimately more promotable.

You will find that most of the activities involve more formal uses of language than you have been accustomed to in contacts with French students, or in conversation classes. The decision to swing communicative teaching in this direction has been deliberate and based on an assessment of the social and professional needs of the student.

Social Skills: Your awareness that your syntax, accent and vocabulary are less than perfect will tend to inhibit you in speaking French, and awareness of performing less well than tutors and fellow-students induces a degree of reticence. In addition to this, speaking confidently and well is a skill few have in their own language. Most of us are shy, modest or reluctant to speak in company. The student population includes the modest as well as the extrovert. You will need confidence to speak in front of others and confidence determines the articulacy and fluency that in turn determine examination gradings. It has been part of the brief followed by *En fin de compte* ... to meet this problem head-on.

Using your full language resource: Your active vocabulary is naturally narrower than your passive, but one common result of speaking in public is to further restrict

the language you use to a relatively small part of what you could use. If you can overcome this your performance improves more than by simply "learning more French". The improvement sensed on going to France is in part a release from inhibitions, making it easier to stop worrying and use your full active resource.

Student anxieties: the "no sweat factor":   *En fin de compte . . .* students normally break this confidence-barrier successfully, but only in some cases after doubting their ability, or even their suitability for oral work. The problem is normal but temporary and disappears after a week or so, as it becomes easier to pay as little attention to your supposed inadequacies in French as to those in your own language.

Assuming a personal identity in French: Our purpose is not to convert you into a Jean-Paul Sartre, but to help you to preserve your own identity and style. It is unnecessary, for example, for a naturally slow speaker to feel he or she should speak more rapidly out of some misapprehension that Frenchmen always speak rapidly. (Listen to François Vautrin in Module 1.)

Transferable social skills: In educational terms the problem is one affecting not just French studies, but your entire life and career. At some stage in our life we have to take these skills in hand and make the effort to communicate better, privately and in public. It might as well be now.

2   The communicative curriculum ▷ ▷ ▷ ▷

2.1   Sentence and communicative "grammar"

Common. grammar

In simple terms most grammar books relate to the structure of the single sentence and have nothing to say about the linguistic "rules" we observe as we combine sentences to convey meaning. Nowhere are we given descriptions of French usage in structuring a statement or argument, conveying attitudes, persuading, responding to our situation or interlocutor, shifting stance as a conversation develops, etc. Traditional grammars also largely ignore the differences in presentation between monologue, dialogue and general discussion. However, if there is a grammar for the sentence, there is clearly another (though less rigorous and inflexible perhaps) for the text or discourse as a whole. If sentence-grammar can be seen as the manufacture of a brick, communicative grammar tells us about the architecture and planning of the building.

We have assumed that you have access to a conventional grammar. Normal problems of sentence grammar will therefore be handled as elsewhere through discussion of errors in writing etc. We have laid out a communicative grammar in a form limited to your needs as a student and not as a total grammar, which researchers have not yet described. At the time of publication the communicative grammar of *En fin de compte . . .* is the most complete outline available for French, but it is limited quite intentionally to areas of concern to the graduating student.

There is a three-part structure to our "grammar":

▶ the preliminary *pratiques*
▶ the text-related *activités d'analyse*
▶ the concluding *ressources linguistiques*

All three elements are arranged in forms that may be studied in class or in private, and they include brief, practical *activités*.

Pratiques:

Module 1 provides the guidance needed in Modules 1–2 on the structuring of monologue (*Pratique de l'exposé*).

Module 3 gives the information on dialogue required for Modules 3–5 (*Pratique de l'interview*).

Module 6 turns to general discussion, committee work, etc. which form the subject of modules 6–10 (*Pratique du débat*). This section also contains guidance for student chairmen.

These correspond to the uses of *exposé*, *interview* and *débat* in the course itself.

Activités d'analyse: Each text is provided with detailed treatment of the thematic coherence of the passage (*Réseaux thématiques*) and the linguistic cohesion devices or structures used to express them (*repères structuraux*).

Ressources linguistiques: These provide the detailed, systematic coverage of post-sentence grammar. The first two sections (Modules 1–2) are concerned with the structures of the normal statement or report, its opening, development and conclusion. Later sections turn to what are usually termed 'functions':

- ▶ agreement and disagreement (3)
- ▶ persuasion and dissuasion (4)
- ▶ modification and amplification (5)
- ▶ intervening in a discussion and expressing doubt (6)
- ▶ proving and disproving (7)
- ▶ insisting and comparing (8)
- ▶ suggesting and urging action (9)
- ▶ irony and winning round your opponent (10)

We do not expect you to master all the constructions in these sections. They are a shop-window from which to select, but to which you should return repeatedly. Hints are given in the *activités* where this is particularly useful.

Obviously you will need time to adjust to a new teaching method. To allow for this rather more detailed support is given in the opening modules, after which the support is limited to new elements.

3 Module design ▷ ▷ ▷ ▷

3.1 Module contents

(a) A *guide to the discourse mode* for that module (*pratique de l'exposé/de l'interview/du débat*)

(b) *4 texts on related themes* (one video text and three printed texts). Video texts are contained on two separate video cassettes issued with the *Tutor's Book*.

(c) *Activités d'analyse*, studying the thematic structure (*réseaux thématiques*) of the text and the linguistic devices (*repères structuraux*) giving it cohesion.

(d) *Activités communicatives* in oral and written form based on the stimulus text and requiring the student to practise the communicative grammar function of the module in question (e.g. persuading, expressing doubt etc).

(e) A *glossaire* of terms used in a lexical field appropriate to the module and laid out thematically for ease of reference and access. These are particularly useful in preparing interpreting exercises.

(f) *Ressources linguistiques:* a communicative grammar section.

(g) A *collage-vidéo* follows the video-text for each module, giving live examples of selected language functions in everyday use.

The two cassettes containing video-texts and *collages-vidéo* are issued with the *Tutor's Book* (*collage* material follows directly on from the video-text). Materials for Modules 1–5 are on video cassette I, and those for Modules 6–10 on video cassette II.

3.2 Coursework

The students' course is based on a combination of:

- ▶ Intensive receptive practice (*activités de lecture*)
- ▶ Extensive language use and activities involving adjustment to context and to your interlocutor (*activités communicatives*)
- ▶ Analytical support (*activités d'analyse, glossaires, ressources linguistiques* and *collages-vidéo*)

3.3 Intensive receptive practice

The communicative method naturally emphasizes oral and written use but we see linguistic input as equally important. Every *activité communicative* is preceded by intensive preliminary contact with authentic French materials, printed or video. Preparation will take 30–45 minutes, in which time you will extract the information you need and linguistic support material. Practical use then consolidates this material and adds to it material used by other students and by tutors.

Preparation of video and printed texts: Study of the source-texts enables you to select ideas you wish to present and authentic ways of expressing them in French. You may also add vocabulary from the *glossaire* for that module.

Use of the *Modèle d'exposé*, *Guides pratiques* and *Ressources linguistiques*:   Simply working from the textual material will not be sufficient, however, since the course is designed to provide you with essential support in:

▶ Formulating your material coherently and making notes that allow you to speak effectively in the light of your task (see *Modèle d'exposé*).
▶ Planning the approach appropriate for monologue *exposés* for an *interview* or dialogue, or for use in a group discussion, *table ronde*, committee or *débat* (See *pratiques* at the head of appropriate modules).
▶ Acquiring the "functional" linguistic structures used in making objective statements, in persuading, expressing agreement, belief or disbelief etc. (See *Ressources linguistiques* at the close of each module and the *collage-vidéo* following the video-text for each module).

The linguistic material you acquire will include vocabulary for the topic under discussion, but it will also include a growing stock of communicative grammar materials from the *Ressources linguistiques* and the *vidéo-collages*. You will also gain a growing command of strategy and *savoir-vivre*. As you work at the *Activités d'analyse* and the *Ressources linguistiques* you will further consolidate your linguistic resource. Only a proportion of the materials provided in *En fin de compte* ... will be absorbed, but they still represent a net gain.

Video texts: Video-texts are not used merely to be fashionable. They are one of the richest sources available for observing varying levels of formality in speech, adaptation to an interlocutor, verbal strategies and the ways we structure speech. We have deliberately chosen to maintain camera contact with speakers rather than follow commercial television in cutting to other views.

Printed texts: These are chosen, not as possible translation passages, but for their potential in generating communicative activities. They represent the normal diet of an informed, professional French man or woman. We have selected materials of good linguistic and intellectual standard. If we have in general moved away from a diet of literary materials, we have none the less incorporated a module specifically on *Les Arts et les artistes* (Module 5).

Gist-extraction: You are not normally required to give a simple *résumé* of textual material. You will pick out core material or *idées-clefs*, selecting points for the *activité* and subordinating or eliminating all the rest. In most cases it will be wrong to use ideas in the order in which they occur in the text. You should reformulate them to suit the *activité* and your notes should be framed in the same way.

Note-taking: We give an example of note-taking after the *Pratique de l'exposé* in Module 1. We recommend note-taking on cards (post-cards or *fiches*) to develop the habit of improvising from prompt-notes.

Linguistic information: As you are to speak in French you should pick up core vocabulary and expressions from the text. Make your notes in French. If you forget a term, simply ask for it in French. Don't make a fuss about it and don't hesitate. When the exercise is interpretation the two speakers will use many of the key expressions in the texts, so you will benefit even more from careful attention to vocabulary. Reference to the *glossaire* is particularly recommended in preparing for an interpretation exercise.

Intelligent reading: In surveys of the use made of their foreign languages by graduates, the primary importance of reading has been asserted time and time again. Yet it is usually selective reading with a particular purpose in mind ("Look at this will you, and tell me if there is anything new in it/any suggestion we should take up?").

We further stress selective reading to create the habit of rapid identification of core meaning in a text.

Memory training: Memory-loss accounts for incredible waste in language learning. In so far as it can be corrected it is through (a) purposeful reading, (b) structuring the information you receive in your note-taking and (c) relying on memory and improvising from notes instead of reading out a prepared text. The memory retains items that have some importance to you as an individual, and items that have some structure or linkage. Since memory loss "wipes" a considerable part of what we read, and since we rarely retain any memory of the French terms used to express ideas in a French text, the method we propose involves a change in the way we read.

3.4   Extensive communicative practice

The student as an autonomous language-user: The purpose of the oral and written language activities is to consolidate receptive input and develop your ability as an autonomous language user. It is the transfer from receptive to productive practice, in speech and then writing, which will improve your residual linguistic competence. Language ceases to be a skill available only after thought or reference to a book. It becomes a ready-use resource, a response to your interlocutor, context and a shrewd idea of the best strategy.

Adaptation of speech to context, purpose and interlocutor: After the introductory module activities are set in a clear context and have a specified objective and audience. They make clear not just why you are speaking or writing but when and to whom. In most cases any writing outcome will follow on from speaking and be based on what was actually said. In relating writing to speaking we have simply followed the normal real-life function of writing. It does, however, have the pedagogical purpose of consolidation. Tasks will also increasingly demand awareness of how best to achieve your aim, i.e. a sense of strategy. Increasingly, too, you will be encouraged to deploy a personal identity and style. This, in brief, is what we mean by "communicative competence".

The three-minute rule: You will not normally be allowed to speak for much more than three minutes, to encourage you to be selective in note-taking and to concentrate on essentials.

3.5   Bilateral interpretation

One of the most significant innovations in *En fin de compte . . .* is the emphasis laid on bilateral (or liaison) interpreting as a basic instrument of language learning. Full details of the method are given in the *Pratique de l'interprétation bilatérale* in Module 2. One text in each module is adapted for an interpretation exercise, that text being marked '(I)' in the *Table des matières*. In the first five modules students will interpret for speakers reading from a fixed text. In the last five modules, tutors will improvise. The purpose is to allow you to come to terms with individual styles of discourse, changes of inflection, humour, etc. All the interpretation passages reflect the *Ressources linguistiques* of the modules in question, together with aspects of the *Glossaire*.

3.6   Writing

Writing is a basic communicative activity. It is also an activity in which we find creative pleasure and fulfilment. Those who write are a very small section of society, a cultural minority, but as a graduate you will be part of that minority and be judged partly by your ability to write. For this reason we have linked oral and written activities wherever possible. In many vocational uses if we write after speaking it is to report on what was said, to avoid being misinterpreted or to set the record straight. The discussion may have been intended to determine what to write.

Spoken and written registers: When we write we change style and register, and it is rarely adequate to transcribe verbal statements without modification. We do not write as we speak. You should pay careful attention therefore to register or style shifts implicit in writing activities. To whom are you writing and why? Is the report to be objective or personal?

The Journal de bord: We introduce another form of writing in the *Journal de bord*, the personal diary or "log-book". We describe this under Module 2, text 1 (*Activités communicatives: à l'écrit*). Writing in normal life may be dominantly a business requirement, but it is also a personal activity and it seems important to use it in this way in the course. The *Journal* is an area where you have freedom to develop a personal style and identity in French.

4   Assessment criteria ▷ ▷ ▷ ▷

4.1   Tutorial assessment

Oral assessment can serve not just to award you a mark, but diagnostically, to let you know where, and how, you could improve. Diagnostic assessment will probably be thorough but infrequent, assessing proficiency under headings such as:

- ▶ **Grammatical competence:**
  Range and accuracy in syntax and lexis;
  Comprehension of stimulus text.
- ▶ **Discourse competence:**
  Coherence and structuring of presentation;
  Use of communicative grammar;
  Strategy and management of task.
- ▶ **Appropriateness:**
  Adjustment of register to interlocutor;
  Your self-introduction.
- ▶ **Expression:**
  Pronunciation, intonation;
  Repair strategies (coping with error and hesitation).

4.2   Self-assessment

You may also review your own performance when oral classes are video-filmed. This allows you to observe your physical posture, audibility or any distracting mannerisms. You may also ask the *lecteur* to comment on your pronunciation. Video-filming can also help you – though you may not think so at the time – in overcoming stage-fright and improving self-confidence. It is usually better to ask to see the video-tape later, privately.

MODULE 1 L'EXPOSÉ (1)

La Construction de l'Europe

"JE SERAI BREF..."

Pratique de l'exposé

Texte 1 (vidéo):   **A propos de l'Europe** (François Vautrin)
Texte 2 (écrit):   **Le Marché commun** (L. de Sainte-Lorette)
Texte 3 (écrit):   **Conférence de presse du général de Gaulle (I)**
Texte 4 (écrit):   **Une Europe de la culture** (C. Fauvet-Mycia)

Glossaire: **Les relations internationales**
Ressources linguistiques: **Commencer**
                                  Passer à d'autres points
                                  S'expliquer

Collage-vidéo: **''Pour commencer''**

Notes pédagogiques

1 *Pourquoi l'exposé?*:   Le programme proposé initie l'étudiant à la pratique de l'**exposé** (*Modules 1–2*), avant de passer à l'entretien, d'abord sous la forme de l'**interview** (*Modules 3–5*), et puis finalement celle du **débat** (*Modules 6–10*). Dans l'exposé verbal l'orateur est maître de sa parole, décidant non seulement ce qu'il va dire mais aussi sa stratégie de communication. Toute intervention d'un interlocuteur limite cette autonomie, nous soumettant à d'autres contraintes, modifiant nos premières intentions, notre stratégie, voire nos chances d'atteindre notre but. A l'écrit, bien sûr, on reste plus maître du terrain, à moins de considérer un échange de lettres comme une forme de conversation à distance.

Le programme d'études proposé ne saurait employer indifféremment des formes de communication qui suivent des règles de jeu si différentes. D'ailleurs nous sommes loin d'être persuadés que l'étudiant soit conscient des emplois caractérisant sa propre langue. Il trouvera que l'expertise acquise pour le français lui fait repenser son emploi de sa langue maternelle. On apprend, pour ainsi dire, non pas à communiquer en français, mais à communiquer tout court.

Nos modules suivent donc une progression pédagogiquement utile, qui nous place d'abord dans le contexte de l'exposé, où l'étudiant garde son autonomie, pour passer ensuite au dialogue et finalement à la discussion générale. A la tête des modules qui nous initient à ces trois pratiques distinctes nous incorporons des conseils sur la pratique de l'exposé (*Module 1*), de l'interview (*Module 3*) et du débat (*Module 6* qui comprend également des conseils pour le président de séance).

Nous demandons donc à l'étudiant d'observer une certaine discipline, évitant de mélanger les genres de communication, jusqu'au moment où, ses dents aiguisées par l'exposé et par l'interview, nous l'inviterons à mélanger exposé, interview et débat de manière plus naturelle et plus appropriée, et en pleine connaissance de cause.

2 *La méthode communicative dans l'apprentissage d'une langue*:   Nous invitons l'étudiant à lire la section de l'Introduction (p.xix) qui établit la valeur des actes de communication dans l'apprentissage d'une langue étrangère. Il suffit de rappeler ici que la méthode repose sur 'cinq piliers' pour emprunter le mot de François Vautrin:

(a) *L'immersion de l'apprenant dans un texte français* (vidéo ou écrit) dans un but précis, et nécessitant qu'il puise de quoi alimenter son intervention orale. L'objectif imposé l'obligera à faire un choix de matériel et à le reformuler.

(b) *Un acte de parole*, exploitant ces idées-clefs et le matériel linguistique du texte français, à partir de notes et non d'un texte intégral, et avec un délai de quelques heures pour développer la mémoire et faire en sorte que l'intervention soit un acte d'improvisation orale.

(c) *Une communication écrite* qui consolide l'acquisition linguistique, dans un style approprié et assurant l'emploi des quatre compétences classiques (Ecouter, Lire, Parler, Ecrire) de façon à les intégrer.

(d) L'obligation d'*adapter son discours à son interlocuteur, en tenant compte de la situation sociale*. Tout acte de communication impose, par conséquent, des choix socio-linguistiques.

(e) L'occasion d'attirer l'attention de l'étudiant à la *'grammaire de la communication'*, c'est-à-dire aux règles de l'usage au-delà de la simple phrase, et considérant l'acte de parole ou le texte dans sa totalité.

Pratique de l'exposé

La présentation d'un exposé n'a rien à voir avec la préparation du résumé traditionnel où se trouve reproduit à échelle réduite le texte d'origine. Elle nécessite une autre forme de préparation, qui repose sur un travail de *reformulation* et de *réorganisation*. Par ce moyen l'exposé respecte certaines priorités: identifier les idées-clefs, faire un tri, reconstituer les idées triées et rester objectif.

L'exposé ressemble donc au compte rendu, ou au rapport, bien connus dans la vie sociale et professionnelle. Il met l'accent sur l'utilisation d'un dossier d'information dans un contexte défini, et devant des auditeurs connus, réunis pour prendre une décision.

Dans les premiers modules vous ferez des exposés à partir d'un ou de plusieurs textes de base. Pour réussir votre exposé une approche systématique n'est pas sans intérêt:

A ANALYSEZ LE TEXTE DE BASE:
1   Identifiez les idées-clefs du texte de base.
2   Notez les mots-clefs et les expressions utilisés dans le texte.

B IDENTIFIEZ LA TACHE:
1   Identifiez vos auditeurs/lecteurs.
2   Identifiez le contexte dans lequel vous êtes amené à faire l'exposé.
3   Identifiez vos rapports avec vos auditeurs/lecteurs.

C REORGANISEZ LE CONTENU DU TEXTE DE BASE:
1   Établissez un plan d'exposé.
2   Triez les idées qui se rapportent à l'objectif proposé.
3   Reconstituez ces idées selon la stratégie adoptée.
4   Restez objectif et évitez de donner libre cours à vos opinions personnelles.

D PREPAREZ DES NOTES *(Pour l'exposé* oral*):*
1   Limitez-vous à des notes sur *fiches* ou dans un bloc-notes. Ces notes serviront d'aide-mémoire à une improvisation orale d'environ 3 minutes.
2   Espacez vos notes *verticalement* pour marquer la progression logique (thématique etc.) dans vos idées-clefs.
3   Identifiez les idées-clefs en les soulignant. Cela vous permet de vous resituer dans vos notes si vous vous écartez du plan préétabli.
4   En développant chaque idée-clef, disposez vos notes en deux colonnes verticales, écrivant depuis la marge gauche ou depuis le centre, pour indiquer:
    les idées-clefs   des exemples ou *preuves*.
5   Encadrez vos conclusions pour vous avertir à l'avance du moment ou votre exposé approche de son terme.
6   Adoptez un code personnel pour indiquer: l'accord (√); le désaccord (×); le doute (??).
7   Formulez vos notes en français en utilisant le vocabulaire essentiel et écrivez les phrases stratégiques (les formules d'ouverture et de conclusion par exemple).

Le plan de l'exposé ────────────────

Tout plan d'exposé comporte 3 éléments:

L'Introduction

Le Développement

La Conclusion

La *grammaire de l'introduction* est expliquée dans le Module 1, Ressources linguistiques 1, *Commencer* (pp. 29–31).
La *grammaire de la conclusion* se trouve dans le Module 2, Ressources linguistiques 3, *Terminer* (pp. 56–57).

Types de plan ▷ ▷ ▷ ▷

A Développement chronologique

Vous suivez dans l'ordre chronologique les événements ou les idées dont vous parlez, pour souligner leurs rapports dans le temps (comme dans un livre d'histoire). Ce choix s'impose non pas suivant l'ordre adopté dans le texte de base, mais suivant les exigences de la situation. Certains auditeurs répondent mieux à un développement ou à une narration chronologique. Certaines stratégies de persuasion l'exigent.

Notez bien qu'un développement chronologique ne reflète pas nécessairement l'ordre suivi dans le texte de départ.

Il existe deux formes différentes de développement chronologique:

(*a*)   Un tel développement pourrait prendre appui sur ce qui s'est passé auparavant, ce qui se passe actuellement, et ce qui se passera par la suite.

(i) par exemple par rapport au moment où l'on parle ...

autrefois	→ actuellement	→ à l'avenir
la semaine dernière	→ cette semaine	→ la semaine prochaine
hier	→ aujourd'hui	→ demain
tout à l'heure	→ en ce moment	→ bientôt
jusqu'alors	→ jusqu'ici	→ à partir de maintenant

(ii) ... ou par rapport à un moment passé ou futur ...

auparavant	→ alors	→ par la suite
la semaine d'avant	→ cette semaine-là	→ la semaine d'après
la veille	→ ce jour-là	→ le lendemain

(iii) ... ou, en suivant un développement consécutif:

Au début	→ par la suite	→ et finalement
Tout d'abord Cela fait, il en vint à	→ puis	→ et pour terminer

(*b*) Un développement chronologique peut tout aussi bien s'étendre à une période plus longue, vous permettant de brosser, à l'aide de quelques dates ou points de repère, un portrait général de ce qui s'est passé, pour aborder enfin l'état actuel des choses, par exemple:

Déjà *en 1967*, ...
A partir du *mois de mai de l'année suivante*, ...
C'est *en juin* que ... A partir de *ce moment* ...
Le tremblement de terre à la fin de *cette même année* ...
Les débuts de 1970 furent marqués par ...
ce qui amena *en 1971* la décision de ...
Les mois qui suivirent cette décision ...

Entre 1971 et 1982, la direction de M. Blanc assura . . .
C'est donc à son départ, *vers la fin de 1982*, que . . .
Trés fortement ébranlée par les grèves de *septembre 1985* et de *janvier 1986*, la
    compagnie a néanmoins . . .
Aujourd'hui, . . .

Savez-vous le faire?

Dans le paragraphe suivant, l'ordre chronologique des événements a été retourné
pour mieux faire ressortir les réactions qu'ils ont provoquées.
Faites un résumé du paragraphe, en reconstituant l'ordre chronologique des dix
événements mentionnés.

> Démobilisé à Toulon, au moment du sabordage de la flotte en novembre 1942,
> Kari est devenu l'adjoint de Raymond à la *Libération*. Ensemble, ils ont organisé
> les transferts d'armes de l'armée d'armistice vers la Résistance, quand les
> Allemands ont envahi la zone sud, début novembre 1942. Ils savaient tous les
> deux convaincre les officiers chez qui les envoyait le général Frère. Ça n'allait pas
> toujours tout seul, bien sûr. Raymond était revenu une fois, en janvier, de
> Grenoble, déçu et furieux. Reçu par le colonel qui commandait la caserne-dépôt,
> il avait d'abord débité tous les arguments qui devaient amener son interlocuteur
> à livrer son stock. Quand il eut fini, le colonel lui avait dit: "Monsieur, je devrais
> vous faire arrêter. Je choisis de ne pas vous avoir vu, et je vous prie de partir
> immédiatement."
>
> Une autre fois, à Noël 1942, Kari était arrivé en pleine nuit, avec un camion
> rempli de caisses de fusils-mitrailleurs et de munitions. Il nous avait réveillés,
> furieux: l'adresse de l'entrepôt où il devait cacher son chargement était inexacte.
> Quelle affaire! Raymond et lui avaient cherché longtemps et finalement trouvé le
> propriétaire de l'usine qui acceptait cette cargaison dangereuse.
>
> (Lucie Aubrac. *Ils partiront dans l'ivresse.*)

B   Développement logique

Vous suivez dans l'ordre logique la suite des événements dont vous parlez, pour
souligner des *rapports de cause à effet*. Vous identifiez la conclusion logique que vous
voulez établir, et vous regroupez tous les éléments qui contribuent à établir cette
conclusion, dans l'ordre imposé par la logique, par exemple:

En passant cette situation en revue, on ne peut échapper à la conclusion que . . .
Nous ne manquons surtout pas de preuves.
Citons par exemple . . . (1)
Ajoutons encore . . . (2)
N'oublions pas non plus que . . . (3)
Est-il besoin de remettre plus longtemps une décision? . . . Revenons à ce qu'on avait
    dit au début . . .
Nous concluons donc que . . .

Ce type de développement exige une conclusion que l'on peut
(a) donner au départ et justifier après coup, ou
(b) réserver pour la fin, à la suite des arguments qui la justifient, soulignant les
    rapports de cause à effet, par exemple:

> *Le résultat* de toutes les décisions prises à la hâte est clair pour tout le monde
> aujourd'hui: c'est la démoralisation générale.

> C'est sans doute *pour des raisons de* . . . qu'on décida de réduire les crédits
> accordés aux universités, ce qui *amena* une diminution très nette du nombre de
> postes et des retraites prématurées.

> Toutes *ces* retraites *créèrent* un déséquilibre très marqué dans presque toutes les
> sections et *produisirent* un climat d'incertitude.

Il en résulta une ambiance de méfiance et de scepticisme, *tant et si bien que* les étudiants commencèrent à s'en ressentir.

En même temps, les enseignants, *à cause des* problèmes de plus en plus graves, et *parce qu'*ils aiment bien leur métier, commencèrent, et *pour cause*, à s'inquiéter profondément de l'avenir de l'université.

L'angoisse *provoquée* par la situation *fit que* bien des cours furent annulés, ce qui *poussa* finalement les étudiants à protester.

La grève du mois de février n'étonna *donc* personne.

Aujourd'hui la démoralisation est *telle* que même le gouvernement semble s'interroger.

Savez-vous le faire?

L'ordre des phrases qui suivent a été changé. Reconstituez l'ordre *logique* des phrases pour faire un paragraphe cohésif, et soulignez les liens logiques qui vous permettent de le faire.

(5)   (i)   Mais, comme il n'a jamais eu de loisirs, et comme rien jusqu'ici ne l'a habitué au problème du temps à tuer, il sera complètement bouleversé.

(7)   (ii)   Son ennui le poussera peut-être à regretter le bon vieux temps où il n'avait jamais le temps de faire autre chose que de travailler.

(3)   (iii)   Une fois libéré, que fera-t-il?

(1)   (iv)   Plus la machine moderne se perfectionne, plus elle est capable d'accomplir des tâches complexes.

(6)   (v)   Dans son dépaysement, il risque évidemment de s'ennuyer.

(4)   (vi)   A cause de cette liberté nouvelle, il pourra consacrer plus de temps à ses loisirs.

(2)   (vii)   Il est donc évident que ce perfectionnement libérera progressivement l'ouvrier des tâches serviles.

C   *Développement thématique*

Ce développement suggère un groupement d'idées qui repose non pas sur un enchaînement logique mais sur des associations d'idées, sur une forme de classification par matière, etc. Il impose la sélection des idées qui vont servir de noyaux et de celles qui y seront subordonnées, par exemple:

Le rapport de la S.N.C.F. révèle *plusieurs tendances* qui nous permettent de juger du sérieux avec lequel elle concurrence l'avion.

La première, et peut-être la plus importante de ces tendances, c'est l'attention prêtée au confort du passager: on parle par exemple de sièges plus confortables, à dossier réglable (p. 25), de moquette (p. 8), de nouveaux systèmes de ventilation (p.9) et de WC plus nombreux (p.10) et plus propres (p.16). Non seulement les wagons seront nettoyés plus fréquemment (p.16), mais aussi toutes les femmes qui voyagent en première classe recevront un bouquet de fleurs et un flacon de parfum Chanel (p.18).

La deuxième tendance, c'est l'importance qui est attachée aux problèmes de sécurité: non seulement dans la fabrication des trains (p.17), mais aussi dans la construction de la voie (p.19). Pour lutter contre le terrorisme il y aura des contrôles dans toutes les gares au moment de l'enregistrement des bagages.

On ne saurait non plus négliger les développements dans la restauration. *Ce thème* revient plusieurs fois: menus plus variés, carte de vins, snacks de toutes sortes, spécialités régionales …

N'oublions pas non plus la vitesse accrue: le temps du voyage entre Paris et Londres (p.20), Paris et Lyon (p.21) est réduit de plusieurs secondes, et le temps d'arrêt dans les gares est également réduit.

De tous ces points de vue donc, nous voyons que . . .

Même dans un développement pareil, il importe de finir par revenir à la tâche imposée, et d'indiquer en quoi consiste la solution, etc.

Savez-vous le faire?

Classez sous trois titres ou thèmes généraux les renseignements suivants:

B   La France est une démocratie.
C   Les Français mangent des escargots.
B   Le Président de la France est élu pour 7 ans.
A   Paris est sur la Seine.
A   Les Pyrénées séparent la France de l'Espagne.
B   Les élections présidentielles ont eu lieu en 1988.
A   La Belgique est au nord de la France.
C   Les Français boivent beaucoup de vin.
A   La Manche se trouve entre la France et la Grande-Bretagne.
C   Les fromages français sont les meilleurs du monde.

D   *Développement comparatif:*

Vous identifiez l'idée-clef du texte de base et vous comparez ou opposez deux aspects de cette idée, par exemple:

La situation offre *deux* possibilités de solution. Il faudra *ou* . . . *ou* . . .

Que faire donc? Nous disposons, semble-t-il, de plusieurs dispositifs. Il y a *d'abord* . . . et *puis* il y a . . .

Les avantages de *l'un* ne manqueront pas d'être recommandés . . . Et pourtant *l'autre voie* n'est pas sans attrait . . .

Certains nous conseillent de . . . Il serait certes possible de suivre leur avis . . . *D'autres* nous invitent à montrer plus de discrétion et d'éviter de . . .

Savez-vous le faire?

Complétez la comparaison suivante, d'après les suggestions suivantes:

Il faudra se décider *ou* pour les USA *ou* pour Blackpool.

D'un côté il y a l'exotisme,	*de l'autre,* . . .
On pourrait *soit* . . .	*soit* . . .
Il faut cependant admettre que	
ni . . .	*ni* . . .
Plus on . . .	*plus* on . . .
et *plus* on . . .	*moins* on . . .
Autant rester à la maison!	

Il existe, bien sûr, d'autres types de plan d'exposé, par exemple:
Répéter une solution souvent préconisée, pour finir par la rejeter, en citant les facteurs qui s'y opposent.

S'interroger, en posant une série de questions pertinentes, auxquelles on répond en citant l'évidence disponible.

Activités préparatoires ————————————

1 Voici une liste d'événements dans l'ordre chronologique. Réorganiser ces
événements de façon à accentuer les thèmes suivants:

(a) l'attitude de Brigitte envers les hommes
(b) l'influence du couvent sur Brigitte
(c) l'effet qu'a produit sur Brigitte la mort de son père

1960	naissance de Brigitte, seule fille dans une famille de 5 garçons
1967	mort du père
1968	mariage de la mère avec Bernard
1970	Brigitte interne dans un couvent
1971	la mère divorce Bernard
1973	la mère se marie avec Jean-Luc
1978	Brigitte devient secrétaire dans une entreprise
1980	Brigitte se fiance avec Robert
1983	Brigitte se fiance avec Jean-Pierre
1984	mort de Jean-Luc
1985	Brigitte se marie avec Paul

2 Lisez le texte 3 du Module 1: *Conférence de presse du général de Gaulle* (p.21). Les
paragraphes 5–10 de l'allocution du général suivent un développement
chronologique (Type **A**). Préparez un plan d'exposé basé sur ces 6 paragraphes et
suivant un développement:

(a) Type **C** (*thématique*). Thème de base: l'attitude de la Grande-Bregtagne.
(b) du Type **D** (*comparatif*). Comparez l'attitude de la Grande-Bretagne à celle de
la France et de ses partenaires.

3 Dans le texte 2 du Module 1 (p. 17) les paragraphes 6–8 suivent un
développement *comparatif* (Type **D**). Préparez pour cette partie de l'article un
nouveau plan du Type **C** (*thématique*), basé sur le thème des *contrôles internes*.

▶▶▶▶▶▶ ## Modèle d'exposé

Ce modéle sert à aider l'étudiant à préparer un exposé oral à partir d'un texte français,
et suivant les modalités fixées par l'activité communicative:

Activité: Un jeune professeur de lycée parisien est en visite dans votre pays avec un
groupe de mélomanes français. Vous êtes en correspondance avec lui depuis le séjour
que vous avez fait dans sa ville, en tant qu'assistant(e) dans un lycée.

Le groupe français vous prie de prendre la parole au cours d'une soirée informelle.
Ayant lu l'article de Jacques Doucelin du *Figaro* vous décidez de parler de la rupture
entre von Karajan et son orchestre, et d'offrir ainsi une courte réflexion personnelle
sur ce genre de problème dans le monde des arts.

PAR
JACQUES DOUCELIN

Les mélomanes berlinois viennent d'assister à un spectacle totalement inimaginable il y a encore trois mois: Herbert von Karajan applaudissant «sa» Philharmonie à l'issue du concert qu'il a dirigé pour célébrer le trentième anniversaire de son règne sur Berlin. Un règne qui a bien failli mal finir. Et prématurément. Depuis le printemps, en effet, l'orchestre le plus célèbre du monde et son «chef à vie» nous avaient plutôt habitués à une guerre des nerfs et des communiqués qui ne brillaient pas par leur aménité... Trêve des confiseurs ou réconciliation durable?

Beaucoup d'argent

La question mérite d'être posée car si le Berlin de l'après-guerre, en dépit de son déclin économique et politique, est démeuré la capitale mondiale de la musique, c'est grâce à la conjonction du talent de cent vingt musiciens triés sur le volet et du génie d'un technicien de la baguette hors pair doublé d'un homme d'affaires exemplaire. La Philharmonie de Berlin, c'est d'abord une entreprise qui gagne beaucoup d'argent. Moins, naturellement, par ses concerts que par ses enregistrements discographiques et audiovisuels: vendus dans le monde entier, ils répandent sur leurs auteurs une pluie de «royalties». En trente ans, Karajan et ses musiciens berlinois ont donné ensemble plus de 1400 concerts, gravé quelque trois cents enregistrements dont trois versions microsillons des *symphonies de Beethoven* (la quatrième en «compact» est achevée et commence à être commercialisée), tourné des dizaines de films et d'émissions de télévision. Certains ont évoqué avec ironie *« le miracle économique Karajan »*...

A l'affût du moindre progrès technique, le maestro autrichien, grand amateur de vitesse à bord de ses voitures de course, de son bateau ou de son «jet» personnel, a tout de suite compris l'importance du disque *compact* et du vidéodisque, ne songeant plus qu'à le mettre au service de son art et de son perfectionnisme. Pressé par le temps – il a aujourd'hui soixante-sieze ans et marche avec difficulté – il entreprit immédiatement de «tout» refaire en numérique, afin me confiait-il au lendemain de sa grave opération à la colonne vertébrale, que son héritage passe à la postérité avec un maximum de fidélité. « Hélas! ajoutait-il, *je suis né dix ans trop tôt!* »

Il imposa donc à ses troupes berlinoises un rythme de travail intense. Trop? Sans doute pour les habitudes de liberté prises par ses instrumentistes privilégiés! Ce qu'ils reprochèrent surtout à leur chef, c'est de prendre pour sa firme de Monte-Carlo *Télémondial* notamment, la majorité des bénéfices (75 % à 95 %) pour ne leur laisser que ce qu'ils considèrent comme des miettes. Une histoire de gros sous? Karajan n'est, certes, pas tendre en affaires! A cela s'est ajouté le caractère du maestro, facilement irritable, et son absence de Berlin où il ne gouvernait plus que par l'intermédiaire d'un nouvel intendant, Peter Girth, dont le zèle fit de lui la bête noire de l'orchestre, unanime. Depuis plusieurs années, c'est lui qui a cristallisé la mauvaise humeur d'abord, puis la révolte de la collectivité contre son chef. Et non pas, contrairement à ce qu'on a prétendu, l'engagement de force par le maestro d'une clarinettiste, Sabine Meyer, dans cette thébaïde de mâles qu'est la Philharmonie de Berlin. A la vérité, la frêle jeune fille passablement écœurée par l'accueil de ses collègues masculins quitta Berlin d'elle-même au terme de son année probatoire, évitant du même coup un affrontement direct.

La crise éclate peu après son départ parce que Karajan décide unilatéralement de renouveler le contrat de l'intendant. Institution démocratique plus que centenaire et très à cheval sur ses prérogatives, l'Orchestre ressent l'attitude du chef comme une ingérence. Celui-ci, pensant que les lions se coucheront comme ils le font depuis trois décennies, hausse le ton. Or, comme les fauves trop bien nourris sortent parfois de leur torpeur bienheureuse, les philharmonistes se révoltent soudain contre leurs chaînes dorées.

La révolte

« *L'honneur de l'Orchestre passe avant les avantages financiers* », déclarent-ils dans l'un de leurs tracts. Outre-Rhin, c'est une affaire d'État dont s'empare la presse qui titre: « *L'empire Karajan s'effondre* » et « *Révolte contre Karajan* ». Certains vont jusqu'à mettre en cause son titre de « *chef à vie* » de la Philharmonie. C'est Mai 68 dans le Berlin de la musique! Karajan reste chez lui, sur les hauteurs de Salzbourg, tel Wotan contemplant l'incendie du Walhalla. Il y reçoit le bourgmestre régnant de Berlin, venu demander la tête de Peter Girth et le retour de l'ancien intendant Wolfgang Stresemann, âgé aujourd'hui de quatre-vingts ans. Refus cassant de Karajan, qui décommande aussitôt le concert que donne traditionnellement l'Orchestre de Berlin pour la Pentecôte à Salzbourg, et engage à sa place celui de Vienne. C'est l'affront, le *causus belli!*

Les Berlinois organisent la riposte: le Sénat passe outre à l'oukase de Karajan, congédie Peter Girth et rappelle son prédécesseur. La Philharmonie n'ira ni au festival de Salzbourg ni à celui de Montreux, mais elle donnera les concerts prévus à Berlin, et sous la direction de deux autres chefs, Daniel Barenboïm et Lorin Maazel!

Plus grave: on apprend que l'Orchestre de Berlin a signé un contrat avec une firme de disques américaine. A Salzbourg, où il supervise le film du *Chevalier à la rose*, de Richard Strauss, Karajan reçoit le message cinq sur cinq. Pouce! Il ne prendra pas le risque de voir le plus fabuleux empire musical se disloquer pour raison de vanité. Berlin vaut bien une... concession! A qui lui parle de «l'affaire», cet été, à Salzbourg, le maestro répond: «*Quelle affaire?*»

La réconciliation

Dans la coulisse, les émissaires négocient. Un Français, Michel Schwalbe, premier violon solo de Karajan depuis un quart de siècle, s'entremet. Le temps presse, car une tournée de trois semaines au Japon est organisée en octobre. Rien de mieux qu'un dépaysement pour favoriser des retrouvailles. Elles eurent lieu, car il ne pouvait en être autrement. Pas seulement pour des considérations bassement financières, mais aussi parce que Berlin et Karajan, c'est une vieille histoire. Son histoire. Celle d'un Rastignac autrichien de la baguette, qui débarqua dans la capitale de la musique, à vingt-six ans, en 1934 (un demi-siècle!) au milieu d'une armée de chômeurs et vit toutes les portes se fermer devant lui. Pourtant, il sait déjà, ce petit jeune homme frêle, pas plus haut que Toscanini, que celui qui tient Berlin est l'empereur de la musique. Le couronnement eut lieu, il y a aujourd'hui trente ans, après la mort de Furtwängler. Comme son prédécesseur, comme tous les empereurs, Karajan veut mourir sur son trône.

J. D.

Prise de notes

Résumé des idées-clefs

Ces premières notes suivent l'ordre du texte, tout en soulignant les idées-clefs.

▶ La fin de la querelle ('la guerre des nerfs et des communiqués') entre la Philharmonie de Berlin et son 'chef à vie', Herbert von Karajan, s'est signalée à l'issue d'un concert où von Karajan a applaudi l'orchestre.

▶ En trente ans, la collaboration de HvK et de la Philharmonie a créé une entreprise qui a fait de Berlin 'la capitale mondiale de la musique', et qui a enrichi l'orchestre et son chef ('un homme d'affaires exemplaire' 'le miracle économique Karajan'), grâce à l'exploitation des enregistrements.

▶ L'exploitation des progrès techniques: disque, disque compact, vidéodisque.

▶ Style de vie luxueux du chef (voitures, bateau, jet personnel).

▶ HvK entreprend de tout refaire 'en numérique', à l'âge de 76 ans, et au lendemain d'une opération à la colonne vertébrale.

▶ Surmenage de l'orchestre mal récompensé dans la proportion minime des recettes attribuée à la Philharmonie ('des miettes', cf. 75% – 95% des bénéfices pour la firme Télémondial de HvK à Monte-Carlo).

▶ Irritabilité du *Maestro*, gouvernement de l'orchestre par l'intermédiaire d'un intendant, Peter Girth.

▶ Problème posé par l'engagement de force de la clarinettiste Sabine Meyer, résolu par son départ volontaire.

▶ La crise déclenchée par le renouvellement du contrat de Girth. La presse s'y donne à coeur joie.

▶ Effort de conciliation par le bourgmestre de Berlin. Refus cassant de HvK.

▶ La riposte de l'orchestre de Berlin qui donne des concerts sous la direction d'autres chefs d'orchestre, et signe un contrat indépendant avec une firme de disques américaine.

▶ 'Berlin vaut bien une ... concession' (Cp. 'Paris vaut bien une messe'). HvK décide de classer l'affaire, d'enterrer le scandale et de négocier par émissaire, Michel Schwalbe, premier violon solo depuis 25 ans.

▶ Règlement final au cours d'une visite au Japon. Considérations 'bassement financières' et de prestige. Les relations Berlin – HvK remontent trop loin (30 ans) pour être oubliées; prestige de la baguette du chef de l'orchestre de Berlin.

▶ HvK 'mourra sur son trône' comme Furtwängler avant lui.

Reformulation des notes

Reformulation des idées-clefs suivant les exigences de l'activité communicative et de la stratégie adoptée.

Formulation d'un aide-mémoire composé de notes sommaires sur fiches. Les points seront disposés en colonnes représentant, à gauche les *Idées-clefs*, et au milieu de la carte les *Exemples, preuves etc.* Pour marquer vos conclusions, encadrez ou soulignez la phrase.

1 *Se présenter:*
      Mmes, Mlles, MM:
      Grâce à une amitié de longue date j'ai
      le plaisir aussi bien que l'honneur ...

2 *Présentation du sujet:*
      Sujet de délectation pour les mélomanes:
      querelle entre l'orchestre de Berlin et son chef
      Berlin 'capitale mondiale de la musique'
      HvK: 'un homme d'affaires exemplaire'
      'le miracle économique, Karajan'

3 *Esquisse du plan*
  (plan chrolonogique adopté):
        les *causes* de la brouille
        les *étapes* principales
        sa *résolution*

4 *Se lancer:*
  (*i*) Les causes:
        L'âge d'or HvK + Orchestre de Berlin
        30 ans de collaboration
        L'exploitation des progrès techniques
  (*ii*) Les étapes principales:
    Tensions naissantes:
        Style de vie du chef (jet, voitures, bateau)
        Orchestre mal récompensé et surmené
        Engagement de Sabine Meyer??
          Administration par intermédiaire (Peter Girth)
    La brouille:
        Guerre des nerfs et des communiqués
        Intervention du bourgmestre, effort de conciliation
        Refus cassant de HvK
        Irritabilité du chef
        Crise du renouvellement du contrat de Girth
        Tentative de tout refaire 'en numérique'
    La rupture:
        Riposte de l'orchestre
        (donne des concerts sous la direction d'autres chefs etc)
  (*iii*) La résolution:
        Volte-face du chef
        Efforts des deux côtés pour enterrer le scandale
        Négociations conduites par l'intermédiaire de Michel Schwalbe, premier violon
        depuis 30 ans
        Règlement au cours d'une visite au Japon
        HvK applaudit l'orchestre à la fin d'un concert

5 *Conclusions, remarques personnelles:*
        Tout finit par des chansons?
        Si Paris vaut bien une messe . . .' Berlin vaut bien une concession' par HvK
        Facteurs en jeu?
        Chef d'orchestre: questions financières?
        Orchestre: question de prestige?
        La morale de l'histoire?
        'HvK mourra sur son trône', comme Furtwängler

6 *Terminer:*
        Voilà Mmes, Mlles et MM, la chronique d'une histoire qui ne fait nul honneur
        aux participants.
        Parallèles avec les déboires des grands compositeurs, dont Bach et Mozart.
        Permettez-moi de vous souhaiter le plus heureux des séjours dans notre pays.
        Goûtez notre musique et espérons que votre retour en France sera
        accompagné de bien des regrets en nous quittant.

A propos de l'Europe

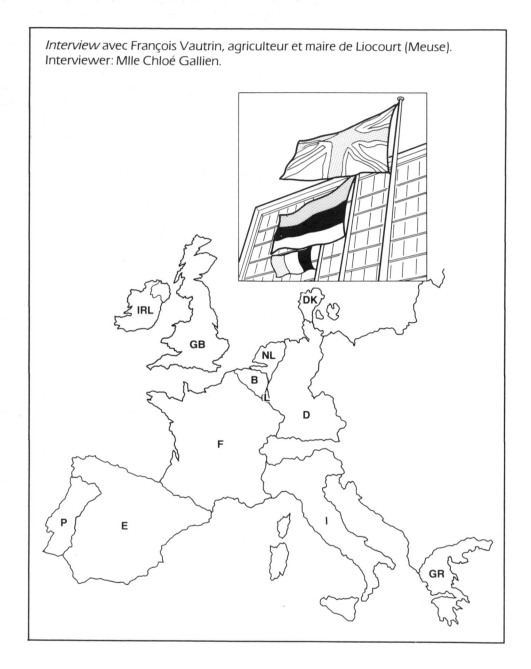

Interview avec François Vautrin, agriculteur et maire de Liocourt (Meuse). Interviewer: Mlle Chloé Gallien.

Dossier culturel ▷ ▷ ▷ ▷

La Communauté économique européenne: utopisme ou réalisme des institutions internationales?:   Cette communauté, actuellement intitulée la Communauté européenne, ou la *C.E.*, se laisse trop facilement réduire, dans l'esprit de ses critiques, à des mécanismes purement économiques. Malheureusement, il n'est que trop facile, en suivant le détail du fonctionnement de la C.E. de méconnaître l'idéalisme qui présida à sa naissance. Née des suites de la Deuxième guerre mondiale, l'ancienne Communauté économique européenne fit partie d'un éventail de mesures conçues pour écarter les risques d'un conflit en essayant d'éliminer les causes matérielles, économiques, financières, humaines qui viennent déséquilibrer la paix.

Citons la naissance de l'Organisation des nations unies, les organismes créés pour régler la sidérurgie, l'industrie charbonnière, l'énergie nucléaire etc. Citons encore les structures de défense collective, les traités internationaux sur les tarifs douaniers, la Banque mondiale servant de garant aux économies nationales, la naissance d'organisations internationales pour assurer le sort de millions de réfugiés, pour protéger les peuples contre la famine et pour remédier aux problèmes de santé à l'échelle mondiale ... Tout idéalisme de ce genre se prête au cynisme, sans doute, mais le mouvement européen fut créé par des gens imbus de la passion de la réforme, et de l'amour de l'humanité. Cet idéalisme nous aide à apprécier à sa juste valeur le mouvement, utopiste peut-être, pour l'unification économique de l'Europe et pour la création en 1992 d'un 'Marché commun' qui serait autre chose qu'un 'Club des riches'.

La formation d'une Communauté économique européenne: Le Conseil de l'Europe, de son côté, répondit au vœu de créer des institutions parlementaires fédérales pour harmoniser les voix discordantes de nations individuelles. D'un autre côté, en signant le Traité de Rome en 1957, les premiers membres de la Communauté eurent pour mission d'harmoniser leurs économies et d'éliminer les causes de leurs anciennes hostilités.

L'adhésion de la Grande-Bretagne à la C.E.E.: Ayant gardé ses distances en 1957, ce fut seulement beaucoup plus tard que la Grande-Bretagne sollicita le statut de pays-membre de la C.E.E.. Elle fit la sourde oreille aux fondateurs de la Communauté et collabora dans la création d'une zone de libre-échange rivale de la C.E.E.. Toute union plus intime semblait rebuter les Britanniques qui restèrent fidèles à l'idée d'un Commonwealth dépassant les frontières de l'Europe. Le mouvement ''européen'' en Grande-Bretagne finit cependant par convaincre le public que, du point de vue économique, la communauté européenne était préférable à des liens historiques qui allaient s'affaiblissant. Le 1er janvier 1973 ce long dépit amoureux entre la Grande-Bretagne et les membres du ''Marché commun'' termina par l'entrée de la Grande-Bretagne dans la C.E.E.

L'Agriculture: instrument de stabilisation et de paix: Si François Vautrin souligne des aspects plutôt terre à terre, traitant de questions agricoles etc., il n'en parle pas moins de la création d'attitudes de coopération et de la création d'institutions capables de réduire les risques d'un conflit à base économique.

Activités d'analyse

Principales questions abordées ▷ ▷ ▷ ▷

▶ les principes et le fonctionnement de la C.E.
▶ l'attitude de la Grande-Bretagne
▶ l'avenir de la communauté européenne
▶ les obstacles à la création d'une Europe fédérale

Réseaux thématiques ▷ ▷ ▷ ▷

1 François Vautrin commence par donner un exposé objectif des règles qui régissent la communauté européenne. Selon ses propres termes, la communauté ''repose sur trois piliers''.

▶ Quels sont-ils?

2 Un des thèmes principaux qui soustend tout le discours de François Vautrin est celui de *l'union*.

On note par exemple la récurrence de termes tels que *commun* (la politique agricole commune, les prix communs, ...) ou *identique*.

▶ Pouvez-vous compléter ce réseau thématique?

3 François Vautrin pousse plus loin ce thème de l'union en utilisant la métaphore du *mariage*, qui, selon lui, comporte des ''avantages'' et des ''inconvénients''.

▶ Cherchez dans la vidéo des termes qui peuvent entrer dans chaque catégorie:

facteurs positifs	facteurs négatifs
avantages	inconvénients
solidarité	....

Repères structuraux ▷ ▷ ▷ ▷

1 Les Français attachent une grande importance à l'''armature'' d'un raisonnement. C'est ainsi qu'ils emploient de nombreux *repères structuraux* pour aider à la compréhension. François Vautrin, par exemple, annonce fréquemment le plan qu'il va suivre, et le rappelle en cours de route, par exemple:

la communauté repose sur trois piliers qui sont:
1 ...
2 ...
3 et le troisième pilier, c'est ...

▶ Pouvez-vous trouver un autre exemple contenant de tels repères?

2 Le Français utilise également de nombreux connecteurs discursifs, afin de marquer les étapes du raisonnement. Par exemple, François Vautrin emploie dans l'exemple suivant cinq étapes:

1 *Introduction*	2 *Réfutation*	3 *Conclusion*
je crois qu'il	on ne peut pas	ce serait
faut être tout	imaginer, dans	rêver.
à fait clair	l'état actuel	
là-dessus	des choses,	
	un ...	

Conjonction d'opposition
par contre

4 *Opposition*	5 *Condition*
ce qu'on	sachant que chaque état ...

▶ Imaginez un autre contexte, et utilisez la même stratégie à cinq étapes.

3 François Vautrin emploie un certain nombre d'expressions et de structures impersonnelles, afin de donner à son discours une image d'objectivité, par exemple:

c'est la première inquiétude
la deuxième inquiétude, *c'est que* ...
d'où la nécessité ...
l'inquiétude *qu'on* peut avoir ...

▶ Relevez plus particulièrement les emplois de *on*.

4 Certaines de ces structures impersonnelles visent à souligner un point important.

On remarquera l'utilisation de:
    ce qui/que . . ., c'est (que) . . .
ou de:
    il faut que + subjonctif
    il faut   + infinitif

▶ Repérez dans le texte ces formules d'insistance.

Activités communicatives

A l'oral ▷ ▷ ▷ ▷

Exposé

voir p. 13.

Activité: Préparez un court exposé de 3 minutes que vous présenterez à vos coétudiants et à vos professeurs. Vous ferez ressortir l'attitude de François Vautrin sur les 4 questions abordées dans l'interview.

Préparation: Vous parlerez à partir d'un aide-mémoire sommaire et non pas d'un texte intégral. Voir le début de ce module pour des conseils (*La Pratique de l'exposé* et *Modèle d'exposé* (pp.3–11)). Ne tentez surtout pas de répertorier toutes les idées de François Vautrin, ni de suivre le même ordre de présentation que lui. Votre travail consiste à identifier les idées essentielles du maire, et à reformuler ces idées selon la stratégie que vous aurez adoptée (*voir:* 'développement chronologique', 'développement logique' etc.). Il est recommandé de relever la terminologie du maire et de la réutiliser dans votre exposé sans répéter intégralement son discours.

En présentant les idées du maire ayez soin de ne pas laisser percer vos propres opinions. Ne confondez nullement la présentation d'un exposé avec un commentaire personnel sur le problème traité.

+ se présente

Vous commencerez normalement un exposé en indiquant votre but, la nature des documents étudiés (article de journal, entretien télévisé etc), les noms des participants, l'endroit où l'interview s'est déroulée etc. Votre exposé s'adresse à un public connu (dans le cas actuel vos co-étudiants et enseignants). Votre présentation devra donc comporter les formules de politesse appropriées (Voir les *ressources linguistiques* de ce module: *Commencer* (pp.29–31).) N'oubliez pas non plus d'indiquer les différentes étapes de votre intervention (début, développement, fin).

A l'écrit ▷ ▷ ▷ ▷

Compte rendu/lettre

*bien structurée
repères structurаnt*

Activité: Ayant participé à la discussion en groupe des opinions de François Vautrin vous lui écrivez une courte lettre (400–500 mots) pour lui expliquer ce que vous croyez être le point de vue de votre pays sur le Marché commun.

Préparation: Vous ouvrez et terminez votre lettre selon les conventions établies.
▶ Vous commencez par résumer l'attitude du maire, telle que vous l'avez comprise, sélectionnant les seules idées-clefs pour plus de clarté.
▶ Vous lui exprimez vos propres sentiments sur la Communauté européenne (votre accord ou désaccord/votre admiration/votre indignation etc.) tout en restant dans les bornes de la politesse.

Le Marché Commun

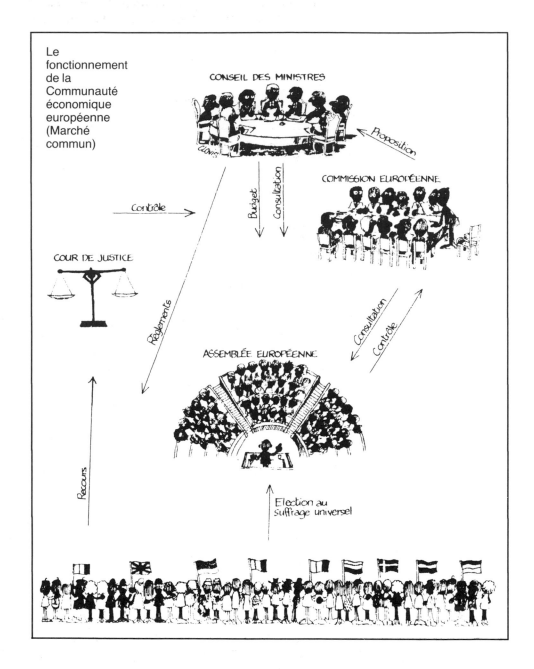

(Les discussions sur la C.E. portent le plus souvent sur des différences d'opinion et de politique entre les pays membres. L'article qui suit nous rappelle à l'ordre en soulignant le caractère essentiellement économique d'un marché qui dépasse les frontières nationales pour englober une population infiniment plus vaste.)

Un marché commun est l'inclusion, dans un large ensemble, des sources d'approvisionnement et des débouchés de plusieurs partenaires. Au cours des siècles, les frontières communales ou provinciales disparaissant et les moyens de communication s'améliorant, les échanges se sont, parallèlement, développés.

Un marché peut être commun à plusieurs villages ou à une région (le marché lyonnais), à un pays (le marché français) ou à un groupe de pays (les Etats-Unis d'Amérique). Il peut ne s'appliquer qu'à un seul produit, comme c'est le cas pour le charbon, le fer et ses dérivés, dans les transactions entre la France et les pays membres de la Communauté européenne du charbon et de l'acier, ou, au contraire, s'appliquer à l'ensemble des produits industriels et agricoles, comme c'est le cas pour les trois pays du Benelux.

Sous réserve que les facilités de communication et de distribution des produits soient assez grandes pour permettre de toucher tous les consommateurs possibles, ce qui exclut pour l'instant l'Inde ou la Chine, on peut constater que plus un marché est vaste, plus l'équilibre régional est facilité par la répartition des tâches, mieux les entreprises productrices, même les plus petites, peuvent se spécialiser dans les fabrications les plus avantageuses à la fois pour elles et pour les consommateurs; quant aux entreprises importantes, elles peuvent produire en plus grandes séries et à meilleur compte. Certaines, même, ne peuvent naître que dans un cadre très large (énergie atomique, aviation); les stocks sont immobilisés moins longtemps, leur rotation favorise aussi les commerçants; enfin, le pouvoir d'achat amélioré facilite l'épargne et les investissements.

On notera ici, en passant, que si la suppression brutale des barrières douanières aussi bien que des restrictions quantitatives est possible, il est généralement préférable de les éliminer progressivement: en ce cas, il est procédé par réduction pour les droits de douane, et, au contraire, par élargissement pour les contingents. C'est ce qu'on appelle la démobilisation douanière et contingentaire.

Dans la constitution d'un marché commun à plusieurs pays, on doit noter la différence entre le processus d'association et le processus d'intégration. Le premier maintient une large autonomie de décision pour chaque participant; au contraire, le second implique un sérieux abandon de souveraineté au profit d'une autorité commune, et il peut aboutir à la fusion totale des économies.

Or, il existe deux principales formules de rapprochement multilatéral entre pays voisins, reconnues par "l'accord général sur les tarifs douaniers et le commerce" (G.A.T.T.), qui régit de facto les relations commerciales mondiales: l'une des formules est la zone de libre-échange, l'autre l'union douanière, qui, toutes deux, mettent en commun les marchés des partenaires, mais dont l'une n'est qu'une association, tandis que l'autre peut se développer jusqu'à l'intégration.

Dans la zone de libre-échange, les participants échangent librement leurs produits, mais traitent séparément avec les autres pays, appelés pays tiers, il n'y a donc plus de barrières ni de restrictions quantitatives à l'intérieur de la zone (les productions sont échangées librement), mais autour de la zone les barrières extérieures sont de hauteurs différentes, chaque participant de la zone gardant son tarif propre à l'encontre des pays tiers. Et comme les différents pays membres se méfient des détournements de trafic qui pourraient survenir, les contrôles doivent être renforcés aux frontières internes des participants; sinon la Suisse, par exemple, pourrait inonder la France et l'Italie d'automobiles américaines, entrées ou montées en Suisse, en payant les très faibles droits de douane du tarif helvétique.

Dans une union douanière, non seulement les productions sont échangées librement entre partenaires comme dans la zone de libre-échange (barrières douanières internes et restrictions quantitatives sont supprimées entre eux), mais, en plus, il est établi un tarif commun vis-à-vis des pays tiers (il y a une barrière extérieure commune), les contrôles internes deviennent inutiles, car toute marchandise venant d'un pays extérieur à l'union paie les mêmes droits quel que soit le port, la ville ou le pays par lequel elle est entrée, et les négociations commerciales avec les pays tiers se font en commun.

(L. de Sainte-Lorette, *Le Marché commun*)

Activités d'analyse

Réseaux thématiques ▷ ▷ ▷ ▷

1 L'un des thèmes principaux de cet article, c'est l'idée de *l'inclusion* (ligne 1), de *la communauté*.

   ▶ Quelles sont les autres expressions utilisées dans le texte pour exprimer ces idées?

2 Pour mieux faire ressortir l'importance de *l'inclusion*, L. de Sainte-Lorette l'oppose à l'idée de *l'exclusion*, notamment dans les paragraphes 1, 4, 7 et 8.

   ▶ Pouvez-vous relever dans ces paragraphes cinq mots ou expressions qui expriment l'idée de *l'exclusion*?

3 L'auteur répète plusieurs fois le mot *marché* (paragraphes 1, 2, 3, 5), mais il utilise également d'autres mots ou expressions pour divers types de marché.

   ▶ Faites une liste complète de tous ces mots ou expressions.

Repères structuraux ▷ ▷ ▷ ▷

1 Dans ce texte l'auteur *définit* d'abord un Marché commun (paragraphes 1 et 2). Il explique ensuite (paragraphe 3) les avantages d'un ''marché vaste'', en le comparant à un marché plus restreint.

   ▶ Par moyen de quels mots cette comparaison se fait-elle (paragraphe 3)?

2 Dans les paragraphes 5 et 6 l'auteur contraste deux aspects différents des marchés communs. Pour ce faire il emploie deux paires d'expressions très utiles.

   ▶ Identifiez ces deux paires d'expressions et employez-les pour contraster la bicyclette à la motocyclette.

3 Les paragraphes 7 et 8 du texte suivent un *développement comparatif* (voir *La pratique de l'exposé*), où ''la zone de libre-échange'' est comparée à ''l'union douanière''.

   ▶ Pouvez-vous identifier dans le dernier paragraphe les deux groupes de mots qui expriment la comparaison entre ces deux idées?

4 D'après ce schéma général, faites dans vos propres mots le résumé des idées développées dans le texte.

Activités communicatives

A l'oral ▷ ▷ ▷ ▷

Exposé

Un de vos enseignants exprime la conviction que l'utilité de la CE est surtout politique, en ce qu'elle sert principalement de contrepoids à la puissance de l'Union Soviétique et à celle des Etats-Unis. Les étudiants prépareront une réponse détaillée, opposée à ce point de vue et s'appuyant sur le texte de Sainte-Lorette.

Préparation: Résumez les idées essentielles de Sainte-Lorette, relatives à cette notion 'erronée' de votre enseignant. Vous analyserez la notion d'un marché commun à caractère économique, sa définition, les avantages qu'il offre aux états-membres et les différentes voies qui s'ouvrent pour l'avenir du marché.

Déroulement du cours

1 Le cours débutera par un bref exposé de son point de vue par l'enseignant.
2 Cet exposé sera suivi de 5 minutes de discussion entre les étudiants, divisés en sous-groupes de 2 à 4 personnes. Chaque groupe préparera une réponse à l'opinion soutenue par l'enseignant. Le rapporteur désigné à l'avance prendra des notes en vue du rapport.
3 Présentation des réponses par les rapporteurs.
4 Interrogation de l'enseignant par ceux qui n'ont pas présenté de rapport.
5 Bilan du secrétaire.

(Les étudiants établiront des notes sommaires la veille. Le rapporteur du sous-groupe modifiera ses propres notes pour mieux représenter l'opinion du groupe. Il est conseillé d'utiliser les expressions de l'auteur sans pour autant reproduire son texte intégralement. Les notes se limiteront aux idées-clefs et à quelques illustrations significatives.)

A l'écrit ▷ ▷ ▷ ▷

Lettre

Ecrivez à un de vos enseignants pour lui transmettre votre opinion sur la manière dont les critères élaborés dans le texte et au cours de la discussion pourraient éventuellement s'appliquer à une région telle que l'Alsace, la Bretagne ou une région de votre pays.

Conférence de presse du Général de Gaulle

(Le 27 novembre, 1967, lors d'une conférence de presse devenue célèbre, le général de Gaulle a commenté la demande que venait de faire la Grande-Bretagne pour entrer dans le Marché commun. Voici le texte du début de sa réponse orale à une question sans doute suggérée par les services de presse de l'Elysée. Nous suivons l'édition du *Figaro* du lendemain de l'allocution).

Question: *Après la dévaluation récente de la livre sterling, estimez-vous que l'Angleterre est maintenant plus apte à entrer dans le Marché commun que lors de votre dernière conférence?*

LE GENERAL DE GAULLE

Depuis qu'il y a des hommes et depuis qu'il y a des Etats, tout grand projet est nimbé de mythes séduisants. C'est tout naturel parce qu'à l'origine de l'action il y a toujours l'inspiration et ainsi, pour l'unité de l'Europe, comme il serait beau, comme il serait bon que celle-ci puisse devenir un ensemble fraternel et organisé où chaque peuple trouve sa prospérité et sa sérénité.

Ainsi en est-il aussi du monde. Qu'il serait merveilleux que disparaissent toutes les différences de race, de langue, d'idéologie, de richesse, toutes les rivalités, toutes les frontières qui divisent la terre depuis toujours!

Mais quoi, si doux que soient les rêves, les réalités sont là et suivant qu'on en tienne compte ou non, la politique peut être un art assez fécond ou bien une vaine utopie. C'est ainsi que l'idée de joindre les îles britanniques à la communauté économique formée par six Etats continentaux soulève partout des souhaits qui sont très justifiés mais il s'agit de savoir si cela pourrait être actuellement fait sans déchirer, sans briser ce qui existe. Or, il se trouve que la Grande-Bretagne, avec une insistance et une hâte vraiment extraordinaires, et dont peut-être les derniers événements monétaires éclairent un peu certaines raisons, a, avait proposé l'ouverture sans délai d'une négociation entre elle-même et les Six en vue de son entrée dans le Marché Commun.

En même temps, elle déclarait accepter les dispositions qui régissent la communauté des Six, ce qui semblait un peu contradictoire avec la demande de négociation, car pourquoi négocierait-on sur des clauses que l'on aurait d'avance et entièrement acceptées?

En fait, on assiste là au cinquième acte d'une pièce au cours de laquelle les comportements très divers de l'Angleterre à l'égard du Marché commun s'étaient succédés sans paraître se ressembler.

Le premier acte avait été le refus de Londres de participer à l'élaboration du traité de Rome, dont outre-Manche, on pensait qu'il n'aboutirait à rien.

Le deuxième acte manifestait l'hostilité foncière de l'Angleterre à l'égard de la construction européenne dès que celle-ci parut se dessiner et j'entends encore les sommations – je l'ai dit naguère – qu'à Paris, dès juin 1958, m'adressait mon ami MacMillan, alors Premier ministre, qui comparait le Marché commun au blocus continental et qui menaçait de lui déclarer tout au moins la guerre des tarifs.

Le troisième acte, ce fut la négociation menée à Bruxelles par M. Maudling, pendant un an et demi. Négociations destinées à plier la Communauté aux conceptions de l'Angleterre, et terminées quand la France fit observer à ses partenaires qu'il s'agissait, non pas de cela, mais, précisément, de l'inverse.

Le quatrième acte, au commencement du gouvernement de M. Wilson, fut marqué par le désintéressement de Londres à l'égard du Marché Commun et le maintien autour de la Grande-Bretagne de six autres Etats européens formant la zone de libre échange et de grands efforts pour resserrer les liens à l'intérieur du Commonwealth.

Et maintenant se joue le cinquième acte, par lequel la Grande-Bretagne posait cette fois sa candidature et, afin qu'elle fût adoptée, s'engageait dans les voies de toutes les promesses, de toutes les pressions imaginables.

A vrai dire, cette attitude s'explique assez aisément: le peuple anglais discerne sans doute de plus en plus clairement que dans le grand mouvement qui emporte le monde, devant l'énorme puissance des Etats-Unis, celle grandissante de l'Union Soviétique, celle renaissante des Continentaux, celle, nouvelle, de la Chine, et ses structures et ses habitudes, ses activités et même sa personnalité nationale, sont désormais en cause et, au demeurant, les graves difficultés économiques, financières et monétaires avec lesquelles elle est aux prises le lui font sentir, jour après jour. De là, dans sa profondeur, une tendance à découvrir un cadre, fût-il européen, qui lui permettrait, qui l'aiderait à sauvegarder sa propre substance qui lui permette de jouer encore un rôle dirigeant et qui l'allège d'une part de son fardeau ...

Dans ces conditions, à quoi pourrait aboutir ce qu'on appelle l'entrée de l'Angleterre dans le Marché commun? Et si on voulait, malgré tout, l'imposer, ce serait évidemment l'éclatement d'une communauté qui a été bâtie et qui fonctionne suivant des règles qui ne supportent pas une aussi monumentale exception. Certes, et en outre, je dois ajouter qu'il ne supporterait pas, non plus, qu'on introduise parmi ses membres principaux, un état qui, précisément par sa monnaie, par son économie, par sa politique, ne fait pas partie actuellement de l'Europe, telle que nous avons commencé à la bâtir.

Car c'est une modification, une transformation radicale de la Grande-Bretagne qui s'imposent pour qu'elle puisse se joindre aux Continentaux.

Pour que les îles britanniques puissent réellement s'amarrer au continent, c'est encore d'une très vaste et très profonde mutation qu'il s'agit. Tout dépend donc non pas du tout d'une négociation qui serait pour les Six une marche à l'abandon, sinon le glas de leur communauté, mais bien de la volonté et de l'action du grand peuple anglais qui ferait de lui un des piliers de l'Europe européenne.

(*Le Figaro*, novembre 1967)

Activités d'analyse

Réseaux thématiques ▷ ▷ ▷ ▷

1 Le développement de l'argument du discours du général est basé sur l'opposition *rêve/réalité*. Ce sont en quelque sorte les ''deux piliers'' de son argument.

   ▶ Relevez dans le texte tous les éléments qui font partie de l'un ou l'autre réseau: *rêve* ou *réalité*.

2 Le général de Gaulle, plutôt que de répéter les mots ''la Grande-Bretagne'', utilise dans son allocution plusieurs autres mots ou expressions ayant tous plus ou moins le même sens.

   ▶ Essayez de trouver dans le texte au moins cinq expressions synonymes de la Grande-Bretagne.
   Quelles nuances expriment-elles?

Repères structuraux ▷ ▷ ▷ ▷

1 Dans ce texte, le général emploie les temps et les modes des verbes, surtout le conditionnel et le subjonctif, pour souligner le contenu de son message et son attitude envers l'adhésion de la Grande-Bretagne au Marché commun.

   ▶ Faites une liste de tous les verbes dans les paragraphes 11, 13 et 14.
   Quels sont les liens entre l'intention du général et son choix du temps et du mode des verbes?

2 Dans les paragraphes 5, 6, 7, 8, 9 et 10, le général fait la comparaison entre une pièce à cinq actes et les diverses étapes des négociations entre la Grande-Bretagne et le Marché commun.

   ▶ Relevez les verbes dont *le premier acte*
   le deuxième acte
   le troisième acte
   le quatrième acte
   et *le cinquième acte*
   sont les sujets. Le choix du temps de ces verbes est-il significatif?

3 Au commencement du texte, dans les paragraphes 1 et 2, le général emploie deux expressions différentes pour exprimer des souhaits.

   ▶ Quelles sont ces expressions?
   Pouvez-vous les réutiliser pour exprimer le désir que les diplômes universitaires soient accordés sans que les étudiants aient à passer des examens?

4 Le troisième paragraphe ajoute aux souhaits exprimés dans les paragraphes 1 et 2 deux restrictions.

   ▶ Quels sont les mots employés pour introduire ces restrictions?

5 La cohésion dans le paragraphe 11 est assurée en grande partie par l'emploi répété (*i*) d'un pronom; (*ii*) d'un adjectif.

   ▶ Identifiez ces mots et essayez d'expliquer leur rôle cohésif dans ce paragraphe.

Activités communicatives

A l'oral ▷ ▷ ▷ ▷

Exposé

Activité: Vous êtes chargé par un collègue français, d'ailleurs grand partisan de l'idée d'une Europe unie et travaillant à Londres, de lui transmettre un compte-rendu écrit de la réponse du général de Gaulle touchant la demande d'entrée dans le Marché commun faite par la Grande-Bretagne. Votre occupation vous a permis d'assister à la conférence de presse où cette réponse a été communiquée. Vous concertez le compte-rendu avec vos collègues et amis.

Préparation: Les membres du groupe prépareront chacun un bref exposé fondé sur cette allocution. Vous devez:

▶ indiquer les idées-clefs du général.
▶ identifier sa stratégie de réponse.

Déroulement du cours: La classe se divisera en deux groupes au commencement du cours, chaque groupe se mettant d'accord sur une des deux questions.

▶ Un porte-parole sera nommé par chaque section pour faire leur présentation.
▶ A la conclusion des rapports, les autres participants prendront le relais pour ajouter d'autres points qu'ils jugent pertinents.
▶ On demande à un des participants de faire le bilan de la discussion, et d'établir les grandes lignes du compte rendu.

Interprétation bilatérale

Consultez d'abord la *Pratique de l'interprétation bilatérale* qui se trouve en tête du Module 2 (pp.35–36).

Activité: Un journaliste britannique, John Stanforth, interroge un député européen français, Pierre Tanguy, sur les communautés européennes.

Préparation: Votre travail de préparation consiste cette fois, non pas à préparer un exposé, mais à lire le texte, d'abord pour en comprendre le sens, puis pour en extraire les mots- et expressions-clefs de chaque paragraphe.

Il vous est recommandé de chercher les équivalents anglais des principaux termes français utilisés dans le texte.

Il vous faudra, en tant qu'interprète, présenter les participants entre eux, puis offrir, non pas une traduction mot à mot, mais le sens général de chaque intervention.

Vous serez appelé à traduire dans les deux langues. Il vous est permis de demander aux participants de répéter, de clarifier, ou de reformuler leur pensée. De la même façon vous pouvez vérifier auprès d'eux que vous avez bien saisi ce qu'ils ont voulu dire.

Il vous est recommandé de vous passer de notes dans la mesure du possible. Toutefois il est conseillé de noter les noms propres ainsi que les chiffres. Il est parfois utile de noter les idées-clefs sous forme abrégée pour servir de référence en cas de faille de mémoire.

A l'écrit:  ▷ ▷ ▷ ▷

Compte-rendu

Vous écrivez le compte-rendu demandé par votre collègue français dans l'activité *A l'oral*.

▶ Vous lui rappelez l'essentiel de la pensée du Général.
▶ Vous offrez un commentaire personnel sur les intentions que vous croyez y reconnaître.
▶ Vous offrez un commentaire personnel sur la valeur d'institutions pareilles pour stabiliser l'Europe.

▶▶▶▶▶▶ **Une Europe de la culture**

(Nous examinons l'importance de la création d'une prétendue identité culturelle européenne dans la construction de l'Europe de demain. Pour cela nous nous référons à Christine Fauvet-Mycia correspondante du *Monde*, et à des hommes et femmes politiques: Lionel Jospin, Simone Weil, Jean-Marie Le Pen et Georges Marchais.)

Christine Fauvet-Mycia: la recherche insistante d'une identité: ce qu'ils en disent

... Toute réflexion sur l'identité culturelle européene appelle inévitablement une première série d'interrogations qui portent sur la définition même des concepts évoqués. Parle-t-on de l'Europe? Mais de quelle Europe s'agit-il? D'une Europe sans rivage, sans frontière, d'une Europe coupée en deux depuis quarante ans, de la seule Europe de l'Ouest ou de l'Europe réduite aux pays de la Communauté économique? Parle-t-on de culture? Mais faut-il ne penser qu'en termes de "production culturelle" sans évoquer les valeurs fondamentales qui servent de référence, l'idée de démocratie, de défense des droits de l'homme; peut-on oublier les sciences, l'éducation ...?

Parle-t-on d'identité? Mais n'est-ce pas ambigu, réducteur, si l'idée d'identité se confond avec l'idée de conformité, alors que l'Europe est riche de ses diversités, du brassage de ses langues, de ses traditions, de ses cultures. N'est-ce pas dangereux même: "Il n'y a nulle part rien qui ressemble à une "identité culturelle européenne", explique, par exemple, Bernard-Henri Lévy. Il ajoute: "Pourquoi est-ce si important que la culture européenne n'ait pas d'identité?

Eh bien, parce que c'est le meilleur moyen, en plus, d'arracher l'Europe à tous les espaces douteux où elle a pu mariner pendant cinquante ans. Nous qui sommes des Européens militants ne devons jamais oublier, en effet, que l'ordre nazi, par exemple, était aussi un ordre européen."

De telles interrogations engendrent des réflexions sans fin, qui suffisent à elles seules à occuper les esprits pendant un temps considérable.

Plus simplement, sans doute, faut-il revenir à ce qui suscite cette recherche, peut-être plus insistante aujourd'hui, d'une identité culturelle européenne. Il semble que ce soit un mélange de nostalgie, d'impatience, d'inquiétude et d'orgueil. Nostalgie d'une Europe, creuset de civilisation, d'une Europe puissante aussi et dont l'"héritage" se perdrait. Impatience face à une Europe qui semble manquer d'une "volonté d'être"; une Europe en sommeil qui, pour les uns, souffre de ce "péché originel" qu'a été l'acceptation des conséquences de la seconde guerre mondiale: une Europe qui, pour les autres, n'en finit pas de se perdre, quand elle s'unit, dans les querelles stériles d'une communauté mar-

chande. Inquiétude pour une Europe menacée par l'impérialisme de grandes puissances – impérialisme militaire ou culturel – et souffrant d'une crise non seulement économique mais aussi de civilisation. Orgueil enfin, à la pensée que l'Europe possède toutes les capacités de retrouver un nouveau rayonnement et que seule la dispersion des ses forces l'empêche d'y prétendre.

Sans doute convient-il aussi de souligner l'évolution des "intellectuels", qui n'ont pas toujours manifesté le même intérêt pour l'Europe. Réconciliés avec l'Europe quand celle-ci a perdu son "ambivalence", ces intellectuels veulent croire aujourd'hui que la culture, comme "valeur supranationale" pourrait réussir à cimenter l'unité de l'Europe, là où d'autres "politiques" ont échoué ou balbutient encore. Ainsi la culture pourrait soit venir coiffer un édifice fragile en lui apportant ce qui lui manque: "un supplément d'âme"; soit jeter les bases d'une construction toujours en devenir: "Si l'Europe était à refaire, il faudrait peut-être commencer par la culture", confiait à des amis l'un des pères fondateurs de la

▶

Communauté européenne, Jean Monnet. Mais peut-être aussi tout cela procède-t-il d'une nouvelle illusion, de ce que Rudolf von Thadden appelle "la tradition de compensation intellectuelle que connaît l'Europe depuis toujours". Tradition qui voudrait que "moins cela marche sur le plan des réalités, plus on avance sur le plan des rêves et des théories".

Lionel Jospin

La culture européenne (peinture, musique, architecture, littérature, cinéma) est née de l'échange, de l'opposition, de la fusion de particularismes. C'est pourquoi elle est universelle sans être uniforme. L'Europe de la culture doit servir à maintenir vivante cette tension entre l'universel et le particulier. Aider les créateurs à toucher la masse, aider des millions d'hommes et de femmes à devenir créateurs. Pour cela la maîtrise – démocratique, intelligente, respectueuse – des moyens modernes de communication est, pour moi, essentielle. Je choisirais la mise en place d'un fonds européen pour favoriser la création, c'est à dire, la réalisation de programmes nationaux et européens dans le domaine de l'audiovisuel (radio, cinéma, télévision). Si nous ne créons plus dans ce domaine, c'est notre culture et notre identité qui sont menacées.

Simone Weil

Le discours sur la culture européenne risque souvent d'être le rendez-vous des idées creuses. Pourtant, il est vrai que les Européens se sont forgé une identité collective qui n'est autre qu'une

certaine idée de l'homme dans un certain type de civilisation. Cette idée s'est traduite à travers ce qu'il faut bien appeler la culture européenne, mélange indéfinissable et complexe de l'intelligence et du savoir-faire, de l'imagination et du génie. Cette culture existe toujours sans que les Européens le sachent.

Cette culture, il est possible de la faire connaître grâce, en particulier, à la télévision avec le lancement d'un satellite européen permettant de relayer les principales chaînes des pays membres et même de diffuser une chaîne européenne en plusieurs langues: au cinéma, avec la création d'une commission européenne d'avances sur recettes (il existe déjà une commission mixte franco-allemande): aux fondations, avec l'élaboration d'un statut européen des fondations qui permettrait la multiplication et le développement d'organismes culturels privés d'intérêt public; aux universités, avec la mise au point d'un statut permettant aisément aux professeurs d'enseigner dans plusieurs universités européennes au cours de leur carrière.

Jean-Marie le Pen

La culture européenne a réalisé un modèle universel, une synthèse des cultures orientales venues à elle par la Méditerranée, la culture hellénistique et ses rejets latino-chrétiens. La culture européenne, parce qu'elle a su établir une synthèse harmonieuse des principales cultures occidentales et orientales, est aujourd'hui un modèle universel. En respectant l'homme sans renoncer à conquérir le monde ni à le comprendre, en explorant

toutes les voies de l'art et du savoir, elle a atteint la plus haute expression de l'histoire de l'homme. J'établirais l'obligation de l'enseignement du latin dans le secondaire.

Georges Marchais

Qu'il s'agisse de la création artistique, de la recherche scientifique, des modes de vie, des traditions, des luttes populaires, il y a en Europe un héritage considérable qui tient à l'originalité et à la diversité de l'histoire de ses peuples. La France a toujours été un lieu d'échange, d'accueil et donc de confrontation des cultures. Cela dit, chacun voit bien qu'aujourd'hui, avec le développement des industries culturelles de communication audiovisuelle, le poids et les objectifs des multinationales font courir un risque majeur au renouvellement des cultures, des créations, des recherches, dans tous les pays d'Europe qui subissent l'envahissement des modèles idéologiques et culturels d'outre-Atlantique.

Tout ce qui peut relever de l'initiative publique pour favoriser la création et imposer le pluralisme et la diversité là où la règle du profit tend à uniformiser les goûts et les aspirations est bon pour la culture. Pour ne prendre qu'un seul exemple, devant l'explosion des techniques audiovisuelles il faut assurer une rémunération équitable aux auteurs, aux réalisateurs, aux interprètes, aux techniciens, en même temps qu'il faut parier sur l'essor d'un fort service pubic de la radio et de la télévision pour la production de programmes et leur diffusion.

(*Le Monde* le 17 juin 1984)

Activités d'analyse

Réseaux thématiques ▷ ▷ ▷ ▷

1 Tous ces textes reprennent, et quelquefois plusieurs fois, les mêmes concepts: *Europe* et *culture*.

   ▶ Faites une liste de toutes les expressions où paraissent les mots *Europe*, *européen(ne)(s)*, *culture*, *culturel(le)*.
   Quelles différences trouvez-vous entre les différents emplois de ces mots?

2 Plusieurs personnes mentionnent l'importance de l'audio-visuel pour la transmission de la culture européenne.

   ▶ Relevez dans les propos de Lionel Jospin, Simone Weil et Georges Marchais tous les mots ou expressions employés pour parler de l'audio-visuel.

3 Christine Fauvet-Mycia a construit son quatrième paragraphe de sorte que quatre idées centrales à sa pensée, chacune répétée une fois, assurent la cohérence de son raisonnement.

   ▶ Identifiez les quatre mots-clefs de ce paragraphe, et commentez le rôle joué par la répétition ici du mot *Europe*.

Repères structuraux ▷ ▷ ▷ ▷

1 Dans l'introduction écrite par Christine Fauvet-Mycia, il y a trois paires d'expressions qui soulignent le contraste entre deux idées ou opinions.

   ▶ Trouvez dans le texte (paragraphes 4 et 5) ces trois paires d'expressions. En connaissez-vous d'autres?

2 La structure du deuxième paragraphe de Simone Weil est basée sur l'expression *grâce à*.

   ▶ Dans combien de parties ce paragraphe est-il divisé? Comment cette division est-elle assurée?

3 La réponse de Georges Marchais est structurée par la répétition d'une préposition. Dans le premier paragraphe la structure de base est: *Qu'il s'agisse* **de**. Dans le deuxième, c'est: *assurer* **à**.

   ▶ Relevez dans ces deux paragraphes toutes les répétitions de ces prépositions (*de* et *à*).
   Comment cette répétition maintient-elle la cohésion?

Activités communicatives

A l'oral ▷ ▷ ▷ ▷

Exposé

Contexte: A l'occasion d'une journée-débat sur le thème: 'La culture européenne: une réalité? vous êtes invité à faire un bref exposé. Vous savez que votre public est composé en majeure partie de personnes opposées au principe même de la communauté européenne, et à la vision qu'ont les Français de cette culture européenne.

Activité: Vous ouvrez la journée-debat en informant vos auditeurs que l'idée d'une Europe de la culture trouve un certain appui en France. Comme preuve de cette assertion vous présenterez l'éventail des opinions publiées dans *le Monde* émanant de personnalités françaises du monde de la politique et de la presse et vous en dégagerez les principales divergences.

A l'écrit ▷ ▷ ▷ ▷

Compte-rendu

Activité: Vous écrivez le compte-rendu des opinions divergentes publiées dans le texte, ajoutant celles des opinions exprimées au cours de la discussion qui vous semblent retenir l'attention.

▶▶▶▶▶▶ **Glossaire: Les Relations internationales**

pays/nation/patrie/puissance

la France
l'hexagone
le sol français
le territoire français
la république française

la Grande-Bretagne
le Royaume-Uni
les îles britanniques

l'Australie
la Nouvelle-Zélande
la Nouvelle-Calédonie
les Etats-Unis
les U.S.A.
le peuple américain
outre-Manche
de l'autre côté de la Manche
outre-Atlantique

Attention!: **en** France
en Grande-Bretagne
en Italie
en U.R.S.S.
au Mexique
au Luxembourg

aux Etats-Unis
mais: à Paris, à New York, à Luxembourg-ville, ...

regroupement de plusieurs entités

e.g.: une union, une communauté, une association, une confédération, une fusion, une coalition, une alliance, une collusion:

(a) **géographique:**
l'hémisphère nord/sud, la péninsule hibérique, le continent africain, les îles grecques, l'Amérique du Nord/centrale/du Sud/ latine, les pays scandinaves, le Bénélux ...

(b) **économique, marchande:**
l'Europe, le Marché commun, la C.(E.)E. (Communauté (économique) européenne), les 12 (13/14/15 ...)

les relations nord-sud/est-ouest

les pays industrialisés
les pays sous-développés
les pays en voie de développement
le Tiers-Monde

(c) **idéologique, politique, religieux:**
l'Est   l'Ouest
le bloc socialiste   l'occident
le pacte de Varsovie   l'OTAN
le monde occidental/la civilisation occidentale ou islamique

appartenance/non-appartenance

une adhésion
une appartenance
une entrée

être à l'intérieur de
appartenir à
devenir membre de

un retrait de
un refus d'entrer dans
une démission de

ne pas faire partie de
se tenir à part de
à l'écart de

pays ...   membres
            associés
            alliés
            amis
            participants
            partenaires

pays ...   tiers
            voisins
            ennemis
            neutres
            non-participants
            opposés

décision prise . . .

. . . à l'issue de: une négociation, un entretien, une réunion, un colloque, un sommet, une conférence, un séminaire, une rencontre, un tête-à-tête, des pourparlers, une discussion, une entrevue, une conversation, un débat, une table ronde, . . .

. . . qui: s'est tenu . . ., s'est ouvert . . ., a siégé . . ., a été organisé . . .,

. . . qui a abouti/à débouché sur: un traité, un pacte, un accord, un document, une règle, une disposition, une clause, un programme, une convention, une décision, un amendement, une proposition de loi, un texte, . . .

. . . qui a été: accepté, adopté, signé, conclu, voté, ratifié, . . .

. . . et qui: régit

soumet 'es partenaires

lie

ou **auquel:** ils se plient/se soumettent

. . . rendu public dans: un communiqué, une conférence de presse, une interview télévisée, un rapport, un dossier, les actes, le bulletin (journal) officiel, une déclaration, . . .

rapports, relations, résultats . . .

. . . ont été jugés
. . . se sont révélés/montrés:

positifs	négatifs
fructueux, féconds, utiles, prometteurs, productifs,	infructueux, inutiles, décevants, improductifs, désastreux
amicaux, bienveillants	hostiles
contracter, nouer, cimenter, resserrer, renforcer, consolider, intensifier:	disjoindre, dissocier, diviser, écarter, éloigner, séparer, opposer, diverger, rejeter, suspendre, interrompre
	une amitié, des liens, des rapports, des relations

positifs	négatifs
un accord, une entente, une intelligence,	le désaccord, l'opposition, la désunion, la division,
une coalition, une amitié,	la rivalité,
une concordance: de vues d'opinions,	un conflit, une dispute,
une harmonie,	une mésentente,
la complicité, la connivence,	des heurts(m), la discorde,
une affinité, la conciliation	un antagonisme, la friction
un appui, une aide,	une entrave, un obstacle,
un tribut, un concours,	un frein, une difficulté,
une contribution,	une barrière,
un encouragement	une objection
une réussite, un succès	un rejet, un échec, un désastre
la détente	la guerre froide

▶▶▶▶▶▶ *Ressources linguistiques*

1 **Commencer**
2 **Passer à d'autres points**
3 **S'expliquer**

1 Commencer

Commencer consiste à: A se présenter (à l'oral)
B introduire le sujet
C esquisser un plan
D se lancer

A se présenter

On peut commencer par la forme *Impersonnelle* (c'est-à-dire en employant *C'est ... que ...*):

> (Mesdames, Messieurs) *C'est* avec grand plaisir *que* ...
> *C'est* en tant que ... *que* ...

ou, devant un auditoire de personnes que l'on connaît, on peut commencer plus *personnellement* (c'est-à-dire en employant *je*):

> Permettez-*moi* tout d'abord de me présenter.
> *Je* voudrais d'abord ...

Dans les deux cas (formule *impersonnelle* ou formule *personnelle*) on utilise d'autres formules, presque des clichés, pour indiquer tout le plaisir qu'on ressent à se trouver là:

C'est *avec grand plaisir* que ...
C'est pour moi *un grand honneur* de ...

On marque son appréciation également en employant des formules de politesse telles que:

> Je *voudrais* ...
> Je *devrais* ...   } (verbe au *conditionnel*)
> J'*aimerais* ...

La présentation terminée, vous emploierez le pronom 'nous' (ou même 'on') plutôt que 'je', pour donner à ce que vous dites plus d'objectivité.

B introduire le sujet

On annonce le sujet de l'exposé ou *directement*:

> *La question* que nous allons   traiter ...
> examiner ...
> analyser ...
> *Le problème* soulevé par   l'auteur de cet article ...
> l'écrivain ...
> les personnes interviewées ...

... *ou indirectement*, en parlant d'abord de celui (ou de ceux) qui a (ont) préparé le matériel de base:

> *L'auteur* ...
> *Le correspondant du* Monde ...
> *Monsieur Dupont* ...

suivi immédiatement d'un *verbe* qui décrit son attitude:
> souligne que
> affirme que
> nous assure que

ou d'un verbe qui révèle votre propre attitude:
> prétend que
> veut nous faire croire que

Toutes ces phrases d'ouverture contiennent des *verbes*.

Faites une liste de verbes dont vous pouvez vous servir pour commencer:

C esquisser un plan

Maintenant vous serez amené à utiliser le *temps futur* à la *première personne* (*je*/*nous*), et surtout:

> Je présenterai/   les arguments   dans l'ordre suivant:
> Nous présenterons   faits   (1, 2, 3 ...)
> idées

> Je suivrai   le développement suivant: (1, 2, 3 ...)
> Nous suivrons

N'oubliez pas d'animer votre présentation du plan:
> par des interrogations
> par une citation
> par une définition
> par une anecdote amusante/étonnante

Ajoutez vos propres suggestions et essayez de développer un style personnel.

Revenez maintenant à la *Pratique de l'exposé* au commencement du module (p.00), puis choisissez un des sujets suivants et essayez différentes façons d'entrer en matière.

(a) L'incompatibilité entre la Grande-Bretagne (ou votre propre pays) et la Communauté européenne.

(b) La culture européenne (canadienne, australienne, etc.): une réalité?

(c) Le futur de l'Europe (de votre propre région) dépend des jeunes.

(d) On ne peut pas bien manger en Grande-Bretagne (en Amérique, etc.).

(e) La vie n'est rien sans l'amour d'un chien.

D se lancer

Encore une fois, vous utiliserez *je* ou *nous*, et vous pouvez choisir l'une des formules suivantes:

J'aimerais introduire *dès le début*...
    commencer par...
    parler *d'abord*...
    entamer la discussion...

Je parlerai *pour commencer*...
    présenterai *au commencement*...
    au départ...
    dès l'abord...
    au début...

Commençons si vous voulez par...
Signalons *pour commencer* que...
Disons *tout d'abord* que...
    dès le commencement que...

Les expressions temporelles sont en italique dans les exemples précédents. Trouvez-en d'autres et faites votre propre liste, p.ex.:
    au préalable
    de premier abord
    de prime abord

Commencer: activités ▷ ▷ ▷ ▷

A l'oral

1 Vous devez présenter à un groupe de nouveaux étudiants un compte-rendu du règlement intérieur de l'université.

   ▶ Comment commencez-vous?

2 Vous représentez vos camarades à une réunion du conseil administratif de la section de français. Vous voulez protester contre le travail que l'on vous demande de faire.

   ▶ Vous vous présentez au conseil.

3 Au commencement d'un entretien pour un poste d'interprète le chef de l'entreprise vous demande de vous présenter.

   ▶ Que dites-vous?

A l'écrit

1 Vous rédigez un rapport sur les activités d'une association estudiantine dont vous êtes le président, en vue de l'obtention d'une subvention du syndicat des étudiants.

   ▶ Comment vous exprimez-vous dans vos premiers paragraphes?

2 Une compagnie d'assurances vous demande de préparer le compte-rendu d'un accident de voiture dont vous avez été témoin.

   ▶ Ecrivez le premier paragraphe de votre compte-rendu.

2 Passer à d'autres points

Avant de changer de sujet, vous devriez d'abord *signaler* ce changement, et ensuite présenter le nouveau sujet/nouvel argument.
Le signal peut être de plusieurs types, par exemple:

une expression adverbiale:
En second lieu,...   D'ailleurs,...
D'autre part,...   D'un autre côté,...

ou *un verbe + une expression temporelle:*
  (impératif au pluriel)
Passons   à présent
Explorons   maintenant
Ajoutons   + (encore) que
Notons   en même temps que
Venons-en   à présent
Parlons
Rappelons

ou *un verbe impersonnel:*
Il faut maintenant   + rappeler
Il est nécessaire de   explorer
              ajouter
              passer à
Il ne faut pas   oublier que...
   faudrait pas   perdre de vue
Il est vrai/clair cependant que
Il importe maintenant de

ou *un substantif:*
Une autre considération   qu'il ne faut pas perdre de vue...
Un autre aspect
        exemple
Autre chose   qui peut nous intéresser
     problème
     question
     remarque   à faire

Passer à d'autres points: activités ▷ ▷ ▷ ▷

1 Dans le texte no. 4, au commencement des paragraphes 4 et 5, Christine Fauvet-Mycia signale clairement son intention de changer de sujet: "Plus simplement, sans doute, *faut-il revenir à...*" (4.4); "Sans doute *convient-il aussi de souligner ...*" (4.5)

▶ Remplacez ces expressions par d'autres qui signalent aussi un changement de sujet.

2 Dans le cadre d'un exposé sur l'Europe, liez les paires de phrases suivantes, **A**, **B**, et **C**, par une expression ou une phrase qui signale votre intention de changer de sujet:

▶ **A**

(*i*) Un marché commun est l'inclusion dans un large ensemble des sources d'approvisionnement et des débouchés de plusieurs partenaires. (Définition d'un marché commun).

(*ii*) Plus un marché est vaste, plus l'équilibre régional est facilité par la répartition des tâches, mieux les entreprises peuvent se spécialiser. (Fonctionnement d'un marché commun).

▶ **B**

(*i*) Dans la zone de libre-échange, les participants échangent librement leurs produits. (Définition no. 1).

(*ii*) Dans une union douanière il est établi un tarif commun, et les contrôles internes deviennent inutiles. (Définition no. 2).

▶ **C**

(*i*) Qu'il serait merveilleux que disparaissent toutes les différences, toutes les frontières qui divisent la terre depuis toujours. (Thème des rêves).

(*ii*) Les réalités sont là, et suivant qu'on en tienne compte ou non, la politique peut être un art fécond ou bien une vaine utopie. (Thème de la réalité).

3 S'expliquer

On 'reformule' ou explique ce qu'on a dit

(i) soit: pour traduire en d'autres termes mieux connus de son auditeur (*S'expliquer*, Module 1).

(ii) soit: pour *insister* sur l'importance ou la validité de son argument (*Nuancer*, Module 5).

On dit donc *deux fois* la même chose, mais dans un but précis.

Si vous voulez *reformuler* ce que vous venez de dire, parce que vous croyez avoir été mal compris, excusez-vous en utilisant

ou bien: une des formules *personnelles* (*je*) suivantes:

Je me suis peut-être mal expliqué. *Je voulais dire que ...*
Je ne sais pas si je me suis fait bien comprendre. *J'entends par là ...*
Je ne sais pas si j'ai été clair. *Je veux dire que ...*

ou bien: une formule *impersonnelle*:

l'Angleterre, *plus précisément*, la Grande-Bretagne
plus exactement,

Si l'on veut "traduire" ou élucider, on dispose de plusieurs formules que l'on peut insérer entre la première et la deuxième présentation de son argument.
Deux verbes sont très utiles: *entendre* et *vouloir dire*

J'entends par là ... que l'on devrait apprendre aux jeunes l'importance de l'Europe.
J'entends par ... "marché commun" l'inclusion des sources d'approvisionnement et des débouchés de plusieurs partenaires.
Je veux dire que ... Londres avait refusé de participer à l'élaboration du traité de Rome.

Par modification ... *je veux dire* une transformation radicale de la Grande-Bretagne.

On peut utiliser également le verbe *signifier:*
Cela *signifie* pour moi que ... c'est d'une vaste et profonde mutation qu'il s'agit.

A chaque fois *vous* êtes présent dans ces explications (*je/moi*).

Vous pouvez également utiliser une formule plus *impersonnelle:*

un marché commun,	*bref,*	une communauté européenne
	c'est-à-dire,	
	en somme,	
	en un mot,	
	au sens de,	
	autrement dit,	
	une espèce de	
	disons plutôt	

Ajoutez à cette liste d'autres expressions que vous avez trouvées utiles.

S'expliquer: activités ▷ ▷ ▷ ▷

 1 ▶ Insérez entre la première et la deuxième de ces reformulations du texte no. 4, une expression qui indique votre intention:

par exemple:

la création . . .	c'est à dire	la réalisation
Une identité collective		une certaine idée de l'homme (S. Weil)
La culture européenne		mélange indéfinissable (S. Weil)
La culture européenne		la plus haute expression de l'histoire de l'homme (J-M Le Pen)

2 Dans le texte no. 2, aux paragraphes 6, 7, et 8 (deux fois) des parenthèses sont utilisées pour encadrer une reformulation.
   ▶ Pouvez-vous présenter ces reformulations d'une ou de plusieurs façon(s) différente(s)?

3 Christine Fauvet-Mycia, dans le texte 4, a construit son paragraphe 4 sur une série de reformulations (ou plutôt de développements) de *quatre* idées de base: nostalgie, impatience, inquiétude, orgueil.
   ▶ Récrivez ce paragraphe en employant une variété d'expressions qui signalent l'intention de reformuler ces quatre idées de base.

MODULE 2 L'EXPOSÉ (2)

Le Choc des cultures

COLISEVS SI VE THEATRVM

Pratique de l'interprétation bilatérale

Texte 1 (vidéo):	**Formation linguistique et intégration culturelle**
Texte 2 (écrit):	**L'Intégration des assistants dans les écoles**
Texte 3 (écrit):	**Les Enfants d'immigrés dans les écoles (1)**
Texte 4 (écrit):	**Vacances à l'anglaise**
Glossaire:	**Les Relations sociales (1).**
Ressources linguistiques:	**Donner un exemple**
	Résumer
	Illustrer

Collage-vidéo: **"Par exemple..."**

 **Pratique de l'interprétation bilatérale**

L'exercice d'interprétation

Dans l'interprétation bilatérale, l'interprète sert d'intermédiaire entre deux personnes de langues différentes. L'exercice comprend deux étapes: le transcodage d'un message de l'anglais au français, suivi du transcodage de la réponse, du français à l'anglais.

En dehors de toute préparation pour la profession d'interprète, l'emploi de l'interprétation bilatérale n'est plus contesté dans l'apprentissage d'une langue à un niveau avancé. Il nous aide à identifier les différences entre les structures des deux langues. Il constitue surtout un excellent moyen pour créer une compétence de communication.

La fonction primaire de la plupart des activités communicatives est d'encourager l'étudiant à utiliser ses propres ressources linguistiques. Il est ainsi amené à augmenter, à renforcer et à contextualiser ces ressources. L'exercice d'interprétation bilatérale offre les mêmes possibilités, avec le bénéfice supplémentaire de nous confronter à des situations linguistiques précises, et de nous obliger de plus à justifier nos choix grammaticaux et lexicaux.

L'étape initiale de l'exercice ▷ ▷ ▷ ▷

Tel qu'il est exploité dans les premières rencontres d'*En fin de compte...*, l'exercice met en scène des entretiens entre deux enseignants, l'un de langue anglaise, l'autre de langue française (le lecteur ou la lectrice par exemple). Lors de ces premiers exercices d'interprétation, l'anglophone se limite à poser de brèves questions en anglais auxquelles le francophone fournit des réponses plus étoffées en français. L'exercice exploite systématiquement la matière et le lexique d'un texte donné, amenant par-là l'étudiant à préparer le texte, les idées y contenues, et les ressources linguistiques employées par l'auteur. Un document (identifié par '(1)') a été choisi dans chaque module pour servir de point de départ à un exercice d'interprétation.

Deuxième étape ▷ ▷ ▷ ▷

Une fois cette compétence acquise, une deuxième étape comportera une progression vers des discussions plus étoffées et plus développées entre les deux enseignants, toujours sur des sujets se rapportant à chaque module. Les interventions en anglais et en français seront d'une importance comparable. Les étudiants ne pourront plus désormais se reposer entièrement sur les textes du module pour le lexique ou le contenu. Ils seront donc encouragés à demander aux enseignants de répéter ou de clarifier certains points de leurs interventions. Celles-ci comporteront d'autre part l'expression de formes plus complexes telles que l'accord, le désaccord, la persuasion, la réserve etc... Les éléments de structure (reflétant la cohérence du discours comme la conséquence, la transition, la digression par exemple) sont eux aussi exploités de façon beaucoup plus approfondie.

(NB)

Au début de l'interview ou de la discussion l'étudiant présentera les interlocuteurs (noms, détails de leur fonction...) et indiquera la pertinence de ces renseignements dans la situation donnée. Chaque entretien devra, d'autre part, être conclu de façon formelle (remerciements, expression du désir de rencontres futures etc...)

Conseils pratiques

Afin de réussir votre interprétation, il vous est recommandé de suivre ces conseils:

▶ Limitez-vous à communiquer uniquement les mots- et idées-clefs de chaque question et réponse.

▶ Evitez à tout prix la traduction mot à mot.

▶ Si le sens d'un mot important ou de toute une phrase vous échappe:
   – demandez au locuteur de répéter.
   – demandez au locuteur de vous en expliquer la signification.

▶ Si un terme ou une expression vous manque pour exprimer en français l'idée-clef de l'intervention, essayez de trouver une autre façon de l'exprimer. Ceci est généralement possible.

▶ Evitez la prise de notes à moins d'avoir à communiquer des noms propres, des chiffres, des dates etc., l'exactitude étant alors indispensable.

▶ Choisissez soit la première personne (*je*) soit la troisième personne (*Monsieur X., Madame Y., il, elle*); mais soyez conséquent et utilisez soit l'une soit l'autre de ces deux solutions pendant toute la durée de l'exercice. Les deux sont acceptables et vous découvrirez rapidement laquelle vous vient le plus facilement.

Formation linguistique et intégration culturelle

(Extraits de la vie d'un centre d'enseignement du français langue étrangère: Le CAFOL (Centre d'Accueil et de Formation Linguistique). Le directeur, Monsieur Lefort, et l'une des enseignantes, Hélène Cabut, nous parlent des problèmes culturels qui se posent à leurs étudiants lors de leur arrivée en France).

Activités d'analyse —————————————

Réseaux thématiques ▷ ▷ ▷ ▷

1 Il existe différents termes pour désigner professeurs et étudiants.
  ▶ Relevez ceux utilisés dans le document vidéo et tentez d'en trouver d'autres.

2 Le thème central du document est celui des problèmes dus au choc culturel auquel sont confrontés les étudiants arrivant au Centre.

  ▶ Repérez dans le document les mots et expressions qui expriment la notion du problème.
  ▶ Etablissez une liste de tous les termes montrant les efforts faits par le Centre pour pallier ces problèmes.

3 François Lefort et Hélène Cabut parlent tous deux des réactions des étudiants face à ce choc culturel, réactions qui peuvent être négatives ou positives.

  ▶ Relevez tous les éléments qui font partie de l'un ou l'autre réseau: *aspects négatifs* ou *aspects positifs*.

Repères structuraux ▷ ▷ ▷ ▷

1 Dans la première partie du document, l'on voit certaines personnes donner des ordres ou des conseils à d'autres (Monsieur Lefort parlant aux enseignants, le coordinateur aux étudiants).

  ▶ Relevez les structures linguistiques utilisées à cet effet.

2 François Lefort et Hélène Cabut utilisent tous deux la technique de l'énumération, par exemple:

Annonce: Ils sont de plusieurs ordres ces problèmes:
Enumération: il y a déjà...
              également...
              et puis...
Rappel de la structure: c'est le premier point

  ▶ Pouvez-vous trouver d'autres structures similaires dans le document vidéo?

3 Les personnes interrogées s'efforcent souvent de souligner l'importance de tel ou tel problème.

  ▶ Relevez les techniques, expressions ou structures utilisées pour mettre en relief un point particulier.

4 Hélène Cabut utilise l'expression *quitte à* dans *quitte à renier leur propre culture*.

  ▶ Imaginez une autre phrase qui utilise cette expression et en montre clairement la fonction.

Activités communicatives —————————————

A l'oral ▷ ▷ ▷ ▷

Exposé

Des enseignants d'anglais langue étrangère dans votre pays organisent un stage linguistique pour des groupes d'étudiants adultes étrangers. Ils sont soucieux de contourner tous les problèmes sociaux et personnels rencontrés par l'étudiant arrivant dans un pays étranger et se sentant dépaysé, dévalorisé etc. Ils espèrent par-là aider l'étudiant à profiter au maximum de l'enseignement et du séjour.

§2 Le directeur du stage vous invite à parler aux enseignants de vos expériences personnelles à l'étranger et notamment des méthodes employées par le CAFOL (Centre d'Accueil et de Formation Linguistique, Université de Nancy) que vous venez de visiter (et dont on parle dans la vidéo).

Activité: Vous indiquez brièvement le genre d'accueil adopté par le CAFOL, avant de signaler les principales leçons à tirer de leur expérience.

Déroulement du cours: 1 Les étudiants se répartissent en sous-groupes de 2 ou 3 pour discuter les éléments à souligner (10 minutes).

2 Le directeur du stage (un étudiant désigné à l'avance) explicite l'objet de la réunion et invite les rapporteurs des sous-groupes à prendre la parole à tour de rôle pour proposer leurs suggestions, en s'appuyant sur l'expérience du CAFOL.

3 A la conclusion des rapports le groupe tout entier fera l'évaluation des mesures proposées, en offrant une définition du *choc de culture* tel qu'il existe en réalité.

4 Le directeur fera le bilan de la discussion.

A l'écrit ▷ ▷ ▷ ▷

1 Guide du directeur de cours d'anglais pour étrangers

En vous basant sur la discussion, vous écrivez un rapport destiné à servir de guide à des directeurs de cours d'anglais pour étrangers dans votre pays. Vous basez vos conseils tant sur la discussion que sur votre propre expérience. Evitez cependant de tomber dans l'anecdote et souvenez-vous de rédiger vos conseils dans un format pratique et concis. Il s'agit surtout d'indiquer aux organisateurs les principaux problèmes à éviter et quelques solutions utiles.

2 Journal de bord

Cet exercice établit une activité qui continue tout au long de l'année. Elle est destinée à encourager l'étudiant à développer un style d'écriture personnel sur des matières qui l'intéressent personnellement.

Le journal de bord ('log book') est un journal intime, où l'étudiant compose des notes sur différentes matières qui l'intéressent en tant qu'individu. Le choix des sujets est entièrement personnel à condition d'être susceptible de l'intéresser encore d'ici quelques années, si jamais le journal lui retombe sous la main.

L'étudiant est appelé à traiter au moins un sujet qui fait couler l'encre dans la presse. Puisque l'écriture du journal sera reprise par intervalles, ce sujet est susceptible de développement ou d'expansion. Il ne doit nullement dominer les autres contributions, mais stimuler un intérêt suivi à la presse quotidienne, hebdomadaire ou mensuelle.

Le journal sera remis à l'enseignant deux ou trois fois au cours de l'année.

Il est conseillé de limiter les contributions à une moyenne de 10 à 15 pages par trimestre, et de varier le style et le ton suivant le sujet traité. Chaque sujet occupera soit plusieurs lignes, soit une ou deux pages. Une activité valable ne doit nullement devenir un travail surhumain.

Le journal sert à renforcer la capacité d'écrire dans un style communicatif et discursif et à écrire en son propre nom. Il reste l'un des rares domaines où l'étudiant fixe lui-même l'objet de ses études.

L'Intégration des assistants dans les écoles

(Ce texte est tiré du dossier officiel destiné aux assistants étrangers en France et publié par le Ministère de l'Education nationale. La principale intention des activités proposées est de faire appel à l'expérience personnelle de ceux parmi les étudiants qui ont passé une année scolaire en tant qu'assistant(e) ainsi qu'à celle de ceux qui ont eu un assistant ou une assistante francophone dans leur lycée. Il leur sera demandé entre autres choses de commenter le document existant et d'y proposer des modifications par rapport à leur vécu.)

V. ORGANISATION PÉDAGOGIQUE DU TRAVAIL DE L'ASSISTANT

30. L'ASSISTANT ET LES MEMBRES DU PERSONNEL DE L'ÉTABLISSEMENT

L'assistant travaille, bien entendu, en très étroite collaboration avec les professeurs de langues vivantes. Dans certains établissements un professeur coordonnateur est plus spécialement chargé d'orienter et de conseiller les assistants. L'assistant ne doit pas hésiter à se faire connaître de tous les professeurs chargés de l'enseignement de sa langue et à leur demander les directives utiles.

Il est également essentiel pour lui de faire progressivement la connaissance des diverses personnes qui, au sein de l'établissement, remplissent des fonctions administratives : le censeur, les conseillers d'éducation, l'agent comptable. Les professeurs de toutes disciplines pourront, quant à eux, l'aider à mieux s'intégrer dans la vie française et feront peut-être appel à lui pour l'organisation d'activités dans le cadre des 10% du temps pédagogique. L'assistant pourra demander l'autorisation d'assister à certains cours de français, d'histoire, de philosophie, de façon à en tirer un bénéfice linguistique ou culturel. C'est dans la salle des professeurs qu'il est le plus facile de rencontrer des collègues français de toutes disciplines.

Enfin, l'assistant nouera sans doute des liens d'amitié avec ceux de ses collègues qui sont les plus proches de lui par l'âge et les préoccupations, puisqu'ils sont encore souvent en cours d'études : les maîtres auxiliaires, les surveillants d'externat ou les maîtres d'internat. Grâce à eux, il pourra être orienté vers des activités périscolaires de tout ordre et des formes de loisirs qui font partie intégrante de l'expérience de la vie en France, qu'il s'agisse de sport, de spectacle, d'excursions ou simplement de rencontres amicales.

31. L'ASSISTANT ET L'INSPECTION DES LANGUES VIVANTES

Lors d'une inspection dans un établissement, l'Inspecteur général ou l'Inspecteur pédagogique régional de la langue vivante concernée peut demander à voir l'assistant pour s'informer de son travail et de la manière dont est organisée sa collaboration avec les professeurs.

32. SOURCES DE DOCUMENTATION PÉDAGOGIQUE

Il est vivement conseillé à l'assistant de rassembler avant son départ pour la France des documents (photos, articles de journaux, diapositives, affiches, disques, plans...) sur son pays, sa ville, sa région, car l'une de ses activités principales sera l'initiation à la civilisation contemporaine de son pays sous les formes les plus variées.

Dès l'arrivée dans son établissement français d'affectation, l'assistant aura grand intérêt à se présenter à la documentaliste et au bibliothécaire qui lui donneront tous renseignements sur les ressources de l'établissement susceptibles de l'aider dans ses tâches et de diversifier ses activités pédagogiques : magnétophone, électrophone, projecteur, tableau de feutre, livres, disques, collections de diapositives, bandes magnétiques, cartes, etc.

Les services culturels ou touristiques des ambassades du pays d'origine disposent également d'un service de documentation et d'un service de prêt (livres, films, diapositives...). L'assistant aura donc intérêt à se mettre rapidement en relation avec ces différents services (cf. ch. VIII : Adresses utiles).

33. FOYER SOCIO-ÉDUCATIF ET ACTIVITÉS SPORTIVES

Dans un grand nombre d'établissements, notamment ceux qui comportent un internat, il existe un foyer socio-éducatif. Diverses activités peuvent être gérées par ce foyer (club de théâtre, de langues, d'échecs, de photos, ciné-club, sorties pédagogiques, etc.). L'assistant peut y trouver sa place. De même, il lui sera peut-être possible de participer aux sports d'équipe pratiqués dans l'établissement. Il est donc préférable qu'il s'informe, le plus tôt possible, de toutes ces facilités.

Activités d'analyse

Réseaux thématiques ▷ ▷ ▷ ▷

1 Le texte traite principalement des liens qui devraient se créer entre l'assistant et les différentes personnes ou organismes avec lesquels il peut se trouver en contact lors de son séjour en France.

▶ Identifiez ces personnes en indiquant à quelle catégorie elles appartiennent et relevez d'autre part tous les termes indiquant le rôle, professionnel ou autre, que ces personnes joueront dans la vie de l'assistant.

contacts	*rôle joué*
les membres du personnel	. . .
les professeurs de langues vivantes	. . .
un professeur coordonnateur	*chargé plus spécialement d'orienter et de conseiller*

▶ Dressez une liste de tous les verbes ou locutions verbales exprimant le genre de rapport que l'assistant devrait tenter d'établir avec ces personnes.

2 L'assistant aura, bien entendu, certaines responsabilités professionnelles pour lesquelles une préparation peut s'avérer nécessaire, mais il pourra, de plus, enrichir son séjour en participant à d'autres activités.

▶ Relevez les termes se rapportant à ces trois catégories: *responsabilités*; *préparation*; *activités diverses*.

Repères structuraux ▷ ▷ ▷ ▷

1 La première partie du texte peut être divisée en quatre parties.

▶ Quels sont les moyens employés par l'auteur pour imposer cette structure?

2 L'objet principal de ce document est de donner certains conseils et certaines directives au futur assistant.

▶ Relevez les différentes formes linguistiques utilisées dans le texte pour introduire ces conseils et ces instructions.

3 L'auteur utilise à de nombreuses reprises le futur.

▶ La valeur de ce temps est-elle toujours la même dans le texte?

4 On trouve par deux fois l'adverbe *également* utilisé pour introduire un point nouveau. Une autre expression ayant la même fonction apparaît, elle aussi, dans le texte.

▶ Trouvez-la.

5 On notera l'utilisation de *bien entendu*, *qu'il s'agisse*, et de *notamment*.

▶ Montrez, en identifiant leur fonction, comment ces termes contribuent à la cohésion du texte.

Activités communicatives ──────────

A l'oral ▷ ▷ ▷ ▷

Rapport oral

Contexte: A Paris, la section du Ministère de l'Education nationale responsable de la coopération et des relations internationales a émis le désir de revoir le dossier remis aux étudiants de votre pays à leur arrivée en France. Le bureau français demande à ceux qui ont fait un stage en France, comme étudiant ou assistant, de soumettre un court rapport écrit résumant les principaux problèmes auxquels ils ont été confrontés pendant leur séjour. Une réunion est convoquée dans votre université pour que votre groupe constitue un dossier commun et soumette un rapport identifiant les aspects de leur séjour qu'ils ont jugés les plus, et les moins utiles.

Activité: L'activité consiste en une réunion où les participants présenteront chacun un rapport verbal sur les aspects de leur séjour en France relatifs au rapport demandé. Cette discussion servira plus tard à la rédaction d'un rapport écrit.

Préparation: Après lecture du texte (*Organisation pédagogique du travail de l'assistant*):

▶ Vous identifierez, d'après votre expérience personnelle, les 3 ou 4 problèmes que vous jugez les plus instructifs. Vous mettrez l'accent sur les problèmes relatifs à votre adaptation aux *institutions scolaires françaises* et aux *méthodes d'enseignement* pratiquées dans ces établissements.
▶ Vous passerez par la suite aux *aspects domestiques et pratiques*.
▶ Vous noterez en plus les différentes *idées reçues sur les étrangers* que vous avez pu déceler chez vos élèves, collègues et amis français.

Déroulement du cours: Au départ la classe se divise en sous-groupes pour identifier les principaux problèmes rencontrés aux cours de leur stage (15 minutes). Chaque groupe désignera son rapporteur avant d'entamer la discussion.

▶ Réunion plénière pour la présentation des rapports des sous-groupes.
▶ Mise en commun de 10 minutes pour faire le bilan des principales idées proposées dans les rapports et pour concerter une stratégie de réponse à la demande du Ministère.

A l'écrit ▷ ▷ ▷ ▷

1 Rapport

A la conclusion de la réunion, chaque étudiant rédigera un rapport écrit résumant le plus fidèlement possible les décisions prises, et les principaux arguments cités (600–800 mots). Le rapport s'adresse au Ministre, et est écrit dans une langue soignée, sous forme de mémoire.

2 Article de journal

Ayant étudié les documents reçus, le Ministère de l'Education nationale se déclare satisfait du document actuel et opposé à la révision, dont il ne voit plus la nécessité.

Vous écrivez un court article pour être inséré dans un journal français, *appuyant* ou *opposant* cette décision. (Vous félicitez le Ministère du succès des arrangements existants, OU alternativement, vous déplorez cette passivité, en encourageant le Ministère à revenir sur sa décision négative.)

Quelle que soit votre approche, votre article s'appuiera sur les faits, tels qu'ils vous sont connus.

Les Enfants d'immigrés dans les écoles

(Ce texte offre un point de vue peut-être inattendu sur le problème des jeunes immigrés dans les écoles. Si l'opinion présentée est diamétralement opposée à celle citée dans la presse ou ailleurs, elle nous force le plus souvent à repenser nos propres attitudes.)

Plus de quatre millions d'étrangers vivent en France et, en majorité souhaitent y rester. Peut-on les intégrer? La réponse à cette question simple mais cruciale se trouve en partie dans les salles de classe: c'est là, au milieu d'enfants de leur âge, qu'un million de jeunes immigrés entrent – ou n'entrent pas – dans le moule culturel français et découvrent – ou rejettent – "nos ancêtres les Gaulois".

Les élèves étrangers représentent 8,7% des effectifs du premier et du second degré. *Leur proportion augmente chaque année et continuera de croître, malgré la fermeture des frontières,* puisque *la fécondité des couples immigrés est plus forte que celle des Français.* Le phénomène peut passer inaperçu dans une académie comme Rennes où les écoles primaires ne comptent qu'un étranger sur cent élèves, mais comment l'ignorer à Paris où la proportion moyenne est d'un sur quatre?

Pour échapper à des écoles *"pleines d'immigrés",* des familles de la région parisienne déménagent ou mettent leurs enfants dans des établissements privés. Statistiquement, le phénomène est indémontrable, mais il n'échappe à personne. Le réduire à du racisme serait puéril: ces parents sont généralement persuadés que *les étrangers perturbent les classes, font baisser le niveau scolaire,* et que leurs enfants sont pénalisés.

Cas limite: Sur trois cent sept élèves, le collège de la rue de la Fontaine-au-Roi, dans le onzième arrondissement, compte cent trente et un étrangers (de vingt-sept nationalités différentes). Et, dans ce chiffre, ne figurent naturellement ni les vingt enfants originaires des DOMTOM ni les dizaines de naturalisés maghrébins de la "seconde génération".

On s'attendrait à une poudrière. C'est un homme souriant, d'une désarmante sérénité, qui dirige cet établissement. M. André Desveaux n'en revient pas lui-même du bon climat qui y règne. "Les murs sont délabrés, on n'y a pas donné un coup de pinceau depuis vingt ans, mais, ici, les élèves vous disent: "Bonjour, monsieur le directeur", les parents vous font une confiance totale, et les professeurs ne demandent pas à être mutés. Aucune tension raciale, aucun clan à en croire M. Desveaux: "Français ou étrangers, les élèves sont unis parce *qu'ils connaissent généralement les mêmes difficultés sociales ou familiales."*

Trop beau? En tout cas, l'atout principal de cet établissement semble être sa petite taille. Ayant des effectifs limités, les professeurs sont très *proches des élèves.* Ici, pas d'option de grec ni de latin, mais des heures supplémentaires de français pour tous. Revers de la médaille: les élèves sont généralement plus âgés que la moyenne (ce qui complique les relations avec leurs camarades français) et trop peu nombreux à s'orienter vers le second cycle long après la classe de troisième.

Même problème de niveau au collège Romain-Rolland de Clichy-sous-Bois (Seine-Saint-Denis), qui compte 55% d'étrangers. Sur cent élèves, trente-neuf à peine atteignent la seconde. "Ce n'est pas une affaire de Français ou de non-Français," affirme la directrice, Mme Michèle Amiel. "Les difficultés sont d'origine sociale."

Pas toujours, cependant. On constate que des enfants maghrébins, très tenus par leur famille, sont premiers en classe dans le primaire. *Leurs performances scolaires baissent sensiblement au collège,* car à cet âge, ils sont souvent *livrés à eux-mêmes,* et certains *basculent dans la délinquance.* En revanche, les filles maghrébines ou turques, qui ne sortent pas de la maison, ont de meilleurs résultats...

A Romain-Rolland, la cohabitation de vingt nationalités différentes "se passe plutôt bien", même si le corps enseignant a "quelques préoccupations". Le foyer socio-éducatif, notamment, n'est dirigé que par des élèves étrangers. Côté français, il y a eu des plaintes pour "bousculades".

Quelques précautions se révèlent indispensables. Il est prudent, par exemple, de ne pas mettre côte à côte des Turcs musulmans et des Turcs chaldéens. La directrice ne fera plus l'erreur de fixer comme punition à un élève maghrébin le nettoyage de la cour de récréation, pour ne plus s'entendre dire par un enfant au bord des larmes: "Madame, mettez-moi une retenue chaque jour si vous voulez, mais je ne suis pas un éboueur." *Soucieux de ne pas provoquer* de châtiments trop sévères à la maison, les enseignants ont appris aussi à ne convoquer des parents maghrébins à l'école qu'en cas de vraie nécessité...

Les étrangers réussissent-ils moins bien à l'école que les Français? Oui et non. Si l'on s'en tient aux chiffres bruts, l'écart est incontestable: *les classes de rattrapage du premier degré (dites d'adaptation et de perfectionnement) comptent respectivement 22,2% et 17,8% d'élèves d'origine étrangère.*

Mais, si l'on tient compte *du lieu de naissance, ces chiffres varient considérablement:* les étrangers nés en France n'ont pas de résultats très inférieurs à ceux des Français, alors que les étrangers nés hors de France sont loin derrière. L'âge d'entrée en sixième l'illustre de manière éclatante: 8,6% des Français ont treize ans ou plus à ce stade de la scolarité – c'est-à-dire au moins deux ans de retard, – mais c'est le cas de 9,3% des étrangers nés en France, et 34,5% des étrangers nés dans un autre pays.

Si, dans l'ensemble, les enfants d'origine étrangère réussissent moins bien que les Français, il n'y a guère de différence à catégorie socioprofessionnelle égale. On s'aperçoit même que la proportion d'élèves arrivés *en terminale* est légèrement plus forte chez les étrangers nés en France que chez les Français de la même catégorie professionnelle. *Ce résultat inattendu peut s'expliquer de deux manières. Soit les immigrés nés en France travaillent davantage parce qu'ils considèrent les études comme une sécurité et un moyen de promotion sociale. Soit les statistiques sont faussées par certains paramètres:* les élèves étrangers seraient favorisés par une urbanisation plus forte que la moyenne, et leurs parents, classés comme OS, auraient parfois une formation plus élevée.

La politique du Ministère de l'Education nationale *se fonde sur un principe simple: il ne faut pas marginaliser les enfants d'origine étrangère en les mettant dans des classes spéciales; c'est toute l'école qui doit s'ouvrir à la diversité culturelle de la société.* ▶

"L'objectif est de former des enfants *parfaitement intégrés* en France et qui n'auraient pas honte de leur origine," explique M. Pierre-Yves Duwoye, conseiller technique auprès du ministre. "Il s'agit de donner à ces enfants des clefs pour vivre dans notre société. En leur évitant une rupture avec le milieu familial, on leur garantit un certain équilibre qui est un facteur de réussite scolaire."

Cette politique a été introduite par étapes depuis le début des années 70. On a commencé par mettre l'accent sur l'apprentissage du français, en créant des "classes d'initiation" (dans le premier degré) et des "classes d'adaptation" (dans le second degré). Puis on s'est soucié de la formation de certains maîtres appelés à s'occuper d'élèves étrangers. Enfin, a été mis en place un "enseignement des langues et cultures d'origine", soit dans le cadre des horaires normaux, soit sous forme d'activités scolaires différées.

Une nouvelle expression a vu le jour: la "pédagogie interculturelle". Elle a été mise à toutes les sauces sans que l'on sache toujours ce qu'elle recouvre exactement. Dans beaucoup de classes, des activités "interculturelles" ont été introduites. On ne compte plus les mères maghrébines qui viennent préparer des pâtisseries à l'école.... "Le plus facile à faire, c'est le folklore, la pédagogie du couscous," remarque Mme Michelle Huart, membre de la direction des écoles au ministère. "Pourquoi pas? Mais il ne faut pas s'arrêter là."

La pédagogie interculturelle se heurte, en fait, à de nombreux obstacles. L'impréparation des maîtres n'est pas le moindre. Ce sont souvent de très jeunes instituteurs qui sont affectés à des quartiers "chauds", dont les plus anciens ne veulent pas. Mais c'est surtout l'absence d'un véritable consensus sur cette pédagogie interculturelle qui amène les enseignants à "marcher sur des oeufs". Accueillir un million d'élèves étrangers dans le système scolaire est, en effet, d'autant plus difficile que les Français sont très divisés sur l'immigration.

Un énorme problème? Sans doute, mais aussi une chance, dit-on, au Ministère d'Education nationale. D'une part, les étrangers sont susceptibles d'enrichir l'école, y compris dans les méthodes. "On s'est aperçu notamment que la manière d'enseigner le français à des non-francophones pouvait être transposée, avec des aménagements, à l'enseignement du français à tous les élèves", affirme Mme Huart. D'autre part, la présence d'un million d'étrangers est un excellent révélateur du système scolaire – de ses défauts comme de ses qualités. Les petits immigrés ne sont pas les seuls, par exemple, à se sentir étrangers à la langue française, telle qu'elle est enseignée à l'école.

Enfin, la présence d'enfants "différents" dans les classes peut faire prendre conscience à ceux qui l'ignoraient que chaque élève, étranger ou français, a sa spécificité (sociale, familiale, psychologique, etc.), et qu'il est impossible de ne pas en tenir compte au nom d'une hypothétique égalité.

ROBERT SOLÉ.   Le Monde, *11 février 1985.*

Activités d'analyse

Réseaux thématiques ▷ ▷ ▷ ▷

1 L'article traite de l'intégration des enfants d'immigrés dans le système scolaire français, intégration que l'auteur et le gouvernement considèrent comme étant une des étapes essentielles à une meilleure intégration de toute la population d'origine étrangère dans la société française. Une partie de la population française, cependant, ne partage pas cette vue.

▶ Identifiez les termes qui se rapportent à chacune des deux attitudes:
opinions de certains parents; politique gouvernementale.

2 A propos du thème de la réussite scolaire, l'auteur relève des différences, non seulement entre enfants d'origine française et enfants d'origine étrangère mais également au sein des enfants immigrés.

▶ Identifiez ces différences:
français/étrangers; étrangers/étrangers.

3 Certains facteurs de nature purement pédagogique peuvent avoir une profonde influence soit négative, soit positive, sur le taux de succès de l'intégration des enfants de cultures différentes dans l'école française.

▶ Dressez une liste des termes qui peuvent entrer dans chacune des deux catégories:
facteurs positifs; facteurs problématiques.

Repères structuraux ▷ ▷ ▷ ▷

1 Comparer, c'est rapprocher des éléments pour montrer s'il existe un rapport d'équivalence ou de différence entre eux.

▶ Quel rapport unit les faits liés par l'expression *le revers de la médaille* et les articulateurs *en revanche* (paragraphe 8) et *alors que* (12)?
▶ Suggérez d'autres façons d'exprimer la même relation. Pourrait-on substituer *au contraire* à *en revanche*? (8).

2 Les Français sont traditionnellement friands des démonstrations en trois parties (comme la fameuse *thèse, antithèse, synthèse*). Le paragraphe 16 offre un exemple de raisonnement à trois étapes: (*commencer par, puis, enfin*).

▶ Trouvez dans le texte un autre exemple de cette technique et identifiez les termes utilisés pour introduire chacun des trois points.
▶ Les termes utilisés dans ce second exemple possèdent également une autre signification bien spécifique. Quelle est-elle?

3 Dans l'exemple suivant l'auteur utilise la comparaison et l'insistance pour illustrer son point de vue: "Accueillir un million d'élèves étrangers dans le système scolaire est, en effet, d'autant plus difficile que les Français sont très divisés sur l'immigration." (18).

▶ Quelle est la relation logique entre l'information introduite par "d'autant plus... que" et celle contenue dans la proposition précédente?
▶ Identifiez dans le texte les différentes expressions pour exprimer cette relation.

4 L'auteur utilise de nombreux exemples pour illustrer son point de vue tout comme il utilise des statistiques pour lui donner plus de poids.

▶ Quelle forme d'exemple l'auteur choisit-il pour illustrer son propos de la façon la plus convaincante possible?

Activités communicatives ——————

A l'oral ▷ ▷ ▷ ▷

1 Exposé

Contexte: Vous avez été invité par un groupe d'assistants français dans votre propre pays à participer à une réunion sur les prétendus problèmes posés par la présence d'enfants d'immigrés du Maghreb, du Portugal, ou de réfugiés politiques dans les écoles. L'opinion générale dans le monde extérieur semble être que le problème est sérieux et irréversible, en France comme ailleurs. Vous basez votre intervention OU sur une année passée en France comme assistant(e), **ou** sur l'article de Robert Solé dans *Le Monde*.

Activité: On vous demande de faire un court exposé de la situation en France, telle que vous avez pu l'observer vous-même, ou telle que Robert Solé l'a décrite.

Déroulement du cours: Il conviendra donc:

▶ de situer l'étendue et les limites du problème dans les écoles françaises ainsi que de présenter ce qui a été fait pour tenter d'y remédier.

▶ de dire si vos observations ou lectures nous forcent à réexaminer le problème.

▶ un président de séance, désigné au départ, fera le bilan de la discussion, dans le but de chercher s'il y a un consensus dans votre groupe pour appuyer tel ou tel point de vue.

2 *Interprétation bilatérale*

Activité: Une directrice d'école britannique, Mme. Alison Furnace, interroge son homologue français, M. Jean-Philippe Maître, sur les problèmes posés par la présence d'enfants immigrés dans les lycées français.

Préparation: Dans cet exercice vous serez appelé à interpréter de français en anglais, et d'anglais en français, entre des personnes pour qui — pour les besoins de l'exercice — toute communication est exclue sauf par votre intermédiaire. L'interviewer anglophone se limite à poser de courtes questions à son collègue francophone. Son interlocuteur fournit des réponses plus amples en français, mais sans dépasser deux ou trois idées, ce qui vous épargnera la peine de prendre des notes. Il est pourtant conseillé de se munir à l'avance d'un carnet de notes et de quoi noter les noms propres et les chiffres pour lesquels l'exactitude est toujours essentielle.

La préparation du texte: Lisez le texte et composez une courte liste des mots et des expressions essentiels. Prenez surtout note, en suivant la *Pratique*, des termes qui vous aideront à exprimer les idées-clefs de chaque paragraphe.

Déroulement du cours:

▶ Un étudiant sera désigné au départ pour présenter les interlocuteurs (noms, détails de leur fonction. . .).

▶ Les deux principaux interlocuteurs entameront un dialogue sur la matière contenue dans le texte, le participant anglophone posant des questions auxquelles son partenaire francophone fournira des réponses.

▶ Les étudiants prépareront *tous* l'interprétation de chaque contribution, et l'un d'eux sera désigné pour offrir son interprétation, une fois l'intervention terminée. Cette méthode impose à tout le monde la tâche de préparer l'interprétation de toutes les interventions.

▶ Les autres étudiants seront invités à offrir d'autres interprétations possibles, et à identifier les erreurs de compréhension ou de syntaxe qui leur semblent importantes.

▶ En cas d'incompréhension de la part de l'interprète, il lui est recommandé d'interroger l'intervenant sur le sens de ce qu'il vient de dire, ou de lui demander de se répéter. L'étudiant employera la langue du participant.

▶ La conversation des deux participants reflétera assez fidèlement l'ordre des idées dans le texte. Ce procédé a pour intention d'encourager l'étudiant à réemployer le vocabulaire et les expressions les plus utiles du texte de base.

▶ L'interprétation dont il s'agit n'est nullement une traduction litérale de chaque intervention, mais l'interprétation des idées-clefs, la transposition de l'essentiel d'un discours en respectant le degré de formalité, les formules de politesse etc.

▶ Aucune interprétation ne sera interrompue, ni par les autres étudiants, ni par les enseignants.

A l'écrit ▷ ▷ ▷ ▷

Lettre

Vous écrivez une lettre au proviseur du lycée français où vous avez passé une année comme assistant(e). Dans cette lettre vous évoquez les préjugés courants sur la situation des hommes et femmes de couleur, immigrés ou non, dans les écoles de votre pays. Vous citez votre propre expérience en France ou ailleurs, en faisant référence à l'article de Robert Solé, et vous tirez la conclusion qui vous semble la plus raisonnable.

Vacances à l'anglaise

(Ce texte, publié il y a déjà nombre d'années, offre la réaction d'un Français, d'ailleurs anglophile, devant différents aspects de la vie sociale en Grande-Bretagne à l'époque. Il brosse le portrait des différentes couches sociales à travers leurs préférences pour tel ou tel lieu de vacances.)

Pour la plupart des Français qui ne connaissent de la Grande-Bretagne que Londres et Douvres, l'Angleterre est un pays brumeux, dédaigné par le soleil, dépourvu de plages confortables parce que cerné de mers toujours froides et courroucées.

On sait aussi que la nation qui donna au monde quelques grands alpinistes est pauvre en montagnes, et si l'on admet l'existence d'une campagne verdoyante et vallonnée, propice au golf et à la chasse au renard, c'est pour faire aussitôt observer qu'elle est mélancolique et ne doit sa relative exubérance qu'aux pluies persistantes qui ont obligé un certain Charles Mackintosh à inventer l'imperméable!

Et cependant, pour l'honnête homme qui se méfie des idées reçues de la sagesse des nations, de la vox populi, on peut aller passer ses vacances en Angleterre et y être heureux.

En deux semaines de vacances à l'anglaise, nous avons vu la campagne du Devon, du Dorset, des Cotswolds, somptueusement verte et fleurie, sur la côte sud, des plages de sable, longues et larges, des ports de pêche bien typés, où les peintres insulaires trouvent pour leurs palettes des couleurs bretonnes. Des villages, dans le pays de Shakespeare, ayant gardé les tons frais et pimpants du temps où Cromwell galopait vers Londres; de très vieilles auberges aux poutres noircies par les fumées, sous lesquelles les oeufs au bacon et la bière ont un meilleur goût qu'ailleurs, et partout des gens accueillants ignorant l'obséquiosité, mais bien élevés et respectueux de l'indépendance du voyageur, ce qui se traduit dans la pratique par un service succinct et des prix "tout compris".

Il fait tiède à *Bournemouth*. Une faveur du Gulf Stream. Le soleil y apparaît très souvent dans un ciel rarement vide de nuages, mais réservant toujours des pans de bleu qui rassurent.

Ce climat que les autochtones qualifient sans hésiter de méditerranéen fait que la station abrite de nombreux retraités de la classe moyenne. Ils vivent dans de gentilles villas à bow-windows, pimpantes, car les encadrements des portes et fenêtres sont repeints chaque printemps. Des parterres fleuris, souvent de taille modeste, de beaux arbres, des gazons, sur lesquels musardent chaque soir – quand il n'a pas plu – des tondeuses frénétiques, suffisent à créer l'ambiance bucolique autour de ces centaines d'exemplaires du "sweet home".

Les grands jardins municipaux plantés d'essences rares, décorés de massifs géométriques, sont hérissés de buissons de rhododendrons, sont les lieux de promenade favoris comme les deux voies du littoral: celle du bord de mer, interdite aux automobiles, jalonnée les nuits d'été de motifs lumineux multicolores, et celle du haut de la falaise sur laquelle s'ouvrent les principaux hôtels. De là-haut, le regard embrasse toute la baie et l'on découvre que les Anglais ont des plages qui valent les nôtres.

Les estivants qui la fréquentent à partir de mai sont eux aussi des Anglais moyens. On les croise au crépuscule, couples paisibles, attentifs à l'harmonie de leurs pas sur l'asphalte qui s'en viennent regarder la mer avec le souci évident de respirer un air pur et vivifiant. Elle, une écharpe protégeant ses "frisettes" de l'humidité du soir s'extasie devant le ton mauve qu'a pris soudain le ciel du côté de l'île de Wight toute proche. Lui blazer et casquette à petits carreaux, suit le mouvement d'un chalutier ou le vol d'une mouette, puis ils s'en retournent vers l'un de ces petits hôtels aux plomberies sonores, aux rideaux reprisés où l'on baptise la raie "turbot", où les légumes ont le même goût fade, où la viande est exsangue et molle, où les desserts sont faits de gélatines colorées comme des lampions de fête foraine.

Si la "Middle Class' tient Bournemouth, la classe aisée occupe un autre lieu, *Torquay*. Dans la baie de Torbay, c'est le Deauville anglais, d'autres vous diront le Juan-les-Pins, et des audacieux compareront même la station à Cannes. Ne croyez ni les uns ni les autres, et installez-vous à l'hôtel Imperial, qui surplombe la mer dont il n'est séparé que par un gazon, des rochers fleuris et quelques grands arbres.

L'établissement, moderne, confortable, pourvu d'un chef de cuisine qui aime les viandes saignantes, les sauces relevées, et d'un pâtissier de génie, passe pour l'un des cinq meilleurs hôtels d'Angleterre. Des loggias – chaque chambre a la sienne – on peut suivre les évolutions des voiliers et l'activité d'un port de plaisance fréquenté par les beaux yachts.

Mais c'est à *Blackpool*, sur la mer d'Irlande, que l'on voit le peuple anglais, celui des aciéries de Leeds, celui des faubourgs désolants de Glasgow, celui des cités minières du Pays de Galles. Le spectacle n'est pas réjouissant et ces braves gens venus là en foules considérables, à chaque week-end et au moment de leurs vacances, pour se détendre, oublier leurs fumées, leurs difficultés financières, la promiscuité des banlieues tristes, semblent transporter leur mélancolie avec eux.

La foule – Blackpool reçoit chaque année seize millions de visiteurs – a parfois une densité de laideur angoissante qu'aggrave l'instinct grégaire des Anglais et leur incapacité d'être à l'aise dans le débraillé populaire.

On mange du poisson frit dans des assiettes de carton, des saucisses, des sandwiches, des glaces. On vide des boîtes de bière, des bouteilles de jus de fruit. Même s'ils voulaient se débarrasser proprement des reliefs de pique-nique et des papiers gras, ils n'y parviendraient pas. Les corbeilles à déchets ne sont ni assez grandes ni assez nombreuses.

Une "tour Eiffel" de 158 mètres domine la ville qui héberge chaque année des douzaines de congrès. Trois jetées promenades proposent cafés, restaurants, cabarets, salles de jeux – la machine à sous à 1 penny fonctionne à des centaines d'exemplaires. Les bazars aux souvenirs, les snack-bars, les boutiques de vêtements, les pubs, le Golden Mile, immense parc d'attractions, propose toutes les formes d'amusements. Un cirque, une salle de bal où peuvent évoluer à l'aise mille deux cents couples, une volière, un zoo, un aquarium, sont installés entre les pieds de cette "tour Eiffel", qui, le soir, s'illumine comme une pièce montée. Music-hall, cabarets, cinémas, dancings ne désemplissent pas, et le théâtre de marionnettes accueille les enfants pendant que les parents s'en vont comparer les mérites respectifs des pubs.

Si les hôtels ont souvent des noms qui sonnent bizarrement aux oreilles françaises: Trafalgar Hotel, Waterloo Hotel, Marlborough Hotel, rares sont ceux qui offrent confort et tranquillité.

Il faut voir Blackpool sous le soleil, un jour où quelques centaines de milliers d'Anglais et d'Anglaises ont choisi de venir, avec leurs enfants, s'aérer et se distraire sur la côte du Lancashire. Là, seulement, on conçoit ce qu'est le tourisme de masse, la transhumance spontanée, les parfums capiteux de la vie collective. En France, on ne réunirait en si peu d'espace autant de gens que pour manifester contre quelqu'un ou quelque chose. Et c'est bien ce qui étonne le plus: les Anglais ne sont là que pour leur plaisir!

M. Denuzière, Le Monde *juin 1975.*

Activités d'analyse

Réseaux thématiques ▷ ▷ ▷ ▷

1 Dans son article, l'auteur porte un jugement sur les différents lieux de villégiature des Britanniques. Il est difficile de savoir, cependant, si ce jugement vise à être humoristique, cynique ou les deux à la fois.

▶ Tentez de trouver autant d'expressions que possible qui, selon vous, peuvent être classées dans les catégories suivantes: *humour; cynisme; mélange des deux.*

2 L'auteur utilise d'autre part les différences de goût quant à l'habillement, le choix de vacances etc. pour illustrer le thème des différences de classes en Grande-Bretagne.

▶ Dressez une liste de toutes les caractéristiques attribuées à chaque classe: *milieu ouvrier; petite bourgeoisie; milieu aisé.*

Repères structuraux ▷ ▷ ▷ ▷

1 *Si* introduit le plus fréquemment une condition ou une hypothèse qui est reliée sémantiquement à la proposition principale. *Si* peut, cependant, avoir d'autres fonctions.

▶ Indiquez les valeurs de *si* dans les paragraphes 2, 9 et 15.
▶ Suggérez des expressions alternatives exprimant la même idée.

2 Le texte contient un grand nombre d'éléments qui ont la particularité de renvoyer à l'information précédente tout en introduisant un nouvel élément. C'est le cas de *ce, celui, ce qui, c'est . . . que.*

▶ Relevez tous les exemples de ce type contenus dans le texte et identifiez de façon précise à quoi chacun d'eux fait référence.
▶ Pouvez-vous inventer des phrases dans lesquelles la référence ne se fait, cette fois, que dans une seule direction?

Activités communicatives

A l'oral ▷ ▷ ▷ ▷

1 Exposé: causerie de fin de dîner

Activité: Lors d'un séjour en France vous lisez l'article de Denuzière dans *le Monde* et décidez d'en profiter dans une petite allocution/causerie qu'on vous a demandé de faire à la fin d'un dîner en l'honneur d'un collègue. Ce collègue est angliciste, et professeur à l'établissement français où vous enseignez. La causerie doit être dénuée de formalité et s'adresser à des professeurs de lycée, tous des anglicistes, avec qui vous êtes en excellentes relations.

Préparation: Votre causerie tournera autour du contraste que vous remarquez entre l'Angleterre décrite par Paul Denuzière, et celle que vous préférez reconnaître pour vraie.

Vous choisirez le rôle d'assistant, ou celui de professeur dans une école polyvalente ou un lycée, faisant un échange de postes pour l'année scolaire.

Déroulement du cours: On désignera à l'avance celui qui doit jouer le rôle d'invité d'honneur. On désignera également un maître de cérémonie pour la soirée.

Les autres membres prendront le relais pour offrir la causerie de fin de dîner (3 minutes).

En commençant le dîner, le maître de cérémonie accueillera ses collègues, et l'invité d'honneur. L'invité prendra, lui aussi, la parole après les autres, pour remercier ses collègues, et pour ajouter son propre mot sur les Anglais tel qu'il les voit.

2 Débat: Portrait d'un pays

(Exercice alternatif, pour des groupes d'étudiants pour qui un stage en France est exclu.)

Activité: Le groupe étudiera la question des caricatures qui circulent dans les média sur les différentes nationalités.

Déroulement de cours: La classe se divisera en deux. Une des deux sections se chargera de présenter le tableau caricatural de l'Anglais, tel qu'il est présenté par Paul Denuzière, et tel qu'il est vu par les Australiens, les Canadiens etc.

Le deuxième groupe présentera le tableau caricatural de ses propres compatriotes (Australiens etc.) répandu dans les média.

Dans le terme 'média' on comprend tous les moyens de communication : films, bandes dessinées, télévision, livres, théâtre etc.

Les deux équipes se relayeront pour parler (ABABAB) et pour débattre la question de la vérité des images répandues dans les média sur les gens de leur propre pays. A la conclusion du débat, on désignera quelqu'un pour décerner le 'lauréat de la caricature'.

A l'écrit ▷ ▷ ▷ ▷

Portrait d'un pays

Vous brosserez le portrait du Français, de l'Anglais ou de vos compatriotes tel que vous avez pu l'observer vous-même, et tel qu'il se présente aux étrangers. Vous êtes libre d'employer une palette scientifique, littéraire, journalistique ou humoristique. Toutefois, pour frapper le lecteur comme valable, une certaine réticence s'impose quant aux éléments à incorporer dans votre tableau. Pour mériter de retenir l'attention, le portrait exige une base solide et analytique, quelque palette que vous ayez choisie.

Glossaire · Les Relations sociales (1)

[Le glossaire *Les Relations sociales* (2) se trouve en Module 10]

La famille et les liens de parenté

(a) la famille proche

le cercle familial
la cellule familiale
la famille nucléaire
être fille/fils unique
être d'une famille nombreuse

les frères et sœurs: l'aîné, le cadet, le benjamin, le petit dernier, la grande sœur, le petit frère. *+ la benjamine*

les enfants du premier mariage/premier lit, la demie-sœur, le demi-frère, la belle-mère/fille, le beau-père/fils.

les cousins germains — *1ᵉ*   *cousins issus de germains = 2ⁿᵈ cousins*

la grand-mère/le grand-père
l'arrière grand-mère/grand-père
l'aïeul(e)   les ancêtres

(b) la famille par alliance

la bru	le gendre
la belle-sœur/	le beau-frère/père/
mère/fille	fils
la marâtre	(le parâtre)

la femme/le mari de
la deuxième femme de
l'épouse/l'époux
la concubine/le concubin
la compagne/le compagnon
se marier avec/épouser/se remarier
vivre en concubinage/vivre avec/partager la vie de
convoler en justes noces (ironique)

les cousins par alliance
la tante/l'oncle

(c) la famille éloignée

un oncle du côté de mon père

la marraine/le parrain

les petits cousins
des cousins éloignés

avoir des parents/de la famille en Australie/au Japon

être orphelin/sans famille
venir de l'orphelinat/avoir perdu sa famille
être de l'Assistance publique

être mis sous la tutelle de ⎱ un tuteur
confié à la garde de ⎰ une nourrice / un gardien légal

être placé(e) dans une famille/un centre
naître (*attention*: je **suis** né(e))

voir le jour
être mis au monde

accoucher
l'accouchement
la naissance

décéder/mourir (*attention*: il **est** mort)
le décès/la mort
les funérailles/l'enterrement

La société

les strates/les couches/les classes de la société
les catégories socio-professionnelles
l'origine/le milieu social

appartenir à
être de
être issu(e) de ⎱ les classes privilégiées/défavorisées
être né(e) dans ⎰ une famille ⎱ aisé(e)/modeste
avoir été élevé dans ⎰ un milieu ⎰

être de bonne famille   exercer une influence
avoir un nom à particule   avoir le bras long
être haut placé

le milieu rural, paysan
les petits/grands propriétaires/terriens

la classe ouvrière
le milieu ouvrier/le prolétariat

la petite/moyenne/grande bourgeoisie
les bourgeois
les nouveaux riches

la petite/moyenne/grande noblesse
l'aristocratie
les classes dirigeantes

le clergé

les immigrés (de la première/deuxième génération)

L'aide sociale

les bureaux d'aide sociale/l'aide au logement ✳
le planning familial
les bureaux de bienfaisance
la soupe populaire ✳
les associations humanitaires
le fonds national de solidarité

la Sécurité sociale   les feuilles de maladie
les caisses d'assurance/vieillesse   les gens du troisième âge

les mutuelles, cotiser à une mutuelle une caisse d'allocations
les assurances accident du travail/maladie/invalidité/maternité/
     vieillesse
toucher des allocations/indemnités
     une pension
les maisons de retraite/de repos

La culture

le Ministère de la culture
les Affaires culturelles

prendre en compte
tenir compte de
se rendre compte de
ne pas sous-estimer
être conscient de/ouvert à
assumer
revendiquer

la différence/variété/diversité de:

le mode de vie   l'éducation
les habitudes de vie   la race
la manière de vivre   les ethnies   = ethnic groups
les coutumes   la religion
les pratiques   les valeurs

la vision de
la manière de voir
la façon d'appréhender   } les choses/la vie/les problèmes
l'attitude envers
     en face de
     devant

les normes
les points de référence
la philosophie
la langue

qui peuvent:
être similaires   être différents
   proches   incompatibles
   compatibles   aux antipodes les uns des autres
se ressembler   sans aucun rapport avec...
     difficiles à concilier avec...

paraître étonnants   s'affronter
   risibles   heurter les sensibilités
   étranges
   bizarres
   incompréhensibles
   étrangers

poser problème

l'intégration   la séparation
l'insertion
l'assimilation
l'accueil   le rejet
l'aide   la perte d'identité
le respect   le nivellement des cultures

Comment s'adresser à...

cher collègue/confrère/ami
mon éminent confrère
*notre cher ami ici présent
Monsieur/Madame/Mademoiselle
clergé: Monseigneur, Ma soeur, Mon père
Docteur (uniquement en médecine)

Monsieur le professeur/président/secrétaire/maire
droit: Maître

Ces formules servent à l'emploi oral ou écrit, à l'exception de))
celle marquée d'un astérisque qui sert uniquement à l'oral.

Ressources linguistiques

1 **Donner un exemple**
2 **Résumer**
3 **Terminer**

1 Donner un exemple

A Pour souligner l'importance ou la vérité de ce que l'on vient d'avancer, on introduit souvent un *exemple*:

Un cas typique des conséquences d'une telle attitude est celui de... [votre exemple]....

Un exemple sert à:
souligner le sérieux de ce que l'on dit
insister sur l'importance d'une proposition
passer d'une affirmation générale à un cas plus précis (ou l'inverse)

Sa présence est signalée normalement par un groupe d'expressions où figurent les mots:
exemple
cas
illustration/illustrer

On utilise souvent les verbes:
prendre *Prenons* comme exemple...
illustrer Le cas de Ronald Reagan *illustre* bien les problèmes des anciens héros de l'écran.
rappeler Qu'il suffise de *rappeler* combien de soldats sont morts au Salvador.
préciser *Précisons*. L'exemple de...

L'exemple [...] peut suivre une affirmation d'ordre général:
Les Italiennes sont belles.
[Prenons, par exemple, le cas de Signorina Filippo, la Miss Italie de l'année dernière.]
mais il peut aussi la précéder:
[Le cas d'Humphrey Bogart, qui a figuré dans de nombreux films, mais n'était pas beau du tout] ne fait que souligner le peu d'importance attachée par les femmes à la beauté masculine.

B Vous pouvez introduire un exemple de plusieurs façons.
En parlant, le plus simple est d'employer *par exemple*, mais on insiste mieux sur l'importance d'un exemple

► si on choisit une introduction plus intéressante, et
► si on associe son interlocuteur à cette démarche

Choisir une introduction plus intéressante
En voici une illustration: [...]
Tenez, en voici un exemple: [...]
Un autre exemple nous est fourni par [...]

Associer votre interlocuteur à votre démarche
Vous pouvez choisir un verbe

(i) soit *à l'impératif*:
verbe (1ère personne du pluriel) + ''*exemple*''

Prenons un *exemple*: [...] par *exemple* le cas de [...]
Considérons l'*exemple* de [...]
un verbe simple (1ère personne du pluriel):
Rappelons que [...]
Précisons que [...]
N'oublions pas que [...]
un verbe à la 2ème personne du pluriel (vous):
Laissez-moi vous citer un exemple. [...]
Permettez-moi de vous rappeler le cas de X. [...]

(ii) soit *à l'indicatif*

verbe (1ère personne au singulier —*je*) au *conditionnel*:
J'aimerais illustrer mon propos par...
Je voudrais, à titre d'exemple, citer le cas de X. [...]

C **A l'écrit** surtout, on peut employer une introduction plus soignée:
Tel est le cas par exemple de [...]
Qu'il suffise de rappeler (le cas de) [...]
L'exemple de [...] nous confirme...

ou citer *d'abord* l'exemple:
[...] en est un bon exemple.
[...] nous fournit de ceci un exemple parfait.
[...] [...]. Ces cas ne font qu'illustrer...

D Vous pouvez, bien sûr, citer plusieurs exemples.

A l'écrit cela se fait souvent sous forme de listes de mots ou d'expressions, entre parenthèses, entre deux tirets ou introduites par deux points:

Il est vivement conseillé à l'assistant de rassembler avant son départ pour la France des documents (photos, articles de journaux, diapositives, affiches, disques, plans...)...
(*Texte 2, paragraphe 5*).

Vous trouverez dans ce texte, et aussi dans le texte 4, plusieurs listes qui servent à donner des exemples. Essayez de les identifier.

(N'oubliez pas que les listes peuvent remplir des fonctions assez diverses. Voir aussi *Résumer* et *Etoffer* (Module 5.)

Si vous citez plusieurs exemples, il est préférable d'indiquer *d'abord* votre intention de le faire:

J'aimerais citer plusieurs exemples de ce sans-gêne étonnant:

et *d'énumérer* ensuite vos exemples:

Premièrement [...]
deuxièmement [...]
et enfin [...]

Donner un exemple — Activités ▷ ▷ ▷ ▷

► **Visionnez le collage-vidéo No. 2, intitulé "Par exemple..." et faites une liste de toutes les expressions et structures utilisées pour introduire un exemple ou une illustration.**

A l'oral

1 Vous allez voir votre professeur pour lui expliquer pourquoi vous n'avez pas pu lui rendre votre dissertation à temps. Vous citez plusieurs exemples d'événements imprévus qui vous ont empêché(e) de travailler.
   ► Que lui dites-vous?

2 Quitter la maison paternelle pour vivre dans une ville universitaire inconnue est difficile de plusieurs points de vue.
   ► En parlant à un(e) ami(e), vous donnez des exemples des difficultés que vous avez rencontrées.

A l'écrit

1 Vous venez de faire le voyage Londres-Paris en train. Vous êtes arrivé(e) avec 3 heures de retard.
   ► Dans la lettre que vous écrivez à la SNCF vous citez quelques-uns des problèmes rencontrés au cours de ce voyage.

---

2 *Résumer* ────────────────

On présente quelquefois, faute de temps ou parce que les détails importent peu, un simple *résumé* d'un argument ou d'une suite d'événements.

—On présente un bilan;
—On sélectionne quelques idées-clefs (voir *Pratique de l'exposé*, p. 3);

-On n'indique que le résultat final ou le raisonnement culminant d'une série.

La façon la plus facile de le faire, c'est de *marquer son intention en coupant son discours* par une des expressions ci-données.

A *marquer son intention + esquisse du plan (Voir le plan de l'exposée, p.00)*

Bref,...	Pour résumer,...	il a dit d'abord...,
C'est-à-dire	abréger,...	il ajoute ensuite...
En somme...	faire le bilan,...	premièrement...,
résumé...		deuxièmement...
peu de mots...		
deux mots...		

B Les mots qui reviennent, pour indiquer qu'on fait un résumé, sont:

(i) *bref*:
   Bref,...
   Je serai *bref*....
   Brièvement,...

(ii) *résumer*:
   En *résumé*,...
   Pour *résumer*,...
   Résumons donc....
   Il suffit de *résumer*....

et aussi trois mots qui servent non seulement à résumer, mais aussi à souligner l'importance de ce qu'on dit (voir Ressources linguistiques 8, *Insister*):

(iii) *essentiel*:
   L'idée *essentielle*...
   Je ne retiens ⎱ *que l'essentiel*...
      retiendrai ⎰
   L'argument *essentiel*...
   L'objectif
   L'essentiel de ce qu'il dit...
   Son argument se résume *essentiellement*...

(iv) *principal*:
   Les éléments *principaux* du débat...
   Les arguments *principaux* de l'auteur...
   Les problèmes *principaux* que soulève...
   Les *principaux* passages du document...
   L'auteur parle *principalement* de...

(v) *notamment*:
   Ce qu'il faut retenir, ⎱ c'est *notamment*...
      qui est intéressant, ⎰
   Il parle *notamment* de...

C **En langue écrite** (ou **orale**) on remarque:
(i) l'emploi d'*expressions sans verbe* qui annoncent un résumé:
Résultat:...
Constat accablant:...
A cela deux raisons principales:...

(ii) des *listes* qui se terminent quelquefois par *etc.* et qui résument tout un argument ou toute une série d'événements:

...les ressources de l'établissement susceptibles de l'aider...: magnétophone, électrophone, projecteur, tableau de feutre, livres, disques, collections de diapositives, bandes magnétiques, cartes, *etc.* (Texte 2, paragraphe 6)

Diverses activités peuvent être gérées par ce foyer (club de théâtre, de langues, d'échecs, de photos, ciné-club, sorties pédagogiques *etc.*). (Texte 2, paragraphe 8)

Résumer – activités ▷ ▷ ▷ ▷

A l'oral

Lisez attentivement le texte No. 2, *Organisation pédagogique du travail de l'assistant.*

1 Vous avez passé l'année dernière en France en tant qu'assistant(e) et vous voulez expliquer brièvement à un(e) ami(e) le contenu du paragraphe 30: L'assistant et les membres du personnel de l'établissement.
▶ Comment commencez-vous?
▶ Comment structurez-vous votre résumé?

A l'écrit

1 Le text No.3, *Les Enfants d'immigrés*, parle de plusieurs problèmes soulevés par la présence d'enfants d'immigrés dans les écoles françaises.
▶ Faites une liste des 10 points principaux de ce texte, et résumez-en le contenu en un paragraphe.

2 Certains Français aiment (d'après le texte No. 4) passer leurs vacances en Grande-Bretagne.
▶ Complétez le résumé qui commence:
"Résumons donc les raisons pour lesquelles certains Français voudraient nous encourager à passer nos vacances en Grande-Bretagne:..."

3 Terminer

A l'**oral** on signale son intention de terminer avec plus d'insistance qu'à l'**écrit**, où la fin est clairement et typographiquement visible.

La conclusion doit être travaillée. Il ne suffit pas de s'arrêter pile en disant "C'est terminé"! C'est plutôt le moment d'introduire une formule frappante ou émouvante, une interrogation abrupte ou un appel à l'action (voir Ressources linguistiques 9, *Appeler à l'action*).

A Il faut décider, *dès le départ*, de la fonction de la conclusion.

Il y a deux types principaux de conclusion qui ont tous les deux le même point de départ:
(i) On fait d'abord une récapitulation;
(ii) on termine
▶ soit par un résumé de ce que l'on vient de dire, ou de ce qui s'est déjà passé (*Type A*)
▶ soit par un regard vers le futur, vers ce qui va se passer (*Type B*).

(i) Résumé/Rappel/Synthèse		
(ii) Conclusion		Conclusion
Type A	ou	*Type B*
clore le débat		élargir le champ de discussion
fermer la discussion		interroger l'avenir

B Le résumé fait (i), on introduit la partie (ii), A ou B, par l'une des formules suivantes:
Enfin,...
Finalement,...
En fin de compte,...
A tout prendre,...
Somme toute,...
En somme,...
Tout compte fait,...

Ajoutez à cette liste d'autres exemples, et n'oubliez pas qu'ici, comme ailleurs, la variété est très importante.

C A l'oral, dans un débat ou à la fin d'une interview ou d'un exposé, il convient quelquefois d'exprimer des remerciements
à: (i) ceux qui ont accepté de prendre la parole
(ii) ceux qui vous ont invité(e) à participer
(iii) ceux qui vous ont écouté(e):

(i) J'aimerais enfin/Je tiens à remercier M./Mme Blanc d'être venu(e) et de sa participation/de sa contribution au débat

(ii) J'aimerais enfin vous remercier (M. Untel) de m'avoir invité à.../de votre invitation...

(iii) *Attention*: Conclure par des remerciements, pour courant que cela soit, laisse quelquefois supposer que vous écouter a demandé un effort de la part de l'assistance, ou qu'ils ne vous ont écouté(e) que par politesse!

A éviter donc, si vous croyez (et pourquoi pas?) que ce que vous avez dit était intéressant et/ou important (n'oubliez pas les différentes possibilités indiquées ci-dessus, A):

Je vous remercie de votre attention/
de m'avoir écouté avec tant de patience.

D Il arrive aussi que l'exposé ou le compte-rendu se transforme à la fin en débat; que vous soyez prêt(e) à répondre aux questions que voudraient poser ceux devant qui vous avez parlé:

Je serais très heureux(se) de répondre à vos questions.
Y a-t-il des questions?

Terminer – activités ▷ ▷ ▷ ▷

A l'oral

1 Vous venez de donner un compte-rendu des problèmes provoqués par la présence d'enfants d'immigrés dans les écoles en Grande-Bretagne.
▶ Donnez à votre compte-rendu une conclusion du type B, dans laquelle vous insistez sur les avantages à tirer de la présence des immigrés et les possibilités que vous envisagez pour l'avenir.

A l'écrit

1 Journaliste à vos heures, vous venez d'écrire pour votre journal local un article sur l'industrie du tourisme dans votre région.
▶ Quelle type de conclusion (A ou B) choisissez-vous?
▶ Ecrivez-la.

2 ▶ Quelle type de conclusion donneriez-vous à:
(a) un compte rendu de l'histoire de votre ville au XIXe siècle
(b) un exposé sur le règne de Louis XIV
(c) une analyse de la situation des universités britanniques
(d) une conférence sur la pluie acide
(e) un exposé sur les ruines en Grèce

MODULE 3 L'INTERVIEW (1)

Problèmes éthiques (1)

Pratique de l'interview

 *Pratique de l'interview*

La préparation
Le plan de l'interview
L'aide-mémoire
Quelle question poser?

La préparation

L'interview, tout comme l'exposé, demande une préparation méticuleuse. Le rôle de l'interviewer est assez délicat: sans trop s'imposer, il doit néanmoins diriger l'interview et garder l'initiative. Il sert d'intermédiaire entre le public et l'interviewé.

Dans la préparation d'une interview, vous vous posez un certain nombre de questions:

Identifiez le public (interviewer et interviewé)
1 Qui va écouter cette interview?
2 Dans quelle ambiance se déroulera-t-elle?

Identifiez l'interviewé (interviewer)
1 A qui vais-je poser mes questions?
2 Que sais-je de lui/d'elle?
3 Comment puis-je m'informer?

Identifiez le but de l'interview (interviewer et interviewé)
1 Pour quelle(s) raison(s) vous a-t-on demandé de participer à cette interview?
2 Qu'est-ce que vous espérez tirer de l'interview?

Choisissez votre rôle (interviewer et interviewé)
1 Devrai-je garder/essayer de prendre l'initiative?
2 A quel point me laisserai-je guider

par l'interviewé
par l'interviewer?

Le plan de l'interview

Le plan de l'interview, préparé d'avance *par l'interviewer*, comporte, comme le plan de l'exposé, 3 éléments essentiels:
l'introduction, le développement, la conclusion.

L'introduction
Dans votre introduction
▶ vous vous présentez (Module 1, Ressources linguistiques, *Commencer*)
▶ vous présentez votre interlocuteur
▶ vous expliquez le but de l'interview.

Le développement
Votre analyse préalable de la situation vous aura indiqué le développement à suivre.
Il existe différents types d'interview dont nous nous contenterons d'identifier **trois**:

(i) l'interview au cours de laquelle **l'interviewé se raconte** ou **informe** le public. Ce type d'interview se prête très bien à un développement *chronologique, logique* ou *thématique* (voir *le Plan de l'exposé*, Module 1).

(ii) l'interview qui permet à l'interviewé de **persuader le public** ou **d'exprimer un point de vue personnel**. Ici il faut un développement plus complexe. Vous ne pouvez pas tout prévoir des intentions de votre interlocuteur, mais un développement *logique* ou *comparatif* pourrait l'aider à mieux s'exprimer (voir *le Plan de l'exposé*, Module 1).

(iii) l'interview au cours de laquelle vous obligez l'interviewé à **se défendre**. Dans une interview de ce type vous obligez votre interlocuteur à argumenter, à convaincre et à persuader. C'est par exemple le cas dans certains entretiens d'embauche ou dans des interviews d'hommes politiques à la télévision ou à la radio. Comme vous ne pouvez pas tout prévoir, il faut envisager plusieurs possibilités, sans toutefois perdre de vue les principaux points que vous voulez aborder.

L'interviewé ne voudra pas toujours répondre à ces questions. Il essaiera de passer outre, de les contourner ou de changer la direction de l'interview. Vous devriez donc:

▶ essayer de concilier le prévisible et l'impondérable.

▶ obliger l'interviewé à répondre (sans aller jusqu'à provoquer une confrontation destructrice).

La conclusion

Une interview se termine normalement par:

(a) une *question-clef*.

Après la réponse à cette question:

(b) vous *résumez* le contenu de l'interview (voir Module 2, Ressources linguistiques 2, *Résumer*),

(c) et vous *remerciez* (voir Module 2, Ressources linguistiques 3, *Terminer*).

L'aide-mémoire

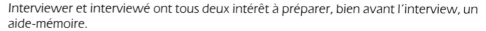

Interviewer et interviewé ont tous deux intérêt à préparer, bien avant l'interview, un aide-mémoire.

Le dialogue n'est nullement une confrontation de points de vue divergents sous forme d'exposés. L'exposé suppose le contrôle total de la présentation par celui qui parle et permet la préparation à l'avance d'un plan qui ne varie pas au cours de l'exposé (*Pratique de l'exposé*, Module 1).

Dans une interview un interlocuteur est rarement en mesure de compléter son discours, et d'aller au bout de sa pensée sans interruption. Il n'est pas toujours possible d'atteindre un but fixé à l'avance, ni d'en approcher par une tactique décidée à l'avance. A l'opposé de l'exposé, le dialogue exige des participants la capacité de modifier leurs intentions et la stratégie qu'ils avaient d'abord pensé suivre. Les règles du jeu se formulent au fur et à mesure des interventions et ce constant besoin d'improvisation exclut donc l'adoption d'un scénario fixe. Un plan flexible, offrant un choix de possibilités, n'en reste pas moins utile pour éviter que l'échange ne s'enlise. Au plan fixe, nous substituons donc:

▶ un *aide-mémoire flexible, groupant les idées-clefs*.

▶ un *choix de stratégies* parmi lesquelles on choisira, une fois le dialogue entamé.

L'aide-mémoire comporte:

(a) *Des notes* sur:

▶ les questions à soulever, avec des indications de priorité.

▶ les noms, chiffres, extraits de texte, dossiers à citer.

▶ la conclusion/décision à laquelle on désire aboutir.

▶ que faire si l'on est obligé de céder à un argument opposé.

(b) Un *choix de stratégies disponibles:* ce choix dépend essentiellement de *nos rapports avec l'interlocuteur*. Toute confrontation impose un rapport d'égalité, d'infériorité ou de supériorité avec l'interlocuteur, et exige des formes d'étiquette et des conventions sociales précises. Un dialogue entre deux amis et une conversation entre deux personnes qui ne se connaissent pas imposent des stratégies différentes. Toute stratégie est vite modifiée selon les objectifs et selon nos rapports avec l'interlocuteur.

Au lieu de s'exprimer librement, il est parfois nécessaire de dissimuler, d'empêcher son interlocteur de s'informer, de lui cacher ce qui doit rester confidentiel.

On doit toujours tenir compte d'un décalage possible entre ce qui est dit, et ce qu'on laisse entendre, par sous-entendu, par litote, par ironie etc. La parole n'est d'ailleurs pas le seul véhicule de la communication.

Guide stratégique: Pour vous préparer nous proposons quelques principes d'action:-
▶ Il est utile de formuler un choix de stratégies préférées, avec des indications pour un début et une conclusion possibles.
▶ Les notes doivent rester faciles à repérer sur la page, puisque toute conversation nous éloigne du papier.
▶ Il est inutile de formuler vos idées en toutes lettres puisque le contexte impose souvent des modifications d'expression.
▶ Pour un étranger incertain du vocabulaire technique etc. il s'avère utile de noter les expressions essentielles dans la marge de la feuille, par exemple.
▶ Il importe de faire confiance à votre mémoire plutôt qu'à des notes détaillées.

Exemples d'aide-mémoire

1 (pour l'interviewer):
Interview avec l'auteur d'un livre sur l'histoire de votre ville:

Renseignements sur l'auteur:
(a) Il a épousé une femme élevée dans cette ville?
(b) Il vient de se remettre d'une grave maladie?
(c) C'est bien son premier livre?

Questions à soulever:
(a) Ce qui l'a amené à l'écrire?
(b) Ce qui l'a surtout frappé en préparant son étude?
(c) Son ouvrage s'adresse à quel public?
(d) Quelle a été la réaction du public à son livre?

Conclusion:
'On ne peut que vous féliciter de votre initiative, et vous souhaiter tout le succès que vous méritez. Nous vous remercions de nous avoir accordé cet entretien.'

2 (pour l'interviewé):
Interview d'embauche:

Aspects du C.V. à souligner:
Ce qui vous attire vers ce genre d'emploi/cette profession
Connaissances techniques/expérience professionnelle
Emplois de vacances
Résidence à l'étranger/Ouverture internationale
Langues étrangères
Postes de responsabilité
Projets menés à terme
Gestion d'un budget (association d'étudiants)

Qualités personnelles à souligner
Qualités de 'leader'/Goût du travail en équipe
Equipe de (basket), sportif(ve) sans être fanatique
Connaissances en maths

Expérience pratique avec différents ordinateurs
Connaissances de l'informatique
Activités bénévoles
Capacité pour faire face à l'imprévu
Humeur égale/Dynamisme/Persévérance/

Limitations, lacunes?:
Aucune expérience professionnelle jusqu'à présent (mais entreprenant(e), confiant(e) en ma capacité de me former rapidement).

Questions à poser:
Le genre de formation professionnelle proposé par la Société?
Salaire, possibilités de promotion?
Possibilité d'un poste dans la succursale au Portugal?

Quelle question poser?

La question simple ou ouverte:
Ce type de question porte surtout sur des *faits* (interviews du type (i) où vous voulez *informer*), et commence par un mot ou une expression interrogatif(ve):

Comment...?
Quand...?
Où...?
Pourquoi...? + inversion (*pensez-vous*...)
Que...?
Qui...? *à éviter:* la répétition de *Est-ce que*...
Quel...?
Lequel...?
Combien...?

La suggestion:
Ce type de question vous permet de diriger l'interview, et offre à l'interviewé la possibilité d'exprimer ses opinions personnelles (interviews du type (ii)).

(a) Vous commencez normalement par un *commentaire* sur:
    ce qu'il vient de dire
    des faits dont on n'a pas encore parlé
    la raison de l'interview...

(b) Vous enchaînez par une question qui comporte une *suggestion*.

Utilisez surtout les verbes *penser* et *croire*, et la *négation:*
    commentaire + Ne pensez-vous pas que...?
    commentaire + Vous ne croyez pas plutôt que...?

Vous pouvez également utiliser *le conditionnel:*
    commentaire + Ne pourrait-on pas dire que...?
    commentaire + Ne devraient-ils pas essayer de...?
    commentaire + La vraie solution ne consisterait-elle pas à...?

La question tendancieuse ou dialectique:
Vous serez amené à utiliser ce type de question dans les interviews du type (iii).

Le commentaire qui précède la question n'est plus un simple commentaire. Il fait partie d'une *stratégie* que vous aurez choisie en préparant l'interview. C'est par le *contenu* et le *ton* de ce commentaire que vous poussez votre interlocuteur à parler de choses dont il ne voudrait peut-être pas parler, ou à exprimer des opinions qu'il aurait préféré garder pour lui.

Le commentaire peut être:

▶ *Une réfutation:*
Mais ce n'est pas ce qui s'est passé.   + Ne pourrait-on pas dire que ...?
La plupart des commentaires ont dit   + Ne croyez-vous pas que ...?
le contraire.

▶ *Une citation:*
Dans *Le Monde* du 3 juillet nous   + Comment expliquez-vous cette
apprenons que ...   contradiction ...?

▶ *Un argument:*
Bien des gens croient que les
immigrés, puisqu'ils travaillent en
France, devraient avoir le droit de
voter.   + Que leur répondez-vous?

▶ *Une comparaison:*
Mais en Grande-Bretagne, par
contre, on mange un petit déjeuner
copieux.   + Pourquoi donc les Français ...?

La question tendancieuse par excellence est la *question fermée*. Elle porte sur un fait très connu ou sur une opinion exprimée publiquement et rend la réfutation extrêmement difficile:

Vous êtes donc allé en Russie en 1975?
Vous dansez aux Folies Bergères?
Vous représentez le parti communiste?

Mais, *attention!* ce type de question ne mène pas loin. Il invite la réponse ''oui'' ou ''non'' et n'avance pas l'interview.

Il risque également d'irriter le sujet de l'interview. A vous de juger si cette stratégie est rentable!

La Vivisection: un crime?

(Ce document offre un aperçu de la recherche scientifique du docteur Jean-Marc Dollet, chef de clinique à l'Hôpital Central de Nancy et chercheur à l'Institut National Scientifique de Recherche Médicale (I.N.S.E.R.M.) établi dans cette ville. Les premières prises de vue ont été tournées au Parc Animalier du G.E.C.N.A.L. (Groupement d'Etude et de Conservation de la Nature en Lorraine, connu aussi sous le nom de Zoo de Haye.) Daniel Creusot, membre du G.E.C.N.A.L. nous sert de guide dans le zoo.)

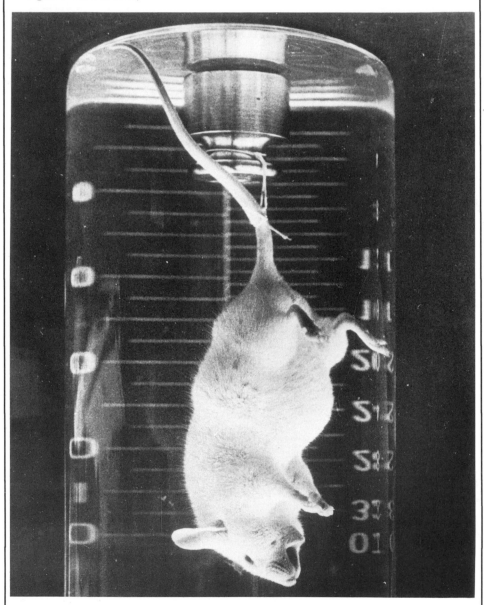

Activités d'analyse

Réseaux thématiques

1 Daniel Creusot compare le traitement infligé à certains animaux en captivité à des pratiques nazies.

▶ Pouvez-vous relever dans son intervention les mots ou les expressions qui expriment ce point de vue et dénotent son indignation?

2 Jean-Marc Dollet, quant à lui, juge que les mouvements qui condamnent toute expérimentation animale sans discrimination se trompent.

▶ Relevez les expressions qu'il emploie à leur égard.

▶ Etablissez également une liste des formules qu'il utilise pour dire qu'à son avis, l'expérimentation sur l'animal est inévitable.

3 Ces deux personnes interrogées s'opposent sur la conception qu'elles ont de la place de l'homme dans la société.

▶ Relevez les expressions utilisées dans les deux camps.

Repères structuraux

1 Daniel Creusot et J.-Marc Dollet font tous deux de nombreuses concessions suivies parfois d'une 'attaque'.

Par exemple:

Concession avec condition	attaque
si c'est pour … ça se défend,	n'empêche que …

▶ Trouvez au moins deux autres exemples similaires.

2 Les intervenants situent le débat à certains moments sur un plan affectif et personnel, et à d'autres sur un plan plus neutre et plus abstrait.
   ▶ Cherchez les termes qui appartiennent à chacun des deux niveaux.

plan personnel	plan neutre
par exemple: au niveau personnel, je considère …	par exemple: on constate

Activités communicatives

A l'oral ▷ ▷ ▷ ▷

Interview

Contexte: En préparant un article de journal sur les problèmes posés par la vivisection, vous rendez visite à Nancy pour interviewer le docteur Jean-Marc Dollet (ou Madame Dollet sa femme et collaboratrice). Vous avez déjà entendu parler Jean-Marc Dollet sur cette question dans une émission télévisée. _+ leur équipe de recherche_

ils ont des idées précises

Activité: Les membres du groupe se relaient pour interroger le docteur Dollet sur ses opinions, pour identifier les formes d'expérimentation qu'ils croient légitimes, et pour les distinguer de formes inutiles et parfois abusives. _+ sa femme + son équipe_

Préparation: Les étudiants s'équiperont de notes leur permettant de *soutenir* ou d'*opposer* la position du dr Dollet. Les opposants serviront d'interviewers pour l'interroger sur sa position. Un ou deux de ses partisans viendront à l'appui du docteur, en jouant le rôle de membres de son équipe. Les opposants consulteront les opinions dans le texte 2 de ce module.

Déroulement du cours: Un des étudiants préside la séance, présentant le docteur Dollet au groupe et faisant le bilan de la discussion à la fin des interrogations. Les membres du groupe interrogent Jean-Marc Dollet sur ses opinions, en lui demandant de justifier son emploi de l'expérimentation sur les animaux, l'utilité pratique de son travail pour la société, les moyens d'éviter la cruauté et la souffrance etc.

A l'écrit ▷ ▷ ▷ ▷

Article de journal

Vous résumez l'entretien avec le dr Dollet sous la forme d'un article de journal du genre de *Libération*, *Le Figaro* ou *Le Monde*. Faites attention à composer un argument logique (voir *Pratique de l'exposé*, Module 1 (pp.00–00)) sans trop vous écarter d'un style journalistique.

Compte-rendu du débat

Vous composez le compte-rendu du débat qui doit apparaître dans le journal publié par votre société. Faites attention à ne pas substituer des opinions personnelles aux opinions exprimées au cours du débat. Vous êtes libre de reformuler la présentation des idées, en détaillant l'argument des contributions les plus importantes, et en parlant globalement des autres sans entrer dans le même détail.

Non à la Vivisection?

(Les textes qui suivent sont tirés de tracts émis par la Ligue Française contre la Vivisection. Ils font pendant aux opinions émises par le scientifique dans le texte 1: *La vivisection: un crime?*).

TRACT 1:
APPEL A TOUS CEUX QUE REVOLTENT ET ECŒURENT LES ATROCITES INUTILES DE LA VIVISECTION!

Sans doute serez-vous horrifié à la lecture de ces lignes, et pourtant **IL FAUT** que vous sachiez ce qui se passe derrière les murs clos des laboratoires. Surmontez votre dégoût et lisez bien ce qui suit. Nos pouvons prouver tout ce que nous avançons, car nous avons en mains des milliers de références tirées de la littérature scientifique.

LES ATROCITES

Chaque année 300 millions d'animaux (chiens, chats, singes, lapins, porcs, veaux, souris, rats, cobayes, etc ...) sont soumis, sous prétexte de "recherche scientifique" aux tortures les plus épouvantables. Souvent leur agonie dure des mois et aucune loi ne les protège, face à leurs tortionnaires.

Attachés dans des appareils de contention, parfois pendant des mois ou des années, ... les martyrs des laboratoires ne peuvent faire le moindre mouvement. Pour qu'ils n'attirent pas l'attention des passants par leurs cris de souffrance ou de terreur, on leur coupe les cordes vocales.

Les vivisecteurs ne reculent devant aucune expérience, même les plus atroces ou les plus absurdes. Les animaux sont éventrés, chauffés dans des fours (à 70 ou 80 degrés centrigrades), gelés dans des chambres froides (à −35 degrés centrigrades), leurs nerfs sont mis à nu, leur moëlle épinière est sectionnée, les yeux sont extraits des orbites, les paupières sont cousues, leurs os sont fracassés dans des tambours tournants, on les rend fous en les privant de sommeil, on les oblige à fumer 12 heures par jour, on les place sur des plaques métalliques chauffantes, on les plonge dans l'eau bouillante, on leur envoie des décharges électriques dans la pulpe dentaire ou les testicules, on les fait mourir de soif ou de faim, on les coud 2 ou 3 ensemble (expériences de parabiose), on les brûle par irradiation etc ... etc ...

TRACT 2:
OPINIONS DE SAVANTS ET MEDECINS CELEBRES

Professeur MATHE (directeur de l'Institut de Recherche sur le Cancer de Villejuif): «Les essais de médicaments sur les animaux ne permettent pas un bon choix et rien n'est moins sûr que les mêmes résultats pussent être obtenus chez l'homme» (1970).

Professeur HALPERN (du Collège de France): «Ces lésions ne peuvent pas être reproduites chez l'animal même en forçant les doses. Elles sont propres à l'homme et il est impossible de les prévoir. Malgré l'expérience acquise, des drames comme celui de la thalidomide peuvent encore se produire» (1972).

Professeur Ernst Boris CHAIN (Prix Nobel de Médecine 1945): Au procès de la thalidomide en 1964 il a témoigné sous serment, ainsi que de très nombreux médecins et physiologistes éminents de «l'inutilité absolue de l'expérimentation animale».

Professeur Sir John MICHAEL (directeur de la Fédération britannique de l'enseignement médical post–universitaire): «Détourner nos efforts de l'expérimentation animale est, à l'heure actuelle, le seul comportement acceptable» (1970).

Professeur Ulf von EULER (Prix Nobel de Médecine 1970): «Il faut réduire les tests sur les animaux» (1973).

Docteur M. BEDDOW-BAILY (membre de l'Académie de Chirurgie d'Angleterre): «Il n'existe pas une seule conquête de la médecine qui soit due, sans réfutation possible, à la vivisection ... la vivisection doit être condamnée en se basant sur trois principaux chefs d'accusation: sa cruauté envers les animaux, son inutilité pour l'homme et son rôle d'obstructeur sur le chemin de la science véritable» (1961).

Professeur Sir George PICKERING (de l'Université d'Oxford): «On prétendrait appliquer aux malades des «vérités» fondamentales découvertes au cours d'expériences sur des animaux. Puisque je suis physiologiste, je me crois autorisé à juger une telle prétention: C'est une pure stupidité» (1964).

Professeur GIROUD (de l'Université de Montpellier): «Les essais sur l'animal ne donneront jamais une parfaite satisfaction car, par sa constitution, sa taille et ses réactions organiques, il diffère énormément de l'homme» (1970).

Professeur OAKES (de l'Université Vanderbilt): «Nous ne savons pas comment extrapoler les résultats des tests sur les animaux à l'homme» (1972).

Docteur GOLDMAN (directeur d'un grand trust pharmaceutique anglais): «De nombreuses expériences ont peu ou pas de rapports avec les progrès de la médecine ... l'honnêteté devrait contraindre les «chercheurs» à admettre que le principal motif qui les pousse est la curiosité, que le but qu'ils poursuivent est la publication d'innombrables articles dans les revues de façon à se faire une réputation, et non pas les progrès de la médecine ni l'amélioration de la santé publique» (1972).

Ligue National Française contre le Cancer: «Il est absolument impossible de reproduire chez l'homme les expériences faites sur l'animal ... la recherche est actuellement dans une impasse en ce qui concerne l'homme.»

Professeur ACKERT (de l'Université de Zurich): «Il n'est pas possible d'extrapoler directement à l'homme les expériences réalisées sur l'animal» (1973).

Professeur Vassili DUSHKIN (de l'Académie Soviétique de Médecine): «En U.R.S.S. 90% des travaux servant à la production des vaccins sont réalisés sans expériences sur les animaux vivants, uniquement grâce aux cultures de cellules» (1973).

Docteur RENTCHNICK (rédacteur en chef du journal des médecins suisses «Médecine et Hygiène»): «L'expérience montre que l'extrapolation des résultats des travaux menés chez l'animal à une autre espèce, et notamment à l'espèce humaine, est extrêmement aléatoire, sinon le plus souvent dénuée de toute valeur ...» (1973).

Professeur MATHE (directeur de l'Institut du Cancer de Villejuif): «L'homme n'est pas une grenouille, et c'est pourquoi il est difficile d'extrapoler les expérimentations de l'animal à l'homme» (1970).

Professeur Mary Salter AINSWORTH (de l'Université John Hopkins): «Les bébés singes, quand on les arrache à leur mère, sont placés dans un environnement comparable à la solitude de la réclusion dans une prison et cela ne peut pas être comparé aux conditions typiques qui conduisent à la dépression chez l'homme» (1974).

TRACT 3:
VIVISECTION = OBSCURANTISME

LAISSONS PARLER SAVANTS ET MEDECINS CELEBRES

Professeur KIENLE (de l'Institut de pharmacologie clinique de Herdecke R.F.A.): «Les expériences faites jusqu'ici montrent que l'expérimentation animale ne constitue qu'un indicateur grossier, très variable et qui n'a de valeur que pour l'espèce soumise à l'expérience, de sorte qu'il est impossible de formuler une prévision pour l'homme ... Il est significatif que les médicaments qui se sont montrés les plus dangereux sont précisément ceux qui, comme la thalidomide, le ménocile, le chloramphénicol etc ... ont été le mieux testés préalablement par l'expérimentation animale» (1977).

Professeur V. DUSHKIN (de l'Académie de médecine de l'U.R.S.S.): «Les recherches sur les virus et la préparation de vaccins anti-viraux sur cultures de cellules sont de bons exemples de la façon dont les animaux vivants peuvent être remplacés dans les travaux scientifiques. La recherche sur cultures de cellules, tissus et organes doit aussi se développer dans d'autres domaines de la science médicale, de façon à remplacer les animaux dans les expériences» (1972).

Professeur G.K. RUSSELL (de l'Université Adelphi – U.S.A.): «La biologie a grandement oublié que les organismes sont vivants ... la vivisection laisse aux jeunes un sentiment de dégoût, de manque de respect et d'aliénation» (1975).

Professeur RENTCHNICK (rédacteur en chef de «Médecine et Hygiène», journal des médecins Suisses): «On sait combien il est difficile de transposer les expériences cancérigènes de l'animal à l'homme» (1975).

Lord PLATT (de l'Académie Royale de médecine de Grande-Bretagne): «Particulièrement dans les tests de toxicité, je pense qu'une grande partie du travail fait sur les animaux aujourd'hui, est inutile et indésirable; on pourrait s'en dispenser, moyennant un simple changement d'attitude et une remise en question de ses buts et de son efficacité» (1976).

Activités d'analyse

Réseaux thématiques ▷ ▷ ▷ ▷

1 Dans le premier tract, la Ligue Française contre la Vivisection emploie à dessein un vocabulaire tiré du registre affectif afin de provoquer une réaction de colère chez les lecteurs. Elle utilise ainsi des termes tels que: *révoltent, écœurent, atrocités* ...

▶ Complétez cette liste.

2 Le thème central des deux tracts qui suivent est celui de l'inutilité pour l'homme des expériences pratiquées sur l'animal.

▶ Relevez toutes les expressions se rapportant à ce thème.

Repères structuraux ▷ ▷ ▷ ▷

1 La cohésion dans le premier tract est assurée à l'aide d'une série de listes. On note par exemple l'opposition de substantifs, citant les différents types d'animaux martyrisés dans les laboratoires.

▶ Quelles sont les deux autres formes grammaticales auxquelles l'auteur a recours pour énumérer les atrocités infligées aux animaux?

2 Les professeurs Mathe (tract 2) et Kienle (tract 3) commentent tous les deux le fait que l'homme est différent de l'animal.

▶ Quelle conclusion en tirent-ils et quel procédé linguistique utilisent-ils pour introduire cette conclusion?

▶ Trouvez d'autres façons de conclure une démonstration.

▶ Comparez les deux démonstrations précédentes avec celle du professeur Giroud (tract 2). En quoi diffèrent-elles?

Activités communicatives ——————————

A l'oral ▷ ▷ ▷ ▷

1 **Exposé et interrogation**

Activité: Vous participez à une réunion-débat composée d'étudiants favorables à l'expérimentation animale et d'autres qui y sont farouchement opposés. Cette réunion prendra la forme d'une confrontation des deux groupes opposés.

Préparation: Suivant votre conviction personnelle, vous ferez des notes vous permettant de condamner *ou* d'appuyer la vivisection. Puisque certains des participants se limiteront à ajouter à des arguments déjà établis, il conviendra de faire des notes sommaires, sans enchaîner un argument consécutif.

Déroulement du cours: Les membres de chaque groupe, pour ou contre la vivisection, prendront le relais pour justifier leurs positions individuelles.

(a) *Groupe I:* Les membres du *groupe opposé à la vivisection* seront les premiers à prendre la parole. Ils feront l'*exposé* de leurs attitudes, évitant toutefois de se répéter. Les nouveaux participants s'associeront à celles des opinions précédentes qu'ils partagent, soulignant des aspects jusqu'alors négligés et passant à d'autres arguments. (Pour le dernier membre du groupe, voir (c) ci-dessous).

(b) *Groupe II:* Les partisans de l'expérimentation animale prendront la parole à la suite des arguments contre la vivisection. (Pour le dernier membre de ce groupe voir (d) ci-dessous).

(c) Le dernier membre du groupe I interviendra pour offrir le résumé des principaux arguments utilisés par son équipe contre la vivisection.

(d) Le dernier membre du groupe II prendra la parole pour résumer les arguments en faveur de la vivisection.

(e) Une discussion générale suivra.

Ressources linguistiques: Ces interventions nécessitent:

▶ la capacité de prendre et de passer la parole (Module 6: *Intervenir/prendre la parole*)
▶ celle d'*exprimer son accord/désaccord* (Module 3, ci-dessous)
▶ celle de *nuancer* et d'*étoffer* (Module 5)

Ceux qui font le bilan profiteront également du Module 8 (*Insister/faire des comparaisons*) et 9 (*Suggérer/appeler à l'action*)

2 Interprétation bilatérale

Elizabeth Watson, journaliste australienne, interroge un scientifique, Jean Mounier, sur certains des aspects les plus controversés de l'experiméntation animale.

Préparation: L'exercice proposé se réfère au document vidéo qui précède (texte 1), aussi bien qu'au texte 2. Nous recommandons à l'étudiant préparant cet exercice de visionner le document vidéo en plus de la lecture de ce texte, et de noter les mots et expressions qui lui semblent les plus utiles.

A l'écrit ▷ ▷ ▷ ▷

1 Rédaction: 'La Vivisection: la fin justifie-t-elle les moyens?'

Préparation: En préparant cette rédaction, consultez les *Ressources linguistiques* de ce module pour les expressions de l'*accord* et du *désaccord*. Consultez également les *Ressources linguistiques* du module 4 (*persuader* et *dissuader*). Dans une telle entreprise, il importe de ne pas s'arrêter à bien formuler ses opinions, mais aussi d'adopter une stratégie susceptible de remuer des gens pour qui vos opinions relèvent de l'hérésie.

2 Interview avec un scientifique de votre université

Ecrivez le compte rendu d'un entretien avec un scientifique de votre université, qui poursuit des recherches basées sur des expériences faites sur les animaux.

Discutez dans votre entretien les idées du docteur Dollet (texte 1) et celles des scientifiques opposés à la vivisection (texte 2).

Ecrivez *non pas* le procès-verbal de cette discussion, mais une *étude plus générale*, où vous reformulez les points de la discussion et où votre entretien vous fournit des arguments utiles.

Enquête: Les Immigrés sont-ils de trop?

(Nous réimprimons ci-dessous des opinions, parues dans un journal hebdomadaire français, et représentant différents points de vue sur la question de l'immigration et sur les problèmes qu'elle pose).

Marcel Debarge,
parti socialiste

« Notre conviction, la mienne, en tant que socialiste, c'est que les hommes sont identiques, quelles que soient leur race, leur religion ou non, leur opinion. Chacun dans une communauté doit trouver sa place. Les conditions de vie, d'habitat, d'environnement doivent éviter que les ghettos, véritables sources du racisme, ne se créent, ne se développent. Il ne convient pas de se laisser aller, dans une période de crise, à trouver des boucs-émissaires.

Il y a eu, cela date d'une dizaine d'années, une forte incitation pour des raisons économiques à la venue d'émigrés dans notre pays. La situation n'est plus la même et tout en restant fidèles à nous-mêmes quant à l'accueil des réfugiés poli-tiques, l'émigration clandestine doit s'arrêter. Il nous faudra débattre, dans notre pays, sans esprit d'assistanat, de la question de l'immigration. »

Andre Bergeron,
Force Ouvrière

« Je suis convaincu depuis beaucoup d'années que le niveau de l'émigration en France a atteint un niveau qu'on ne peut pas dépasser. L'expres-sion de cette opinion n'a naturellement rien à voir avec les sentiments que sont le racisme ou la xénophobie.

Personne ne conteste la place que les travail-leurs immigrés ont tenu dans l'industrie française. Mais quels que soient les sentiments qu'on puisse leur porter, il est des limites qu'on ne peut dépasser. Ces limites sont aujourd'hui atteintes.

La grande question est de savoir si les nations de vieilles industries sont en état d'aider les pays en voie de développement à se doter des infrastructures industrielles leur permettant d'oc-cuper sur place leurs propres travailleurs. Je sais que ce problème ne peut être résolu du jour au lendemain. Il s'inscrit dans le contexte général de mise en oeuvre de ce que l'on a appelé 'un nouveau plan Marshall à l'échelle de la planète.' »

Jacques Chirac
maire de Paris

« Le nombre des étrangers en situation irrégulière a augmenté dans des proportions considérables, ce qui est dû, pour une grande part, à l'irréalisme et à la faiblesse dont le Gouvernement a fait preuve entre 1981 et 1982. Chacun sait que les quotas d'immigrés dans la capitale dépassent globalement le seuil de tolérance reconnu par tous les sociologues.

Or, le problème se pose clairement en ces termes: plus on est accueillant dans les textes et les règlements, moins on l'est dans les coeurs et dans les sensibilités. Une trop forte concentration d'étrangers provoque immanquablement des réactions de rejet, que l'on peut déplorer, mais non empêcher. C'est pourquoi il est absolument nécessaire de limiter l'arrivée de nouveaux immigrés et de s'opposer à la présence des étrangers clandestins. Cela relève de la compétence de l'Etat. La ville de Paris va, dans la limite de ses attributions, contribuer à ces actions.

Mais parallèlement nous devons lutter avec plus de force que jamais contre le racisme dans toutes ses manifestations. Nous devons faire le maximum pour assurer à tous les étrangers qui sont là depuis longtemps et qui ont souvent participé au développement économique de notre pays dans les années d'expansion, de meilleures conditions de vie, de logement, de scolarisation. En un mot, il faut valoriser leur insertion. Je dis "insertion" et non "assimilation": car l'assimilation signifie trop fréquemment le refus de la différence, le nivellement des cultures, la perte de l'identité. Les étrangers, au contraire, doivent pouvoir assumer leur différence, pratiquer leur religion, vivre leur culture: diverses mesures sont actuellement étudiées dans cet esprit par la Ville. »

Georges Marchais,
parti communiste

« Poser cette question, c'est en poser une autre: y a-t-il trop de travailleurs en France? A cela nous répondons clairement: non. Il y a aujourd'hui 2 millions de chômeurs. Est-ce une fatalité? Est-ce une situation qui doit s'installer pour des années et des années? Absolument pas. Il y a tant de choses à créer et à produire en France, si on veut satisfaire les besoins des Français, sans parler de ceux des peuples du tiers monde qui manquent cruellement de tout.

Le problème, ce n'est donc pas de chasser les immigrés parce qu'il y a du chômage — les Allemands l'ont fait, et ils ont 2 millions de chômeurs — c'est de chasser le chômage pour permettre à tous, Français et immigrés, de trouver du travail. Cela suppose une grande politique industrielle dans tous les domaines. Des mesures prises par le gouvernement vont dans ce sens, mais, naturellement, elles sont encore insuffisantes.

Nous considérons que nos frères immigrés doivent pouvoir rester en France s'ils le souhaitent et bénéficier des mêmes droits et des mêmes devoirs que les travailleurs français. Mais il faut aussi que soient prises des mesures strictes permettant d'arrêter toute nouvelle immigration. »

Jacques Bourdon,
C.G.T.

« Depuis plusieurs mois, une campagne mensongère raciste est orchestrée par les dirigeants de la droite, hier au pouvoir. Elle tend à opposer les travailleurs français aux travailleurs immigrés: ceux-ci sont présentés comme les responsables de tous nos maux, chômage, insécurité, etc.

La C.G.T qui s'est prononcée depuis longtemps pour l'arrêt de l'immigration, estime que le libre choix doit être laissé à ceux qui ont contribué par leur travail à la croissance économique de notre pays:
— libre choix de rester et de vivre dans notre pays, avec les mêmes droits et les mêmes devoirs que les travailleurs français.
— ou bien retourner dans leur pays: cela suppose que leur soit donnée une formation correspondant aux besoins de qualification de leur pays, dans le cadre des conventions bilatérales. Et que la garantie des droits acquis par leur travail en France leur soit reconnue. »

(*La Vie*, le 3 août 1983)

Activités d'analyse

Réseaux thématiques ▷ ▷ ▷ ▷

1 Le texte présente les réponses de différentes personnalités politiques françaises à la question ''Les immigrés sont-ils de trop?''

▶ Sélectionnez les phrases- ou expressions-clefs qui vous semblent résumer le mieux le point de vue de chacune des personnes interrogées.

2 Debarge, Bergeron, Chirac et Bourdon font tous mention de la contribution apportée par les immigrés au développement de l'économie française.

▶ Quelles formules emploient-ils?

Repères structuraux ▷ ▷ ▷ ▷

1 Dans sa réponse Jacques Chirac utilise par deux fois la technique du contraste. C'est ainsi qu'il oppose *assimilation* et *insertion*, en utilisant l'articulateur *au contraire*.

▶ Pouvez-vous trouver le deuxième exemple de ce procédé?

▶ Proposez d'autres manières d'introduire un contraste.

2 Le propos de Jacques Chirac est structuré par l'utilisation de différents articulateurs discursifs qui ont pour objet de marquer un ajout, une opposition etc.

▶ Relevez-les.

3 Jacques Chirac et Georges Marchais utilisent des structures linguistiques presque identiques, le premier pour proposer son interprétation du problème, le second une reformulation de la question de départ.

▶ Identifiez ces structures.

Activités communicatives

A l'oral ▷ ▷ ▷ ▷

Interview

Contexte: Dans une ville industrielle de votre pays, le taux de chômage est élévé et touche particulièrement certaines sections de la population. Lors d'un accident de la route un jeune fils d'immigré est renversé et tué par une auto. Un mouvement de protestation prend les proportions d'une émeute, et l'affaire prend soudain une tournure raciste et violente.

Activité: Les étudiants interrogent en groupe des représentants de la minorité en question. On examine les problèmes suivants:

(a) la justesse des accusations lancées par la population d'immigrés.

(b) les problèmes causés par les vagues d'immigrants dans un pays.

(c) la définition du racisme, et les formes qu'il prend dans une communauté à forte proportion d'immigrés. On ne parlera pas exclusivement des problèmes rencontrés par les gens de couleur.

(d) les moyens de remédir au problème du racisme dans une communauté à forte proportion d'immigrés.

Conduite de la classe: On désignera à l'avance ceux qui doivent représenter la communauté d'immigrés (en identifiant la nationalité dont il s'agit) et ceux qui représenteront les autochtones.

Les étudiants originaires du pays seront appelés à s'identifier avec l'une des opinions émises par les hommes politiques cités dans l'article.

Les porte-parole des communautés d'immigrés formuleront leurs opinions sur le problème général de l'immigration et sur la menace du racisme.

Les porte-parole des autochtones en feront de même.

Les deux groupes s'interrogeront en exprimant leur accord ou leur désaccord (voir les *Ressources linguistiques* à la fin du module).

Le groupe élira un président de séance, à qui il incombe d'assurer la bonne conduite de la discussion et de proposer une formule qui lui semble acceptable à tous les secteurs de l'opinion. Le président ferait bien de consulter au préalable le *Guide du président de séance* (Module 6).

A l'écrit ▷ ▷ ▷ ▷

Compte rendu/lettre

Contexte: On vous demande en tant que secrétaire d'écrire le compte rendu de la réunion.

Activité: Vous transmettez ce rapport à votre député/membre du parlement. Vous y ajoutez une brève lettre contenant votre appréciation personnelle de la situation et une proposition raisonnée visant à réduire au minimum les risques d'un conflit pareil à l'avenir.

Préparation: Le compte rendu prendra la forme d'une analyse des opinions les plus importantes émises au cours de la discussion orale. Vous reformulerez le rapport pour qu'il suive un ordre logique, chronologique etc., (voir *Pratique de l'exposé*, Module 1).

▶▶▶▶▶▶ *Criminels de guerre*

L'horreur parfois serait indicible, ineffable. Est-elle filmable? Dès la fin de la seconde guerre mondiale, la question se pose: comment montrer, reconstruire en images l'enfer des camps de la mort, le système concentrationnaire? Comment témoigner de la cruauté inédite des nazis sans susciter l'incrédulité? Comment tirer une leçon universelle de cette faillite de la raison, afin que jamais plus elle ne se répète?

Les pays les plus éprouvés, ceux dont la population a été concrètement menacée d'extermination, comme la Pologne, ont été les premiers à entreprendre la reconstitution filmée des camps. En 1948, un film polonais, *La dernière étape*, glace le monde d'effroi; ses auteurs, Wanda Jakubowska et Gerda Schneider, elles-mêmes survivantes d'Auschwitz, y évoquaient dans un style direct et simple de documentaire la vie quotidienne dans ce lieu de martyre et de mortification.

Dans l'immédiat après-guerre, les films veulent une fois pour toutes révéler l'indiscutable vérité d'un système politique anthropophage. A ceux qui doutent de la réalité des camps nazis, ces images, livrées presque brutalement, ôtent toute raison de scepticisme. Les documentaires sont alors nombreux, accablants, terrifiants, comme *Les Camps de la mort* (1947), *Le Ghetto de Terecin*, d'Alfred Radok (1948)

et l'extraordinaire *Nuit et brouillard* (1955), d'Alain Resnais et Jean Cayrol.

Au début des années 60, alors qu'à l'occasion de la guerre d'Algérie d'anciens résistants au nazisme pratiquent parfois la torture et découvrent l'usage des camps d'internement, des cinéastes vont dénoncer ces recours condamnés par l'humanité. Armand Gatti, dans l'*Enclos* (1961), montre comment deux déportés sont amenés à s'entretuer pour l'amusement du commandement du camp. Gillo Pontecorvo, dans *Kapo* (1960), pousse le paradoxe jusqu'à imaginer le destin d'une internée juive devenue kapo.

Par leur énormité même, les crimes nazis sont bien plus souvent rappelés à l'écran que ceux d'autres puissances à l'exception du Japon. Beaucoup plus rares, par contre, sont les films qui ont étudié la psychologie et les motivations des bourreaux chargés de la surveillance des détenus ou des grands responsables de la politique d'extermination nazie. Le plus remarquable de tous reste *la Passagère* (1964), où le réalisateur polonais Andrzej Munk imagine la rencontre, à bord d'un paquebot, d'une ancienne gardienne de camp et de son ex-victime; le film nous fait parcourir le trajet mental ayant conduit cette femme à devenir une brute.

Une situation semblable (un

ancien nazi retrouve à Vienne l'une de ses anciennes victimes) fournit l'occasion à Liliana Cavani, dans *Portier de nuit*, d'effectuer une sorte d'étude psychanalytique du comportement nazi et d'expliquer les raisons du sadisme des bourreaux et du masochisme des déportés. Film pour le moins ambigu, ayant déclenché en 1974 des polémiques violentes à l'occasion de la nostalgie "rétro", il donna aussi lieu, on le sait, à des avatars dégénérés, oeuvres pornographiques complaisantes sur les rapports entre les SS et les prisonnières.

Récemment, dans *le Choix de Sophie*, Alain J. Pakula rappelait qu'à un certain degré les criminels de guerre pensent être des hommes ordinaires avec de petits problèmes domestiques et de vulgaires préoccupations matérielles, laissant toujours à leurs supérieurs, ou à d'autres, le soin de choisir, calmement installés dans leur irresponsabilité.

Tous ces films présentent en général ces criminels comme des hommes convaincus d'être effectivement non responsables parce que tout le pouvoir politique se trouve concentré au sommet de l'Etat. Cela les rend – pensent-ils – juridiquement libres de laisser courir leurs vieilles haines, nourries d'idéologie d'extrême droite faite de mépris de l'homme commun, de rejet radical de l'égalité et de la fraternité. (IGNACIO RAMONET)

LA SEDUCTION DU MAL

Le criminel de guerre, faux "bon sujet" de film? On aurait pensé le contraire, tant la violence, la cruauté, la perversité humaines ont jusqu'ici inspiré le cinéma (et l'art). On aurait pensé que cette nouvelle figure du mal trouverait, très logiquement, sa place dans la théorie, déjà longue, des "héros noirs" du crime.

Il y a, au cinéma (et dans l'art), une séduction du mal: peut-être faut-il entendre par là, comme le remarque Orson Welles dans *Filming Othello*, que c'est le traître, le "vilain", qui a l'initiative de la fiction, qui en est le producteur. Songeons aussi au mot de Goetz, dans *le Diable et le Bon Dieu*: "J'invente". Pour Goetz, le mal est inventif, c'est sa dimension esthétique, tandis que le bien n'est qu'obéissance: les règles du jeu sont fixées d'avance.

Le criminel de guerre nazi, cependant, ne nous a pas enseigné que le mal est séduisant, mais, au contraire, qu'il peut être, ainsi que l'écrit Hannah Arendt, d'une "effrayante, indicible, impensable banalité".

La "banalité du mal", c'est en somme son caractère anonyme, administratif, planifié. Ce sont ces quelques milliers de fonctionnaires du meurtre collectif, ces bureaucrates besogneux et soumis, ces comptables de l'horreur qui, pour la plupart, n'avaient d'autre image de leurs crimes que la paperasse qui défilait sous leurs yeux.

L'horreur vraie, historique, rejoint la banalité en ce qu'elle est numérique: en d'autres termes, nous avons là affaire à un excès qui n'a rien de spectaculaire. Pour que le spectacle soit possible, que le mal devienne séduisant, il faudra que cette histoire se mue en légende, que le document cède la place à la conjecture plus ou moins romanesque, à l'ignorance génératice de fictions et de fantasmes.

Ainsi, *Le Criminel*, d'Orson Welles (1946), nous passionne moins que son Iago: il est encore trop proche de l'histoire, et son supplice final ne suffira pas à le faire accéder au mythe, à la légende, à cette grandeur dans le mal dont rêvaient Lautréamont et Bataille. Cette légende du criminel de guerre, elle naît, si l'on veut, au moment où l'histoire commence à se désintéresser de lui. Au moment où il cesse d'occuper une place de premier rang dans l'information, et où, en même temps, il disparaît physiquement (fuite à l'étranger, changement d'identité).

Dans *Les Maudits* (1946), René Clément prélude en quelque sorte à l'instauration de la légende: quelques dignitaires nazis s'enferment dans un sous-marin pour gagner l'Amérique du Sud. C'est là que la mythologie cinématographique va pouvoir récupérer le personnage du criminel de guerre, en retrouvant ses traits dans celui d'un "archétype" classique, le savant fou, démoniaque, du genre fantastique-terrifiant. Dans *Ces garçons qui venaient du Brésil* (1979), Franklin Schaeffner fait revivre la figure de Mengele, qui, dans le film, se livre, au fond de la jungle brésilienne, à des travaux de génétique visant à la création de "clones" et qui est recherché par un nommé Lieberman, en qui personne n'a de peine à reconnaître Simon Wiesenthal. Même "schéma", pourrait-on dire, dans *Marathon Man*, de John Schlesinger (1976), où dans un décor identique, réapparaît celui que le scénario désigne sous le surnom d'"'Ange blanc d'Auschwitz", et qui affronte cette fois-ci un jeune Américain. A noter: le sadisme qui caractérise le personnage, et qui marquera encore la conduite du commandant du camp, dans le film d'Alain J. Pakula, *Le Choix de Sophie*, adapté du roman de William Styron.

Le sadisme réintroduit la dimension personnelle du mal: autrement dit, il le rend dramatique, spectaculaire. Le génocide, le crime numérique ne retiennent guère l'attention du public: ils ont, en quelque sorte, un caractère abstrait. Ce qui "intéresse" le spectateur, c'est le crime de l'individu, commis sur un autre individu: c'est la relation, l'affrontement bourreau-victime, traître-justicier, bien-mal (à condition que ces notions s'incarnent dans des personnages bien typés, sinon très vraisemblables).

Si l'auteur donne à cette relation bourreau-victime la forme de l'échange sado-masochiste, l'effet dramatique et spectaculaire est encore accru. Il atteint même, d'une certaine manière, son degré extrême d'efficacité, puisque l'affrontement se double d'un simulacre, d'une complicité, que le jeu, la comédie interviennent en somme comme une espèce de fiction seconde. Ce "modèle" est celui qu'a utilisé Liliana Cavani dans *Portier de nuit* (1974). Et aussi, mais sans oser aller jusqu'à mettre réellement le masochisme en scène, ces cinéastes qui, exploitant sans vergogne l'univers des camps et celui du nazisme, oeuvrent à la limite de la pornographie. On ne rangera évidemment pas parmi eux Pier Paolo Pasolini. Son film, *Salô – ou les Cent Vingt Journées de Sodome* (1976), peut cependant prêter à bien des équivoques: on voit mal, en effet, à quelle nécessité profonde répond l'association de la République fasciste de Sâlo, – réalité historique mineure – avec l'univers imaginaire de Sade – fiction fantasmique –, si ce n'est qu'il s'agit, dans l'un et l'autre cas, d'une société utopique. Et, finalement, le film ne risque-t-il pas de favoriser le développement de cette mythologie qui esthétise le mal, qui fait des grands criminels des créateurs, des inventeurs de formes?

Il faut en revenir à cette idée que nous vivons la banalité du mal. C'est celle-ci qu'a tenté de restituer Marcel Hanoun, dans *L'Authentique Procès de Carl-Emmanuel Jung* (1966), en bannissant toute reconstitution historique et en privilégiant la bande-son et le témoignage oral: le mal, de la sorte, est privé de toute séduction. L'est-il également dans ces films qui, entendant cette "banalité" dans un sens très différent, nous peignent le criminel de guerre sous l'aspect non point

d'un homme ordinaire, médiocre, mais d'un homme partagé, divisé (sous-entendu: comme nous le sommes tous), c'est-à-dire avec des côtés éminemment flatteurs, mis complaisamment en lumière?

Dans *SS Représailles* (1972), le cinéaste George P. Cosmatos donne les traits de Richard Burton au colonel Kappler, responsable, à Rome, du massacre dit "de la Fosse ardéatine", et lui oppose Marcello Mastroianni, revêtu de la soutane du "Vicaire". Mais cette opposition est en réalité un parallélisme soigneusement étudié: deux devoirs, deux soldats, deux hommes écartelés entre, d'un côté, la fidélité à une foi incarnée dans une autorité qui a failli (L'Allemagne nazie et le pape, qui refuse d'intervenir en faveur des otages menacés d'exécution) et, de l'autre, la tentation de la rébellion que leur souffle leur conscience. Version moderne de la tempête

sous un crâne: des gros plans insistants nous disent tout sur les tourments et les interrogations de Kappler en train d'établir la liste des trois cents condamnés.

Dans *la Fuite en France* (1948), Mario Soldati, déjà, avait présenté son héros, un criminel de guerre italien, sous l'aspect d'un père de famille accompagné de son garçonnet. Mais il n'allait pas, comme George P. Cosmatos, jusqu'à courir le risque de détourner sur son personnage la sympathie du spectateur ... Cette "vision" du criminel de guerre, qui se veut sereine, objective, nous savons à quoi elle peut aboutir: à une véritable normalisation, à une légalisation, par une conscience "vulnérable", de l'inadmissible, de l'injustifiable.

(CHRISTIAN ZIMMER)

(*Le Monde diplomatique* novembre 1983.)

Activités d'analyse

Réseaux thématiques ▷ ▷ ▷ ▷

1 Dans le premier texte, les deux thèmes principaux sont celui du *système concentrationnaire* et celui de *la faillite de la raison*.

▶ Extrayez toutes les expressions du texte se rapportant à ces deux thèmes.

2 Le deuxième texte, quant à lui, est centré plus particulièrement sur le thème de "l'anti-héros", tel qu'il apparaît au cinéma.

▶ Identifiez les différentes formes que revêt ce personnage dans les films cités.

3 Ce même texte se penche également sur le problème de l'attrait exercé par le mal ainsi que par sa banalisation.

▶ Relevez le réseau de termes qui alimentent chaque catégorie sous les titres suivants: *la séduction du mal*; *la banalité du mal*.

Repères structuraux

1 L'auteur du premier texte retrace l'évolution chronologique des thèmes des films traitant des camps de concentration.

   ▶ Repérez les différentes expressions linguistiques qui marquent cette évolution.

2 Dans le deuxième texte Christian Zimmer emploie de nombreux articulateurs discursifs afin de structurer son article et d'en renforcer la cohésion. Nous en avons sélectionné quelques-uns: *tandis que* (para. 2), *cependant* (3), *mais au contraire* (3), *en d'autres termes* (5), *ainsi* (6), *à noter* (7), *d'un côté . . . de l'autre* (11).

   ▶ Identifiez la valeur que prend chacun d'eux dans le texte.

   ▶ Trouvez dans le texte une formule ayant la même fonction qu'*en d'autres termes*, ainsi qu'un équivalent de *mais, au contraire*

Activités communicatives

A l'oral ▷ ▷ ▷ ▷

Décision en comité

Contexte: Vous faites partie du conseil d'administration du ciné-club de l'université. Les membres du sous-comité pour le choix du programme ont décidé de proposer un cycle de films intitulé: 'la représentation de criminels nazis dans le cinéma'.

D'autres membres du club s'opposent à ce choix, et persuadent le président de convoquer une réunion du conseil d'administration à ce sujet. On risque, disent-ils, de rendre les criminels nazis compréhensibles et de banaliser des crimes abominables. Pour une certaine minorité sadique, d'ailleurs, on risque de faire des criminels des objets d'admiration.

Activité: Vous vous réunissez en conseil d'administration du ciné-club pour prendre une décision sur la validité et sur la moralité du choix de programme proposé par le sous-comité.

Préparation: Bien entendu il y aura une division d'opinion parmi les étudiants sur cette question. Les rôles du président et du secrétaire du comité seront attribués à des étudiants qui ne trouvent rien à redire au choix de sujet.

Vous devez donc être prêt, suivant le cas:

(a) à vous déclarer d'accord avec le choix, et à préparer des arguments le justifiant.
(b) à vous opposer à cette décision et à demander aux membres du sous-comité, présents à la réunion du conseil, de justifier leur choix, en leur exposant les dangers qu'un tel programme pourrait amener.

A l'Ordre du jour du comité:

(i) Le président ouvre la séance et annonce l'ordre du jour: Demande émanant d'un groupe de membres du club opposés au programme, proposant que la décision soit réexaminée.
(ii) Invitation à ceux qui sont opposés au programme d'exprimer leurs opinions.
(iii) Justification du choix du programme.
(iv) Interrogations et réponses.
(v) Résumé par le président de la séance, et prise de décision par le comité, après un essai par le secrétaire de formuler une proposition acceptable à la majorité.
(v) Vote éventuel.

A l'écrit ▷ ▷ ▷ ▷

Lettre aux membres du club

A la suite de la réunion, vous écrivez la lettre adressée aux membres du club par le président, pour annoncer la décision qui a été prise. En principe, la lettre doit éviter de froisser vos membres, quelles que soient leurs opinions. Elle ne doit pas non plus omettre:

(a) les raisons pour lesquelles vous aviez convoqué la réunion.
(b) la décision prise par le comité
(c) la justification de cette décision (voir: *Ressources linguistiques*, Exprimer son accord etc.

Glossaire: Commenter les résultats d'une enquête

La description

l'enquête

à l'occasion d'une enquête/un questionnaire/un sondage/ une étude des statistiques
qui a été organisé/mené/conduit/mis sur pied/mis en place

un échantillon représentatif de la population

a été soumis à
consulté sur
interrogé
s'est prononcé sur
a dû répondre à

la présentation des résultats
les résultats

ont été regroupés par année   voir encadré(s)/
organisés   fig 6/graphique/
                                tableau(x) ci-joint(s)

nous sont donnés en pourcentage
ont été présentés sous forme de tableaux/graphique(s)
nous avons séparés les réponses selon . . .

en abscisse/en ordonnée
en pointillé nous avons indiqué . . .
les sections hachurées en gris représentent . . .
la courbe noire indique le taux de croissance de . . .

les chiffres

ces chiffres/résultats recouvrent/représentent
dans ces chiffres figurent

Attention à la différence entre *nombre* et *chiffre*

la proportion moyenne est de . . . sur . . .
le pourcentage
un nombre non négligeable

augmenter/croître/   descendre/chuter/décroître/être
être en hausse   en baisse/est tombé de . . . à . . .

Le commentaire

Regardons les chiffres de plus près
63% des personnes interrogées se déclarent:

très favorables   tout à fait d'accord/pour
plutôt favorables   plutôt d'accord/pour
plutôt opposées   plutôt pas d'accord/plutôt contre
très opposées   pas d'accord du tout/tout à fait contre
sans opinion   ne savent pas

Ils sont 63% à

se déclarer favorables/opposés
être pour/contre
juger que . . .
vouloir que . . .
estimer que . . .
se prononcer pour /contre

L'opinion se partage en fractions presque égales: 29% pour; 37% contre; 34% sans opinion.

Le taux de satisfaction dépasse largement les 50%. Un Français sur 5 estime que . . .

Les réponses favorables atteignent 70%. L'immense majorité (70%) est favorable à . . . Une large majorité se prononce en faveur de . . .

17% se penchent plutôt pour . . .

Près de la moitié, soit 48%, voudrait voir . . ., contre 51% d'avis contraire.

Pour 45% des jeunes, il faudrait . . .

Les pour ont doublé en 2 ans, passant de 12% en 84 à 24% en 86.

Parmi les sympathisants de ce projet, nous trouvons en
première position les jeunes.

La réponse la plus souvent donnée est ...
raison   citée
          qui emporte le plus de suffrages est ...

Les conclusions

D'après l'enquête on voit
                    constate
            il est évident } que
                    clair

Cette enquête montre bien que
            nous éclaire sur
            démontre
            met en lumière
            illustre de manière éclatante
            indique de façon formelle
            est un excellent indicateur/révélateur de ...

Ce qu'il faut retenir de
    que révèle
La conclusion principale de
Le point le plus intéressant de   } cette étude,
Les renseignements }   c'est/ce sont ...
    leçons   } que l'on peut tirer de
    conclusions

Ces résultats traduisent bien le sentiment ...

Le jugement

Les chiffres/résultats/exemples/statistiques sont
(extrêmement/particulièrement):

favorables	*défavorables*
révélateurs, représentatifs,	inattendus, peu représentatifs,
fiables	pertinents
	fiables
	plausibles
intéressants, précieux,	étonnants, surprenants
significatifs	
pertinents, clairs, valides	aléatoires, extrêmes, limités,
	dénués de toute valeur,
	négligeables, inutiles,
	exagérés, grossiers, ambigus,
	prêtent à équivoques

avoir foi en
accorder foi à
avoir toute confiance en
s'en tenir aux faits

laisser les chiffres parler
    d'eux-mêmes

exprimer son incrédulité
avoir des doutes sur
émettre des réserves sur | la fiabilité
exprimer son   } la validité
    scepticisme quant à | la pertinence
douter de

susciter des questions

▶▶▶▶▶▶ *Ressources linguistiques*

1 Exprimer l'accord
2 Exprimer son désaccord

1   Exprimer l'accord

A   Quand on exprime son accord **en langue parlée**, il suffit
quelquefois d'une simple exclamation qui n'interrompt pas,
mais rassure le locuteur, par exemple:

Oui! Oui!	Certainement!
Oui! bien sûr!	Exactement!
Absolument!	C'est ça!
Tout à fait!	

Ajoutez ici au moins 5 autres expressions similaires:

B   A l'écrit (ou quand on parle en situation plus formelle), on peut utiliser une phrase qui exprime l'accord et qui vous associe à la personne ayant émis l'opinion que vous approuvez:

(i) On commence par 'je'
(ii) + un *verbe* (par exemple être d'accord, ...)
(iii) + un *adverbe* (par exemple entièrement)
(iv) + 'vous'/'votre':

par exemple Je + *suis* + *tout à fait d'accord* + avec *vous*/cette idée.
                          entièrement   + de *votre* avis.
                                                     de l'avis de M. Untel.

Je *rejoins entièrement* Madame Blanc.
   partage l'avis de Madame Blanc.
            votre opinion.

Je *soutiens* entièrement l'action du comité.
                          l'opinion du rédacteur en chef.

Je *tiens à   exprimer mon soutien* à l'action des communistes.
   voudrais donner   *mon approbation*
                       mon assentiment

Je *donne mon entier consentement* à votre plan.
J'*approuve entièrement* votre action.
J'*acquiesce* à ce jugement.

C   Vous pouvez nuancer votre accord ou votre approbation, en les qualifiant soigneusement.

(i)   Choisissez soigneusement *l'adverbe* (iii, ci-dessous) que vous employez:
      ▶ accord total, enthousiaste:
          Je suis *entièrement* d'accord avec vous!
                  tout à fait
                  complètement

(ii) N'employez pas d'adverbe:
      ▶ accord plus réservé:
          Je suis   d'accord avec vous.
             partage votre opinion.
             suis   du même avis que vous.

(iii) Employez un adverbe ou autre expression exprimant la réserve:
      ▶ accord réservé:
          Je suis *plutôt* de votre opinion.
          Je partage, *je crois*, votre opinion, mais ...
          Je suis d'accord avec vous *sur certains points*.
          Bien que je sois d'accord avec vous, ...
      Voir aussi *Ressources linguistiques*, 5, 2: Nuancer

D   Ensuite,
(i)   on rappelle *l'essentiel* de ce qu'on approuve
(ii) explique *pourquoi*/ajoute des *précisions*
                              des *explications*
                         ou   des *interprétations*;
(iii) c'est-à-dire qu'on ajoute un *développement*.

(i) Je donne mon entier consentement à } l'idée que
     suis tout à fait d'accord avec   }

(ii) l'on devrait apprendre l'espéranto.
     les enfants ne devraient pas être séparés de leur père.
     les études supérieures ne servent à rien.

A vous maintenant de faire une liste des différentes manières de marquer votre accord:

E   Très souvent, dans une interview ou un débat, il ne suffit pas de dire qu'on est d'accord. Pour tirer de cet accord entre vous et votre interlocuteur le plus d'avantage possible, il faut:

▶ soit *expliquer les raisons* pour lesquelles vous partagez son opinion
▶ soit *enchaîner* pour mieux diriger l'argument vers ce dont vous voulez parler.

(i) *expliquer*: par exemple Je soutiens entièrement cette action:

  — *qui* est tout à fait nécessaire dans la conjoncture actuelle.
  — *dont* le bien-fondé est indiscutable.
      *qu'*il a menée dans des conditions très dures.
  — *que* je trouve admirable.
  — *parce que* je sais qu'elle était nécessaire.
  — *car* elle nous avantage considérablement.

Souvent on introduit son accord par *si*, qui permet une explication immédiate: *Si* je partage entièrement votre opinion, c'est parce que ...

(ii) *enchaîner*; par exemple On peut utiliser *une conjonction*:
   et   pour ajouter quelque chose
   mais   pour exprimer un doute
   pourtant
   cependant } pour exprimer une réservation
   bien que
   quoique

(Ajoutez à cette liste des suggestions personnelles.)

   Je partage, certes, l'opinion de Mme Dupont **mais** j'aimerais attirer votre attention sur un aspect très important de son discours ...
   Je rejoins entièrement l'opinion de M. Beaublache **mais** certains des faits qu'il avance sont, me semble-t-il, susceptibles d'une autre interprétation.
   De notre côté, nous sommes tous du même avis que vous; **cependant** on ne peut pas ignorer que la situation a changé depuis 1985.

Exprimer l'accord: activités ▷ ▷ ▷ ▷

Visionnez le collage-vidéo 3 (b) intitulé ''Bien sûr!''.

A l'oral

1 Lisez le texte No. 2, *Non à la vivisection*, p.66. Vous êtes d'accord avec ceux qui disent ''Non à la vivisection!''.
   ▶ A l'occasion d'une réunion publique vous prenez la parole. Comment exprimez-vous votre accord?

2 Vous représentez dans le conseil administratif (professeurs + représentants des étudiants) de la section de français, les étudiants de 3ème et de 4ème année. On discute la possibilité de remplacer les examens écrits par le contrôle continu. Vous êtes *pour*.
   ▶ Comment vous exprimez-vous?

A l'écrit

3 A la suite d'une série de lettres parues dans votre journal local attaquant la décision de permettre aux Américains de construire en Grande-Bretagne davantage de bases, vous écrivez à votre tour une lettre, où vous approuvez cette décision.
   ▶ Ecrivez le premier paragraphe de cette lettre.

2   Exprimer son désaccord

A   En langue parlée, comme pour l'accord, une simple exclamation peut suffire à exprimer son désaccord:
   (Mais) non!
   C'est faux!
   Absolument pas!
   Sûrement pas!
   En aucun cas!

B   Quand on parle en situation plus formelle, ou informellement **à l'écrit**, on peut exprimer son désaccord moins brutalement. Dans les exemples qui suivent, il existe une progression qui va du *désaccord direct* (quelquefois trop abrupt) au *désaccord impersonnel* et *nuancé*. Votre choix dépend de votre *but*, de la *stratégie* que vous avez choisie.

(a) Pour exprimer le désaccord de façon directe, on utilise:
   Je (qui indique que c'est une opinion personnelle)
      + un *verbe* à la forme *négative*
      + *vous/votre* ou Madame X, Monsieur Y.
   Je ne suis pas d'accord avec *vous*.
         de *votre* avis.
         de l'avis de Madame Roubaix.
      ne partage pas *votre* opinion.
      n'accepte pas *votre* affirmation.
      ne *vous* suis pas dans cette voie/analyse.

(b) Le désaccord direct risque cependant de froisser votre interlocuteur. Vous pouvez le *nuancer*
   ▶ en commençant par une expression de regret:
      Je regrette, mais ...
      Malheureusement, ...
      Hélas, ...
   ▶ en utilisant le verbe *pouvoir*:
      Malheureusement, je ne *peux* pas accepter votre affirmation.

(c) A un niveau de langue plus soigné, on évite
   ▶ la négation:
      Là où je diffère de votre analyse,   c'est ...
                  l'opinion du directeur,
   ▶ les pronoms et adjectifs possessifs de la deuxième personne (vous, votre):
      Je conteste l'analyse de Monsieur Bouleau, qui ...

(d) Si l'on veut éviter une confrontation avec son interlocuteur,
   ▶ on ne le mentionne pas (ni pronoms personnels ni noms propres):
      Je ne partage pas l'opinion selon laquelle ...
   ▶ on s'exprime *de façon positive*, et on utilise une formule de politesse (par exemple *vouloir* au conditionnel):
      Je *voudrais* m'élever contre une telle affirmation.
                  réfuter ce qui vient de se dire à propos de ...
                  apporter une rectification à cette analyse.

C   A un niveau de langue soigné (*à l'écrit* et aussi *à l'oral*) on exprime son désaccord de façon *objective* et complètement *impersonnelle*. Le désaccord objectif a plus de poids que le désaccord personnel. Vous pouvez l'utiliser à diverses fins: *persuader, prouver, réfuter.*
La structure de base de ce type de stratégie est la suivante:

Sujet	+ *proposition relative*	+ *verbe*	+ *complément*
Les informations	qu'on vient de nous communiquer	sont	complètement sans fondement.
bruits	selon lesquels ...		
rumeurs	qui circulent		
L'explication	qui nous est fournie	ne peut être	retenue.
L'analyse	qui voudrait que ...	est dépourvue	de toute vraisemblance.
La rumeur			

Une autre structure positive qui vous permet de réfuter ce qu'on vient d'avancer est celle qui commence par *Contrairement*:

Contrairement aux informations ... il faut préciser que ...
          bruits ...
          rumeurs ...

Une structure qui commence par un verbe impersonnel (il ...) permet une réponse cinglante, tout en donnant l'impression que vous ne vous impliquez pas personnellement:

Il ne saurait un seul instant être question de ...
          peut   en aucun cas

Exprimer son désaccord: activités ▷ ▷ ▷ ▷

Visionnez le collage-vidéo No. 3 (b) intitulé "Pas du tout"

A l'oral

1 Une amie propose d'adopter un enfant handicapé. Vous n'êtes pas d'accord.
   ▶ Exprimez votre désaccord:
      (a) de façon très personnelle;
      (b) objectivement.

2 Vous venez de rencontrer en France un anglophile qui persiste à dire que la nourriture britannique n'a rien à envier à la cuisine française. Francophile, vous ne partagez pas son point du vue.
   ▶ Que lui dites-vous?

A l'écrit

3 Le conseil municipal de votre ville propose, faute d'argent, de supprimer le jumelage entre la ville et une ville française. Vous écrivez au maire une lettre dans laquelle vous lui exprimez votre désaccord.
   ▶ Ecrivez le premier paragraphe de cette lettre.

4 Dans l'école où vous enseignez, et où il y a de nombreux enfants d'immigrés, on propose d'introduire l'enseignement des langues maternelles de ces enfants. Vous êtes tout à fait contre cette idée, mais vous ne voulez pas froisser vos amis immigrés. Vous écrivez pour le magazine de l'école un article où vous défendez votre point de vue.
   ▶ Comment exprimez-vous votre désaccord? (1 paragraphe)

MODULE 4 L'INTERVIEW (2)

En qûete d'un emploi

La Pratique du curriculum vitae

Texte 1 (vidéo):	**Sachez vous vendre!**
Texte 2 (écrit):	**Du curriculum vitae à l'interview**
Texte 3 (écrit):	**L'emploi des jeunes (I)**
Texte 4 (écrit):	**Les qualités indispensables aux candidats**
Glossaire:	**Le monde du travail**
Ressources linguistiques:	**Persuader/Dissuader**
	Faire des concessions

Collage-vidéo: **''Oui, mais''**

 **Pratique du curriculum vitae**

Exemple de disposition d'un curriculum vitae (à modifier selon le genre de poste recherché)

CURRICULUM VITAE

Jeanne DUBOIS

9, rue de la Source 54000 Nancy, tel: 328.43.71
née le 13 décembre 1960 à Rimini, Italie
nationalité française
célibataire

1. ETUDES

Etudes poursuivies à:

- Lycée Chopin, Nancy
- Faculté des Lettres, Université de Nancy II

Diplômes obtenus:

- Baccalauréat Section A4.
- Licence langues modernes: anglais.   Mention Bien   juin 1978
                                              Mention Très Bien   juin 1981
Etudes en cours:

- Maîtrise d'enseignement du français langue étrangère

2 EXPERIENCE PROFESSIONNELLE

- assistante de français à Madras College,
  St Andrews, Ecosse
- lectrice à l'Universitié de Manchester   sept. à juillet 1981/82
- cours particuliers d'anglais à lycéens (Nancy) octobre à juin 1982/83
                                                                  1979/81
                                                                  1983/85

3 EXPERIENCES COMPLEMENTAIRES

Emplois divers:

- aide-soignante à l'hôpital de Nancy

Responsabilités: été 1981

- organisation du ciné-club de la Faculté des Lettres
- capitaine de l'équipe de basketball (champions)   1977/78
- secrétaire d'un club de photographie   1978
                                                              1985
Connaissances:

- espagnol, lu et parlé
- allemand, lu
- sténodactylo
- permis de conduire B

Intérêts:

- cinéma, sport, photographie

NOTES PEDAGOGIQUES:

1. **LES QUALITES RECHERCHEES AU CONCOURS D'ENTREE DANS LA FONCTION PUBLIQUE.** Nous réimprimons, en appendice à ces conseils sur le Curriculum vitae, des instructions données aux candidats au concours d'entrée pour le ''Civil Service'' en Grande-Bretagne. Ceux qui préparent leur C.V. et lettre d'accompagnement, feraient bien de noter qu'au moment de l'embauche les compétences requises sont partout les mêmes dans l'administration et dans le management.

You should remember that you are being asked to write a paper, which will provide a basis for decision making, rather than an essay. As such, rather than being primarily discursive, your answer should have a clear framework and be concerned with a concise outline of considerations. The framework should normally contain the following elements.

    a.   An interpretation *of the nature and context of the problem. This should be* your *interpretation of the salient features of the problem rather than a simple repetition of – or excerpts from – the problem as stated on the examination paper.*

    b.   An outline of the main considerations *to be borne in mind in* formulating possible solutions.

    c.   An indication of the range of possible solutions *and the* criteria which may be used in selection *from this range.*

    d.   An analysis of the nature *of and the* reasons *for* recommending, the preferred solution.

Conciseness is of the essence and your analysis should focus primarily on only those factors which you deem to be the most relevant and important: but these may be selected from a wide range of considerations, including, where appropriate, the political feasibility of possible solutions.

''Constructive Thinking''

a.   the ability to identify, *in terms of* verbal *description, the important* changes, trends and relationships, *both* within *and* between *the tables;*

b.   the quality of presentation, *as shown by* standards *of* literacy *and of* analytical development, *and the ability to interpret the data in the light of contemporary developments;*

c.   the capacity to support and enlarge *on the points you make, as appropriate and to the degree of* accuracy you feel necessary, *by quantitative deduction and calculation (eg percentages) including any reference to the need for additional data and why it is needed.*

2.   **INTERVIEWS D'ORIENTATION ET DE RECRUTEMENT:** Les interviews en vue de l'embauche prennent *grosso modo* deux formes complémentaires. Il y a l'interview d'orientation et celle de recrutement. Le module 4 prépare l'étudiant en vue des deux formes d'interview.

Texte 1 (document vidéo): ce texte donne lieu à une *interview d'orientation* avec un conseiller d'orientation ou un membre d'un cabinet de recrutement. Le plus souvent cette forme d'interview rentre dans les attributions des éducateurs du jeune candidat à un poste. Elle aide celui-ci:

— à arriver à une meilleure perception de lui-même.

— à former une stratégie de recherche d'un emploi qui s'accorde avec ses vraies capacités, et qui prend note de tous les détails auxquels un employeur pourrait s'intéresser: personnalité, activités hors programme, formation et expérience professionnelles, aptitudes et faiblesses relatives au poste demandé, possibilitiés de promotion etc.

VOTRE OFFRE M'INTÉRESSE, MAIS VOTRE SIÈGE EST TROP LOIN DE MON TENNIS CLUB

NOUS DÉMÉNAGERONS

VOUS AVEZ TROP DE DIPLÔMES POUR VENDRE DES CHAUSSETTES

JE NE DEMANDE QU'À OUBLIER CE QUE J'AI APPRIS

La fonction ordinaire du 'Chasseur de têtes' est de servir d'intermédiaire lors du *recrutement* d'un cadre, et il représente non pas le candidat mais l'employeur. Un employeur peut avoir intérêt à rester dans les coulisses lors du recrutement, surtout pour un poste de premier rang. Les modes de recrutement des cadres sont normalement distincts de ceux utilisés pour des postes moins importants.

Etant donné l'expérience du chasseur de têtes, il est bien qualifié pour orienter un jeune candidat et c'est dans ce rôle que nous l'observons dans ce document vidéo.

Les autres textes du quatrième module poursuivent la quête d'un emploi dans d'autres directions utiles à l'étudiant dans sa dernière année d'études:

Texte 2: une *interview d'embauche* avec le directeur du personnel d'une entreprise. Evidemment chaque étudiant a intérêt à subir une interview pour un poste qui l'intéresse personnellement. Au moment de préparer cette activité, certains étudiants auront déjà fait leur choix de carrière et posé leur candidature à un poste précis. Tous profiteront de l'expérience de simuler une interview, d'autant plus si le choix de carrière fait par l'étudiant détermine le genre d'interview auquel il se soumet. A chaque étudiant donc de proposer le poste recherché.

Texte 3: Interview avec un journaliste sur la situation économique et sociale créée par le chômage.

Texte 4: Groupe d'étude pour analyser et, au besoin, critiquer les résultats d'une enquête sur les qualités personnelles et professionnelles les plus demandées pour certains types de postes.

Sachez vous vendre

(*Interview d'orientation:* Dans ce premier texte, nous faisons la connaissance de Monsieur Denis Heftre, du cabinet de recrutement 'Claude Blique' à Nancy. Il offre, à ce titre, des conseils quant à la préparation pour un entretien d'embauche.)

Activités d'analyse

Réseaux thématiques ▷ ▷ ▷ ▷

1 Denis Heftre cite les différentes qualités qu'un employeur ou un recruteur recherche dans un Curriculum Vitae, dans la lettre qui l'accompagne et finalement chez le candidat lors de l'entretien d'embauche.

   ▶ Faites la liste des adjectifs et des substantifs utilisés pour chacune de ces catégories: *curriculum vitae; lettre; entretien.*

2 Denis Heftre introduit un parallèle entre la démarche que devrait suivre un demandeur d'emploi et celle utilisée pour la vente d'un produit.

▶ Relevez tous les termes qui alimentent cette comparaison:

Le chercheur d'emploi	La vente d'un produit
l'entretien...	l'argumentaire de vente...

Repères structuraux ▷ ▷ ▷ ▷

1 Le parallèle entre la "vente" du candidat et celle d'un produit revient plusieurs fois dans le document vidéo.

▶ Repérez les expressions utilisées pour introduire, puis pour rappeler cette comparaison.

2 Le propos de Denis Heftre est de donner des conseils aux jeunes demandeurs d'emploi.

▶ Relevez les différentes structures grammaticales employées pour introduire une recommandation, par exemple *il faut* + infinitif.

3 Le texte est jonché d'énumérations, par exemple:
A partir de là vous avez deux possibilités (annonce de l'énumération): *soit... soit...* (rappel de la structure).

▶ Trouvez les autres structures employées à cet effet.
▶ Quel moyen paralinguistique est également utilisé?

4 On rencontre par deux fois l'utilisation de la forme interrogative dans le discours de Denis Heftre.

▶ Quelle est la fonction d'une telle structure?

5 Denis Heftre hésite parfois et cherche ses mots.

▶ Comment cette hésitation se traduit-elle dans ses propos?

Activités communicatives

A l'oral ▷ ▷ ▷ ▷

Interview: orientation professionnelle

Contexte: A la veille de chercher un emploi vous avez sollicité un rendez-vous à un conseiller d'orientation professionnelle (interprété par votre enseignant). Le but de l'entretien est de vous aider à mettre sur pied une stratégie vous permettant de vous lancer au mieux sur le marché de l'emploi.

Activité: Interview d'orientation: Vous consultez un conseiller d'orientation professionnelle pour discuter avec lui les qualités exigées par le poste que vous avez en vue, et la stratégie à suivre en composant votre demande et à l'entretien d'embauche.

Préparation: Vous devez vous présenter à l'interview d'orientation avec des idées précises sur l'emploi que vous avez choisi. On vous demandera d'expliciter les points suivants:

► pourquoi vous avez fixé votre choix sur ce poste.
► vos objectifs professionnels.
► les démarches que vous comptez entreprendre (ou que vous avez déjà entreprises) pour trouver un emploi.
► les aptitudes que vous possédez, sans omettre celles qui vous manquent, relatives au poste.
► la formation professionnelle que vous avez suivie, et celle que vous comptez suivre.
► votre avenir professionnel, tel que vous le voyez en ce moment.
► d'autres possibilités d'emploi, au cas où ce poste vous resterait inaccessible.

Le but de l'interview:
► de vous alerter aux réalités d'une interview de recrutement.
► de vous aider à anticiper les questions auxquelles vous devrez répondre.
► de vous aider à profiter des possibilités offertes par l'interview d'embauche pour déployer vos dons personnels et professionnels, et pour vous informer sur la carrière à laquelle l'interview vous conduit.
► de vous sensibiliser à la nécessité d'adapter votre stratégie de demande d'emploi au type d'emploi que vous postulez.

Déroulement du cours: Un des enseignants jouera le rôle du conseiller d'orientation/chasseur de tête. Après les présentations, le candidat sera interrogé sur son choix de carrière.
► il explicitera les motivations, priorités et objectifs qui gouvernent son choix, ainsi que ses ambitions ultérieures.
► il notera les aspects de son CV qui le qualifient pour le poste en question.
► il notera également les faiblesses qu'il se reconnaît.
► en choisissant bien ses questions, l'interviewer l'obligera à faire valoir différents aspects de sa personnalité.
► on tentera ensemble de mettre sur pied une meilleure stratégie pour l'entretien de recrutement.

Le rôle de l'interviewer: Après deux ou trois interviews, les étudiants déjà interviewés se relayeront pour partager avec l'enseignant le rôle d'interviewer. L'enseignant se limitera à un rôle secondaire.

Critique raisonnée de l'interview: Après chaque interview, un étudiant désigné à l'avance essayera d'évaluer la performance de l'interviewé.

A l'écrit ▷ ▷ ▷ ▷

Analyse

Faites l'analyse des démarches que suggère Denis Heftre au futur employé, cherchant à plaire à un futur employeur.

Du Curriculum Vitae à l'interview

(Ce texte provient du *Monde de l'éducation,* et est destiné surtout aux personnes cherchant un premier emploi. Il offre des conseils sur la façon de rédiger un curriculum vitae et une lettre d'embauche, ainsi que sur les obstacles à éviter lors d'un entretien.)

Vendez-vous!

Soyons honnête: ce n'est pas facile. Mais il n'y a pas à paniquer pour autant. Simplicité, naturel, imagination, sont la clé de la réussite.

Vous avez un diplôme superbe et généreux ... Tous les espoirs vous sont permis. Mais comment réussir victorieusement le parcours d'obstacles qui mène à la première embauche dans un monde où l'on vous rabâche en non-stop qu'il faut de l'expérience, que, par ces temps de morosité, un jeune n'a aucune chance, et autres refrains de la désespérance?

D'abord ne vous laissez pas séduire par la déprime galopante qui, la météo aidant, envahit toute la superficie de notre Hexagone. Ensuite, dites-vous bien que décrocher un job quand on en a la qualification, ce n'est rien d'autre qu'une banale opération commerciale. A la différence près que le produit à vendre, c'est vous et votre matière grise. Moralité: faites l'article. Pas comme un camelot, à la sauvette, qui doit plier marchandise à la première alerte. Mais comme un merchandiser et sans fausse modestie.

Votre plan de campagne doit porter sur quatre terrains.

Le Curriculum Vitae

Précaution d'emploi: ne vous trompez pas sur la chose. Le but du curriculum vitae (CV) n'est pas de dénicher un job du premier coup (il ne faut pas rêver); mais d'obtenir un entretien, détour obligatoire avant d'avoir le feu vert pour poser ses mocassins sur les passages protégés d'un bureau. Conclusion: le CV est votre ambassadeur et il doit donner envie de lier connaissance avec vous. Quant à vous, vous devez vous lancer dans sa rédaction comme dans une campagne de publicité.

Et comment sont les meilleures pubs? Courtes et percutantes. Dès lors, la première règle d'or s'impose: faire court, sans délayage et avec originalité. Finalement, un CV, c'est d'abord un état d'esprit.

Pourquoi pensez-vous que les curriculum vitae se retrouvent dans une poubelle, la plupart du temps, sans avoir été vraiment lus? Parce que, raconte un recruteur de têtes, ''ils sont rasants. Quand on voit une pile de CV format standard, disposition identique, surchargés, tassés comme si les gens économisaient du papier, on n'a déjà plus aucune envie de regarder. Ce qu'il faut, c'est de la clarté, de l'aération et une pointe d'originalité. Mais surtout pas du bla-bla-bla ni des évidences''.

La suite s'impose d'elle-même. Un CV c'est aussi un style à acquérir. En effet, rien n'est plus tristounet que le CV style fiche de police avec les mentions ''Nom: –, Prénom: –, Domicile:–'', et autres succès de la paperasserie administrative. En plus, c'est complètement idiot d'inscrire tout ça: le lecteur s'apercevra bien tout seul que vous ne vous appelez pas rue Monsieur-le-Prince ...

Trève de bavardage. Passons plutôt au microscope les trois articulations de la petite merveille que vous allez soumettre au lorgnon sans pitié du recruteur.

La vue d'ensemble:

Elle est primordiale car c'est elle qui fera retenir ou non votre petit papier. Et vous savez bien que, avant de lire, on survole. Si le survol est mauvais, c'est le crash assuré. De même que vous ne devez pas écrire recto verso (au diable l'avarice), vous ne devez pas non plus tout dire à la suite. Multipliez les paragraphes, n'oubliez pas de laisser des marges et aérez votre page. La première lecture en

sera simplifiée. Et tapez-le à la machine. Rien n'est plus pénible que de décrypter, donc de perdre du temps inutilement. Et s'il s'agit de vos premiers pas dans la vie professionnelle, deux feuilles constituent la limite à ne pas dépasser.

Enfin évitez, en vrac, le papier pelure ou quadrillé, les ratures ou surcharges, l'emploi de votre feuille dans la largeur (là, c'est trop original), ainsi que la signature de votre CV. Comme pour une carte de visite, l'usage veut qu'on n'y appose pas son autographe. Et, bien sûr, n'oubliez pas vos nom et adresse, même s'ils sont déjà inscrits sur la lettre d'accompagnement. Les deux peuvent se séparer au cours du voyage.

– *Pas de badinage avec Monsieur Larousse:* ''On'' sera sans pitié pour vos fautes d'orthographe et pour l'emploi abusif de mots anglo-saxons. Si vous faites des ''fôtes'', c'est le panier assuré. Car si vous écrivez mal, bien qu'ayant lu et relu votre prose, les chefs d'entreprise se demandent ce que ça doit être dans l'ordinaire! Avec des répétitions, ils concluent que vous avez un vocabulaire réduit. Avec trop de mots étrangers, que vous avez oublié la langue de Molière.

En revanche, un langage trop châtié n'est pas bien non plus. On ne vous demande pas une oeuvre littéraire, mais un condensé de votre biographie. Plus le style sera simple et direct, moins il sera lassant; et plus il aura de chances de capter les cellules grises de votre futur employeur. Pas la peine donc de vous faire des compliments en solitaire. Seuls vos résultats parlent. Et, pour la petite histoire, n'oubliez pas non plus que les chiffres s'écrivent en lettres (par exemple cinquante en non pas 50), sauf pour les dates, of course; et pensez aussi qu'une bonne ponctuation – la respiration de la pensée – donne confiance. Enfin, soyez précis. Dites ce que vous voulez et rayez de votre vocabulaire tout ce qui reste dans le vague comme "environ, à peu près, une partie, beaucoup, nombreux".

Le contenu:

Là, les recruteurs se plaignent de la pauvreté intellectuelle des CV. "La plupart ne nous donnent aucune envie de connaître leur auteur, n'attisent pas notre curiosité. Sans compter ceux qui offrent l'impression d'avoir été écrits parce qu'il le fallait bien et non pas parce qu'ils allaient servir à quelque chose." Conséquence, votre CV doit obligatoirement afficher ces deux trucs accrocheurs:

1. *Votre profil*, c'est-à-dire vos diplômes. Mais attention, ne soyez pas ridicule en en faisant trop. Si vous venez en ligne directe de Polytechnique ou d'un doctorat, inutile de préciser qu'auparavant vous avez obtenu le C.E.P., le B.E.P.C., le bac et consorts. On se doute bien que vous avez suivi cet itinéraire-là. En revanche, une bonne idée: mettre votre beau diplôme en titre de votre C.V. et tout construire autour.

2. *Vos résultats*, c'est en quelque sorte un bilan de vos activités. Dans n'importe quel domaine intéressant. Si vous avez été héros départemental d'aviron ou si vous avez passé un ou deux étés aux Etats-Unis (même à la plonge), ça dévoile des aspects de votre personnalité. L'important est de fournir des éléments pour vous faire connaître et donner envie de faire un brin de causette avec vous.

A contourner:

Vos responsabilités ou vos idées politiques, c'est la mise au rebut garantie. De même, inutile de mentionner vos hobbies, s'ils sont du style collection de timbres ou botanique, c'est-à-dire s'ils font apparaître chez vous un goût de la solitude, que l'employeur interprétera comme un manque de sens de l'équipe ou un individualisme trop poussé.

Voici, selon *Le Guide du curriculum vitae*, d'Alain Baden (Fleurus), *les six commandements* du marathon-man de l'embauche.

– Sachez vous vendre sans vous vanter. En deux mots, dites ce que vous valez, mettez-vous en avant, mais ne pataugez pas dans l'auto-satisfaction: cela risque de faire peur et de vous montrer sous un mauvais horoscope.

– Ne vous diminuez pas et ne pleurnichez pas. La sous-estimation n'est pas un signe d'équilibre, le larmoiement non plus. Le "chef" a autre chose à faire que de se pencher sur vos déboires passés.

– Offrez vos services, mais ne mendiez pas un emploi. Vous devez donner l'impression que vous avez confiance en vous, et non jouer sur les fibres de la pitié.

– Comprenez ce qu'attend votre futur employeur. Pas pour jouer au lèche-bottes mais pour parler le même langage que lui.

– Oubliez ce qui vous nuit ou qui peut ternir votre image de marque. Par exemple, il est totalement inutile d'écrire que vous avez passé votre bac deux fois ou redoublé votre cours préparatoire. Mais n'en profitez pas pour fabuler. Ca, c'est interdit.

– Ne laissez pas de vide dans votre CV: rien ne semble plus bizarre que de s'apercevoir que, entre 1980 et 1982, vous vous êtes absenté du monde des vivants. Service militaire? Tentative de création d'entreprise? Tour du monde en solitaire et à vélo? Mieux vaut avouer que cacher.

La lettre d'accompagnement

Que vous pratiquiez la prospection sauvage en expédiant vos CV aux quatre points cardinaux des entreprises qui vous semblent dignes d'embauche ou que vous répondiez à une petite annonce, vous n'enverrez pas votre CV en solo. Vous y joindrez une lettre manuscrite.

Détail apparemment idiot mais cause de bien des malheurs: si on vous dit dans l'annonce "écrire sous réf: 007 XZ", indiquez-la sur l'enveloppe et sur votre lettre. Ca facilite son aiguillage dans le bon service.

Le plus souvent, cette lettre, dans les grandes entreprises, sert à une étude graphologique. C'est facile, pas cher et ça active le tri. Alors soyez prudent et adaptez-vous à votre future société. Si vous postulez auprès d'une banque ou d'une bonne vieille société bien de chez nous, conservatrice à souhait, restez classique. Si c'est dans une boîte de pub, où votre créativité jouera le premier rôle, soyez moins strict. Et, dans le doute, votez classique. De toute manière, respectez les conventions: nom, prénom et compagnie en haut à gauche, coordonnées du destinataire à droite. ... Bref, c'est un raccourci du moi profond qui apparaît sous les yeux perçants et infaillibles du graphologue. Enfin presque, car chez les graphologues c'est comme partout, il y a aussi des charlatans, et tout le monde peut se tromper ...

Les tests

Ils font encore fureur chez les chasseurs de têtes et ils sèment stress et angoisse chez les chassés. A tel point que, chez certains, l'espoir ne repousse pas. Et pourtant, quand on les regarde à froid, on s'aperçoit qu'ils n'ont pas droit de vie ou de mort sur notre "carrière". Pour diverses raisons. D'abord quand on les passe, c'est qu'on est sorti victorieux des épreuves du CV et de la lettre vue par le graphologue. Ensuite ils sont là pour donner leur avis sur nos aptitudes au job proposé, c'est tout.

En gros, il y a deux familles:

Les tests d'efficience: ils sont destinés à savoir comment vous mettez en oeuvre vos aptitudes et votre logique. Mais, comme vous êtes là pour être décortiqué, histoire de pimenter un peu l'aventure, on va vous mettre en compétition avec le facteur temps. Double but: voir si vous cédez à la panique et perdez ainsi du temps supplémentaire, et surtout comment vous allez mobiliser à la fois la rapidité et la précision qui sont en vous. Alors ne faites pas une fixation sur le temps qu'on vous donne puisque, sauf si vous êtes Einstein-bis, la règle du jeu veut que vous ne puissiez pas matériellement tout réaliser. Optez plutôt pour la précision, mais n'en profitez pas pour flâner en cours de test.

En général, lors de l'épreuve, on indique la durée à ne pas dépasser: quarante minutes par exemple. Là, ça peut être tout bon, car ça montre votre faculté d'organisation et de méthode. Et, à moins que l'on vous précise que vous devez tout faire dans l'ordre, dès que vous vous apercevez que vous vous cognez à une énigme, passez à la case suivante. Ne vous bloquez surtout pas. Ne commencez pas par ce qui vous semble être le plus facile.

Quel est le menu classique? Des tests dits de barrage, où l'on vous demande, par exemple, sur une gigantesque feuille, de barrer tous les petits carrés qui ont une petite branche à droite ou en haut. Admirable, pour voir comment vous canalisez votre dynamisme et ... votre concentration. En un mot, serez-vous

efficace? Autres réjouissances: les séries numériques (2,5,8, ... qu'est-ce qui vient après? Il, bravo!) l'intrus (vélo, voiture, planche à voile. Lequel des trois n'a pas sa place? Planche à voile, vous l'avez deviné), les exercices de logique pure (a > b, b >c, donc a? c, etc.). En fait ce n'est pas sorcier ... si on prend ça comme un jeu et non avec des tremblements dans le stylo et des grelottements dans les cellules grises.

Les tests de personnalité: eux ne sont pas systématiques. On les réserve plutôt à l'embauche au top-niveau, donc le vôtre! A la carte, les interprétations de taches de couleurs. Intéressant, dit-on, pour connaître la structure d'une personnalité et, au-delà, pour essayer de percevoir votre compétence pour le job offert. En gros, apprenez que les couleurs que vous direz remarquer sont l'expression de votre affectivité, tandis que les formes sont celles de votre composante intellectuelle.

Egalement en vedette, le test du village: à dessiner ou à construire (le plus souvent). Notez, très schématiquement, que l'espace dans lequel vous allez jouer au Meccano se partage en deux: tout ce qui est à gauche est le passé, et à droite l'avenir. Puis, ce que vous placerez en haut symbolise le domaine de la pensée, son évolution, vos idéaux etc., et juste devant vous, c'est le domaine pratique et terre à terre. Naturellement, chaque pièce que vous rangerez dans votre construction (église, mairie, école, jardins ...) a son symbole, mais on ne peut pas vous en raconter plus, de peur de vous emmêler (et nous avec!). Car un test, c'est avant tout un ensemble d'élements; si on coupe le scénario en trop de morceaux, on vire au bla-bla faussement savant des intellectuels de salon.

Dernière minute: si on vous demande de dessiner un arbre, fuyez ... C'est le psy qui est malade. Car ce test-là est avant

tout un test de développement affectif, passionnant et utile pour faire le point avec un enfant ou un adolescent, mais, avec un adulte ... concluez vous-même.

L'entretien

Veni, Vidi, ça y est. Reste *Vici.*

Les décodeurs de tests ont reçu votre message 5/5 et vous avez le rendez-vous. Comment vous y présenter?

D'abord, sans improvisation. Renseignez-vous quand même un peu sur votre future société (si c'est une grande banque par exemple, il est de bon ton de connaître son rang) et tentez de mettre au point pourquoi, plus qu'un autre, vous êtes fait pour ce job. Théoriquement, c'est à votre interlocuteur de mener la conversation, mais s'il ne vous demande pas ce que vous avez d'important à placer, dites cependant: "Permettez-moi de dire que ...". Ou encore: "Ce poste m'intéresse parce que, quand j'étais étudiant ...". Mais n'assénez pas tous vos arguments d'un coup.

Vous n'avez pas à vous recycler en marchand de savonnettes (sauf si vous postulez pour un emploi de V.R.P.). Il faut vivre l'entretien et non pas le subir. Glissez dans la conversation ce que vous avez à dire, et pourquoi pas?, posez quelques questions (pas trop idiotes de préférence). Notez que c'est plus facile à dire qu'à faire. Vivre un entretien, c'est le meilleur atout, car ça démontre que vous êtes motivé, que vous témoignez d'une certaine capacité à vous affirmer, à réfléchir et à vous adapter aux situations.

Enfin, n'oubliez pas que le jean peut traumatiser votre futur chef, comme ... le noeud papillon. Moralité: soyez brillant dans la sobriété. Et rabâchez-vous, jusqu'à en être convaincu, que c'est vous le plus beau et le plus capable. Vous ne mendiez pas un job, vous proposez des services. Nuance.

(Sophie Osgun)

Activités d'analyse

Réseaux thématiques ▷ ▷ ▷ ▷

1 La course à l'emploi est décrite dans ce texte comme un parcours d'obstacles, et la tactique pour décrocher un emploi, assimilée à une campagne militaire ou publicitaire, qui selon l'auteur doit *porter sur quatre terrains.*

   ▶ Quels sont ces quatre obstacles à franchir avant d'obtenir un emploi?

2 Une grande partie du texte est consacrée au Curriculum Vitae et l'auteur fournit une série de conseils à suivre, et d'écueils à éviter quant au style et à la présentation du CV

   ▶ Faites une liste de tout ce qui peut persuader un employeur, à la lecture d'un CV, d'accorder un entretien au candidat, ainsi de que ce qui l'en dissuade. Utilisez les titres ci-dessous.

mauvais points	*bons points*
délayage . . .	clarté . . .

3 Dans les ''six commandements'' de cette course d'obstacles qu'est la recherche d'un emploi, l'auteur conseille au candidat d'avoir une attitude positive et le met en garde contre une attitude négative.

   ▶ Relevez tous les termes qui appartiennent à chaque catégorie:

attitude négative	*attitude positive*
se vanter . . .	dire ce que l'on vaut . . .

4 La raison d'être des tests d'efficience et de personnalité est de révéler l'adéquation du candidat à l'emploi proposé.

   ▶ Quels sont les différents types, ainsi que les buts, des tests d'efficience?

   ▶ Quels sont les différents types, ainsi que les buts, des tests de personnalité?

Repères structuraux ▷ ▷ ▷ ▷

1 Dans la section du texte intitulée *la vue d'ensemble*, on trouve des exemples des fonctions suivantes: comparaison, énumération, contraste, concession, conclusion.

   ▶ Quels sont les articulateurs discursifs ou structures utilisés pour exprimer chacune d'entre elles?

2 Sophie Osgun s'adresse directement dans ce texte aux jeunes chercheurs d'emploi, et leur donne des conseils; il est donc normal que la structure la plus employée pour introduire ses recommandations soit l'utilisation de la forme impérative, qu'elle soit affirmative ou négative (par exemple: *Sachez vous vendre*, ou *ne vous diminuez pas*). On peut cependant trouver d'autres structures qui visent le même objectif. C'est le cas de:

   il *faut* + infinitif
   inutile de + infinitif
   Vous n'avez pas à + infinitif
   risque à ne pas . . . + prendre

   ▶ Pouvez-vous compléter cette liste à partir de la section qui traite du CV (''les six commandements'' exclus)?

Activités communicatives ————————————

A l'oral ▷ ▷ ▷ ▷

Interview d'embauche

Contexte: Ayant postulé un emploi et soumis votre CV vous avez passé avec succès l'épreuve des tests et êtes maintenant invité à vous soumettre à un entretien.

Préparation: Vous devez choisir le type d'emploi dans lequel vous aimeriez faire carrière (enseignant, fonctionnaire dans l'administration, jeune cadre dans une banque ou une société commerciale, secrétaire-bilingue etc). Vous préparerez un *Curriculum Vitae* suivant le modèle dans ce module et vous le soumettrez à l'enseignant la veille du cours en indiquant le poste que vous demandez.

Vous vous préparez à être interrogé par le chef du personnel de l'employeur en question. Vous serez interrogé sur divers aspects de votre CV, et notamment sur vos études, votre expérience professionnelle, vos ambitions et plans de carrière. Dans la mesure du possible, cet entretien suivra le format d'une interview de recrutement.

Déroulement du cours: Les membres du groupe seront interviewés individuellement et à tour de rôle, le professeur changeant de rôle pour se mettre au diapason du poste dont il s'agit. Après chaque interview, les autres membres du groupe offriront une évaluation du candidat et de sa stratégie dans l'entretien.

Il serait utile de filmer les interviews afin de permettre au candidat d'observer l'impression qu'il a créée.

A l'écrit ▷ ▷ ▷ ▷

1 Curriculum vitae

Vous écrivez votre CV suivant le modèle fourni au début du module. Ce CV sera soumis au professeur la veille du cours pratique, et servira de base à l'interview. (Il doit être accompagné d'une note identifiant le poste que vous cherchez.) Notez les conseils donnés dans l'article de Sophie Osgun, ci-dessus, sans négliger le texte anglais ci-dessous.

2 Demande d'emploi

Vous lisez dans *Le Monde* l'annonce suivante:
"Organisme d'échanges franco-britanniques recherche étudiant(e) pour donner cours de français et encadrer jeunes Anglais (13–16 ans) pendant l'été à Toulouse. Expérience souhaitée. Motivation indispensable. Ecrire etc."
(Substituez, au besoin: *échanges franco-australiens/franco-canadiens* etc., *de jeunes Australiens* etc., *en Nouvelle-Calédonie/au Québec* etc.)
Vous décidez de postuler cet emploi et rédigez une lettre en réponse à cette annonce que vous enverrez avec votre curriculum vitae.

3 Rédaction

Prenant les textes de Sophie Osgun et de Kieran Duignan (pp.98–99) comme points de départ, écrivez une dissertation sur la question suivante:

Le système de recrutement au niveau de l'université: un système efficace ou un pis-aller?

How to get through on paper

Kieran Duignan outlines
a fresh approach
to writing
a job application

"See yourself from the reader's point of view, put yourself in his shoes – that's the way to sell yourself." If this kind of advice about applying for a job leaves you wondering where you've gone wrong, perhaps you are ready to explore alternative approaches.

You should first become more aware of how those who write curricula vitae, letters, or application forms, and those who read them view each other. Reflect on a paradox at the core of this form of business communication: There is no way in which you can really see your written work from your reader's point of view.

More than one reader will invariably be involved in making decisions about short-listing and selection for executive, professional and managerial appointments. The feelings and attitudes of these readers regarding the type of person each feels able to work well with will inevitably differ. But you can develop a fair understanding of the reactions most readers of CVs are likely to have: for just as jobhunters writing CVs adopt certain devices, their readers do likewise – both are inclined towards stereotyping.

Let us examine the stereotyping process used on each side of the job market, that is by jobhunters and by selectors, in transmitting and receiving information.

What do you know about the organization?

As a jobhunter, what do you know about the companies, or other organizations for which you wish to work? Can you pick up and use clues about aspects of the organization's behaviour that otherwise may leave you puzzled or perplexed?

Do you use conventional categories, such as public or private sector, broad types of industrial sector, relationship to your own spheres of experience? Or have you refined your understanding to account for an organization's approach to its key tasks and manner of treating its employees?

On the selection side of the job market, a particular model is commonly used (often unwittingly) to process information about jobhunters. It is called the "seven point plan" and was devised through the (now defunct) National Institute for Industrial Psychology in the early 1950s. It offers an outline for focusing on relevant attributes, attainments, intelligence, aptitudes, interests, disposition and circumstances.

Because assessing the "softer" intangible aspects – especially disposition towards other people in work-teams – inevitably involves some subjective judgements, wise users of the model handle it critically. However, not all selection interviewers are as self-critical as they might be, and some may allow their perception of you as an individual and of the range, depth and shades of your competence to be clouded by inappropriate stereotypes or prejudices. Such stereotypes may have to do with, for example, people of "a certain age", gender or nationality, or with success, failure, career development or the long-term unemployed.

The point is that your CV and letter offer an opportunity to crack, loosen, bypass, and raise questions about stereotypes of this kind – or, negatively, to reinforce them. To portray yourself accurately and with conviction in a manner that does justice to your individuality and real competence, which is not necessarily demonstrated by formal qualifications or job titles, calls for an effort.

It involves thinking clearly about the *issues* underlying stereotypes, carefully marshalling *facts* to support the thrust of your proposals, and *writing with a gentle edge* so that your readers are stimulated to take time out to get to know you better as an individual character.

You can develop a flexibly structured approach to these tasks. Stage by stage, the process of communicating systematically and creatively in job markets involves research, drafting and editing.

Research involves investigating diverse aspects of your readers, the organization you aim to join and the tasks you may be involved in there, as well as deepening your understanding of your own strengths and boundaries. If research sounds a somewhat grandiose description for this work, it is used to highlight the intensity of concentrated and recurrent attention called for and the importance of systematically compiling data on both areas of your focus: Your readers and their context, on the one hand, and yourself, on the other.

In your jobhunting, do you use the full range of available sources of information, both people and publications, to build up a rounded appreciation of readers of the CVs you send? Of the organizations they work in? And of key tasks involved in the opportunity that interests you?

Have you carried out a thorough survey of your work experience, your learning style and critical learning experiences, your formal appraisals at work, your horizons and diverse possible stepping stones to your goals, the personal makeup of colleagues and bosses with whom you fared well, poorly and indifferently, values and models that have guided you in the past and those that may inspire you in the future? To what extent have you mapped out the boundaries of areas in which you have a good degree of competence, those in which you have some proficiency but are not a specialist, and those in which you have found tasks particularly distasteful and arduous?

To what extent have you sorted out the skills you can readily transfer from one or more occupational settings to a new and strange one? This process of gauging the full stock of qualities and other strengths you can offer in job markets to help selectors solve their problems is a vital part of the research involved in communicating with impact in job markets.

At the drafting stage, be concerned with simply compiling a factual and comprehensive report that offers a rounded account of what you have to offer your target readers. This stage of application-writing is the one many jobhunters are often inclined to neglect, for it can feel awkward. Either too much or too little information can daunt the writer from struggling through to offering the key target readers an inviting and relevant self-portrait.

Two kinds of problems are worth distinguishing at this stage: One is how to organize and reorganize information relevant to the application: the other is how to find new perspectives or angles on oneself and on the target opportunity, organization and readers – techniques of lateral thinking are useful in tackling this.

Your next task is editing – cutting and polishing what you have drafted to produce papers with a degree of style and individuality that stand out in the crowd pressing for the attention of your readers.

You must make every word count

Two problems characterize this stage: One is highlighting those parts of your story that have most significance in the eyes of your readers, and here, experimenting with different section headlines is relevant: the other has to do with making every word count as far as your readers are concerned and, to this end, the hard but sometimes also pleasurable task of rewriting – through rewording, rearranging and condensing – is called for.

In inviting you to explore alternative approaches to written communications in job markets, I may appear to flout some rules you associate with jobhunting and I have not made conventional exhortations about some mechanics of the writing tasks. This is precisely because the difficulties of writing CVs, letters and forms of application at executive level commonly lie outside the boundaries of rules and mechanics.

In drawing your attention to other areas of the subtle task of getting through on paper in job markets, I am pointing to alternatives that may help you to develop effective approaches to reaching your career goal. As with all new behaviour, the first couple of steps are the toughest part.

▶▶▶▶▶▶ *L'Emploi des jeunes*

Cet article, de la plume de Pierre Viansson-Ponté, parut dans *Le Monde* des 2–3 juillet 1978. Le problème qu'il souligne reste toujours actuel.

"J'ai vingt-cinq ans. J'ai fini ma maîtrise de lettres il y a trois ans, et, depuis, je cherche du travail. J'en ai trouvé parfois, pour trois semaines ou pour deux mois, mais toujours de "petits boulots": livreur, aide-magasinier intérimaire, démarcheur à domicile pour la vente de livres d'art, employé de stand pour un "salon", enquêteur pour un institut de sondages, plagiste et j'en passe. Mes études ne m'ont servi à rien, je ne suis rien, on me l'a assez répété. Et vous voulez que j'accepte cette société pourrie qui ne pense qu'au fric, aux bagnoles et à la bouffe, que je choisisse entre les oppresseurs d'ajourd'hui et ceux qui essaient de prendre leur place, vous voudriez que j'aime le travail?"

A cette lettre d'un Parisien fait écho une autre diatribe, envoyée par un jeune Montpelliérain: "Avec un C.A.P. d'ajusteur-mécanicien, tout ce que j'ai trouvé, c'est une place d'aide-cuisinier dans un restaurant. Les semaines sont de 60 à 80 heures de travail selon la saison, pour 1.500 francs par mois. Quand j'ai payé mon loyer (800 F), les repas des jours de congé, mes vêtements et quelques bricoles, il ne me reste pas un sou. C'est vrai qu'après 10 ou 12 heures en cuisine, c'est tout juste si j'ai la force de rentrer chez moi et de tomber dans mon lit. Il y a deux ans que c'est comme cela. Vous appelez cela vivre, vous?"

Encore ces deux-là ont-ils trouvé, tant bien que mal, les moyens de subsister. Mais combien d'autres correspondants n'ont pas eu cette chance, cette jeune Lyonnaise par exemple, classée "sur-diplômée" (sic) par l'Agence de l'emploi; ce garçon de dix-neuf ans qui signe "ancien O.S.": il a perdu son travail à la suite de la fermeture de l'entreprise qui l'avait embauché et n'en retrouve pas; et surtout ces jeunes à la recherche, parfois depuis deux ou trois ans, d'un premier emploi, qu'ils aient reçu ou non un début de formation professionnelle. "Même les boîtes d'intérim ne veulent pas de moi", écrit l'un d'eux.

Tous rapportent les rebuffades, les jugements à l'emporte-pièce, les réquisitoires dont on les accable. Trois idées-forces: "Ils n'aiment pas

se fatiguer. S'ils voulaient vraiment du travail, ils en trouveraient." "De mon temps, on n'avait rien. Aujourd'hui, ils ont tout. Pourquoi iraient-ils se casser la tête puisqu'on les paie à ne rien faire et que, de toute façon, c'est nous qui travaillons pour les entretenir?" "Les jeunes d'aujourd'hui, les prisons en sont pleines, et elles ne sont pas encore assez grandes. On les a trop gâtés, on les écoute trop, on leur passe tout, alors ils croient que tout leur est dû, voilà la vérité." Bref, des paresseux, des assistés, des nantis et, pour faire bon poids, des délinquants.

Comme toujours, ces accusations, inspirées par la hargne, reposent sur un fond de vérité. Il est vrai que beaucoup de jeunes à la recherche d'un emploi ne savent pas comment s'y prendre, où s'adresser, comment se présenter, qu'ils s'impatientent et se découragent vite. Vrai qu'ils s'égarent dans le maquis bureaucratique, ignorent les délais, les formalités, les démarches et négligent bien souvent de faire valoir leurs droits. Vrai aussi que, faute de s'être informés à temps, nombreux sont ceux qui s'engagent dans une filière de formation universitaire ou professionnelle sans issue. Vrai enfin que le travail n'a plus le caractère d'impératif moral qu'il revêtait jadis, qu'il est discuté et parfois refusé.

Encore faut-il, sur chacun de ces points, entendre leurs explications et nuancer le verdict. Il est faux que la mise en question du travail, très étendue en effet, débouche fatalement sur le refus d'emploi: "Moins de 5% des jeunes, écrivait dans ce journal un expert, le docteur Jean Rousselet, spécialiste du travail et de l'orientation des jeunes, auteur de "l'Allergie au travail" (Seuil 1974), confondent le dégoût du travail aliénant et le refus d'emploi, manifestant dans leurs conduites professionnelles un réel et effectif mépris du rôle social et économique de l'activité de travail." Faux aussi que le chômage conduise à la délinquance: "Il semble qu'il n'en soit rien", assurait dans le même article le docteur Rousselet. Faux encore que l'insatisfaction trop souvent éprouvée devant la médiocrité des tâches – leur caractère répétitif et fastidieux, l'aliénation qu'engen-

dre le "travail en miettes" – provoque à tout coup le rejet de l'obligation de travail: dans la plupart des cas, au contraire, elle est "surmontée par la découverte progressive d'autres intérêts de substitution, associatifs, sociaux, ludiques et surtout familiaux". Faux enfin que le système complexe d'aides et d'indemnisations – trop complexe comme tant de systèmes bureaucratiques dans lesquels on perd pied à tout âge et quel qu'en soit l'objet – permette de gagner sa vie à ne rien faire.

Mais laissons là le procès et le plaidoyer. Au travail, les jeunes ont des horaires plus longs que leurs aînés: près d'un sur trois (30%) des moins de vingt-cinq ans font plus de 45 heures par semaine et près d'un sur cinq (19%) plus de 48 heures. Ils sont victimes deux fois plus souvent que leurs aînés d'accidents du travail. Ils sont davantage déqualifiés: alors que les moins de vingt-cinq ans qui travaillent représentent 20% de la population active, ils occupent 27% de postes d'O.S. ou de manoeuvres. Et surtout, dans l'armée des chômeurs, ils fournissent les gros bataillons: sur cent demandeurs d'emploi, quarante-cinq – trente jeunes filles et quinze jeunes hommes – ont moins de vingt-cinq ans.

Ce n'est pas tout. Si l'insatisfaction n'entraîne que très rarement le refus de l'emploi, il est exact en revanche que l'exigence d'un travail intéressant, épanouissant, ne cesse de s'affirmer et de s'étendre. Cette exigence est prioritaire, selon diverses enquêtes, dès la classe de troisième pour les deux tiers des élèves, âgés de quatorze à seize ans. Et une attitude tout à fait nouvelle se fait jour – exceptionnellement encore, convenons-en – parmi les jeunes salariés, cadres ou non: on donne la préférence à l'intérêt de la tâche sur le salaire et sur les perspectives de carrière.

Une autre nouveauté, fruit du chômage et de l'insatisfaction poussée jusqu'à l'écoeurement et à la rancoeur, c'est la mise en cause de la société tout entière. Faisons une fois encore référence au docteur Rousselet, le meilleur expert en la matière. A l'occasion d'une enquête conduite en 1970 sur les échecs et les difficultés en matière d'emploi, presque tous les jeunes interrogés incriminaient le manque de chance, les carences parentales, en matière d'orientation ou d'éducation, leur propre insouciance ou leurs insuffisances, et 5% seulement accusaient ''la société''. Dans la même enquête, menée en 1978, 25% des jeunes se jugent rejetés par la société, 10% estiment être exploités par elle, et 40% la remettent en question. Même en tenant compte du caractère exemplaire et contagieux de ce type d'explication, ainsi que de l'exagération, de la passion qui inspirent souvent les discours des jeunes, il y a là un signe d'angoisse qui ne peut être négligé.

A l'automne, de 650.000 à 700.000 jeunes, parvenus en fin d'études – qu'elles aient été longues ou courtes – vont arriver sur ce qu'on appelle le marché du travail – comme si le travail était une marchandise, et ne l'est-il pas en effet? D'année en année, et jusqu'en 1985, leur nombre augmentera: ce sont les classes nombreuses des années d'après-guerre. Chaque année aussi, les jeunes filles, les femmes, seront plus nombreuses à chercher un emploi.

Dans le même temps, le nombre des départs en retraite libérateurs d'emplois tendra à diminuer d'une année à l'autre, et il en sera ainsi jusqu'en 1983–1984: cette fois, c'est l'hécatombe des années 1914–1918 qu'il faut incriminer. Mme. Evelyne Sullerot a dit tout cela, et bien d'autres choses, dans son passionnant rapport au Conseil économique et social.

Si la situation présente est inquiétante, l'avenir immédiat est donc plus alarmant encore. Le Parlement vient de voter, avant de se séparer, une loi sur l'emploi des jeunes qui lui était présentée par le gouvernement, conformément au ''programme de Blois'', pour prendre la suite du ''pacte national pour l'emploi des jeunes'', venu à échéance le 30 juin. Les dispositions nouvelles sont beaucoup moins alléchantes pour les employeurs que celles qui étaient précédemment appliquées.

Car l'Etat est apte à gérer l'aide au chômage, non à créer des emplois. Après un demi-siècle de plein emploi, nous sommes entrés dans le sous-emploi, et nous avons du mal à l'admettre. Encore faut-il voir clairement où est le danger et où sont les remèdes. Aux économistes de dire s'il est possible de relever le taux de croissance (3,5%) au-dessus du taux de productivité (4,5%) sans ''dérapage'' du commerce extérieur, et donc de la monnaie et des prix. Ou si une relance qui passerait par une transformation des structures est politiquement imaginable. Ou encore si, à production constante, on peut répartir autrement l'emploi global, faire travailler plus de jeunes et moins de ''vieux'' sans risquer une stagnation insupportable du niveau de vie.

Quels que soient les moyens choisis, il n'y a aucun doute: pour éviter que ne s'installent tour à tour la méfiance, la contestation et la colère, pour lutter contre les tentations de désinsertion sociale et les risques de toutes sortes qui en découlent, c'est sur l'emploi des jeunes que doit, en priorité absolue, porter un effort national de grande envergure, qu'il importe d'entreprendre sans retard et sans ''mégoter'', et de conduire sans relâche.

P. Viansson-Ponté *Le Monde*, 2–3 juillet 1978.

Activités d'analyse

Réseaux thématiques ▷ ▷ ▷ ▷

1 Pierre Viansson-Ponté débute son article en citant des passages de lettres de jeunes, qui, d'une façon ou d'une autre, souffrent de la situation actuelle de l'emploi.

▶ Relevez les mots-clefs qui résument les principaux griefs exprimés.

2 D'aucuns cependant font le procès de l'attitude des jeunes chômeurs, et leurs critiques se fondent sur trois idées forces.

▶ Quels sont les trois adjectifs qui expriment le mieux cette vision négative des jeunes?

▶ Utilisez ensuite ces trois adjectifs en tant que titres pour classer tous les termes ou expressions correspondants.

3 Dans le plaidoyer qui suit, l'auteur démontre que si l'on peut concéder que certains reproches peuvent effectivement être formulés à l'encontre des jeunes, la plupart se révèlent être sans fondement réel.

▶ Relevez les arguments-clefs de chacune de ces deux parties.
   concession (vrai)   réfutation (faux)
   remise en question du travail...   refus de l'emploi...

4 Viansson-Ponté souligne le fossé qui existe entre les aspirations des jeunes et la situation qui leur est offerte. Il montre d'autre part comment l'insatisfaction provoquée par la frustration des rêves non réalisés amène une nouvelle attaque vis-à-vis de la société.

▶ Relevez les termes-clefs de ces trois parties:
   la situation actuelle; les aspirations; l'attitude envers la société.

Repères structuraux ▷ ▷ ▷ ▷

1 ''Si la situation présente est inquiétante, l'avenir immédiat est donc plus alarmant encore.'' (para.12)

En commençant son affirmation par une concession, l'auteur peut introduire son propre point de vue avec plus de force. D'autres exemples de concessions apparaissent dans le texte.

▶ Identifiez trois structures concessives dans les paragraphes 8 et 9.

▶ Tentez de justifier le choix de ces structures.

2 L'auteur introduit de nombreuses énumérations dans son texte. Par exemple: *il est vrai que... Vrai qu'ils... Vrai enfin...*

▶ Repérez les différents procédés employés pour introduire et structurer ces énumérations.

3 Parmi les nombreux articulateurs discursifs utilisés pour structurer l'argument du texte, l'expression *Encore faut-il* revient deux fois (*paras. 6 et 13*).

▶ Pouvez-vous suggérer d'autres moyens d'exprimer la même idée?

Activités communicatives

A l'oral ▷ ▷ ▷ ▷

1 Interview avec un journaliste

Activité: Un membre d'une association d'étudiants qui milite en faveur d'un meilleur taux d'emploi pour les jeunes est interviewé par un journaliste représentant un journal universitaire.

Préparation: Vous devez vous préparer à prendre, soit le rôle du journaliste, soit celui de la personne interviewée. Les rôles seront distribués à l'avance.

Déroulement du cours: Les interviews commenceront par une interrogation dont le but est d'établir l'opinion de l'étudiant sur le problème de l'emploi.
▶ Cela fait, le journaliste provoquera l'étudiant, utilisant des préjugés anti-jeunes assez souvent répandus, et le poussant ainsi à argumenter sa position.
▶ L'étudiant se défendra contre les attaques du journaliste en s'appuyant sur les exemples cités dans le texte, et sur ses connaissances personnelles de la situation de l'emploi chez les jeunes dans son pays et ailleurs.

2 Interprétation bilatérale

Activité: Jane Sibbald, économiste et correspondante du *London Evening News*, interroge Isabelle Bariou, maître-assistante en sociologie à l'université de Nancy, sur certains des problèmes relatifs au chômage.

Préparation: Consultez la *Pratique de l'interprétation* qui se trouve en tête de Module 2. Utilisez au maximum les *Ressources linguistiques* du présent module.

A l'écrit ▷ ▷ ▷ ▷

Débat

Activité: Vous devez intervenir dans un débat au sujet du chômage, et vous écrivez un texte exprimant votre conviction que le premier devoir de toute société est (ou n'est pas?) de garantir du travail à ses membres.

Préparation: Vous décidez d'employer un ton de persuasion, tout en faisant certaines concessions aux arguments employés par l'opposition. Consultez les *Ressources linguistiques* de ce module.

▶ ▶ ▶ ▶ ▶ ▶ ## *Les Qualités indispensables aux candidats*

(Par sa longueur même, ce texte exige du lecteur qu'il trie son contenu, sélectionnant l'essentiel et laissant de côté l'accessoire. Lire le texte intégral est peine perdue. Nous publions donc un texte qu'on doit traiter d'ouvrage de référence. Une lecture assidue fait place à une lecture intelligente, informée par la tâche à accomplir.

Le texte commente les résultats d'une enquête menée par l'*Express*, éclairant les qualités recherchées par différents employeurs suivant l'emploi dont il s'agit. L'activité proposée varie également selon l'emploi choisi par l'étudiant. Nous vous conseillons donc de *vérifier l'activité communicative avant de commencer la lecture du texte.*)

Carrières: Le profil des gagneurs

(Les chiffres en tête de chaque paragraphe renvoient à *Repères structuraux* 1)

(1) (. . .) "Plus il y a de candidats sur le marché du travail, plus les patrons se montrent exigeants", constatent les conseillers en recrutement.

(2) Mais que veulent-ils donc? Quel homme, quelle femme faut-il être, en 1985, pour gagner la course à l'emploi? Pour le savoir, L'*Express*, aidé de l'Ecole des hautes études commerciales du nord (E.D.H.E.C.), a choisi les grands moyens: 300 étudiants transformés en enquêteurs ont interrogé 1.784 chefs d'entreprise. Mais il fallait leur poser les bonnes questions. Nous avons donc d'abord consulté une vingtaine d'experts: chefs du personnel, conseillers en recrutement, spécialistes de l'Association pour l'emploi des cadres (A.P.E.C). Tous nous ont confirmé que, au-delà des compétences professionnelles, ce sont aujourd'hui des "caractères" qu'on recherche. "Des gens intelligents, on en trouve, explique Christine Cellier, du cabinet de conseil Tasa. Des cracks en chimie ou en gestion, aussi; et, à défaut, ça se fabrique. Mais, ces atouts-là, en temps de crise, ne suffisent plus." "La personnalité compte autant que la culture technique, renchérit François Guiraud, président de Fichet-Bauche. A tel point qu'on est parfois tenté de faire l'impasse sur les aptitudes professionnelles devant un candidat qui possède de réelles qualités humaines."

(3) L'Express s'est efforcé de définir ces profils psychologiques. Et nous avons soumis au jugement de ces 1.784 chefs d'entreprise pas moins de quarante qualités personnelles ou relationnelles sur lesquelles ils devaient se prononcer en fonction de leur adaptation à un poste précis. Aux candidats de tirer les enseignements de ces résultats.

(4) *Sachez qui vous êtes et ce que vous voulez faire*, car les deux données peuvent se révéler incompatibles. L'enquête offre deux moyens de vérification. Avec, d'une part, la description des qualités exigées selon les services: l'art de la négociation, l'enthousiasme et le goût du risque font de bons vendeurs; le sens de l'organisation et celui de l'autorité paramilitaire conviennent mieux aux cadres de la production. Avec, d'autre part, les six portraits types des candidats les plus demandés en 1985 (voir plus loin).

(5) *Le management des hommes.* Si l'on en juge d'après le succès obtenu par des expressions comme "travailler en équipe, motiver, informer . . .", les patrons français ont assimilé les dernières méthodes de gestion des hommes. "Ils ont compris qu'il était plus efficace d'exercer le pouvoir avec et par les autres plutôt que sur les autres", commente François Guiraud. Mais, avis aux candidats, ces qualités-là sont aussi les plus difficiles à dénicher.

(6) Certes, les chefs d'entreprise ont conservé quelques vieux réflexes: le verbe commander a encore un adepte sur deux; la résistance au conflit précède la négociation, quand la logique exigerait plutôt l'inverse. C'est encore plus aberrant lorsqu'il s'agit des cadres du service du personnel . . .

(7) Il n'empêche, le management des ressources humaines adopte un nouveau look. Bien des signes le prouvent. La France est l'un des pays où les cercles de qualité se développent le mieux: mieux qu'en Grande-Bretagne ou qu'en R.F.A. D'après notre enquête, 35% des chefs d'entreprise ont adopté la méthode, ou son équivalent, les groupes de progrès. Et, à les en croire, près d'un sur deux proposerait à ses cadres des conditions de travail d'avant-garde: assouplissement de la hiérarchie, équipes constituées le temps d'un projet, délégation totale quant aux moyens d'atteindre les objectifs . . .

Tartarinades ou non, ce désir de bien faire révèle au moins l'existence d'un vrai courant.

(8) Que ne ferait-on pas pour motiver ces cadres qu'on disait désabusés . . . La méthode, en tout cas, semble porter ses fruits: une majorité de dirigeants estiment aujourd'hui que les cadres s'investissent dans leur travail. La cote des jeunes est encore meilleure, puisque 70% des patrons les jugent "impliqués".

(9) *Les bons assistants.* Mais la logique est parfois malmenée: On préfère encore les gentils collaborateurs, constate Hervé Serieyx, directeur général adjoint du groupe Lesieur et co-auteur de "L'Entreprise du troisième type". Pourtant, les consciencieux, les rigoureux, les rationnels, amateurs d'analyse et de synthèse, ne sont pas forcément les plus aptes à motiver les hommes, voire à se mobiliser." "Même dans les entreprises de grande taille, on recherche moins des canards sauvages que des poissons rouges, parce que les structures l'ont emporté sur les individus, reconnaît Bernard Denoix, directeur général adjoint d'I.B.M.-France. Mais ceux qui font carrière ne sont pas les plus conformes."

(10) Une chose est sûre: on ne veut plus du jeune loup qu'on appréciait tant dans les années 60. Les ambitieux, on craint . . . Et, plus encore, les fonceurs. D'une part, on n'est pas sûr de pouvoir satisfaire leur désir d'ascension. D'autre part, on évite d'embaucher celui qui risque de vous prendre votre place. Et puis, "les crocodiles d'antan ont fait trop de mal, explique José Bidegain, directeur général adjoint de Saint-Gobain. Préoccupés par leur réussite personnelle, ils passaient leur temps à éliminer leurs concurrents. Tout le contraire du travail d'équipe".

(11) Mais de là à refouler tout esprit de compétition, il y a un pas que les chefs d'entreprise ne franchissent pas vraiment. Interrogés sur les défauts qu'ils redoutent le plus, ils décrivent aussi bien le comportement du "fonctionnaire" que celui de la "grosse tête". Ils critiquent "ceux qui refusent de

prendre des risques ou des responsabilités, qui préfèrent être pris en charge et se soumettre à une autorité plutôt que de diriger une équipe". Mais ils dénoncent tout autant "les individualistes prétentieux et intolérants, incapables de se remettre en question et de communiquer avec les autres, et qui refusent de déléguer pour s'attribuer seuls les mérites de leur travail".

(12) A lire les annonces classées – qu'il conviendrait plutôt d'appeler publicité de recrutement – les candidats pourraient pourtant parfois se méprendre. "Les entreprises se décrivent de façon idyllique, en pleine croissance, et capables de garantir au futur cadre un avenir à la mesure de ses ambitions, a observé Corinne Van Loey, psychologue et auteur des *Coulisses de l'emploi*. Mais, en présence d'un candidat trop brillant, beaucoup se rétractent avec méfiance." Pour Raymond Poulain, directeur général d'un cabinet de conseil, "il

existe deux sortes de chefs d'entreprise: ceux qui cherchent de simples collaborateurs sans danger; et ceux, beaucoup plus rares, qui cherchent des hommes à fort potentiel capables de les entraîner eux-mêmes vers plus d'exigence. Les premiers candidats n'apportent rien à l'entreprise. Mais les seconds se révèlent tout aussi inefficaces: leur excès de dynamisme ne fait que susciter l'hostilité des autres cadres, et ils ne parviennent à rien tout seuls. A charge pour nous, consultants, de trouver un compromis entre la nécessité de faire évoluer l'entreprise et celle de trouver un cadre adapté à son futur environnnement." Quant aux candidats, on ne saurait trop leur conseiller de se montrer diplomates. "Surtout, n'ayez pas l'air de vouloir avaler le monde entier . . ."

(13) *Trop de réflexion.* On retrouve les mêmes paradoxes et la même évolution encore inachevée en ce qui concerne l'environnement économique. Les chefs d'en-

treprise reconnaissent l'urgence des vertus d'adaptabilité et, dans une moindre mesure, de créativité, pour résister à la crise. "Mais ils préfèrent encore les démonstrations intellectuelles à l'action", constate Jean Masson, président-directeur général de Bernard Julhiet Psycom. Le rationnel l'emporte, et de loin, sur l'imagination, l'esprit d'entreprise et le goût du risque. Un comble: les dirigeants souhaitent, pour le service Recherche, des cadres à la fois rigoureux et imaginatifs – des aptitudes pourtant réputées être antinomiques. La concurrence est devenue si forte que "l'entreprise doit vivre en état de guerre, et le cadre témoigner d'un instinct de survie", estime Jean-Paul Menassier, directeur de Sélé-Cegos. "Et quand on se contente de faire face à l'imprévu, c'est qu'on est déjà en retard d'une manoeuvre, renchérit Gérard Thulliez, directeur général de McKinsey. Dans le contexte actuel, il faut s'efforcer de manger le pain des autres sociétés."

De l'instinct à l'idéal

A une époque où l'économie a pris des dimensions planétaires, comment les chefs d'entreprise peuvent-ils négliger l'ouverture internationale, au point de la placer en dernière position des qualités requises? "C'est un comportement suicidaire, juge Hervé Serieyx. Même le plus modeste fabricant de boutons de bottines a un rival à Taiwan qui prépare sa mort. Il n'est pas un secteur industriel dans lequel le Pacifique ne soit prêt à s'imposer."

Mais les patrons français évoluent, comme les cadres, tandis que se succèdent les époques industrielles. La crise est venue bouleverser les habitudes confortables des années de croissance facile. Les

cadres réapprennent à se battre, autrement. "Et les jeunes, qui, eux, n'ont jamais connu les grandes années d'expansion, sont spontanément plus ardents et plus méchants que leurs aînés. Ils luttent pour gagner; mais, à la différence des jeunes loups de naguère, ils veulent gagner avec leur entourage."

Le projet d'entreprise. Dernière leçon de cette enquête, l'enthousiasme figure en bonne place – signe d'un nouvelle mentalité. Les gens ont besoin de trouver, dans leur activité professionnelle, l'occasion d'un épanouissement, a constaté la Cofremca, une société de sondages spécialisée dans l'étude des courants socioculturels. Le travail doit satisfaire les trois

dimensions de l'homme: l'instinct, avec le pouvoir ou le profit; l'affectivité, avec l'esprit de corps ou la fraternité du groupe; et l'idéal, avec un projet, voire une morale d'entreprise qu'il s'agisse de se battre pour le client ou pour la survie économique d'un pays.

Les Américains, paraît-il, sont champions dans l'art de faire adhérer le personnel à un projet. Et les Japonais, pour faire circuler l'information et stimuler la créativité – 500.000 idées venues du personnel ont été exploitées chez Toyota! Après tout, ces exemples économiques ne sont pas si mauvais. Et les défis, plutôt séduisants pour les candidats cadres!

Les qualités indispensables (classement général)

Le tableau se lit ainsi: 78% des chefs d'entreprise ayant le projet d'engager un cadre estiment indispensable que le candidat soit "consciencieux, fiable" (...)

	attente en %
	78
Etre consciencieux, fiable	73
Analyser les situations	72
Travailler en équipe	68
Coordonner, organiser le travail des autres	67
Motiver, stimuler	65
Faire preuve de rigueur, de méthode	63
Faire face à l'imprévu	63
Informer les autres	59
S'adapter au changement	57
Faire la synthèse des informations	57
Prendre des décisions, trancher	55
Se montrer enthousiaste, optimiste	54
Etre persévérant, tenace	53
Apporter des idées nouvelles	52
Se dévouer à l'entreprise	51
Commander, donner des ordres	51
Se remettre en question	

MOYENNE 50%

	48
Réaliser des économies	48
Accepter et exécuter des ordres	46
Gérer un budget	46
Faire face aux conflits	46
Résister à l'échec	45
Mener des négociations	44
Se montrer imaginatif, créatif	42
Etre sûr de soi	40
Avoir une grand puissance de travail	39
Ecouter, mettre à profit les conseils	38
Déléguer des responsabilités	37
Vendre ses idées	35
Résister au stress	34
Aider les autres	33
Se montrer sympathique, chaleureux	32
Etre d'humeur égale, posée	30
Avoir de l'ambition et le sens de la compétition	28
Concevoir des projets à long terme	27
Connaître l'informatique	27
Faire preuve de discrétion et de réserve	23
Posséder le goût du risque, foncer	21
Travailler seul	20
Avoir une ouverture internationale	

Spécialité par spécialité, les atouts exiges

Nous avons retenu ici les qualités jugées "indispensables" par les chefs d'entreprise qui envisageaient une embauche prochaine. Elles sont réparties, cette fois, selon les différents services où le cadre sera recruté. Certaines aptitudes, comme être "consciencieux, fiable", savoir "travailler en équipe" ou "analyser les situations", sont systématiquement exigées, quel que soit le poste. En revanche, l'ambition, l'enthousiasme ou le goût du risque, par exemple, apparaissent comme très spécifiques à l'un des services. (...)

Nous avons regroupé, sous la rubrique "Celles qui le distinguent des autres", les qualités qui accusaient un écart important et qui ne figuraient pas parmi les dix premières "indispensables". A l'inverse, nous avons cité les qualités qui obtenaient les résultats les plus bas dans chacun des services.

Administration, Organisation

Les qualités indispensables du cadre:

	81
Etre consciencieux, fiable	81
Coordonner, organiser le travail des autres	69
Prendre des décisions, trancher	65
Travailler en équipe	63
Analyser les situations	62
Faire preuve de rigueur, de méthode	62
Motiver, stimuler	60
Réaliser des économies	60
Faire face à l'imprévu	58
Commander, donner des ordres	

Celles qui le distinguent des autres:

Faire preuve de discrétion et de réserve
Connaître l'informatique

Celles dont il est dispensé:

Avoir une ouverture internationale
Posséder le goût du risque, foncer

Etudes, Recherche, Développement

Les qualités indispensables:

	76
Etre consciencieux, fiable	74
Apporter des idées nouvelles	74
Travailler en équipe	66
Se montrer imaginatif, créatif	64
S'adapter au changement	62
Analyser les situations	62
Faire la synthèse des informations	60
Se remettre en question	60
Faire preuve de rigueur, de méthode	59
Informer les autres	

Celle qui le distingue des autres:
Concevoir des projets à long terme

Celles dont il est dispensé:
Faire preuve de discrétion et de réserve
Travailler seul
Mener des négociations
Avoir une ouverture internationale

Finances, Comptabilité

Les qualités indispensables:

Etre consciencieux, fiable 87
Analyser les situations 84
Faire preuve de rigueur, méthode 81
Faire la synthèse des informations 69
Gérer un budget 66
Informer les autres 65
Motiver, stimuler 63
Travailler en équipe 62
Coordonner, organiser le travail des autres 62
Réaliser des économies 59

Celles qui le distinguent des autres:
Connaître l'informatique
Faire preuve de discrétion et de réserve

Celles dont il est dispensé:
Posséder le goût du risque, foncer
Avoir de l'ambition et le sens de la compétition

Commercial, Marketing

Les qualités indispensables:

Etre consciencieux, fiable 79
Analyser les situations 76
Motiver, stimuler 71
Mener des négociations 71
Faire face à l'imprévu 69
Travailler en équipe 68
Etre persévérant, tenace 66
Informer les autres 66
Se montrer enthousiaste, optimiste 65
Se dévouer à l'entreprise 61

Celles qui le distinguent des autres:
Se montrer sympathique, chaleureux
Vendre ses idées
Avoir de l'ambition et le sens de la compétition
Avoir une ouverture internationale
Celle dont il est dispensé:
Connaître l'informatique

Personnel

Les qualités indispensables:

Faire face aux conflits 89
Informer les autres 89
S'adapter au changement 89
Mener des négociations 78
Coordonner, organiser le travail des autres 78
Motiver, stimuler 78
Analyser les situations 78
Faire face à l'imprévu 78
Prendre des décisions, trancher 78
Apporter des idées nouvelles 78

Celles qui le distinguent des autres:
> Etre sûr de soi
> Connaître l'informatique
> Se remettre en question
> Se dévouer à l'entreprise

Celles dont il est dispensé:
> Faire preuve de rigueur, méthode
> Faire la synthèse des informations
> Gérer un budget
> Déléguer des responsabilités

Informatique

Les qualités indispensables:

Connaître l'informatique 95
Faire preuve de rigueur, de méthode 89
Analyser les situations 83
Travailler en équipe 78
Etre consciencieux, fiable 72
S'adapter au changement 72
Faire face à l'imprévu 72
Se remettre en question 72
Aider les autres 67
Faire la synthèse des informations 67
Prendre des décisions, trancher 67

Celle qui le distingue des autres:
> Concevoir des projets à long terme

Celles dont il est dispensé:
> Ouverture internationale
> Avoir de l'ambition et le sens de la compétition
> Posséder le goût du risque, foncer
> Se montrer sympathique, chaleureux
> Vendre ses idées

Vente

Les qualités indispensables:

Travailler en équipe 80
Motiver, stimuler 76
Se montrer enthousiaste, optimiste 71
Mener des négociations 71
Etre consciencieux, fiable 69
Faire face à l'imprévu 69
Informer les autres 65
Analyser les situations 65
Etre persévérant, tenace 63
Se dévouer à l'entreprise 57

Celles qui le distinguent des autres:
> Avoir de l'ambition et le sens de la compétition
> Posséder le goût du risque, foncer

Celles dont il est dispensé:
> Connaître l'informatique
> Faire preuve de discrétion, de réserve
> Avoir une ouverture internationale

Six portraits en quête de candidats

Le Manager: On le veut parfait. Ou presque. Normal, c'est un peu leur homme de confiance que les chefs d'entreprise veulent découvrir en lui.

Technocrate plus qu'homme de terrain, il est adjoint de la direction, ou appelé à le devenir. Intermédiaire entre son patron et les "opérationnels", il traduit directives et informations en stratégies, à moyen et à long terme. Et doit concilier deux impératifs contradictoires: donner l'impulsion vers une production de qualité tout en freinant les dépenses. Son souci, c'est la rentabilité économique et financière.

Il indique le cap, plus qu'il ne mène directement les hommes. Et s'il possède les qualités d'un capitaine, c'est avec la retenue d'un gestionnaire. Plus que l'enthousiasme ou l'ambition, on attend de lui solidité, fiabilité, rigueur, persévérance, résistance à l'échec.

C'est pour les services commerciaux ou de production qu'on le recrute en priorité. Puis pour les services administratifs et financiers.

Les exigences sur sa formation se révèlent tout aussi éclectiques, car c'est un généraliste qu'on recherche: on apprécie autant les diplômes de gestion (30%) que les ingénieurs (24%), et encore plus le label des très grandes écoles.

Si le manager est l'un des plus demandés, c'est parce que son profil est rare. Pour augmenter les chances de le dénicher, on fait appel à une société de conseil en recrutement. Pour prendre le temps de le juger et de le former, on le préfère relativement jeune: moins de 35 ans et moins de dix ans d'expérience. Et, s'il déçoit en tant que manager, on peut toujours le réorienter vers un poste d'expert hautement spécialisé.

Juste compensation de toutes ces exigences, le manager bénéficie des meilleures conditions de travail et de rémunération. En contrepartie, on le veut disponible: il ne peut aménager à sa guise ni ses horaires ni ses congés. Il porte parfois le noeud papillon, compense sa sédentarité par une pratique sportive soutenue et montre plus de goût pour les plaisirs de la musique que pour ceux de la table.

Le Conquérant: A la fois chaleureux, brillant et obstiné, il a pour mission de séduire et de conquérir le monde extérieur. C'est lui qui négocie les contrats importants, et qui prospecte la clientèle étrangère. Aussi le veut-on enthousiaste, sûr de lui, et même ambitieux – une qualité pourtant généralement peu appréciée des chefs d'entreprise. Mais si l'on tolère son côté fonceur, c'est parce que son expérience professionnelle et sa maturité rassurent. Avec ses 40 ans, le conquérant est, en effet, le plus âgé de tous les candidats. Et presque toujours un homme.

Souvent cadre supérieur, c'est un spécialiste de politique commerciale plus qu'un apparatchik. Difficile d'exiger de cet extroverti la rigueur économe d'un gestionnaire. On ne lésine pas sur l'addition du traiteur quand il s'agit d'enlever un gros contrat à son convive. Se montrer fin gourmet fait partie de ses devoirs professionnels.

Amateur de distractions plutôt chics et mode, il préfère les sports individuels – jogging et golf – aux sports collectifs, adore aiguiser son sens tactique en jouant aux échecs et entretenir, par la lecture et le cinéma, cette culture qui lui permet de s'exprimer avec aisance. Pour développer ses capacités de dialogue, les diplômes de l'université, pour une fois, valent autant (28%) que l'école d'ingénieurs (22%) ou de gestion (20%) dans les curriculum vitae réclamés par les chefs d'entreprise.

Franc-tireur, le conquérant peut se permettre certaines libertés avec ses horaires. Les nombreux avantages en nature dont il dispose ne sont, après tout, que des outils de travail. Et s'il bénéficie plus souvent que d'autres de grosses augmentations de salaire, c'est sans doute parce que les succès qu'il remporte ont une influence immédiate sur les comptes de la société.

Le Meneur d'hommes: Il fait tourner les hommes qui font tourner les machines. A l'atelier comme à la tête de l'usine, il doit se débrouiller pour que les objectifs de production, définis par la direction, soient réalisés.

Ses défis? L'efficacité et la rentabilité. Pour les relever, on lui demande avant tout de savoir s'imposer. Il doit donc avoir de la bouteille – il a près de 40 ans – une compétence technique qui lui permette d'asseoir son autorité – ils sont 42% à avoir fréquenté une école d'ingénieurs et 21%, l'université ou un I.U.T. Et, surtout, de la poigne: les nouvelles méthodes de management pénètrent lentement les lieux de production, où l'on croit encore qu'efficacité rime avec ... fermeté. Le meneur d'hommes doit donc commander et donner des ordres. Tant mieux si, de surcroît, il sait motiver ses troupes. Il n'en sera que mieux obéi!

Le meneur d'hommes agit sur le court terme, voire dans l'instant. La gamberge, il ferait aussi bien de s'en abstenir. Il doit se montrer solide comme un roc: s'il n'est pas sûr de lui, s'il ne réagit pas immédiatement devant un incident, c'est toute la chaîne qui s'en trouve perturbée. Et c'est sur le lieu de production que se gagne en grande partie la lutte contre la concurrence. Pour serrer les prix de vente ou accroître les bénéfices, il doit sans cesse avoir le souci de réaliser des économies.

La production est son domaine de prédilection. Mais certains chefs d'entreprise font appel à lui pour "muscler" leur équipe de vente.

Le meneur d'hommes – on s'en doutait – porte rarement jupon. C'est un bon père de famille, plus bricoleur que sportif, bien qu'il apprécie le tennis. Une originalité qui va de pair avec son esprit tactique: il est amateur du jeu de go.

Le Battant: Petit frère du conquérant, il lui ressemble, en plus modeste. Ce n'est pas l'homme des grandes stratégies, mais un fantassin de la force de vente, qui conquiert, au jour le jour, la clientèle de l'entreprise. Aussi possède-t-il tous les atouts qui garantissent le succès des contacts personnels: l'enthousiasme, bien sûr, mais aussi la sympathie, la confiance en soi, la patience . . . et la capacité d'écoute. C'est à lui de recueillir auprès du client les informations qui vont permettre d'ajuster la qualité de l'offre à la demande.

Il travaille seul plus souvent que les autres. Mais il ne vit pas en circuit fermé. Parfois bousculé par la clientèle et par la concurrence, il doit être pourvu de suffisamment d'obstination pour surmonter critiques et échecs et en tirer des leçons utiles à l'entreprise. Au cadre du service Recherche d'en faire bon usage. Celui-ci a d'ailleurs avec le vendeur bien des traits communs: résistance à l'échec, persévérance, imagination et force de conviction. L'un s'en sert pour vendre, l'autre pour trouver.

Un tempérament qui va de pair avec la jeunesse: on recrute rarement le battant au-delà de 30 ans. Et on le veut diplômé. Autrefois dédaignée, quand seul le marketing se prétendait noble, la vente est en voie de réhabilitation.

L'école de gestion l'emporte d'une courte tête (27%) sur l'école d'ingénieurs (22%) ou sur l'université. Si tant est que le punch et la convivialité puissent s'apprendre sur les bancs d'une école . . . Mais les produits qu'il faut vendre exigent parfois des connaissances d'expert.

Un patron sur deux accepte l'idée d'engager aussi bien une femme qu'un homme . . . pour mieux séduire la clientèle. Sédentaires et ascètes, s'abstenir. Le battant a la bougeotte et doit supporter des déménagements fréquents. Quant aux excès de bonne chère, ils donnent du poids à son argumentation . . . presque autant qu'à sa silhouette.

Le Col Blanc: Voilà un homme précieux, sur lequel on peut compter: il est, dans l'ordre, consciencieux, fiable, rigoureux et méthodique. Un quarté un peu terne, mais si rassurant. Ajoutez quelques solides connaissances en informatique, et vous tenez la cheville ouvrière . . . de l'encadrement.

On le recrute à la production – comme technicien supérieur, parfois comme ingénieur – ou à la comptabilité – en tant qu'expert ou contrôleur de gestion. C'est-à-dire

là où on a besoin avant tout d'un homme sûr et méticuleux offrant de sérieuses garanties contre tout écart fantasque, et contre tout risque inconsidéré. Aussi préfère-t-on l'engager entre 30 et 35 ans, lorsqu'il a déjà quelques bonnes références derrière lui. On exige des cols blancs des études plutôt correctes: école d'ingénieurs (pour un quart d'entre eux); de deux à quatre ans d'université (pour un autre quart); école de gestion (20%). Mais c'est aussi parmi eux qu'on rencontre le plus d'autodidactes (un sur dix).

Une fois qu'elle est conquise, la place se révèle sûre. Mais dénuée de prestige. Il faut aimer les seconds rôles et accepter de jouer sa carrière dans l'ombre. Les chefs d'entreprise, en effet, investissent peu sur le col blanc: ses chances de promotion s'en trouvent réduites d'autant. De même, ils ne lui offrent que rarement les différents avantages proposés aux autres cadres: pas de rémunération préférentielle, peu de droit de regard sur ses conditions de travail, aucun projet de formation . . .

La vie du col blanc en dehors des heures de bureau semble aussi rangée que sa carrière: il ne fume pas, il ne boit pas . . . mais il bricole; et, à la rigueur, tapote sur des jeux électroniques.

Le Yearling: Il a moins de 30 ans, une expérience professionnelle inférieure à cinq ans; souvent même, il postule pour son premier emploi. Mais ce n'est pas n'importe qui: les chefs d'entreprise le veulent bourré de qualités et de diplômes. A tel point qu'on les soupçonne de recruter un candidat surqualifié pour le poste qu'ils proposent aujourd'hui. Pourquoi? Parce que le yearling, comme le jeune pur-sang du même nom, représente un investissement à court comme à long terme.

– Il est d'abord chargé de faire profiter l'entreprise de son savoir fraîchement acquis, à la pointe du progrès. La plupart des yearlings ont fait des études brillantes: école d'ingénieurs (43%), de gestion (20%) ou, au minimum, quatre années d'université (12%).

– A long terme, il peut servir d'autres desseins: ce n'est pas un

hasard si on lui demande, malgré sa jeunesse, des dons d'animateur, d'organisateur et de meneur d'équipe. On ne lui donne pas pour autant l'occasion de les mettre immédiatement en pratique. Il doit auparavant faire ses armes dans tous les services connexes de la production – Méthode, Entretien. Souvent, aussi, dans les services Marketing et Recherche-développement.

On y prendra le temps de vérifier s'il possède les capacités d'un futur dirigeant. C'est, en effet, la préoccupation implicite des chefs d'entreprise, qui déplorent la désaffection actuelle des cadres pour les fonctions hiérarchiques. Bien peu de yearlings pourront (ou voudront) suivre cette filière; les autres deviendront d'excellents experts, ou simplement des cadres compétents. A chacun de transformer l'essai dans la direction qu'il vise.

Mais le yearling a tout intérêt à le faire avec modestie. Car, s'il est une qualité illégitime chez ce débutant à peine formé, c'est bien l'ambition! On se méfie du jeune fonceur qui préfère sa réussite personnelle à celle de l'entreprise. Mieux vaut d'abord montrer patte blanche, se révéler consciencieux, prêt à se remettre en question et, surtout, capable de s'adapter aux changements.

Quel que soit son avenir, le yearling possède un avantage: celui d'hériter de patrons bienveillants, qui le jugent d'emblée motivé et responsable. Qui, très souvent, lui proposent formation complémentaire, mobilité interne, hiérarchie souple . . .

Ils l'acceptent sans cravate, l'imaginent amateur de bridge et de sports d'équipe. Les deux tiers des chefs d'entreprise vont jusqu'à tolérer qu'il puisse être une femme!

(Extrait de *L'Express* du 17 au 23 mai 1985)

Activités d'analyse

Réseaux thématiques ▷ ▷ ▷ ▷

1 Dans la première partie du dossier, l'*Express* offre une analyse générale des réponses recueillies auprès des chefs d'entreprise. L'un des points qui ressort de l'enquête est que les qualités recherchées actuellement par les employeurs ne sont plus les mêmes qu'il y a quelques années.

▶ Identifiez ce contraste en relevant les termes qui entrent dans chacune des catégories suivantes:

qualités traditionnelles	qualités nouvelles
compétence professionnelle…	"caractères"…

2 L'*Express* montre d'autre part qu'il existe bel et bien une contradiction dans les attentes des chefs d'entreprise qui, bien qu'ayant admis que ces nouvelles qualités sont indispensables, ne sont pas encore prêts à abandonner des valeurs plus traditionnelles. Ce thème de la contradiction apparaît dans toute cette première partie du dossier sans que ce mot soit jamais utilisé.

▶ Dressez une liste de tous les termes ou expressions qui indiquent une contradiction (pour les structures contrastives voir *Repères structuraux*, 1).

▶ L'une des contradictions les plus frappantes est dans le choix d'un *bon assistant*. Relevez les termes *positifs* et *négatifs* (leurs qualités et défauts) qui peuvent s'appliquer aux *gentils collaborateurs*.

▶ Les deux comportements extrêmes rejetés sont ceux du *fonctionnaire* et de la *grosse tête*. Etablissez un parallèle entre les reproches faits à ces deux types d'employés:
fonctionnaire; grosse tête.

3 Les nouveaux chefs d'entreprise semblent cependant s'accorder sur le refus de ce qu'on a appelé *le jeune loup*.

▶ Relevez d'une part les termes utilisés pour décrire ces *jeunes loups*, et d'autre part tous les termes et expressions négatifs employés à leur égard.

4 La deuxième partie du dossier présente une série de tableaux des qualités indispensables d'un candidat, classement général tout d'abord, puis effectué secteur par secteur.

▶ Identifiez les similitudes et les différences qui existent en termes de pourcentages entre les qualités requises pour l'*Administration* et celles demandées pour la *Comptabilité*.

▶ Faites une liste des qualités qui semblent être indispensables pour quelqu'un se lançant dans le *Marketing*, et qui ne le sont pas pour un employé du secteur *Recherche*.

▶ Remplissez les trois colonnes suivantes en comparant le service *Personnel* et le service *Vente*:

qualités similaires	assez différentes	totalement différentes

5 Le dossier se termine par une série de portraits du profil idéal pour chaque type de poste.

▶ Etablissez un tableau pour chacun des six types de personnes présentés en indiquant: *qualifications; responsabilités; qualités; goûts.*

Repères structuraux ▷ ▷ ▷ ▷

1 Le thème du paradoxe est exprimé à travers le choix de lexique employé (voir *Réseaux thématiques*, 2) mais également à l'aide de certaines structures linguistiques.

▶ Complétez le tableau suivant en reconstituant les repères linguistiques employés dans le texte et qui marquent le deuxième terme de chaque contradiction:

premier terme	deuxième terme
certes (vieux réflexes) (*para.6*)	*il n'empêche* (nouveau look) (*7*)
on préfère *encore* (consciencieux) (9)	. . .
on recherche *moins* (des canards sauvages) (9)	. . .
ils redoutent (. . .) *aussi bien* (*11*)	. . .
ils critiquent *ceux qui* (*11*)	. . .
A lire les annonces (*12*)	. . .
les entreprises *se décrivent de façon idyllique* (*12*)	. . .
il existe deux sortes de chefs d'entreprise:	. . .
ceux qui (*12*)	
les premiers n'apportent rien (*12*)	
les chefs d'entreprise reconnaissent (*13*)	

2 Le couple *certes/il n'empêche* introduit également une concession suivie d'une attaque.

▶ Sélectionnez parmi les articulateurs ci-dessous ceux qui pourraient être utilisés à la place de la paire originale:

concession	attaque
il est vrai que	cependant
en effet	néanmoins
bien sûr	si tant est que
naturellement	voire
il est certain que	toutefois

3 Le premier texte comporte de nombreuses citations de réponses obtenues au cours de l'enquête ainsi que d'analyses de certains spécialistes. Ces citations sont rapportées, tantôt à la forme directe, tantôt à la forme indirecte.

▶ Dégagez du texte les différents verbes et structures utilisés à ces fins et ajoutez-les aux listes ci-dessous:

forme directe	forme indirecte
constatent (*para.1*)	ont confirmé que (*2*)
explique (*2*) . . .	d'après notre enquête (*7*) . . .

4 L'auteur du texte *Six portraits en quête de candidats* utilise souvent des structures de phrases contenant *si*. (Par exemple: *le manager . . . s'il possède des qualités d'un capitaine, c'est avec la retenue . . .*, ou *Si le manager est l'un des plus demandés, c'est parce que . . .*

▶ Ajoutez autant d'exemples que vous pourrez trouver dans la suite du texte.

▶ La fonction de *si* est-elle similaire dans chacun des cas?

▶ Pouvez-vous reformuler ces phrases sans employer *si*?

Activités communicatives ————————

A l'oral ▷ ▷ ▷ ▷

Exposé et interrogation

Contexte: Nous invitons les étudiants à passer en revue les qualités que les employeurs prisent dans leurs employés. L'objectif est double:
(a) d'évaluer cette hiérarchie des qualités et des valeurs dans le contexte de 3 ou 4 emplois typiques recherchés par les participants.
(b) d'analyser à quel point les études universitaires nous aident à développer les qualités que les participants eux-mêmes jugent essentiels pour réussir dans leurs carrières.

N'oubliez pas que, si certaines qualités nous préparent pour l'embauche, il en faut d'autres parfois pour nous aider à monter en grade, à devenir cadre etc. Ne perdez pas de vue non plus que les qualités personnelles doivent nous équiper pour fonctionner dans bien d'autres situations que l'emploi.

Activité: Trois ou quatre des participants, désignés à l'avance, feront l'exposé des qualités réputées nécessaires pour les emplois auxquels ils se destinent. Ils seront interrogés par leurs camarades. Le groupe décidera par la suite du bien-, ou du mal-fondé des tables établies par l'enquête.

Préparation: On décidera à l'avance des carrières qui doivent faire l'objet d'un exposé. Ceux qui donnent les exposés étudieront les qualités requises, préparant une analyse justifiant, critiquant ou commentant, les préférences exprimées par les employeurs.

Les autres étudiants, qui conduiront l'interrogation, se muniront d'arguments se rapportant à toutes les catégories sélectionnées. *Voir*: Les *Ressources linguistiques* de ce module (*persuader* etc).

Déroulement du cours: On donnera les exposés à tour de rôle, chaque intervention étant suivie d'une interrogation.

Le président de séance, nommé à l'avance, guidera la discussion vers les deux objectifs indiqués ci-dessus, c'est-à-dire, la justesse des qualités recommandées, et l'utilité pratique des études. Le président lui-même rappellera aux participants, en faisant le bilan de la discussion, les arguments avancés pour justifier une éducation libérale, scientifique etc.

A l'écrit ▷ ▷ ▷ ▷

Le profil psychologique du candidat à l'emploi

A la suite des exposés et interrogations, il convient de coucher par écrit l'opinion générale et personnelle sur les qualités idéales pour le poste qu'on recherche. L'étudiant ajoutera en appendice son opinion sur la tactique à employer pour compenser le manque de certaines qualités que d'aucuns jugent essentielles ou utiles.

 **Glossaire: Le Monde du travail**

En quête d'un emploi

un chômeur, un demandeur d'emploi,
un sans emploi
être à la recherche d'un travail/chercher du travail

pour trouver/dénicher/décrocher:
  un emploi/un job/un poste

comment s'y prendre/où s'adresser
les formalités/démarches à effectuer
la démarche/procédure à suivre
s'inscrire/pointer à l'ANPE (Agence nationale pour l'emploi)

les papiers	requis
demandes	à fournir
pièces	à remplir
	à joindre

envoyer	un extrait
expédier	des candidatures spontanées
joindre	une lettre de recommandation
	une lettre d'accompagnement
	un CV (curriculum vitae)
	des copies des diplômes
stipuler	*ses* prétentions financières

Un emploi vacant

pour l'employeur

s'adresser à/faire appel à
un cabinet/un conseil de recrutement
passer/publier une petite annonce
faire passer/soumettre des candidats à
  un entretien d'embauche
  des tests de niveau
          de personnalité

passer au crible
faire un tri dans
opérer une sélection dans } les candidatures
      un premier choix dans
faire son choix dans

avoir certaines exigences
dévoiler/chercher . . .
  les points faibles
    zones de fragilité
    défauts
    discordances
    incohérences

pour l'employé potentiel/le candidat/le demandeur d'emploi

répondre aux/consulter les petites annonces/annonces
        classées
proposer/déposer sa candidature

être convoqué pour
décrocher
obtenir } un entretien/des tests
se soumettre à

passer
  un concours d'entrée
      examen préliminaire
              éliminatoire
se munir des pièces requises

correspondre au profil du poste
mettre en valeur/tirer parti de . . .
  ses points forts
  ses qualités/atouts
  son expérience professionnelle
  ses qualifications
  ses diplômes/stages
se montrer sous son meilleur jour

L'entrée dans la vie active

gagner sa vie
avoir/occuper un poste/un emploi
avoir du travail
avoir pour fonction de . . ./ être chargé/responsable de . . .

	être	dans		être	dans
(i)	*la population active/le salariat:*		(iii)	*la direction/les dirigeants/le patronat*	
	manoeuvre	une entreprise		le PDG (président directeur	le secteur
	ouvrier spécialisé	une P.M.E. (petites et		général)	
		moyennes entreprises		le gérant	le rayon . . .
	chef de chantier	une compagnie		l'adjoint/le bras droit	le département . . .
		une boîte		le responsable	
(ii)	*les employés/salariés/les cols blancs/*		(iv)	*les professions libérales*	
	le personnel			médecin notaire avocat	
	(petit) fonctionnaire	la fonction publique		instituteur professeur (fonction publique)	
		de l'état			
	cadre/cadre supérieur	le secteur privé	(v)	à son compte	
	ingénieur	le privé		travailleur indépendant	
	secrétaire/sténo-dactylo				
	secrétaire de direction				
	VRP (vendeur, représentant, placier)				

Au sein de l'entreprise

avoir une bonne situation/un bon poste
    des ambitions
    un plan de carrière
faire carrière

grimper dans la hiérarchie/les échelons de la hiérarchie
monter en grade
accéder à l'échelon supérieur
être promu/augmenté
avoir de l'avancement

réclamer   une augmentation/un meilleur salaire
demander   de plus grandes responsabilités
obtenir   une promotion/une prime
toucher   un treizième mois
bénéficier d' ⎫
disposer d' ⎭ avantages/bonnes conditions de travail
être muté/recevoir sa mutation
faire les 3/8
avoir des horaires de travail coupés

avoir un emploi à temps partiel
    à mi-temps/à temps complet
    un mi-temps
être vacataire
    titularisé
    sous contrat
avoir un contrat (d'un an)
être contractuel

être rétrogradé
descendre en grade
être suspendu de ses fonctions
    renvoyé
    licencié
    mis à la porte
donner ses huit jours à quelqu'un

le licenciement économique
toucher une prime de licenciement

être en arrêt de maladie
    mis en arrêt de travail

quitter/perdre son emploi
présenter sa démission
donner son mois (de préavis)
rendre sa blouse

être mis à la retraite anticipée
prendre sa retraite
être en retraite
arriver en fin de carrière

déposer ses congés
prendre un congé de maternité/de maladie/parental
les congés payés/les jours fériés
faire le pont

Les syndicats

se syndiquer/faire partie d'un syndicat
    adhérer   à une section syndicale
    appartenir   à les réunions de bureau
    l'autogestion

principaux syndicats:
    la CGT   Confédération générale du travail
    la CFDT   Confédération française démocratique du
                   travail
    FO   Force ouvrière
    la CGC   Confédération générale des cadres
    la CFTC   Confédération française des travailleurs
                   chrétiens
    la FEN   Fédération de l'éducation nationale
    la FNSEA Fédération nationale des syndicats
                   d'exploitants agricoles

le rôle des fédérations/syndicats:
défendre les intérêts de leurs membres
          les avantages acquis
améliorer le pouvoir d'achat/les conditions de travail/
   la sécurité au sein de l'entreprise

faire appliquer les conventions collectives
      respecter les droits syndicaux
protéger les droits des travailleurs
négocier avec le patronat

faire
se mettre en
voter la   } grève
appeler à la
être en

occuper les locaux
manifester
organiser
   une manifestation
   un cortège

élire des représentants
        porte-parole
les revendications
les négociations

la reprise du travail
le rétablissement de l'ordre
l'intervention de la police

Le salaire

toucher/recevoir/avoir ...
   un salaire (brut/net/de base)
   un traitement
   une solde
   des gages
   une somme
   des allocations
   des frais
   une prime (de déplacement/risque)
   un fixe
   un revenu
   des indemnités (de licenciement, ...)
   une prestation
   des remboursements

toucher/recevoir/avoir ...
   une rémunération
   des honoraires
   une pension
   le SMIG (salaire minimum interprofessionnel garanti)
     remplacé en 1970 par:
   le SMIC (salaire minimum de croissance)
   un pourcentage des bénéfices
   des avantages en nature/en espèces
   les ASSEDIC (familier) (Association pour l'emploi
     dans l'industrie et le commerce)

être payé/rémunéré à l'acte/à l'heure
payer des impôts/être imposable
être redevable d'une certaine somme

Ressources linguistiques

1 **Persuader/dissuader**
2 **Faire des concessions**

1 Persuader/dissuader

Quand on veut *influencer* quelqu'un, on a recours très souvent à la *persuasion*.

La persuasion réussit mieux dans une situation de confiance mutuelle que dans une situation de confrontation. Votre interlocuteur n'acceptera d'être influencé par vous que s'il vous respecte et vous écoute.

Que vous vouliez *persuader* ou *dissuader*, les moyens utilisés sont – de certains points de vue – pareils. Vous **suggérez** à votre interlocuteur de faire ou de penser autrement (*dissuader*), en **insistant** sur les avantages pour lui de ce changement (*persuader*).

(Si vous voulez *convaincre* quelqu'un ou lui *prouver* que quelque chose est vrai, vous avez recours à des stragégies différentes (voir *Ressources linguistiques* 6). Ce sont des stratégies *logiques* que nécessite une situation à controverse.)

A Dissuader

La dissuasion est la première étape ou la face négative de la persuasion. Vous *influencez* votre interlocuteur en le décourageant. Vous lui montrez les désavantages de l'action qu'il envisage ou du point de vue qu'il avance.

La construction de base est la suivante:

Si vous voulez vous exprimer *plus personnellement*, vous employez dans la partie (i) le pronom ''vous'' + le verbe ''devoir'' au *conditionnel* et à la forme *négative*:

(i) reprise du point de vue/attitude/ opinion de votre interlocuteur	(ii) inconvénients/ résultats dés-agréables/peu désirables/ néfastes	(iii) suggestion de renoncer/ne pas continuer (facultatif)
par exemple: Obliger vos en-fants à étudier 5 heures tous les soirs,	ça serait les décourager à tout jamais.	Mieux vaut y renoncer.
Insister sur le silence aux repas	ne peut qu' exaspérer tout le monde.	Ce n'est pas là la bonne voie.

(i) Vous ne devriez pas forcer vos enfants à tra-vailler chaque soir.	(ii) Ils seront découragés.	(iii) Vous feriez mieux de ne plus les y obliger.

B Persuader

Pour *persuader* quelqu'un de faire quelque chose, on emploie des suggestions *positives* susceptibles d'*influencer son interlocuteur*.

A l'oral le ton et l'intonation s'ajoutent à vos armes persuasives.

Vu que ces armes vous manquent **à l'écrit**, il vous est probablement plus facile de persuader (ou de dissuader) en parlant qu'en écrivant.

Vous partez de la construction de base de la *dissuasion*; (i) + (ii) + (iii) (voir ci-dessus), suivie de:

(iv) avantages/résultats positifs du change-ment de comportement suggéré (A,iii)	(v) suggestion de faire autrement
Ils travailleront mieux	si vous faites semblant de ne pas vous en soucier.

ou inversement:

(v) Si vous faites semblant de ne pas vous en soucier,	(iv) ils de travailleront mieux.

Persuader: Conseils supplémentaires:

(a) **A l'oral:**

Pour insister sur les aspects positifs d'un point de vue différent, vous avez à votre disposition plusieurs ressources linguistiques:

(i) *l'emploi du conditionnel* suggère qu'un changement serait à l'avantage de votre interlocuteur.
Il est possible de *nuancer* vos propos en suivant une progression *subjectif objectif*:

▶ conditionnel + *vous* (+ "je crois/il me semble"):
  Vous devriez vraiment ...
  Vous pourriez, je crois, ...

▶ *Je* + verbe au conditionnel + *vous*:
  J'aimerais vous faire comprendre que ...
  Je voudrais que vous admettiez ...

▶ ou, si vous voulez etre plus objectif:
  tournure impersonnelle au conditionnel + *nous/vous*:
  Ce qu'il nous/vous faudrait en réalité c'est ...
  Il serait préférable que vous alliez ...

▶ tournure impersonnelle au conditionnel *sans* "vous"/ "nous"/"je":
  Il serait mieux de ...
  Il conviendrait surtout de ...

(ii) *une question* peut également suggérer un changement de point de vue, et donc persuader quelqu'un.

On utilise surtout les verbes *croire* et *penser*, à la deuxième personne (*tu/vous*) pour mieux influencer son interlocuteur, sans que cela paraisse trop subjectif:
question + *adverbe qui sème le doute*:
  Croyez-vous *vraiment* que ...?
  Pensez-vous *réellement* que ...?
  Estimez-vous *en effet* que ...?
  Avez-vous *vraiment* la conviction que ...?
  Etes-vous *sincèrement* persuadé que ...?
  Avancez-vous *sérieusement* cette opinion?

(iii) *une question à la forme négative* suggère encore plus subtilement un doute qui pourrait amener votre interlocuteur à changer d'avis:
  Ne croyez-vous pas (plutôt) que ...?
  Ne pensez-vous pas que ...?

  Ne considérez-vous pas que ...?
  Ne trouvez-vous pas que ...
surtout si le verbe qu'elle contient est au *conditionnel*:
  Ne pourriez-vous pas ...?
ou *impersonnel*:
  Ne serait-il pas mieux de ...?

Vous avez pu vous apercevoir de l'importance, pour persuader quelqu'un, des adverbes suivants:
  vraiment
  réellement
  sérieusement
  sincèrement
Ajoutez à cette liste d'autres adverbes ou locutions adverbiales qui pourraient servir à suggérer à votre interlocuteur qu'un changement de point de vue aurait des avantages pour lui.

(iv) en employant le pronom *on* comme sujet d'un verbe au conditionnel, vous vous associez à votre interlocuteur. De cette façon, il ne se sent pas visé personnellement, et sera (peut-être) plus facilement convaincu:
  On pourrait peut-être ...
  On devrait par contre ...
  On ferait mieux cependant de ...

(b) **A l'écrit**

Pour suggérer des désavantages et faire envisager les avantages d'un autre point de vue ou d'une autre voie, vous aurez recours, encore une fois, à:
des expressions plus *objectives* qui comportent le plus souvent: *un verbe au conditionnel* ou à *l'interrogatif*:

Vous évitez les pronoms personnels;
Vous employez le *titre* (plutôt que le nom) de votre interlocuteur;
Vous utilisez, si c'est possible, des verbes passifs:
par exemple:
  Le premier ministre devrait adopter une politique de confrontation avec le Président.
La vraie justice, ne consisterait-elle pas à ...?
Ne serait-il pas possible de ...?

Notez des expressions que vous avez relevées dans les textes dans les différents modules d'*En fin de compte* ... et qui pourraient *persuader* quelqu'un de penser ou de faire autrement.

Persuader/dissuader: activités ▷ ▷ ▷ ▷

A l'oral

1 Un(e) ami(e) vous fait part de sa décision d'abandonner ses études. Vous voulez l'en dissuader.
  ▶ Trouvez au moins trois conséquences indésirables/ inconvénients ((A,ii) ci-dessus) à cette décision.

2 Vous voulez persuader vos parents de vous accorder une bourse d'études plus ample.
  ▶ Sur quels aspects positifs de ce changement ((B,iv) ci-dessus) insistez-vous?

A l'écrit

3 Vous écrivez au PDG d'une entreprise dans votre pays pour essayer de le persuader que vos connaissances en langues étrangères pourraient lui être utiles.
  ▶ Quels arguments avancez-vous?

4 Votre journal local publie souvent des articles que vous qualifiez de (*a*) racistes ou (*b*) sexistes.
  ▶ Ecrivez au rédacteur en chef une lettre dans laquelle vous lui indiquez les conséquences peu désirables ((A,ii) ci-dessus) de la publication de ces articles.

2   Faire des concessions

Faire des concessions, c'est une *stratégie* de persuasion. En admettant que votre interlocuteur a raison, vous le rassurez. Il est plus facile après de le persuader.
On fait une concession en *trois* temps:

(*i*)	(*ii*)	(*iii*)
On *rassure* son interlocuteur en admettant qu'il a raison	On *enchaîne* (lien d'opposition ou de concession)	On *insiste* sur le bien-fondé de son propre point de vue

(*i*)   **rassurer/admettre:**
Vous pouvez employer:

(*a*)   *une expression personnelle:*
...,*je* dois l'admettre;
...,*je* l'avoue;
...,*je* l'admets volontiers;
...,*je* ne le nie pas;
surtout avec le verbe "vouloir":
...,je *veux* bien;
...,si vous *voulez*;

(*b*)   *une expression impersonnelle:*
Il est certain que ...   ... C'est certain.
Il est vrai que ...   ... C'est vrai.
Il est exact que ...   ... C'est exact.
Il est évident que ...   ... C'est évident.

ou (*c*) *des expressions qui servent à exprimer l'accord* (voir *Ressources linguistiques* 3,1), par exemple:
Effectivement.
Certes.
En effet.
D'accord sur ce point.
(Je suis) tout à fait d'accord avec vous là-dessus.
Admettons ...

(*ii*)   **enchaîner ou marquer l'opposition/la concession:**
Très souvent (?trop souvent?) on utilise simplement *MAIS*.
On peut remplacer *mais* par une autre formule d'opposition:
N'empêche que ...
Cependant, ...
Pourtant ...
ou l'utiliser avec une autre expression:
Mais tout de même, ...
Mais quand même, ...
Mais néanmoins, ...

(*iii*)   **insister sur votre propre point de vue:**
Vous pouvez utiliser un verbe à l'impératif:
(mais), avouez-le, ...   (mais) acceptons que ...
reconnaissez-le, ...   admettons que ...
ne l'oubliez pas, ...   convenons-en, ...
ou n'importe quelle autre formule qui sert à renforcer votre point de vue. Trouvez d'autres expressions utiles.

Faire des concessions: activités ▷ ▷ ▷ ▷

Visionnez le collage-vidéo "Oui, mais ...", associé à ce module, et relevez toutes les expressions utilisées pour renforcer le point de vue de celui qui parle.

A l'oral

▶ Complétez *à l'oral* les phrases suivantes:
Fumer des cigarettes, c'est sale, oui, d'accord, mais ...
Elle est plus jolie que moi, j'en conviens, cependant, ...
Le français est certes plus difficile pour les anglophones que l'allemand, n'empêche que ...

▶ Imaginez la situation dans laquelle vous pourriez être obligé(e) de faire les concessions suivantes:
Moi aussi, je le trouve extrêmement désagréable, mais je l'invite quand même.
Il est vrai que j'aurais dû te prévenir, mais je croyais que ça n'avait pas d'importance.
Oui, il est stupide: je comprends cependant qu'elle le trouve intelligent.

A l'écrit

A la suite de nombreux refus, vous décidez de demander des postes un peu n'importe où, par exemple:
employé dans une entreprise qui fabrique des parapluies;
chef dans un grand restaurant;
assistant(e) de laboratoire;
fleuriste;
facteur.

Vous êtes diplômé(e) (langues vivantes).
Pendant les vacances universitaires vous avez été moniteur dans une piscine.
Rien dans votre vie jusqu'ici ne semble vous avoir préparé(e) au poste que vous demandez.
▶ Ecrivez une lettre dans laquelle:
vous acceptez le fait que votre profil ne correspond pas à celui du poste (concession);
et vous montrez en quoi cela pourrait constituer un avantage dans ce poste.

MODULE 5 L'INTERVIEW (3)

Les Arts et les artistes

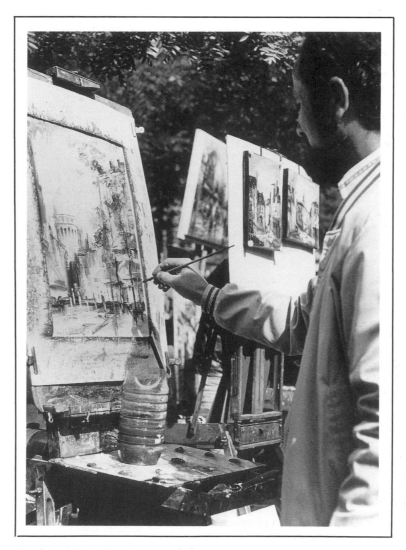

Pratique de la discussion critique

 Texte 1 (vidéo):   **Pourquoi écrire? Le poète Alexandre Voisard interviewé**

Texte 2 (écrit):   **Prix littéraires**
Texte 3 (visuel et écrit):   **''La Conversation'' de Matisse (I)**
Texte 4 (écrit):   **La Mort de Pierre Emmanuel**
Glossaire: **La Discussion critique**
Ressources linguistiques: **Nuancer**
     Etoffer

Collage-vidéo: **''Nuance''! (c. 7 minutes)**

Pratique de la discussion critique

Le conférencier et son public: Une discussion critique sous forme de dialogue personnel modifie peu la pratique établie pour l'interview (module 3). Là où la discussion critique se différencie d'autres formes de discussion, c'est quand elle se fait devant un public plus large. Dans une telle circonstance, la discussion frise la conférence publique, voire le spectacle. Mais c'est un genre de spectacle où le conférencier reste en contact social avec les individus qui l'écoutent. On communique à un auditeur, ou à un groupe moins bien informé, mais en leur parlant, pour ainsi dire, d'égal à égal.

Le rapport conférencier-auditeur: Dans les cas qui nous intéressent (comme dans le texte 3 sur le tableau de Matisse) ce qui caractérise la discussion est le *rapport* qui lie auditeur et conférencier. Dans ce contexte plus qu'ailleurs nous supposons l'absence d'un rapport d'infériorité. Celui qui parle attribue à ses auditeurs des connaissances et des goûts partagés. L'étiquette écarte toute condescendance et recommande un ton affable et modeste. Le conférencier associe ses auditeurs de façon active à ses réflexions.

L'emploi de la discussion critique: Ce genre de discussion sert de modèle à bien des situations dans la vie professionnelle. En prenant la parole devant ses chefs et collègues le jeune cadre ou enseignant est appelé à s'exprimer sans pour autant exercer une autorité exécutive sur ses auditeurs. On joue ce rôle avec toutes sortes d'égards pour ceux à qui on s'adresse. Même au niveau de l'étudiant il est normal de devoir exposer son point de vue à un groupe. Il s'agit plutôt d'éveiller la curiosité de ses collègues et amis, de pousser les auditeurs à entrer en discussion. Celui qui assomme son auditeur par un excès d'assiduité perd la partie. Notre rôle est d'intéresser et de stimuler le public plutôt que de l'instruire. Le public n'est pas captif. Il doit être captivé.

Cela dit, nous identifions différentes approches possibles pour atteindre son but:

L'approche systématique

La pratique de la discussion critique suppose différentes étapes successives:

1 Une appréciation ou une étude personnelle de l'oeuvre d'art par celui qui doit prendre la parole.
2 Un tri parmi les impressions qu'on a formées de l'oeuvre, identifiant ses traits distinctifs, et ceux qui ont créé la plus grande impression sur vous.
3 L'identification du public à qui on va parler (ses caractéristiques, ses goûts spécifiques).
4 Un tri des éléments susceptibles d'intéresser ce public.
5 L'adaptation du contenu du discours aux capacités et aux intérêts du public.
6 L'adoption d'une stratégie de présentation pour créer un rapport avec ses auditeurs.
7 L'imposition d'une empreinte personnelle sur le discours, reflétant le tempérament, l'humour, le style de celui qui parle.

La tactique du conférencier

La tactique à suivre dépendra du choix que vous ferez entre:

▶ une méthode *prescriptive*, où vous déterminez à l'avance ce que vous croyez utile de dire à vos auditeurs.

▶ une méthode *réactive*, sensible aux opinions et aux désirs exprimés par les auditeurs.

A La méthode prescriptive

1 Se présenter et établir la base de sa compétence dans des formules dûment modestes.
2 Identifier à l'avance la matière susceptible d'intéresser les auditeurs.
3 Revenir sur cette matière en plus de détail.
4 Marquer sa conclusion, soulignant les aspects les plus dignes de retenir l'attention, et indiquant d'autres aspects que les auditeurs pourront éventuellement poursuivre à loisir.
5 Inviter des questions.

B La méthode réactive

1 Se présenter comme ci-dessus.
2 Ouvrir la discussion en sollicitant les réactions éprouvées par différents auditeurs.
3 Choisir celles de ces réactions qui cadrent avec une approche cohérente du sujet.
4 Revenir sur ces aspects en prenant soin de maintenir le rapport créé avec ceux qui avaient soulevé ces points.
5 Marquer sa conclusion en identifiant ceux des aspects qui vous semblent concorder avec l'opinion des spécialistes.
6 Inviter les dernières questions.

Il est utile, dans des situations pareilles, de se poser une question délicate: à quel point le public assimile-t-il le contenu d'une communication, ou d'une conférence? Nous exagérons le plus souvent la réception et l'impact d'une communication. Souvent l'impression qui reste est dominée par la personnalité du conférencier et non par ce qu'il a dit. Tout bon conférencier sait qu'il est difficile d'implanter plus de trois idées-clefs chez ses auditeurs. Le choix des idées qu'il importe de transmettre, et d'une stratégie d'approche appropriée, détermine le succès de la communication, surtout dans l'enseignement. Plus on se montre sensible aux goûts de ses auditeurs, plus on retient leur attention et plus l'impact est durable.

Pourquoi écrire? Le Poète Alexandre Voisard interviewé

Dossier culturel ▷ ▷ ▷ ▷

La naissance du canton du Jura et la poésie de Voisard: Alexandre Voisard est 'Jurassien' à plusieurs titres. Il naquit à Porrentruy en 1930 dans une région francophone de la Confédération helvétique. Jusqu'en 1978/79, cependant, cette région faisait partie du canton de Berne, canton à prépondérance alémanique. Un mouvement d'auto-détermination francophone y prit naissance, à la tête duquel on vit des intellectuels lettrés et même des poètes. Alexandre Voisard joua un rôle important dans ce mouvement politico-culturel qui aboutit à la création de la République et Canton du Jura. Il fut nommé par la suite Délégué aux affaires culturelles du nouveau canton suisse. La poésie d'Alexandre Voisard reflétait, pendant cette période de tension politique, un engagement poétique que l'on voit dans son *Ode au pays qui ne veut pas mourir* (ci-dessous, distribuée sous forme de feuille volante à l'époque).

L'interview entre Alexandre Voisard et le professeur Gateau: Dans le document vidéo, le poète Alexandre Voisard est interviewé par le professeur J.-C. Gateau de l'Université Stendhal (Grenoble III). L'interview eut lieu à l'Université de St Andrews, Ecosse, en 1986 et elle est précédée de la lecture du morceau, *Complainte du chef de convoi*, que nous imprimons également ci-dessous, avec l'aimable autorisatin du poète. Ce morceau est d'une inspiration totalement différente de celle de l'*Ode*, faisant partie de la collection: **Je ne sais pas si vous savez . . . histoire brève,** (Editions Bertil Galland, 1975). Le professeur Gateau interroge Voisard sur l'évolution visible dans sa poésie, où d'autres formes d'inspiration ont succédé à l'ardeur politique.

Complainte du chef de convoi

J'avance, j'avance. J'avance. Plus j'avance et plus je piétine. Je piétine, je piétine et pourtant j'avance. Est-ce mon ombre qui me retient en me suivant? Avec ce soleil continuellement en face, c'est dur de piétiner. Et la subsistance qui ne suit pas, et le courrier qui reste en rade. Et les gares inaccessibles qui s'écroulent au loin dans un grand fracas populaire. Maintenant seuls les trains restent sur place, avec moi qui piétine et progresse en vain. Ah! comme je voudrais reculer, reculer. Reculer jusqu'à la gare de ma naissance qui n'est plus qu'un point sur la carte, un petit point entre deux droites qui se fuient depuis toujours.

Stendhal

"Je me révolte,
donc je me ramifie"
René Char

ODE AU PAYS QUI NE VEUT PAS MOURIR

Argile, mon pays d'argile
Mon pays de moissons et de tourments
Mon pays tourné vers le dedans
Lové sur ses amours sur ses noires racines
Mon pays aux cathédrales en devenir
Mon pays au passé de semailles verdies
Forgé d'aventure de pardon et de brisures

Mon pays de détresse et de révolte
Mon pays de souffrance et de lueur
Mon pays voué aux serments aux paroles brûlantes
Mon pays traversé du sang des éclairs
Rouge d'impatience blanc de courroux
Mon pays de charges et de chaînes sonores
Mon pays allongé sur l'ardoise des siècles.

Ils sont venus les avides bergers
Les jaunes marchands de paille et de privilèges
Les songes-creux à la langue cousue de grelots
Par-delà les vallées livrées au sommeil
Ils sont venus par les années et par les sourires
Avec leurs taureaux traînant dans la poussière
Une queue de venin une bourse sans semence
Ils sont venus avec leurs chèvres
Branlant dans la boue une mammelle gelée
Ils sont venus avec leur table de sagesse
Et leur potence et leurs lois comme des menaces
Sur nos toits sur nos enfants sur nos poèmes
Ils sont venus avec leur cadence et leur salive
Baver dans nos livres et dans nos siècles

Mon pays ô peuple qui patientes
Dans les jardins où les chansons survivent
Mon pays qui t'impatientes au creux des branches
Au pied des sapins où flambe la sève incessante
Tu te lèves et ton cri parcourt les champs de blé
Si brusquement que la nuit enfin recule
Et que les forêts tremblent comme un matin premier
O pays la hache brille
Les prières cheminent de veille en veille
De chaumière blanche en auberge de gueule

Mon pays de cerise et de russule
Mon pays d'eau-de-vie et de légende
La marée monte encore
Et les années comme un chapelet d'injures
Mordent tes lèvres cheminant en tes yeux ouverts.
La page est blanche où tu saignes aujourd'hui
Mais les faiseurs de raison les bergers pesants
Les montreurs de fortune sous la botte
Les bourgmestres railleurs les cuisiniers hirsutes
Déjà recrachent la lie de leur axiome
Tandis que d'une seule main
On a crevé l'oeil implacable de la grande ourse

Mon pays d'argile pays de moissons
Mon pays forgé d'aventure et de brisures
Traversé du sang des éclairs
Voici jaillir du roc ancestral
Le miel nouveau la saison limpide
Le tumulte irrévocable des juments indomptées
Mon pays de cerise et de légende
Rouge d'impatience blanc de courroux
L'heure est venue de passer entre les flammes
Et de grandir à tout jamais
Ensemble sur nos collines réveillées
Mon pays d'argile ma liberté renaissante
Ma liberté refluante mon pays infroissable
Mon pays ineffacé ineffaçable
Attaché pour toujours
A l'anneau rutilant de la liberté nue

Alexandre Voisard
31 juillet 1966

Activités d'analyse

Réseaux thématiques ▷ ▷ ▷ ▷

1 Alexandre Voisard est très connu pour son engagement politique dans la lutte pour l'autonomie du Jura. Ce thème revient tout au long de l'interview et il utilise de nombreux termes et expressions pour y faire référence, comme par exemple; ''une lutte politique, une époque exaltante''.

   ▶ Complétez ce réseau thématique.

2 Monsieur Gateau fait ressortir la contradiction qui semble exister entre le poète ayant un ''enracinement très profond dans un terroir'' et la fonction même du poète qui ''se qualifie dans l'universel''.

   ▶ Relevez dans les propos d'Alexandre Voisard tous les termes qui alimentent ce contraste et se rapportent aux deux facettes de son personnage: *poète jurassien* et *poète universel*.

Repères structuraux ▷ ▷ ▷ ▷

1 Les propos d'Alexandre Voisard, bien que totalement improvisés, sont toujours très clairement structurés. La réponse qu'il donne à la première question de Monsieur Gateau constitue un parfait exemple de l'importance que revêt cette armature discursive.

   ▶ Montrez, en relevant les articulateurs discursifs utilisés, quelle est la structure de son raisonnement.

   effectivement (défini comme poète jurassien) . . .
   accord . . .
   concession . . . etc . . .

2 *Or* est un articulateur communément utilisé par les Français mais qui pose souvent un problème aux étrangers. Il apparaît ici, dans la phrase: ''nous étions portés par un peuple (. . .) *or* cette poésie, aussi éloquente soit-elle, (. . .) n'est pas une poésie parfaite.''

   ▶ Choisissez dans la liste qui suit, celui (ou ceux) de ces articulateurs qui pourrait remplacer *or* dans le contexte ci-dessus:
   et, pourtant, il est vrai que, mais, maintenant, néanmoins, d'autant plus que, effectivement.

   ▶ Pouvez-vous trouver une autre façon de dire *aussi éloquente soit-elle?*

3 L'une des différences entre un exposé et une interview, c'est que la personne interviewée émaille souvent son discours de références aux propos tenus par l'interviewer. C'est ainsi qu'Alexandre Voisard dit par exemple, ''Comme vous le disiez tout à l'heure . . .''

   ▶ Trouvez d'autres exemples de ce phénomène dans les propos du poète.

4 Le document vidéo s'ouvre sur la lecture par Alexandre Voisard de l'un de ses poèmes dans lequel il utilise une structure comparative, structure qu'il reprendra plus tard dans le cours de l'interview.

   ▶ Trouvez-la.

Activités communicatives ────────

A l'oral ▷ ▷ ▷ ▷

Interrogation

Activité: On désignera à l'avance l'interrogateur: un étudiant qui s'abstiendra du visionnement du document vidéo. Celui-ci se contentera de lire le *dossier culturel* en tête de ce module et les questions indiquées ci-dessous (*Ppréparation*). Les autres étudieront le document vidéo de la façon normale.

L'étudiant désigné comme interrogateur se chargera d'interroger les autres sur Alexandre Voisard et sur les idées exprimées dans sa conversation avec le professeur Gateau. En terminant cette interrogation, il fera le résumé de ce qu'il a cru apprendre sur la carrière et sur l'œuvre de Voisard. On finira par visionner le document vidéo.

Préparation: Ceux qui doivent subir l'interrogation essayeront de trouver des réponses aux questions suivantes, en étudiant le document vidéo:

▶ Quelle fut la situation politique dans le Jura avant la formation du nouveau canton francophone?
▶ Quel rôle fut joué par la langue dans ce mouvement autonomiste?
▶ Quel fut le rôle joué par Alexandre Voisard pendant la crise?
▶ Quelle fut sa réputation au cours de ces années?
▶ Quel doit-être selon lui le rôle du poète et de la poésie dans un tel climat?
▶ Au-delà de son engagement politique, le poète a-t-il un rôle plus universel, à en croire Voisard?
▶ La crise résolue, quelle est donc la vocation d' Alexandre Voisard?

A l'écrit ▷ ▷ ▷ ▷

Rédaction

Ecrivez un compte rendu de la conception de son art fournie par Alexandre voisard, tout en situant le rôle de la politique dans l'art. Faites la comparaison de cette expérience d'un artiste suisse avec celle de n'importe quel autre artiste qui a joué un rôle dans l'histoire sociale ou politique de son temps. (On pourrait penser à Camus, à Solzhenitsyn, à Picasso, à Voltaire, à Zola, à Malraux, ou à Pierre Emmanuel dans le texte 4 de ce module).

Prix littéraires

Dossier culturel ▷ ▷ ▷ ▷

Marguerite Duras, Prix Goncourt 1984: En 1984 le roman de Marguerite Duras, **L'Amant**, fut couronné par l'Académie Goncourt, donnant lieu à toute une série d'articles s'interrogeant sur le bien-fondé de cette décision. Nous présentons l'un de ces articles, écrit par François Nourissier, et paru le 19 novembre 1984 dans **Le Point**.

Jean Genet, Grand Prix National des Lettres 1983: Pour faire pendant à cet article nous y ajoutons un article du critique Poirot-Delpech commentant l'attribution du Grand prix national des lettres à Jean Genet. Dans *le Monde* du 13 décembre 1983 ce critique demanda si l'on devait en effet décerner un prix littéraire à ceux qui renversent la tradition littéraire ou se moquent de toute convention sociale.

Goncourt : pourquoi Duras ?

Le public est intelligent. En règle générale, les premiers mouvements des lecteurs sont les bons, et sont bons. Les succès spontanés, immédiats et inopinés sont des phénomènes passionnants. «Bonjour tristesse» fut un best-seller bien avant que son éditeur n'eût investi un sou de publicité. L'engouement sans réserve dont a bénéficié, dès sa parution, le récit de Marguerite Duras «L'amant» prouve que la vieille mécanique de la passion littéraire n'est pas rouillée et que le public, bon juge, repère la qualité littéraire. Il ne la repère pas *toujours*, mais il engage rarement sa foi à mauvais escient.

Combien d'exemplaires de «L'amant» étaient-ils imprimés, et combien vendus, avant que le prix Goncourt ne vînt apporter l'eau du succès «institutionnel» au moulin du coup de foudre? On parle de plus de deux cent cinquante mille. Chiffre considérable. Nous sommes là dans les eaux des *miracles* d'édition: Daninos, Sagan, Papillon, Jeanne Bourin, Maurice Denuzière, Françoise Chandernagor. Dans ce club très sélect des hauts succès, le déchaînement des phénomènes de librairie est parfois plus évident que le couronnement des ambitions littéraires. Avec Marguerite Duras, on est donc doublement dans le mouvant domaine de ce que Chardonne, longtemps éditeur lui-même, appelait «*la magie*». Tout se passe comme si les caractères singuliers de «L'amant» (seul texte de l'auteur écrit à la première personne; et conçu à l'origine pour accompagner un album de photographies ...) étaient confusément perçus par le public lors même qu'il les ignore. Affaire d'intuition, celle des lecteurs répondant à l'intime et mystérieuse chimie qui a arraché à Duras cette confidence romanesque qu'elle n'était pas partie pour écrire.

Il est certes commode de faire après coup l'histoire rationnelle d'un succès. Encore toute analyse *a posteriori* doit-elle être précédée d'une référence à cette «magie», à cette multiforme histoire d'amour, qui n'est pas seulement celle d'une adolescente pour un Chinois, comme dans «L'amant», mais aussi bien celle de l'auteur avec son texte, ou celle du lecteur avec une œuvre pour laquelle, soudain, il éprouve de la passion. Plus de deux cent mille exemplaires en six semaines, c'est un coup de passion.

Là où, dans les années vingt et trente, l'édition produisait d'assez nombreux succès moyens, une sorte de simplification, ou de radicalisation, s'est produite, qui raréfie les succès, mais les amplifie. Moins de boules de neige, mais qui dévalent et grossissent de plus en plus vite. Les succès initiaux, relayés par les médias, trouvent un deuxième et un troisième souffle. Il arrive qu'un livre reste quarante ou cinquante semaines sur les listes de best-sellers.

Seconde constatation: l'amateur de romans, que Mme Duras intimidait peut-être, a pris conscience, *parce que* Pivot lui consacrait une heure de tête-à-tête, de l'importance de cet écrivain. De plus, la romancière ayant été «bonne», l'effet de l'émission a été décuplé. A traitement de vedette, ventes de vedette.

Enfin, la répugnance manifeste de Mme Duras pour les interviews, l'auto-promotion, joue en sa faveur. On l'approuve de ne pas se galvauder. La sauvagerie de son personnage entraîne respect, sympathie. Aimer son livre est particulièrement flatteur pour le lecteur, qui sent enfin son plaisir associé à l'aventure d'une littérature exigeante.

Il n'est pas inutile de rappeler que Mme Duras, sans que le très grand public s'en aperçût, avait gagné ces récentes années un public *lent*, mais étendu. De quarante mille à quatre-vingt mille lecteurs, ce n'est pas rien. Sans parler des quatre cent cinquante mille exemplaires de «Moderato cantabile» vendus entre 1958 et aujourd'hui, par la grâce des professeurs qui, en grand nombre, ont inscrit ce roman «au programme», faisant à l'auteur le plus beau cadeau: un public jeune.

Dans ces conditions, les Goncourt ont-ils tort ou raison d'attribuer leur prix 1984 à Duras? Etait-elle trop âgée, trop célèbre pour être couronnée, elle que jamais aucun jury littéraire ne salua? Il nous a semblé que l'occasion nous était offerte de désigner «*le meilleur volume d'imagination en prose*», comme le testament d'Edmond de Goncourt nous y invite. Quant à la «*jeunesse, à l'originalité du talent, aux tentatives nouvelles et hardies de la pensée et de la forme*» (pour reprendre les termes du testament), il a paru à la majorité d'entre nous que «L'amant» les illustrait.

La jeunesse, l'originalité, la hardiesse ne sont pas toujours affaire d'état civil! L'Académie française a eu raison de couronner en 1968 Albert Cohen («Belle du Seigneur»), âgé de 73 ans, et le Fémina de désigner «L'oeuvre au noir» même si Marguerite Yourcenar avait alors 65 ans. Il faut parfois en revenir au texte, rien qu'au texte, et oser désigner le meilleur.

(François Nourissier, de l'Académie Goncourt, *Le Point* novembre 1984)

2. Jean Genet remporte le grand prix national des lettres, 1983

« Voleur, déserteur, taulard, homosexuel, chantre du crime, ennemi de tout sauf de la violence, qui aurait cru qu'un jour Genet laisserait ajouter à son casier l'infamie d'une récompense officielle ?

Certes, en 1966, l'auteur des *Paravents* avait admis, et savouré, que le ministre Malraux l'impose, à l'Odéon de Barrault, malgré l'indignation active des anciens d'Algérie, qui s'estimaient bafoués, non sans raison. Mais il s'agissait de se faire jouer, non de se faire célébrer par une société à laquelle le poète a toujours voué une exécration sans faille. L'anarchiste fait-il une exception pour un gouvernement qui lui paraîtrait moins pendable ?

On peut se réjouir, en tout cas, que le ministère de la culture ait choisi, au mépris des conformismes moraux, ce maître de la langue française, et qu'il l'ait convaincu de laisser couronner une œuvre qui a l'éclat du diamant noir.

(. . .) Après la consécration d'aujourd'hui, Genet semble consentir à ce que la société ne lui rende plus la haine qu'il lui voue. Couronnée ou non, l'œuvre demeurera : leçon d'immoralité rageuse et radieuse, dans la plus pure langue de l'«ennemi».

(M. Poirot-Delpech, *Le Monde*, décembre 1983)

Activités d'analyse

Réseaux thématiques ▷ ▷ ▷ ▷

1 Jean Genet et Marguerite Duras ont en commun d'être considérés par la plupart des gens comme des marginaux; le premier parce qu'il est en marge de la société en général et la deuxième parce qu'elle a été pendant longtemps en marge des publications à grand public et de la publicité qui les accompagne.

   ▶ Relevez dans chacun des textes les termes qui traitent de cette attitude ''marginale''.
   (a) Jean Genet vis-à-vis de la société
   (b) Marguerite Duras vis-à-vis des médias et du public

2 Le thème principal de l'article de François Nourissier est celui du succès, succès auprès des lecteurs d'abord, succès d'édition ensuite et attribution de prix enfin.

   ▶ Faites une liste de tous les termes se rapportant à chaque catégorie.

le public	l'édition	les prix
succès spontanés ...	best-sellers ...	succès institutionnel ...

3 François Nourissier tente de faire ce qu'il appelle ''l'histoire rationnelle d'un succès'' et il propose plusieurs raisons qui, à son sens, expliquent celui de l'*Amant*.

   ▶ Trouvez un mot-clef qui pourrait résumer chacune d'elles.

Repères structuraux ▷ ▷ ▷ ▷

1 Lorsque François Nourissier fait la liste des raisons qui ont contribué au succès du roman de Marguerite Duras, il utilise différents marqueurs linguistiques destinés à introduire chacun des points qu'il veut souligner.

   ▶ Quels sont ces marqueurs?

2 Les auteurs des deux articles utilisent de nombreux articulateurs discursifs.

   ▶ Y a-t-il une différence entre l'emploi de *certes* par Nourissier (para 3.) et celui fait par Poirot-Delpech (2)?

   ▶ Quelle est la fonction de *en tout cas* (Poirot-Delpech para. 3)? Pouvez-vous trouver une expression équivalente?

3 Nourissier et Poirot-Delpech apportent chacun des nuances à leur propos.

   ▶ Repérez les exemples où ce procédé est utilisé ainsi que les techniques employées à cet effet.

Activités communicatives ——————————

A l'oral ▷ ▷ ▷ ▷

Interview

Activité: Deux étudiants, favorables aux décisions des jurys qui viennent de décerner des prix à Marguerite Duras et à Jean Genet, répondent aux doutes exprimés par les autres membres de la classe.

Préparation: On désignera d'avance deux étudiants connaissant l'œuvre de Marguerite Duras ou de Jean Genet. Au besoin on substituera les noms d'autres auteurs jouissant d'une renommée internationale.

Ces deux étudiants prépareront la défense du jury. Il noteront les qualités qui leur semblent mériter l'attribution du prix. En même temps, anticipant une réaction sceptique de la part de leurs camarades, ils essayeront de leur faire atténuer cette opposition par l'emploi d'une stratégie de dissuasion (voir *Ressources Linguistiques* (pp.146–150): 1. *nuancer* et 2. *étoffer*).

Ceux qui s'opposent à cette opinion favorable se muniront d'arguments contre les honneurs dont on vient de couvrir des auteurs qu'ils jugent peu dignes d'honneurs pareils.

Déroulement du cours:
1 Les partisans des auteurs célèbres font l'exposé de leurs mérites (3 minutes).
2 Ils sont interrogés par la suite.
3 Les interrogateurs élargiront la question pour considérer les points suivants (parmi d'autres):

   ▶ A quel point un tel prix représente-t-il autre chose qu'une affaire de libraire?
   ▶ Les prix littéraires existent-ils pour encourager l'innovation ou pour couronner le mérite déjà reconnu?
   ▶ Quels auteurs du passé, peut-être mal vus par leurs contemporains, pourrait-on couvrir de lauriers à l'époque actuelle?
   ▶ Marguerite Duras ne reste-t-elle pas quand même pas marginale? Ne devrait-on pas refuser des prix littéraires aux marginaux?

▶ Le prix décerné à Genet, est-il autre chose qu'un geste aberrant de la part du jury qui veut être à la page et se faire de la publicité?

4 Un étudiant désigné au départ fera le bilan de l'interrogation.

A l'écrit ▷ ▷ ▷ ▷

Proposition d'un candidat pour un prix littéraire ou artistique

L'étudiant écrit au secrétaire d'une académie (artistique, littéraire ou scientifique) pour lui transmettre sa proposition d'un nom pour leur prix annuel. (Il lui est libre de substituer le doctorat *honoris causa* de son université.) Il accompagne sa lettre des raisons justifiant ce choix, ajoutant ses raisons pour approuver l'attribution des prix littéraires ou doctorats *honoris causa*. Un prix décerné à un personnage déjà mort n'est pas exclu.
On prendra soin de suivre le protocole d'une lettre formelle de ce genre.

▶▶▶▶▶▶ *"La Conversation" de Matisse*

(1911, huile sur toile, 177 × 217 cms., au musée de l'Ermitage à Léningrad)

Dossier culturel ▷ ▷ ▷ ▷

Nous présentons en guise de texte une toile de Matisse, *la Conversation*, qui se trouve parmi les remarquables collections d'art français moderne au musée de l'Ermitage à Léningrad. Nous y ajoutons une appréciation de ce tableau par Michel Cournot, parue dans *le Monde* du 22 novembre 1984. Cet intérêt du journaliste s'inspire, de toute évidence, non seulement de sa visite au musée de l'Ermitage, mais aussi de la publication du livre de Pierre Schneider (*Matisse*, Paris (Flammarion) & London (Thames & Hudson), 1984).

Michel Cournot parle de tomber en arrêt devant un tableau de Matisse. Il situe son expérience dans les galeries de l'ancien palais d'hiver des tsars, avec sa perspective incroyable sur la Neva. Le cadre créé par 'la Venise du nord', par ce fleuve recouvert de glace, et par ce palais à l'italienne du XVIIIe siècle, n'a pas été sans influence sur le journaliste français.

Un ciel de lumière sur une mer d'histoires

C'ÉTAIT à Léningrad, au plus froid de l'hiver. Les palais horizontaux, aux rythmes italiens, courbes ou rectilignes, vert pistache ou abricot pâle, étaient posés comme des jouets sur le plaid blanc et rose de la neige dont les Russes disent qu'elle «tient la terre au chaud».

J'étais resté plus de deux heures, près du nouveau stade, ce dimanche matin, à contempler les gens qui marchent sur la mer, les babouchkas et les enfants emmitouflés dont les files se perdaient à l'horizon sur les eaux gelées du golfe de Finlande, puis je m'étais retrouvé au musée de l'Ermitage, mais les peintures ne se montraient pas capables de lutter contre la pureté, la lumière, des paysages qui s'inscrivaient dans les croisées, quand je suis tombé en arrêt devant le tableau de Matisse, *La Conversation*, qui brille, ce mois de novembre 1984, à la devanture des librairies de France, puisqu'il illustre la couverture du monumental livre de Pierre Schneider sur Matisse, qui vient de paraître.

Une femme assise, un homme debout, se font face. On dirait qu'ils ont une quarantaine d'années peut-être. Elle est vêtue d'une robe noire à col vert, lui d'un pyjama bleu rayé blanc, – il a les mains dans les poches.

L'entente, la franchise, une sorte d'évidence entière, au-dedans et au-dehors du monde, qui lient les regards très droits de ces deux figures, donnent à penser que le peintre est dans le cœur de sa toile, que l'homme debout est Henri Matisse, que la femme assise est son épouse Amélie. L'œuvre a été peinte en 1911, ils sont mariés depuis treize ans.

Il y a, dans l'homme, une raideur, il se tient très droit, il est tout en lignes rigides verticales, celles du pantalon, de la veste, et des rayures du pyjama, celles de la nuque, du nez, de la pointe de la barbe. Il y a, dans la femme, une douceur,

qu'irradient les arrondis des genoux, des hanches, de la poitrine, de l'épaule, de l'oreille, de la chevelure noire.

De la maison, Matisse ne montre rien, si ce n'est les lignes à peine suggérées du fauteuil dans quoi s'est assise la femme : les deux mariés se projettent sur un vide bleu uniforme, si bien que c'est en toute clarté, tout accident mis entre parenthèses, que nous sommes requis, profondément touchés, par la proximité profane et le mystère éternel de ces deux êtres entre qui l'accord paraît être absolu, qui sont deux et qui ne sont qu'un.

Le tableau s'appelle *La Conversation*, mais la vue de cette toile diffuse un silence comme universal. La femme et l'homme partagent un trésor de paroles, sans prononcer un mot. La simplicité et la force de l'échange des deux figures déterminent, dans le for intérieur du spectateur de cette toile, un silence entier aussi, une émotion muette, une méditation, et Pierre Schneider observe avec justesse que ce tableau agit sur le flux de la conscience exactement comme agissent les icônes.

Entre la femme et l'homme, les séparant, mais aussi les réunissant par une perception partagée, il y a une fenêtre, grande ouverte sur le jardin : une pelouse, trois massifs de tulipes, un arbre. Pierre Schneider note, là aussi avec raison, que le tronc de l'arbre et les barres du balcon répondent aux verticales raides de l'homme, que les courbes des ramures, des massifs, des volutes du balcon, répondent aux arrondis de la femme : dans cette toile, tout va par deux, et ce «deux» se transmue en un seul accord.

Ce tableau, aux lignes, aux surfaces, aux couleurs, on ne peut plus simples et pures, est absolument magique. Comme les icônes, et aussi comme des peintures orientales et arabes, il n'est fait que de traits et de couleurs élémentaires, comme posés tels quels sur la toile. Miraculeuse- ▶

ment, une lumière éblouissante irradie des plages plus sombres, noir et bleu foncé, qui logiquement se trouvent dans l'ombre. Une fraîcheur de peinture, une enfance de peinture, suscitent un recueillement prolongé.

Il n'y aurait pas de raison, presque, à ce que ce recueillement s'achève, et le visiteur prendrait là racine, jusqu'à s'éteindre, un jour, malgré les remontrances du gardien du musée de l'Ermitage, oui, par les «charmes» de Matisse le témoin de cette peinture aurait glissé dans l'éternité, comme le sage tibétain Milarepa dans sa grotte de l'Everest, si Matisse n'avait pas mis tout de même, sur sa toile, un petit signe d'évasion, sur quoi Pierre Schneider, me semble-t-il, ne dit mot.

C'est pourtant ce signe qui, à Léningrad, me permit de sortir enfin de l'état de catalepsie où m'avait plongé *La Conversation*. Dans le fond du jardin, il y a une porte, un portail à deux battants, bleu. Et, au centre de ce portail, il y a une raie, très blanche, beaucoup plus blanche que les rayures du pyjama matinal de l'homme. Une fois que le regard s'est accroché à cette raie blanche, il y revient, comme malgré soi. C'est le seul trait du tableau qui émet un son, un peu semblable, pour moi, au grelot d'une bicyclette. Matisse a eu la gentillesse de déclencher cette petite sonnerie pour réveiller ses victimes.

La Conversation d'Henri Matisse est comme un trésor naturel ajouté à la nature, et des centaines de tableaux de Matisse diffusent la même lumière du dedans et la même joie des sens, et la même méditation. (...)

(Michel Cournot, *Le Monde*,
(édition internationale) 22 novembre 1984)

Activités d'analyse

Réseaux thématiques ▷ ▷ ▷ ▷

1 L'un des propos de l'auteur de cet article est de montrer que, malgré les éléments de contraste qui existent dans *la Conversation* de Matisse, l'une des émotions principales qui se dégage de ce tableau est celle de l'union.

   ▶ Complétez ces deux réseaux thématiques:

contrastes	*union*
une femme/un homme	ils ont une quarantaine d'années
assise/debout...	l'entente...

2 Un autre thème important qui est présent tout au long de l'article est celui de la lumière.

   ▶ Relevez tous les termes utilisés pour alimenter ce thème.

3 Michel Cournot note que, malgré son titre, la *Conversation* ''diffuse un silence comme universel'' qui se communique à la personne regardant cette toile.

   ▶ Faites une liste de toutes les expressions qui tentent de décrire l'état dans lequel l'observateur se trouve plongé.

4 L'auteur emploie plusieurs termes pour désigner le spectateur.

   ▶ Quels sont-ils?

Repères structuraux ▷ ▷ ▷ ▷

1 Michel Cournot tente souvent d'étoffer et de nuancer son appréciation critique du tableau. (Voir les *Ressources linguistiques* de ce module.)

   ▶ Trouvez des exemples de ce procédé.

2 L'auteur de l'article emploie une palette assez étendue de modes et de temps des verbes.

   ▶ Relevez les différents temps et modes utilisés et tentez de justifier leur emploi.

3 L'une des fonctions de cet article est d'être descriptif. Il n'est donc pas étonnant que la locution la plus utilisée soit *il y a*. L'auteur emploie cependant d'autres verbes, locutions verbales et structures qui servent tous à décrire.

   ▶ Quels sont-ils?

Activités communicatives

A l'oral ▷ ▷ ▷ ▷

Mini-conférence:
explication du tableau de Matisse

Activité: Deux ou trois membres du groupe, désignés à l'avance, offrent une explication du tableau de Matisse à des camarades qui sont venus visiter le musée au cours d'une tournée d'études.

L'explication prend donc la forme de 2–3 mini-conférences suivies d'une discussion permettant aux visiteurs d'interroger les conférenciers et de suggérer d'autres interprétations possibles du tableau.

La visite se termine par la discussion de la stratégie employée par les 'conférenciers'.

Préparation: Ceux qui s'y intéressent spécialement pourront consulter l'ouvrage de Pierre Schneider sur Matisse, où il est longuement parlé du tableau. Il suffit, cependant, de consulter le texte de Michel Cournot et de bien étudier le tableau de Matisse pour sélectionner les aspects du tableau que vous voulez souligner devant un public qu'il importe d'intéresser et de divertir plutôt que d'instruire sur tous les détails. La même préparation convient aux 'visiteurs' du musée.

Nous mettons l'accent dans cet exercice sur l'art du conférencier, et sur la capacité de sélectionner des aspects du tableau susceptibles d'éveiller l'intérêt des observateurs. Il ne s'agit nullement d'implanter chez vos camarades une connaissance totale de l'œuvre. Un excès d'érudition risquerait fort, dans toute visite pareille, de créer de la résistance chez le consommateur.

Nb. Nous conseillons surtout aux conférenciers:
► de s'assurer qu'ils sont audibles, en projetant la voix à l'arrière du groupe.
► de simplifier leur présentation à quelques idées essentielles et susceptibles de frapper l'attention de l'auditeur moyen.
► de prendre le temps d'illustrer les points sélectionnés de façon pratique, en se référant au tableau.
► d'assurer la participation des auditeurs en leur créant un rôle moins passif. (On pourrait commencer par demander ce qui a frappé l'un de vos auditeurs dans le tableau à son arrivée dans la galerie et en tombant sur le tableau de Matisse.)
► d'éviter des tics qui risquent de gêner les auditeurs.

Déroulement du cours: Puisque les présentations sont offertes à des collègues ou camarades de ceux qui prennent la parole, elles sont sans cérémonie et prennent la forme de mini-conférences de 3 minutes. On simule une visite au musée. Le tableau de Matisse pourrait être projeté sur un mur, à l'aide d'une diapositive.
(a) Les conférenciers accueilleront les visiteurs, qui sont supposés leur être connus, avant d'entamer la présentation du tableau.
(b) A la conclusion des exposés, les autres étudiants prendront la parole pour:
► interroger les guides sur des aspects de leurs présentations.
► proposer d'autres interprétations possibles.
(c) Au terme de la discussion un étudiant, désigné à l'avance, fera l'examen des techniques employées par les conférenciers.

Interprétation bilatérale ▷ ▷ ▷ ▷

Activité: John Walden, critique d'une revue d'Art en Grande-Bretagne, est interviewé par son homoloque français, François Noël.

Préparation: Consultez la *Pratique de l'interprétation* qui se trouve en tête de Module 2. Utilisez au maximum les *Ressources Linguistiques* de ce module. Notez bien que l'interview tourne autour de questions artistiques universelles: le rôle de l'état en subventionnant les arts, la liberté de l'artiste, l'art traditionnel v. l'art moderne etc.

A l'écrit ▷ ▷ ▷ ▷

Compte rendu du tableau

Ecrivez une appréciation personnelle du tableau, sous la forme d'un article pour une journal d'étudiants, en tenant compte de l'information citée par Schneider (voir le *Dossier culturel*, ci-dessus).

 ## La Mort de Pierre Emmanuel

Dossier culturel ▷ ▷ ▷ ▷

Nous offrons trois textes: l'un du *Times* de Londres et les deux autres du *Monde* du 25 septembre 1984. Ce sont des notices nécrologiques célébrant la vie de Pierre Emmanuel, poète de la Résistance française. Nous rappelons au lecteur que les auteurs français vivant sous l'Occupation (1940–44) eurent à résoudre de sérieux problèmes concernant leur responsabilité comme écrivains envers la patrie. Leur poésie devait-elle faire partie de l'arsenal de la Résistance? La poésie se prêtant plus facilement au langage voilé, elle pouvait plus facilement remplir le rôle de combattant que la prose et le théâtre, exposés comme ils étaient à la censure du régime.

A la conclusion des hostilités qu'allaient devenir ces mêmes poètes de la Résistance? Est-ce qu'ils sauraient, tout en restant eux-mêmes, puiser leur inspiration ailleurs que dans la guerre? C'est le problème auquel nous dirigeons l'attention de l'étudiant dans les activités communicatives.

1. OBITUARY

M PIERRE EMMANUEL
Poet of French Resistance

Pierre Emmanuel, the French poet and critic who was also an important cultural figure in Europe and the United States, has died at the age of 68.

Pierre Emmanuel was born Noël Jean Mathieu at Gan, a market town in the Béarn region of the Basses Pyrénées, on May 3, 1916. He adopted the name Pierre Emmanuel in his early twenties, because, a profoundly Christian – Roman Catholic – poet, this "symbolized for him the whole drama of creation". His parents had migrated to the USA many years before his birth; but his mother always returned to Béarn for the birth of her children.

Emmanuel spent three early years in his parents' adopted country, but he returned to the care of his maternal grandmother in Gan, and thereafter to that of his uncle, a teacher at a Catholic school in Lyons, which Emmanuel attended. He had wanted to stay in Gan and study Latin, but, he recalled, was "uprooted and condemned to become an engineer" in a society which he found excessively puritanical and narrow. When he visited his father in America he found him a stranger, and returned to France to become a teacher.

The decisive influence in his artistic life was his meeting with the Catholic poet and novelist Pierre-Jean Jouve. He destroyed most of his poems after this meeting, and in 1938 began publishing new ones.

After a first volume, Elégies (1940), he published a collection which catapulted him into fame, Tombeau d'Orphée (1941). By the time of his death he had written over forty more books, poetry, essays, lectures, his remarkable autobiography Qui est cet homme? (1947), translated into English in 1951 as The Universal Singular, and one novel.

During the war he was renowned as one of the great poets of the Resistance. He had been bombed out of his house at Pontoise in 1940 and, with Jouve's help, found his way to Dieulefit, almost in Provence, where he remained throughout the war working with the Resistance.

As a poet Emmanuel has been compared to both Danté and Hugo; even those who feel that after the poems which made his great reputation he became over-prolific and failed to master the abstract, concede that his poetic achievement is "massive", embracing as it does such enormously ambitious epics as Babel (1952) and Jacob (1970).

In Emmanuel's poetry Jesus Christ is central, but he is a sorrowing Christ fused with the mythical figure of Orpheus and the real one of the German poet Hölderlin; he is a Christ who remained very much a victim of Nazi-like atrocities, which continued to haunt Emmanuel.

But his very varied and self-tormented works, always experimental although uninfluenced by fashionable movement, did not always get their full due. This was not because at times he lapsed into a frigid or diffuse rhetoric (as he himself acknowledged) but because, having been a fellow-traveller with the Communists during the 1940s, he decisively rejected Communism soon afterwards. By 1958 he had become a Gaullist and such a writer as Louis Aragon rejected not only the man, for his alleged apostasy, but also his works.

Emmanuel worked for French radio from 1945, and became a celebrated cultural entrepreneur and, latterly, a spokesman for what may be described as the anti-communist, liberal and humane point of view. He also lectured extensively all over America and in many other parts of the world.

Emmanuel received the grand prix de poésie of the Académie Française in 1953, was a member of the Académie Française, an honorary Doctor of the University of Oxford and a Chevalier of the Legion of Honour.

(The Times, 25 september 1984)

2. La gloire et le défi

« Le poète Pierre Emmanuel est mort, samedi 22 septembre à Paris, à soixante-huit ans, des suites d'une longue maladie. »

Poète exigeant, Pierre Emmanuel n'était pas de ces créateurs qui se murent dans leur œuvre et se détournent du siècle. Ce Gascon enthousiaste rêvait de voir la poésie envahir la vie, s'emparer des pouvoirs, subvertir la société. Il poursuivait le rêve né dans les maquis de la Résistance que la victoire de la liberté s'accompagne d'une révolution culturelle. Il crut en entendre les échos dans les clameurs étudiantes de mai 68. « Si nous sommes incapables de leur parler, du moins devons-nous les écouter », écrivait-il dans un article intitulé « La révolte des orphelins », paru dans Le Monde du 29 mai 1968.

Mais pour ce gaulliste de toujours, la rénovation sociale et spirituelle ne pouvait se faire dans le désordre de la rue. Il pensait plutôt à un pouvoir éclairé qui saurait, avec grandeur et générosité, donner les impulsions décisives, et entraîner les forces vives de la nation. D'où ce rôle de « réformateur officiel » que joua

Pierre Emmanuel dans les vingt dernières années, accumulant les présidences et les missions officielles.

Toutefois, cet esprit inquiet ne pouvait se satisfaire de vivre dans les honneurs et Pierre Emmanuel était aussi prompt à couper les ponts, à reprendre sa liberté qu'à accepter de se jeter dans la mêlée et de prêter son nom aux causes qui lui semblaient nobles. On ne compte plus les institutions dont il démissionna – tantôt avec fracas, tantôt sur la pointe des pieds : la commission de réforme de l'enseignement du français, le Conseil de développement culturel, l'Institut national de l'audio-visuel ... sans parler de la plus prestigieuse d'entre elles : l'Académie française qu'il quitta volontairement pour manifester son opposition à un choix qu'il désapprouvait. Ce geste sans précédent symbolisait assez bien ce mélange de gloire et de défi qui était le sien.

Se faisant du peuple et de la culture une idée ambitieuse, Pierre Emmanuel rêvait d'une société purifiée, réconciliée, où les forces de la création et de l'imagination seraient enfin libérées. Où les hommes, délivrés de la peine et de la médiocrité, seraient tous poètes ...

(**FRÉDÉRIC GAUSSEN,**
Le Monde, 25 septembre 1984)

3. Un rhétoricien hanté

(...) J'ai appris à le connaître par un recueil publié à Bruxelles, et titré *Elégies*. Il y avait là une ampleur qui surprenait, une rhétorique jugée criticable par certains. Mais il y avait aussi un souffle, comme d'une forge où tout brûlait et se formait. Nous étions en 1940. C'était un été de dévastation. Après cela, la voix de Pierre Emmanuel devait nous revenir, abondante, sonore, implacable. La revue *Poésie* de Pierre Seghers nous en amenait des lambeaux. Les livres suivaient, à la fois fertiles et inflexibles. Il y avait alors, dans Pierre Emmanuel, des certitudes marquées et une inquiétude certaine. Lorsqu'il écrivait les poèmes de *Combats avec tes défenseurs* ou de *La Liberté guide nos pas*, il prenait place parmi les premiers grands poètes de la Résistance – mais dans le même temps il se gardait de perdre de vue la dimension spirituelle nécessaire au poème :

« *Ecoute la vermine visionnaire
miner le Ciel intérieur et tarauder
en toi la chair du Christ.
Que reste-t-il de l'homme
vidé de son silence mâle et
de son Dieu ?* » ...

Pierre Emmanuel a écrit quelque part qu'il n'était pas mystique, ou bien – si on le trouvait tel – qu'il l'était involontairement. En vérité, c'était un poète métaphysique, un poète du Livre, un prophète biblique (au sens exact), un proférateur et un rhétoricien hanté.

(...) Ce qui fonde et constitue l'unité profonde de l'œuvre poétique de Pierre Emmanuel, c'est qu'il était labouré par les feux de la Femme et par les éclairs de Dieu, prophète faillible sans cesse requis par un monde de justice et de liberté dont il souhaitait l'avènement. Il était lucide sur ce point. Il creusait profond dans ce monde des symboles que sa rhétorique questionnait et fouillait. Il avait reçu un enseignement décisif : celui de Pierre-Jean Jouve. Il savait que l'âme est faite d'ombres. Que la chair exige la chair, car le *Je* sans le *Tu* est incomplet.

Les lendemains de la seconde guerre mondiale furent pour lui une période d'incertitude. Il voyait se lever des fantômes redoutables. On peut lire ceci dans *Tristesse ô ma patrie*, un volume de 1946 :

« *Je suis seul au désert de toute abjection
Semé d'hommes à chaque pas où le pied butte,
Et je tombe cent fois le jour parmi ceux-là
Si durs que j'en appelle à la douceur des pierres
A la compassion du ciel aride, à Toi
Dieu sec, père des os blanchis et des vipères ...* »

(...) Pour Pierre Emmanuel, le langage (ou, si l'on préfère, la « poétique ») est tout. Les vivants et les morts se retrouvent ensemble dans cet instantané fuyant qu'est la rhétorique. Le langage, d'un même mouvement, parce qu'il est générateur de «symboles», les vivifie et, à la fois, les pétrifie (...).

En fait, il recrée une poésie oubliée dans nos domaines: une poésie métaphysique, où il est question des replis du temps, de l'être et du salut:

« *Seul, l'Ange n'est jamais absous étant l'Epée. Le squelette éternel de l'absurde Présence Et l'Oeil rouillé de la Colère sur les eaux*» ···

(...) Puis vint la grande période de création poétique, celle qui rameute et rassemble les divers propos jusqu'ici épars, s'attachant à unifier l'érotique et le métaphysique, le sensible et le proféré, les cris et le chuchotement (...).

Enfin, couronnant cette vaste entreprise, il y a la dernière strophe: *le Grand Oeuvre* (1984), où toute l'ambition de Pierre Emmanuel se recentre, si bien qu'on y retrouve les inaugurales, *Elégies* Orphée avec Hölderlin, le poète et son Christ, l'homme et la femme ensemble à jamais. Rhétorique d'une genèse, tel est *le Grand Oeuvre* (sic), dès lors que le langage se fait Verbe. Gigantesque poème terminal, *le Grand Oeuvre* évoque indéfiniment l'origine:

«*La source est le mirage du temps Qui voile l'immuable Distance La source est l'horloge du sang Qui régit homme et firmament*» ···

Le poète d'*Evangéliaire* a traversé la mort de Dieu pour trouver au terme le mystère, la fureur et la clémence de ce même Dieu. Son œuvre poétique est une procession de mots se bousculant vers le buisson ardent. Ceux qui lui reprochent son abondance au moins devraient au moins convenir qu'il n'a écrit que par nécessité: sa flamboyante rhétorique en témoigne.

(Hubert Juin, *Le Monde*, 25 septembre 1984)

Activités d'analyse

Réseaux thématiques ▷ ▷ ▷ ▷

1 Frédéric Gaussen s'attache plus particulièrement à présenter Pierre Emmanuel en tant que personnage public et décrit sa vie comme ''un mélange de gloire et de défi''.

▶ Relevez tous les termes qui alimentent ce contraste.

gloire   défi
vivre dans les honneurs ... couper les ponts ...

2 Hubert Juin présente le poète, mais il relève également des contrastes, tant dans la vie intérieure et poétique de Pierre Emmanuel (''des certitudes marquées et une inquiétude certaine'' (para. 1)) que dans le langage poétique qu'il emploie et qui ''vivifie et à la fois pétrifie les symboles'' (5).

▶ Trouvez d'autres exemples de contrastes.

3 Hubert Juin décrit plusieurs des étapes du parcours poétique de Pierre Emmanuel, qu'il illustre par des extraits de poèmes.

▶ Relevez dans ces extraits les termes qui ont permis à Hubert Juin de faire les déclarations suivantes:

— il se gardait de perdre de vue *la dimension spirituelle* nécessaire au poète.
— il voyait se lever des *fantômes redoutables.*
— il recrée une poésie oubliée: *une poésie métaphysique* où il est question des replis *du temps, de l'être et du salut.*
— *''Le Grand Oeuvre'' évoque indéfiniment l'origine.*

Repères structuraux ▷ ▷ ▷ ▷

1 Hubert Juin choisit de donner un développement chronologique à sa description analytique du parcours poétique de Pierre Emmanuel.

▶ Relevez tous les indicateurs temporels qui structurent ce développement (par exemple ''Nous étions en 1940.'')

2 Parmi tous les articulateurs discursifs que l'on peut trouver dans les deux articles, nous en avons sélectionnés quelques-uns ci-dessous:

▶ Expliquez la valeur et cherchez des équivalents des articulateurs suivants trouvés dans le premier texte: *D'où* (para. 3), *toutefois* (4), *tantôt . . . tantôt* (4)

▶ Expliquez la fonction de *En vérité* (Juin para. 2) et trouvez dans le même texte une autre expression qui pourrait la remplacer.

3 Les deux auteurs nuancent chacun à plusieurs reprises leurs propos.

▶ Repérez les exemples où ce procédé est utilisé ainsi que les techniques employées à cet effet.

Activités communicatives ——————

A l'oral ▷ ▷ ▷ ▷

Interview

Activité: Une réunion est organisée par une société littéraire, pour présenter différentes appréciations de la vie et de l'œuvre de Pierre Emmanuel.

Cette réunion expose des divergences fondamentales quant à la contribution d'Emmanuel aux lettres et à son pays.

Trois des participants sont invités à offrir une analyse personnelle de la carrière de ce poète (basée chacune sur l'un des textes).

Le groupe examinera les différences de point de vue identifiées et essayera de les concilier.

Préparation: On désignera à l'avance les participants représentant les trois points de vue des journalistes. En préparant l'activité, ces étudiants identifieront les différents aspects de la carrière et du génie poétique d'Emmanuel mis en lumière dans les notices nécrologiques.

Les autres étudiants étudieront les trois textes pour pouvoir guider la discussion vers une synthèse.

Déroulement du cours: Au cours du séminaire, chaque participant présentera la perspective d'un des journalistes, la contrastant avec les aspects soulignés dans les deux autres.

Les autres étudiants (i) discuteront alors la possibilité d'une synthèse, et (ii) diront laquelle des trois notices ils estiment la plus susceptible d'interesser un étudiant ne connaissant pas encore l'œuvre d'Emmanuel mais s'intéressant à la littérature de la Résistance.

A l'écrit ▷ ▷ ▷ ▷

Thème

1 Revenant sur la notice nécrologique publiée dans le *Times* du 25 novembre 1984, vous traduirez les 7ème et 8ème paragraphes du texte ("As a poet... to haunt Emmanuel.").

2 Trouvez des traductions pour les expressions suivantes, en respectant les exigences du contexte où elles sont situées:

Poet of French Resistance   self-tormented works
always returned to Béarn   uninfluenced by fashionable movement
which Emmanuel attended   get their full due
"uprooted and condemned   lapsed into frigid or diffuse rhetoric
    to become an engineer"   he decisively rejected Communism
he found him a stranger   liberal and humane point of view
catapulted him into fame

3 Comment traduire en français les prépositions suivantes?

for the birth of her children   *as* a poet
after this meeting   *by* 1958
by the time of his death   *all over* America
throughout the war

 Glossaire: Les Arts

Les genres

La littérature
l'auteur   le romancier   l'écrivain   le poète

ébaucher   écrire   composer   créer   publier

un roman
   un roman fleuve
   un roman à l'eau de rose
   un roman policier
   un roman noir
   un roman historique

un ouvrage/une œuvre ⎫
un écrit   ⎬ en prose/en vers
un chef d'œuvre   ⎭

     en vers blancs/libres
     de fiction
     autobiographique

un recueil de poésie/poèmes/nouvelles
un essai philosophique

un traité   un conte moral   une fable
un pamphlet
un album de bande dessinée

Le théâtre
les acteurs
les comédiens
un(e) tragédien(ne)
un acteur comique
une vedette

monter un spectacle   jouer une pièce
porter à la scène   tenir le rôle de   créer
     à l'écran
montrer au public

une pièce de théâtre
     de café-théâtre
un spectacle
une comédie
un montage

une tragédie
la distribution (des rôles)

le metteur en scène
un troupe de théâtre   le
un cours d'art dramatique
les costumes   le décor   les accessoires

le public   la salle   l'assistance
les membres du public   les spectateurs

La musique

le chef d'orchestre
les musiciens
le soliste

composer   écrire   sortir
interpréter   jouer en public

un enregistrement   en direct/public/studio
un concert   un récital   l'intégrale de ...
un morceau de musique   un opéra   le livret
un disque (78/45/33 tours)   un disque compact
un album

Les arts plastiques

(a) *la peinture:*
    l'artiste   le peintre

    peindre
    dessiner
    brosser un portrait

    une toile   une peinture (à l'huile)
    une aquarelle
    une eau-forte   une reproduction
    une lithogravure
    une estampe   une gravure (au burin)

(b) *la sculpture:*
    le sculpteur
    sculpter   ciseler
    une sculpture   une maquette

(c) *la photographie:*
    le photographe

    prendre une photo(graphie)   photographier
    faire de la photographie
    développer/tirer les photo(graphie)s

    une photographie   une épreuve   un tirage
      (en) noir et blanc/couleurs
    un portrait

(d) *organiser une exposition/une rétrospective:*
    le vernissage   l'inauguration
    les toiles/les photos   accrochées/présentées/disposées
    une collection privée/particulière
    un legs

L'architecture

l'architecte

faire des plans   dessiner

un édifice
la conception
un bâtiment

Le cinéma

le producteur
le réalisateur
les acteurs
les figurants

porter à l'écran
tourner un film/une séquence

le 7ème art   le grand écran   les salles obscures
un film   un court métrage   un long métrage
un film sous-titré   un film doublé
        en version originale (V.O.)
        en version française (V.F.)
un film grand public   un film d'art et d'essai
les plans: champ/contre-champ/contre-plongé/travelling
l'éclairage   le montage   la prise de vue

Les médias

(a) *la télévision:*
    diffuser   montrer

    le petit écran   la télévision par câble/satellite
    les chaînes de télévision
    une émission télévisée   un reportage
        production
    un documentaire
    une rediffusion

(b) *la radio:*
    diffuser   radiodiffuser   émettre

    la TSF (Télégraphie Sans Fil)   (démodé)
    les petites/moyennes/grandes ondes
    sur FM (modulation de fréquence)
    les radios nationales/libres
    les informations   la revue de presse
    les jeux radiophoniques

(c) *la presse écrite:*
    éditer   imprimer   mettre en vente   publier
    paraître/sortir/être en vente en librairie
                                dans les kiosques
    publier clandestinement

    l'édition
    les journaux   les quotidiens   les hebdomadaires
    les magazines   les mensuels   les bi-annuels
    un article   un éditorial   un article de fond
    les faits divers

La publicité

lancer un produit sur le marché
couvrir les murs de la ville

une affiche publicitaire   une réclame
une bande-amorce (pour un film)
un spot publicitaire   une pub(licité)

Parler d'une œuvre d'art

Cet ouvrage/cet article/cette œuvre:

a pour titre	est de la main de	est daté(e) de
est intitulé	de la plume de	porte la date X
s'appelle	est signé(e) "__"	date de X
a été écrit/composé/réalisé par		
a pour auteur		

a été commis(e) (péjoratif) par
      griffonné
      gribouillé

cette œuvre suscite chez le lecteur un sentiment
      engendre
      est empreinte d'un charme désuet
de cette œuvre émane

Il elle est:

Positif	Négatif
un plaidoyer pour	une critique acerbe de
contre	une condamnation de
une apologie de	un réquisitoire violent contre
	un procès contre
chante les louanges de	une peinture au vitriol

Dans cette œuvre/ce livre/cet article dont nous analysons:

le fond, la forme, le registre, le style, le thème central, la thématique, les leitmotivs, le traitement, le but, le propos, la dialectique, les images, les métaphores, le rythme, les techniques narratives, le message ...

... (et dont:)/et qui:

(le sujet)	est consacré à	
	traite de	
(l'intrigue)	se passe	à l'époque de
(l'histoire)	se déroule	au milieu du XVIIIe siècle
(la trame)	a lieu	pendant le règne de
(le scénario)	se situe	
(l'action)	nous transporte	
(le récit)	a pour toile de fond	

... qui commence:

le rideau se lève ⎫ sur
la scène s'ouvre ⎭
dès les premières lignes/pages
    le départ
d'entrée en jeu
d'emblée
aux fil des pages

... l'auteur:

l'écrivain, le romancier, le cinéaste, le réalisateur, le metteur-en-scène, le narrateur

... présente:

dépeint	la chronique d'une époque
peint	des personnages
	les principaux protagonistes
met en scène	un univers de
	monde

(nous) fait vivre/revivre (devant nos yeux)

reconstitue	le périple
décrit	les aventures
brosse un portrait de	l'épopée romanesque de
fait découvrir	les moeurs de
raconte	un héros/une héroïne qui
apporte son témoignage sur	l'atmosphère de
évoque	l'ambiance
traite de	
analyse	le climat
commente	
se pose en observateur de	
remémore	
célèbre	

Ressources linguistiques

1 **Nuancer**
2 **Etoffer**

1 Nuancer

Quand on parle ou quand on écrit, on n'arrive pas toujours à exprimer la nuance exacte qu'il faudrait. *Nuancer* ses propos, c'est donc s'exprimer plus clairement et plus amplement. C'est aussi *souligner*, car, se reprendre pour insister sur une nuance précise, c'est aussi donner du poids à ce qu'on avance.

Nuancer est une stratégie du discours, et en ceci il diffère de s'expliquer (*Ressources linguistiques 2, 1*) à laquelle on a recours en cas de malentendu. *Nuancer* est une stratégie qui est nécessitée par la situation dans laquelle on se trouve, et il est assez rare qu'on puisse prévoir son emploi.

A **l'oral** c'est normalement la réaction de l'interlocuteur qui nous fait sentir la nécessité de *nuancer* ce que nous venons de dire. La même chose peut se produire **à l'écrit**, mais c'est surtout en parlant qu'on utilise cette stratégie.

Les nuances se divisent en 3 catégories selon la *situation* dans laquelle vous vous trouvez:
    A nuances *affectives*
    B nuances *d'insistance*
    C nuances *dialectiques*
et une quatrième catégorie pour une situation particulière:
    D **à l'écrit**

A Quelles sont les situations dans lesquelles on se sent obligé d'apporter à son discours des nuances *affectives?*

  (i) on a mal choisi le *ton* de ce qu'on vient de dire
  (ii) on a mal choisi ses *exemples*
      et surtout
  (ii) on n'a pas su prévoir les *réactions de l'interlocteur*.

Dans ces situations,
(a) on s'excuse   et   (b) on reprend l'argument en d'autres termes:

par exemple:
  Je m'excuse.
  Je m'y suis mal pris.
  Je reprends.

J'ai peut-être été trop loin.

  J'aurais dû dire que …
  Je dirais plutôt que …
  Il me semble plutôt que …
  Ce que je voulais souligner/dire c'est …
  Je voulais vous faire comprendre que …

Mais en y repensant,   je crois plutôt que … dirais

Notez
▶ la présence du pronom *je* – les nuances affectives sont presque toujours *personnelles*.
▶ les verbes au *conditionnel* – marque de *politesse*, de *modération* ou d'une *hésitation stratégique*.
▶ le verbe *vouloir* – vous indiquez votre *intention*.

B Il se peut également qu'on voie la possibilité de *tirer plus d'effet* d'un argument ou qu'on veuille *renforcer* son argument en mettant l'accent sur un autre point: nuance *d'insistance*.

Il y a deux situations dans lesquelles vous pouvez avoir besoin d'une nuance d'insistance:

  (i) vous nuancez un argument (le vôtre ou celui de votre interlocuteur) pour en faire ressortir la *complexité*.

  (ii) vous revenez sur un argument pour insister sur son *importance*.

C Dans d'autres situations, vous voulez tirer profit ou d'une idée avancée par votre interlocuteur, ou d'une de vos propres idées:

  (i) vous reprenez un argument en insistant sur *un aspect négligé* jusqu'alors;
  (ii) vous vous corrigez ou vous corrigez votre interlocuteur pour mieux faire ressortir *la force* d'un argument.
Dans ces cas-là, vous utilisez une nuance *dialectique*.

Dans les situations des types B et C, nuances *d'insistances* et nuances *dialectiques*:

▶ *vous ne vous excusez pas!*
▶ vous employez (en allant du *subjectif à l'objectif*):
    le pronom "je"
    un verbe à l'impératif (1ère pers. plur.: "Précis*ons*")
    le pronom "on"
  ou une formule impersonnelle (voir **D** ci-dessous)
  et, pour ne pas être trop direct ou trop brusque,

▶ vous employez des verbes au conditionnel.
    Je dirais même plus: …
    J'irais jusqu'à dire que …
    Je nuancerais un peu ma pensée: …
    J'aimerais y apporter quelques nuances: …
    Je formulerais cette idée un peu différemment: …

    Précisons: …
    Disons plutôt que …
    Réexaminons de plus près ce que …
    Reprenons, voulez-vous, votre dernier point.
    (Mais) distinguons!
    Ne simplifions pourtant pas!

    On devrait, je crois, nuancer un peu.
    On pourrait même aller plus loin.
    On se (le) doit d'y apporter quelques nuances.

D A l'écrit ou si vous prenez part à un débat formel, vous avez le choix de plusieurs tournures impersonnelles ou soignées:

Il + verbe:

Il faut être très prudent dans ce genre d'affirmation.

Il faut cependant distinguer: . . .

Il faudrait (je crois) nuancer: . . .

Il est nécessaire cependant d'y apporter quelques nuances: . . .

Il est nécessaire de réexaminer de plus près l'idée que . . .

Il est impossible d'être aussi catégorique.

Il serait difficile de conclure de façon aussi tranchante.

Il importe cependant d'en examiner tous les détails.

Il importe néanmoins de moduler un peu: . . .

C'est:

C'est plus compliqué que cela.
        moins simple

Ce n'est pas en simplifiant qu'on résoudra le problème.

Mieux vaut analyser plus en détail . . .

Faites une liste des expressions relevées dans vos lectures servant à *nuancer* une affirmation ou un argument.

Nuancer – activités ▷ ▷ ▷ ▷

Visionnez le collage-vidéo No 5 intitulé "Nuance!".

A l'oral

1 Complétez par quelques phrases les invitations suivantes à "nuancer":

▶ Oui, les Français sont xénophobes, mais je crois qu'il est nécessaire de moduler un peu: . . .

▶ Jamais je ne pourrais me passer de ma bouteille de vin par jour! J'irais jusqu'à dire que . . .

▶ François Mitterrand se dit en faveur de la cohabitation. Ce n'est pas aussi simple que ça: . . .

▶ Personne en France ne lit des romans; tout le monde préfère les bandes dessinées. J'ai peut-être été trop loin: . . .

A l'écrit

1 Dans le texte No 3, *Prix littéraires*, paragraphe 5, François Nourissier s'exprime ainsi: "A traitement de vedette, ventes de vedette".

▶ Vous adressez une lettre à Bertrand Pivot pour lui exprimer votre inquiétude devant le phénomène des livres à succès qui sont le sujet de son émission "Apostrophes". Comment nuancez-vous l'opinion de Nourissier?

2 On entend souvent dire que les jeunes d'aujourd'hui savent tout sur leurs droits, mais n'ont aucun sens des responsabilités.

▶ Quelles nuances pouvez-vous apporter à cette opinion?

---

2. Etoffer

Normalement on nous déconseille d'*étoffer* nos propos. Mieux vaut s'exprimer avec concision et sans un mot superflu, préférer un langage dépouillé et clair à l'étoffement prétentieux et imprécis. "Ce qui n'est pas clair n'est pas français"!

Et pourtant, en tant qu'étrangers voulant nous exprimer dans une langue qui n'est pas la nôtre, nous avons des problèmes particuliers:

ou nous parlons avec trop de concision, faute des moyens linguistiques de bien développer notre pensée;

ou nous voulons cacher notre désarroi devant une insuffisance linguistique.

Dans les deux cas, les techniques de l'étoffement peuvent nous aider.

1 Les **exemples** sont faciles à ajouter et étoffent de façon convaincante vos propos. (Voir *Ressources linguistiques*, 2, 1, *Donner un exemple*.)

2 Les comparaisons peuvent enrichir et étoffer votre discours. (Voir *Ressources linguistiques*, 8, 2, *Faire des comparaisons*.)

A l'oral

Si vous avez l'impression que vous vous exprimez trop simplement, que vous vous arrêtez trop tôt après avoir pris la parole, deux techniques en particulier pourront vous aider: le *développement*, et l'*hésitation*.

Le développement

Pour empêcher votre interlocuteur de prendre la parole:

▶ ne laissez pas tomber l'intonation à la fin de la ^{phrase},

▶ choisissez *une formule de liaison* et

▶ enchaînez.

▶ Je ne suis pas d'accord avec cette théo^{rie},

▶ *il me semble qu'*elle est totalement sans fonde^{ment},

▶ *à mon sens* il est inutile de vouloir y reve^{nir}, *pour moi*, . . .

Il existe plusieurs types d'*enchaînement*:

(a) enchaînement = reformulation — le plus facile quand on hésite (voir *Ressources linguistiques*, I, 3, *S'expliquer*).:

... cette i^dée, *je veux dire que* ...

... ce que vous me deman^dez, *j'entends par là* ...

... ces pratiques in^fâmes, *autrement dit* ...

... cette attitude si cou^rante; *encore une fois* ...

... le point de vue des syndi^cats, *c'est-à-dire* ...

... l'opinion du maire, *ce qui veut dire que* ...

(b) enchaînement personnel ("je"/"moi, je"/...):

Moi, pour ma part, ...
Quant à moi, ...
En ce qui me concerne ...
A mon avis, ...
Ajoutez d'autres exemples à cette liste.

(c) enchaînement moins personnel ("on"):

On pourrait ajouter que ...
On ne devrait pas accepter toutes les implications de ...
On se le doit de questionner ...
On ne l'aura jamais assez dit ...

(d) enchaînement impersonnel ("il"/"ce" + verbe):

Il faut (quand même) dire que ...
Il est (cependant) clair que ...
   (néanmoins) évident que ...
   (pourtant) indéniable que ...

C'est ainsi que ...
C'est pour cette raison que ...
C'est cela qui est intéressant ...
C'est précisément de cela qu'il faut parler ...

Voilà pourquoi on ne peut pas accepter ...

L'hésitation

Si vous oubliez un mot ou une construction, ou si vous êtes conscient d'un problème linguistique vers lequel vous avancez, **ne vous arrêtez pas!**

▶ ne laissez pas _tomber_ votre voix;

▶ utilisez une des nombreuses expressions qui indiquent une hésitation *voulue* et vous permettent de réfléchir et de vous relancer:

un adverbe:
et, (pause) néanmoins,
   pourtant,
   plus particulièrement,   (pause ...)
   surtout,

Voici une liste d'autres adverbes que vous pouvez utiliser; ajoutez-y vos propres suggestions:
alors, par ailleurs, évidemment, enfin, bien sûr, justement, précisément, effectivement, vraisemblablement, naturellement, ...

une expression personnelle:
... (pause) j'avoue que ...
   j'estime que ...
   j'y ai souvent réfléchi ...

une expression impersonnelle:
... (pause) il est clair que ...
   indiscutable que ...

une excuse (voir *Ressources linguistiques I, 3*):
... je m'exprime mal peut-être ...
... je me suis peut-être mal expliqué ...
... je ne sais pas si je m'exprime clairement ...
... je pourrais peut-être m'exprimer autrement ...

une phrase qui implique votre interlocuteur:
... et n'hésitons pas à l'admettre ...
... admettons (cependant) que ...
... acceptons (pourtant) que ...

... mais, vous savez très bien que ...
... vous permettez que je dise ...
... vous voyez ce que je veux dire? ...
... vous me comprenez, n'est-ce pas? ...

une expression qui résume (voir *Ressources linguistiques, 2,2, Résumer*):
En fin de compte ...; En somme; Somme toute; De toute façon; En définitive; Au fond; A la longue ...
Vous en trouverez certainement d'autres.

S'il vous arrive de ne pas avoir résolu votre problème par un de ces étoffements, vous pouvez les multiplier, jusqu'à ce que vous y voyiez clair:

"Cette proposition (pause) j'y ai souvent réfléchi (pause) et justement (pause) à la longue (pause) on pourrait peut-être dire (pause) — et c'est cela qui est intéressant, n'est-ce pas? — que ..."

A l'écrit

Les problèmes d'expression sont normalement moins difficiles à résoudre à l'écrit qu'à l'oral, car quand on écrit, on a le temps de réfléchir, de préparer ce qu'on va dire. Certaines des techniques de l'étoffement peuvent néanmoins nous être utiles:

▶ au niveau de la phrase, pensez à ajouter des adjectifs ou des compléments de nom à vos substantifs:
mes études
   universitaires
     de français
      oral
       et écrit

▶ ajouter des adverbes ou locutions adverbiales à vos verbes:
je parle
   vite,
    couramment,
     sans hésitation
      et avec entrain

▶ ajouter des propositions subordonnées:
Ce livre (que j'ai lu sans plaisir)
   (et dont les personnages me semblent stupides)
me déplaît.
Sa nouvelle pièce (qu'on donne actuellement à la Comédie française)
   (où la salle est à moitié vide tous les soirs)
n'intéresse personne.
Godard a dirigé ce film (quand il n'avait que vingt ans)
   (parce qu'il voulait gagner de l'argent).

► Au niveau du paragraphe, essayez:

(a) de faire d'un paragraphe deux;

(b) d'ajouter de nombreux exemples;

(c) de multiplier la même structure;

Notre espoir à tous, en prenant un livre, est *de* rencontrer un homme selon notre coeur, *de* vivre des tragédies et des joies, *de* rêver des rêves qui rendent la vie plus passionnante, peut-être aussi *de* découvrir une philosophie de l'existence qui ...

(Henry Miller: *Lire ou ne pas lire*)

(d) de vous laisser aller à des descriptions détaillées et complexes. Souvenez-vous des phrases = paragraphes de Proust, *par exemple*:

J'entrai dans ma chambre. . . . Au fur et à mesure que la saison s'avança, changea le tableau que j'y trouvai dans la fenêtre. D'abord il faisait grand jour, et sombre seulement s'il faisait mauvais temps: alors dans le verre glauque et qu'elle boursouflait de ses vagues rondes, la mer, sertie entre les montants de fer de ma croisée comme dans les plombs d'un vitrail, effilochait sur toute la profonde bordure rocheuse de la baie des triangles empennés d'une immobile écume linéamentée avec la délicatesse d'une plume ou d'un duvet dessinés par Pisanello, et fixés par cet émail blanc, inaltérable et crémeux qui figure une couche de neige dans les verreries de Gallé.

Etoffer – Activités ▷ ▷ ▷ ▷

A l'oral

1 Vous parlez à un(e) ami(e) de vos opinions des Français. Vous les avez trouvés charmants mais difficiles à connaître.
  ► Comment étoffez-vous les deux adjectifs "charmants" et "difficiles".

2 Regardez la reproduction du tableau de Matisse.
  ► Imaginez la conversation entre ces deux personnes qui parlent du jardin qu'ils voient par la fenêtre. Entrez dans les plus petits détails, c'est-à-dire, étoffez la description.

A l'écrit

3 L'article de Gaussen sur la mort de Pierre Emmanuel commence: "Le poète Pierre Emmanuel est mort, samedi 22 septembre à Paris, à soixante-huit ans, des suites d'une longue maladie", et ce qui suit en est un long étoffement.
  ► Imaginez la suite d'un article qui commencerait ainsi: "La reine d'Angleterre est morte, lundi 23 octobre à Londres, à la suite d'un accident de voiture".

MODULE 6 LE DÉBAT (1)

Les Educateurs à l'épreuve

Pratique du débat (y compris le rôle du président de séance)

Texte 1 (vidéo):	**Sélection ou orientation?**
Texte 2 (écrit):	**L'Enseignement supérieur en France à l'épreuve. (I)**
Texte 3 (écrit):	**Le Rôle du professeur**
Texte 4 (écrit):	**Baisse du niveau: les prophètes de malheur**
Glossaire:	**L'Education 1.**
Ressources linguistiques:	**Intervenir**
	Prendre la parole
	Exprimer le doute

Collage-vidéo:	**''Le Débat est ouvert''**

Pratique du débat

Introduction

Si vous vous croyez peu doué(e) pour la discussion, ne vous laissez pas impressionner par la situation du débat, ni par ceux qui apparemment n'ont aucun mal à y prendre part.

Nous discutons tous, tous les jours – avec nos copains, avec nos parents, avec nos collègues – et nous essayons tous de convaincre les autres dans des situations moins structurées et plus détendues qu'un débat.

Pour être plus formel ou plus structuré, un débat n'en est pas moins la même activité linguistique qu'une discussion informelle autour de la table de cuisine ou au restaurant, à ces différences près:

▶ le sujet est choisi d'avance
▶ vous pouvez préparer dans les grandes lignes ce que vous allez dire
▶ le niveau de langue est plus formel
▶ la situation vous est moins familière

Les notes qui suivent peuvent vous aider à participer avec plaisir aux débats dans *En fin de compte* . . .

A La description du débat
B Les types de débat
C Le glossaire du président de séance
D Le glossaire du débat
E La communication non-verbale

A La description du débat ▷ ▷ ▷ ▷

Le type de débat préconisé dans les écoles et universités britanniques (style d'Oxford) est pratiquement inconnu en France ou le débat (= jeu de société) est en général peu apprécié. Les techniques utilisées dans ces débats sont néanmoins très efficaces dans les débats 'réels': discussion, négociation, prise de décision, planification etc., et méritent d'être étudiées.

Définition
Un débat est un va-et-vient d'idées dans lequel les arguments avancés dans le discours d'ouverture sont repris et discutés par les autres participants.

Ecrit ou parlé?
La lecture d'une intervention écrite est toujours moins impressionnante qu'une intervention *improvisée* qui vous permet de rester en contact plus direct avec l'auditoire. Les participants au débat devraient toujours se limiter à des notes très sommaires (voir *La prise de notes, Pratique de l'exposé, module* I). De toute façon au cours du débat le temps manque pour prendre des notes détaillées.

Le débat politique
L'argument *ad hominem/feminam* tant pratiqué par les hommes politiques est à éviter. Ce sont les idées, et non pas celui qui les avance, auxquelles on devrait s'en prendre.

La préparation du débat
Dans une négociation entre deux groupes, chaque membre du groupe devrait avoir son propre rôle. Le chef de chaque groupe choisit les arguments et les preuves les plus frappantes. Après qu'il a parlé, les autres membres du groupe avancent non pas les mêmes faits et arguments mais des preuves supplémentaires ou des détails à l'appui des principaux arguments, tout ceci en fonction de ce que diront (auront dit) les membres du groupe opposé.

Les maîtres du débat sont à la fois bien préparés et flexibles.

La préparation de la réponse
Le débat diffère de l'exposé en ce que la persuasion et la force des arguments avancés l'emportent sur la structure du discours. On ne peut prévoir que provisoirement les arguments auxquels on sera appelé à répondre. Il faut pouvoir:

- ▶ reconnaître et peser les idées-/arguments-clefs
- ▶ trouver vite un contre-argument
- ▶ le présenter immédiatement de façon convaincante
- ▶ reconnaître ce qu'on peut concéder sans trop perdre

et en plus il importe de pouvoir:

- ▶ penser vite
- ▶ agir sans délai
- ▶ ne pas se laisser facilement impressionner
- ▶ garder son sang-froid
- ▶ faire des concessions quand c'est nécessaire
- ▶ reculer pour mieux sauter

La conclusion
A la fin du débat, le chef de chaque groupe résume les principaux arguments avancés – il n'introduit pas d'arguments nouveaux mais fait un résumé (voir *Résumer, Ressources linguistiques, 2, 2*) de son discours d'ouverture, plus ce qu'ont dit ses collègues.

Finalement on prend une décision ou on vote selon le but du débat.

B   Les types de débat ▷ ▷ ▷ ▷

Dans *En fin de compte* ... les débats sont en général d'un des trois types esquissés ci-dessous:

1 la réunion-débat
2 la discussion en groupe
3 la table ronde

1   La réunion-débat

Si le groupe est trop grand pour permettre la discussion en groupe (**2** ci-dessous), on demande à un groupe d'invités ou d'experts de discuter devant l'auditoire.

Il n'y a pas normalement d'ordre prescrit dans les interventions, mais chaque participant commente le sujet et répond aux questions adressées au groupe entier, ou qui lui sont adressées personnellement.

Rôle du président de séance
Le président de séance assure la cohésion de la discussion. Il devrait rassembler les invités avant la séance pour prévoir le déroulement possible de la discussion.

En plus il a pour fonction:

- ▶ d'ouvrir le débat en expliquant au commencement le sujet à discuter et comment va se dérouler la discussion
- ▶ de présenter les invités et de donner sur chacun d'eux des détails de leur carrière/ rôle
- ▶ de mener les applaudissements
- ▶ d'assurer le développement de la discussion en introduisant une autre approche ou un autre point de vue

▶ de terminer la discussion;
   à ce moment-là il rapelle:
      le sujet
      les arguments/idées présentés
      les domaines où l'on a pu établir un accord
   et finalement il suggère d'autres aspects qui pourraient être abordés lors d'une prochaine séance.

2   La discussion en groupe

Ce type de discussion est très utile quand on veut encourager un échange d'idées à propos d'un sujet particulier, d'un plan proposé ou d'un problème. Chaque participant présente un exposé de sa propre réponse au sujet à discuter.

Rôle du président de séance

Il incombe au président de séance de veiller au développement de la discussion, non pas de diriger l'échange d'idées. Il n'intervient que pour donner la parole, sauf si la discussion s'enlise ou semble se déchaîner. Dans ce cas il introduit un aspect nouveau de la discussion pour que l'échange d'idées continue sans à-coups.

3   La table ronde

La table ronde ou conversation élargie a quatre buts:

▶ résoudre un problème
▶ élargir le champ de l'action
▶ préparer à l'action
▶ échanger des idées sur un sujet intéressant qui prête à discussion

Comme dans toute conversation, celle/celui qui présente ses idées
(a) succinctement et avec tact,
(b) sans offenser personne,
(c) brièvement, et
(d) de façon à convaincre,
   contribue beaucoup plus que celui qui dit trop, ne s'arrête pas, froisse les autres et ne s'impose pas.

Rôle du président de séance

Le président de séance a pour tâche:

▶ de veiller à ce que tout ce qui se dit ait un rapport direct avec le sujet
▶ de faire en sorte que chaque participant trouve l'occasion de parler.

C   Le glossaire du président de séance ▷ ▷ ▷ ▷

1   Débuter la réunion

Le sujet
—Bonjour. Nous sommes réunis aujourd'hui pour parler de . . .
—Je rappelle brièvement l'objet de la réunion:
—Le thème de notre débat aujourd'hui est . . .
—La réunion d'aujourd'hui a pour but de . . .

Les participants
—J'aimerais tout d'abord vous présenter nos invités:
—Nous avons aujourd'hui avec nous . . .
—J'ai la joie/l'honneur de vous présenter Madame Leblanc qui a gentiment accepté de venir nous parler de . . .
—Tout le monde ne connaît pas peut-être Monsieur Lenoir:
—Je propose de faire un rapide tour de table afin que chacun se présente.

Ordre du jour
—Je rappelle l'ordre du jour: nous parlerons tout d'abord de . . .
—Les points à discuter sont les suivants:
—Si vous voulez bien, nous commencerons par . . .
—Avez-vous des points à ajouter à l'ordre du jour?

2   Donner la parole

—Je voudrais donner la parole tout d'abord à . . .
—J'aimerais passer la parole maintenant à . . .
—Commençons par Madame Lespinasse.
—Monsieur Maccart, vous avez la parole.
—Monsieur Ginet, quel est votre sentiment?
—Madame David, avez-vous un avis sur la question?
—C'est une question à laquelle Monsieur Joubert pourrait/voudrait répondre.
—Madame Viallet me semble être la mieux qualifiée pour répondre à cette question.
—Monsieur Norel peut, peut-être, nous dire ce qu'il pense de . . .
—Madame Perrier?

3   Intervenir

Résumer
—J'aimerais résumer brièvement ce qui a été dit.
—Si je comprends bien, nous sommes tous d'accord pour dire . . .
—Pouvons-nous considérer que tout le monde est d'accord sur ce point?
—Il me semble que nous avons ici deux positions qui s'affrontent:

Recentrer le débat
—Je crois que nous nous égarons un peu. Pourrions-nous revenir à . . .
—Tout cela est très intéressant, mais le temps presse/tourne et je pense qu'il faut maintenant prendre une décision.
—Nous n'avons malheureusement plus le temps de nous attarder sur ce sujet.
—Peut-on considérer que cette question est réglée et passer au point suivant?
—Il me semble qu'on se perd un peu. Je voudrais proposer que l'on revienne sur . . .
—Ceci dépasse les limites que nous nous sommes fixés.
—J'aimerais suggérer que nous reprenions ce point lors d'une réunion ultérieure/d'une prochaine séance.
—J'aimerais recentrer un peu le débat et vous demander . . .
—Pourrions-nous, s'il vous plaît, envisager maintenant . . .

Elargir le débat
—J'aimerais élargir un peu le débat et passer à . . .
—Un point qui n'a pas encore été abordé, et qui me semble important, est . . .
—Il me semble qu'on a oublié de parler d'un aspect essentiel:
—Jusqu'à maintenant nous n'avons pas du tout abordé le problème de . . .
—Il me semble qu'on pourrait s'interroger maintenant sur . . .

Rappeler à l'ordre
—J'aimerais un peu de silence, s'il vous plaît.
—Monsieur Bouchard, si vous voulez bien laisser terminer Monsieur Fouchet . . .
—Je vous en prie, laissez parler Madame Lebon.
—Je voudrais vous interrompre, car il me semble que nous nous éloignons du sujet de départ.
—Je vous donne la parole tout de suite après.

4 Terminer la réunion

Voter

—Il s'agit à présent de voter sur la proposition faite par . . .
—Désiriez-vous un vote à main levée ou un vote à bulletin secret?
—La proposition est donc la suivante:
—Que ceux qui sont pour/favorables lèvent la main, s'il vous plaît.
—Qui est contre?
—Qui s'abstient?
—La motion est donc adoptée à l'unanimité.
à raison de 10 voix pour, contre 3 voix contre et une abstention.

Conclure

—Je pense que nous avons fait le tour du sujet.
—Il me semble que nous pourrions nous arreter là.
—Quelqu'un a-t-il quelque chose à ajouter?
—Je suis désolé(e), mais il est presque 6 heures, et il est donc temps de conclure.
—Madame Robert, le mot de la fin?
—Je crois qu'il faut en rester là pour l'instant.
—Peut-on considérer que la séance est close?
—Nous pouvons donc lever la séance.
—Je déclare la séance levée. (très formel)
—Il me reste à vous remercier encore
d'être venus si nombreux.
de vous être déplacés.
d'avoir bien voulu participer à ce débat.

D Le glossaire du débat ▷ ▷ ▷ ▷

11 81-82

1 Marquer l'accord (Voir aussi *Ressources lingustiques* 3, 1)

—Il me semble inutile de m'attarder/revenir sur ce point qui a été très bien traité par Madame Picot.
—Comme l'a si bien dit Monsieur Janin, . . .
—Je voudrais dire, tout d'abord, que je suis entièrement d'accord avec la dernière intervention.
—J'aimerais exprimer, pour commencer, mon adhésion totale à la thèse de Monsieur Pion-Roux.
—Je me range tout à fait du côté de Madame Sourdin, quand elle dit . . .
—J'aimerais remercier Madame Mounier d'avoir osé . . .

2 Rectifier ou ajouter   *Sur en marquant l'accord, on rectifie légende*

—J'ai été très intéressé(e) par ce que nous venons d'entendre, mais j'aimerais toutefois ajouter . . .
—Il me semble nécessaire de rectifier légèrement les propos de Monsieur Renaud.
—J'aimerais reprendre ce qui vient d'être dit et . . .
—Permettez-moi d'apporter une information supplémentaire.
—Il me semble que Madame Perrin a oublié de signaler . . .

11. 83-84

3 Marquer son désaccord (Voir aussi Ressources linguistiques 3, 2)

—Je ne saurais être d'accord avec ce que je viens d'entendre.
—Je m'élève violemment contre une telle interprétation.
—Comment pouvez-vous affirmer chose pareille?
—Mes collègues ne me contrediront pas si je remets en cause les conclusions que vous venez d'annoncer.

—Il est impossible de laisser dire une chose pareille!

—Je m'excuse de le dire, mais les chiffres que vous donnez ne correspondent pas à la réalité.

4   Interrompre/prendre la parole (Voir aussi *Ressources*

Linguistiques 6, 1)

—Je m'excuse de vous interrompre, mais j'ai perdu le fil.

—Si je peux vous interrompre une seconde, j'aimerais juste rectifier quelque chose.

—Je m'excuse, mais il me semble important de souligner . . .

—Si vous me permettez, j'aimerais dire un mot.

—Je vous redonne la parole immédiatement, mais je veux simplement m'assurer que tout le monde sait de quoi vous parlez.

—Ecoutez, je voudrais intervenir maintenant pour ajouter . . .

—Est-ce que je peux vous interrompre?/intervenir?

—Je vous interromps, mais je trouve scandaleux qu'on puisse dire . . .

—Est-ce que je peux juste poser une question?

5   Prévenir une interruption/garder la parole

—Je m'excuse mais j'aimerais finir d'abord.

—Je n'ai pas fini.

—Si je peux simplement terminer ce que je voulais dire, . . .

—Si vous voulez bien me laisser dire une chose, . . .

—Je voulais dire, et je finirai là,
            c'est mon dernier point, } si vous permettez, . . .
            je conclus,

—J'aimerais juste dire un mot sur . . ., puis je vous laisserai la parole.

—Excusez-moi, mais je vous ai laissé parler tout à l'heure.

—Vous pourriez au moins avoir la politesse de me laisser finir!

—Vous avez eu la parole.

—Vous avez tout le temps de vous exprimer tout à l'heure, quand j'aurai fini.

E   La communication non-verbale ▷ ▷ ▷ ▷

Si vous voulez exprimer:

La chaleur
► approchez-vous de votre interlocuteur
► parlez d'une voix calme, détendue
► souriez
► ayez des gestes larges, sympathiques
► accrochez le regard de votre interlocuteur

La domination
► parlez fort et vite
► ne vous arrêtez pas
► n'écoutez pas les réponses des autres
► interrompez souvent
► parlez d'une voix autoritaire
► pointez du doigt
► faites des gestes énergiques
► regardez fixement votre interlocuteur

L'hostilité
► prenez une attitude agressive
► parlez d'une voix rauque
► ne souriez pas
► reculez/séparez-vous de votre interlocuteur
► menacez votre interlocuteur des yeux

La soumission
► parlez doucement
► dites très peu

► permettez qu'on vous interrompe
► parlez d'une voix timide, humble
► frottez-vous les mains
► faites des gestes nerveux
► baissez les yeux

Sélection ou orientation

L'Entrée aux études universitaires en France.

Les filières, de la 6ᵉ au bac

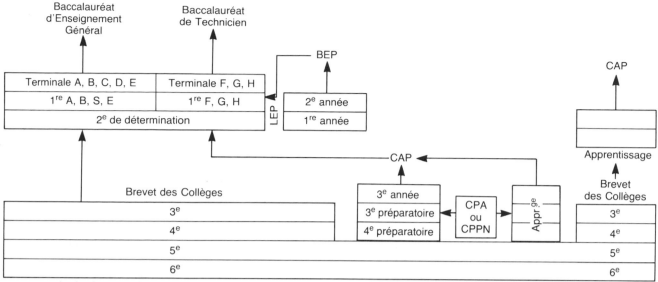

A: dominante littéraire.
B: économique et social.
S: scientifique.
C: maths-physique.
D: mathématiques et sciences de la nature.
E: mathématiques et technique.
F: technique secteur industriel.

G: technique secteur tertiare.
H: informatique.
LEP: lycée d'enseignement professionnel.
CAP: certificat d'aptitude professionnelle.
BEP: brevet d'études professionnelles.
CPA: classe préparatoire à l'apprentissage.
CPPN: classe préprofessionnelle de niveau.

Les Formations de l'Enseignement Superieur

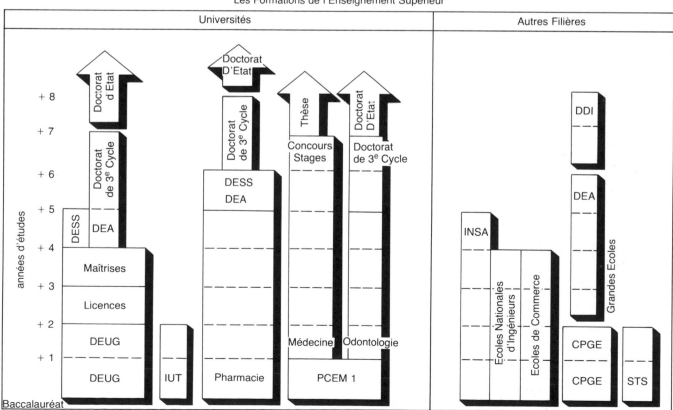

INSA: instituts nationaux de sciences appliquées; CPGE: classes préparatoires aux grandes écoles; DEA: diplôme d'études approfondies; DDI: diplôme de docteur ingénieur (un an après le DEA); DEUG: diplôme d'études universitaires générales; DESS: diplôme d'études supérieures spécialisées; IUT: institut universitaire de technologie; PCEM 1: premier cycle des études médicales.

Dossier Culturel ▷ ▷ ▷ ▷

Ce document vidéo examine un problème nullement particulier à la France et auquel le gouvernement français a en effet voulu trouver une solution positive. Il s'agit du problème de l'énorme gaspillage humain entraîné par le fait que, dans divers pays, beaucoup de jeunes ne deviennent étudiants que pour se voir recaler après une ou deux années d'études et que ceux qui sont finalement reçus à la licence ne représentent parfois qu'une minorité des étudiants. En France, ''un étudiant seulement sur trois franchit actuellement le cap du premier cycle universitaire'' (*Le Monde* 25 juin 1987). Un rescapé sur trois: l'élimination est sévère. Pour ceux qui trouvent des places dans les grandes écoles, ou qui choisissent de faire des études courtes dans un Institut universitaire de technologie, ou une Section de technicien supérieur, la probabilité d'acquérir un diplôme est assez forte. Ceux qui frappent aux portes grandes ouvertes des universités y trouvent un piège.

Si seulement un tiers de ceux qui commencent leurs études atteindront le deuxième cycle, on note une sensible amélioration des taux de réussite en examinant de plus près la nature et les notes du baccalauréat. Un système de sélection à l'entrée se recommande pour des raisons humaines comme pour des raisons administratives. Mais dans ce cas, comment compenser des inégalités au niveau de l'école et bien d'autres éléments?

Le document vidéo passe en revue différents points de vue pour ou contre une forme de sélection à l'entrée, telle qu'elle se pratique dans différents pays. Il propose une orientation plus efficace de l'étudiant au cours des premières années à l'université pour lui permettre de s'adapter à des filières utiles et accessibles à ses talents particuliers.

Activités communicatives

A l'oral ▷ ▷ ▷ ▷

Groupe de réflexion

Contexte: Vous faites partie d'un groupe de réflexion chargé de peser le rôle des universités dans votre pays et de rédiger une proposition sur la forme de sélection imposée par ce rôle.

Activité: Le groupe examinera des questions précises dont:
1 Les avantages et les inconvénients d'une éducation sélective ou d'une éducation de masse, au niveau des universités.
2 La forme de sélection qui convient le mieux à **votre** pays, étant donné l'état présent des études au niveau secondaire, la situation économique et sociale du pays et les méthodes d'enseignement pratiquées dans les universités.
3 Le rôle des services d'orientation pour étudiants pendant leurs années d'études.

Déroulement du cours: En début de réunion le groupe se réunira pour élire un président de séance ayant désigné au préalable ceux qui sont chargés de préparer les exposés.

Au départ le groupe écoutera les exposés (3 minutes) donnés par les étudiants désignés. L'un esquissera le portrait de la situation en France, l'autre en fera de même pour son propre pays. Ces exposés serviront de base à une discussion générale sur les trois questions exposées ci-dessus.

On finira par fixer les points essentiels à une saine politique universitaire et qui doivent servir de base à la proposition qu'on prépare.

A l'écrit ▷ ▷ ▷ ▷

Lettre

Contexte: Votre correspondant français, professeur de lycée, vous demande de le renseigner sur les systèmes de sélection en vigueur dans votre pays au niveau de l'entrée en faculté. Il ne voit aucune raison pour proposer des changements dans le système en vigueur chez lui. Il demande des renseignements supplémentaires sur le système d'orientation pour aider l'étudiant dans son choix de filière au cours de ses années d'études secondaires et universitaires.

Activité: Vous lui écrivez pour fournir des réponses à ses questions et pour essayer de le convaincre des avantages – ou désavantages – de votre système. Vous ajoutez des doutes respectueux quant à la prudence et à l'humanité d'un système qui néglige une sélection à l'entrée (*ou*, suivant votre avis personnel, vous exprimez vos doutes concernant l'imposition d'une forme de sélection à l'entrée). (Voir: ''*Exprimer le doute*'', dans les *Ressources linguistiques* de ce module.)

▶ ▶ ▶ ▶ ▶ ▶ ## L'Enseignement supérieur en France à l'épreuve

Dossier culturel ▷ ▷ ▷ ▷

Le *baccalauréat* est défini comme le premier grade universitaire et donne à son titulaire l'accès à l'enseignement supérieur. En principe les universités n'instituent pas de sélection quantitative à l'entrée, mais cette situation est nuancée quant à l'entrée dans les Instituts universitaires de technologie (IUT), dans les Ecoles de médecine et dans les classes préparatoires aux Grandes Ecoles (CPGE) etc. L'entrée libre admet donc parfois un contrôle basé sur le dossier scolaire ou basé sur un concours. De plus, certaines universités parisiennes ont mis en place des systèmes de préinscription qui aboutissent à une sélection de fait des étudiants admis.

A côté d'un système d'études 'courtes' de type IUT, les études 'longues' (droit, sciences économiques et gestion, lettres et arts, sciences humaines, sciences et ingénieurs) sont organisées en trois cycles successifs, chacun de deux ans et sanctionné par des diplômes nationaux.

Le *premier cycle* (bac + 2 ans) a une fonction de formation générale et d'orientation (diplôme d'études universitaires générales – DEUG). Le DEUG ouvre deux voies à l'étudiant: (*a*) licence – maîtrise – concours de recrutement (CAPES, agrégation etc), et (*b*) des formations professionnelles (maîtrise de sciences et techniques, de sciences de gestion, de méthodes informatiques appliquées à la gestion etc.)

Le *deuxième cycle* (bac + 3 ans) où l'on accède après le DEUG, est dit ''d'approfondissement de la formation générale scientifique et technique reçue en premier cycle'' (sanctionné par la licence). L'obtention d'une licence permet de préparer en un an la maîtrise (bac + 4 ans).

Le *troisième cycle*, ouvert aux titulaires d'une maîtrise, offre une formation de haute spécialisation ou de recherche.

(Voir les tableaux p. 159)

1 Bientôt la crise? (1980)

Les enseignements supérieurs sont entrés aujourd'hui dans une phase de déséquilibre qui est la conséquence, à la fois, de leur développement rapide et de la contradiction jamais résolue entre les deux impératifs qui ont inspiré l'action de tous les gouvernements. Comment satisfaire la demande d'éducation supérieure sans, pour autant, transformer les règles du jeu social? Comment conserver les élitismes complémentaires du diplôme et de la promotion sur le tas si les flux de diplômés de l'enseignement supérieur restent aussi abondants? La crise économique aggrave cette situation qui n'est pas particulière à la France. (...)

Ce qui va marquer les toutes prochaines années c'est, en effet, une conjonction de déséquilibres subis ou voulus, qui résultent des évolutions et des actions passées. Trois d'entre eux devraient jouer un grand rôle.

● Le placement des diplômés des universités se dégrade. Ce n'est pas seulement une question de bonnes ou de mauvaises filières de formation. On le voit pour la médecine, réputée jusqu'ici la voie royale de l'insertion profitable. Le ministre de la santé vient de faire connaître les mesures envisagées pour résorber «l'excédent» de jeunes médecins au cours des dix prochaines années. (...) Mais on agit moins, pour l'instant, afin d'empêcher la dégradation des débouchés des filières littéraires et scientifiques qui ont été affectées par la réduction des postes offerts par l'enseignement.

Cette relative inaction se comprend: d'abord, les étudiants ont quelquefois déserté d'eux-mêmes les filières sans perspective. Ensuite, toute tentative d'instaurer un *numerus clausus* à l'entrée dans les disciplines réputées libérales aurait provoqué une agitation, et nul ministre ne voulait en prendre le risque. Enfin, et peut-être surtout, les conséquences des déséquilibres paraissent moins graves. Beaucoup de littéraires ou de scientifiques continuaient à espérer un emploi dans l'enseignement en se contentant provisoirement d'un poste de maître auxiliaire. La licence littéraire ou scientifique ne demande que trois ans d'études et non sept comme le doctorat en médecine. Les possibilités de conversion semblent donc plus grandes.

De plus, la proportion de femmes est très élevée en lettres (près des trois quarts), de sorte que le problème spécifique de l'insertion professionnelle des diplômés se confondait quelque peu avec celui de l'insertion des femmes. Et si la France profonde a peur de l'intellectuel aigri, elle ne craint pas trop encore la littéraire en chômage.

Mais combien d'années cela pourra-t-il durer?

● Les structures universitaires sont nécessairement très rigides. Par définition, les enseignants sont spécialisés et ils sont souvent regroupés dans des départements ou des U.E.R. mono-disciplinaires. Par conséquent, si le flux de bacheliers d'une année ne se répartit pas de la même manière que les années précédentes, les déséquilibres s'ajoutent. Des filières manquent d'étudiants et d'autres ne savent qu'en faire. Le succès de la psychologie depuis quelques années a, ainsi, posé des problèmes difficiles d'encadrement.

La marge de manoeuvre des universités et du ministère est assez mince pour plusieurs motifs. Chaque discipline veut garder ses postes, chaque université veut garder son potentiel d'enseignants (...) un conflit apparaît entre les éventuelles exigences de l'enseignement et les exigences des carrières individuelles. Peut-on donner un poste de professeur à telle discipline qui en a besoin et retarder ainsi la promotion d'un maître assistant plus ancien dans une autre discipline non prioritaire?

Les problèmes de ce genre vont se multiplier parce que la fuite en avant par création de postes est terminée et parce que les déplacements d'étudiants d'une filière à l'autre vont s'accentuer dans la mesure où la marge de liberté se restreint: s'il ne reste (provisoirement?) qu'un petit nombre de filières ouvertes, les mouvements de l'une à l'autre auront plus d'ampleur. (...)

● Enfin, les moyens financiers à la disposition des universités se réduisent, d'année en année, en valeur réelle. Comme beaucoup d'entre elles avaient des réserves accumulées pendant les années fastes, les sacrifices n'ont pas encore été trop douloureux dans l'ensemble. Mais bientôt il faudra supprimer des dépenses. Lesquelles? La pédagogie, la documentation, la recherche, le chauffage et l'entretien? Les restrictions budgétaires pourront avoir des résultats très divers: amener certaines universités à se replier sur elles-mêmes en limitant les inscriptions, puisque la réglementation actuelle en donne les moyens, Susciter, ailleurs, des efforts d'ouverture à la recherche de financements privés. Alléger les dépenses en revenant aux anciens usages d'avant l'informatique et la photocopie, d'avant les laboratoires et la multiplication des travaux dirigés ou pratiques.

Il est évident que les solutions adoptées auront des effets sur la qualité de la formation, mais la relation entre dépenses et qualité n'est pas toujours facile à établir. L'essentiel reste que la diminution des moyens modifiera le fonctionnement des universités et remettra en cause bien des attitudes d'aujourd'hui.

La contradiction entre les deux impératifs politiques opposés arrive lentement à un point décisif. (...) La situation actuelle ne peut durer très longtemps. Si l'enseignement supérieur ne parvient pas à dominer les contradictions que lui impose la société, de nouvelles crises surgiront bientôt. (...) Il est donc nécessaire de combattre non pour le maintien de structures minées par les contradictions, mais pour une innovation réelle. Les universités en ont besoin.

(*Le Monde*, 25 octobre 1980)

2 Une meilleure préparation à l'emploi? (1982)

(...) Malgré des lenteurs, malgré de nombreux freins, l'Université française tente de s'adapter, à la demande des étudiants, aux perspectives d'emploi existantes. Dans les universités littéraires, on forme des documentalistes (Paris VIII); dans les établissements à dominante économique, se développent des maîtrises d'informatique appliquée à la gestion (Paris IX); ailleurs s'ouvrent des maîtrises de sciences et techniques. Dans toutes ces formations, les stages en entreprises sont souvent obligatoires et l'intervention de professionnels au titre d'enseignants vacataires est fréquente. (...) En 1982, dans quelques départements d'universités, on ne crie plus 'les patrons hors des facs!' et des enseignants réfléchissent et imaginent de nouveaux cursus. Mais dans la majorité des établissements, ces expériences sont considérées avec dédain par de vieux traditionalistes et avec mépris par de jeunes ambitieux. L'enseignement dans les universités françaises reste à peu près figé. Il n'est guère question, dans ces conditions, de démocratisation de l'enseignement, et les étudiants qui abandonnent en cours d'études se multiplient. C'est que, pour offrir un enseignement supérieur attractif, il convient de répondre à la demande des jeunes qui attendent une meilleure préparation à l'emploi plutôt que des cours hors du temps et de la vie sociale.

Une logique différente: L'objectif de la loi d'orientation, pour le ministre, est précisément de répondre à cette demande des jeunes et en même temps d'améliorer les niveaux de qualification. Selon M. Alain Savary, "la formation professionnelle finalisée doit permettre aux étudiants de trouver des emplois correspondant à leur qualification." (...) Chargé d'animer une commission de réflexion pour préparer la future loi d'orientation, M. Claude Jeantet suggère de modifier les cursus universitaires et de rompre avec des formations strictement limitées à une discipline unique. Selon lui, il faut organiser les enseignements selon une logique différente: "Les disciplines ne doivent pas être considérées pour elles-mêmes mais être des éléments d'une information liée à la description des phénomènes économiques, sociaux et culturels correspondant aux activités choisies par l'enseigné. "Dès la première année, qui est l'année charnière entre le lycée et l'université, et aussi celle où se manifeste le plus fort taux d'abandon des études, une formation pourrait être envisagée autour de quelques grandes dominantes comme, par exemple, les sciences de la vie et de la santé, la technologie ou l'organisation économique et sociale ...

Cette première année nécessiterait un suivi pédagogique important, les enseignants aidant les jeunes étudiants à découvrir et à s'adapter au travail personnel et à la recherche. La fonction d'information et d'orientation serait aussi primordiale. Les services spécialisés des établissements, mais aussi les enseignants devraient pouvoir fournir des renseignements sur les professions et le marché de l'emploi. L'intervention de représentants du monde du travail est aussi souhaitable et "très rapidement doit être offerte la possibilité d'un contact direct avec le secteur professionnel, par des stages ou des analyses de situations concrètes", selon M. Jeantet.

Un tel système entraînerait un bouleversement complet des formations dispensées actuellement dans les établissements. Ainsi, pour s'en tenir aux universités littéraires, il ferait disparaître le monopole des filières calquées sur les disciplines de l'enseignement secondaire réparties par matières: lettres, anglais, histoire, géographie ... La formation des enseignants ne serait plus considérée comme la fonction première mais comme une option supplémentaire à l'intérieur des grandes dominantes définies précédemment. Seuls des étudiants motivés, dès la première année, par le métier d'enseignant choisiraient cette option.

L'orientation qui interviendrait à la fin de cette première année devrait offrir à l'étudiant la possibilité de choisir entre une formation courte sanctionnée par un diplôme à finalité professionnelle ou une année de préparation à une formation plus longue. Cette deuxième année, accessible à tous les étudiants ayant satisfait la première année, comporterait des dominantes plus nombreuses, donc une plus grande variété de formations. Elle serait sanctionnée par un diplôme.

Ce schéma proposé par M. Jeantet à la réflexion du ministre devrait réduire le nombre des abandons en cours d'études constatés actuellement dans les premières années de DEUG. L'aide aux jeunes bacheliers par l'intermédiaire du tutorat ou d'autres méthodes, ainsi qu'une assistance dans le choix d'une formation sont des facteurs qui peuvent diminuer, voir supprimer, 'l'abandon échec'. (Le tutorat, tel qu'il existe en Grande-Bretagne, permet à des enseignants de suivre personnellement, en dehors des heures d'enseignement, un ou plusieurs étudiants). (...)

Le second cycle serait consacré à l'acquisition d'un savoir nécessaire à l'exercice d'un métier. Deux possibilités existeraient, un peu semblables dans la durée des études à l'actuelle licence et à la maîtrise. Donc, une formation plus en un an ou une formation plus longue, en deux années, comprenant des activités de recherche. L'accès à ces seconds cycles pourrait, dans certains cas, être subordonné à un examen. (...)

(*Le Monde*, 14 octobre 1982)

Activités d'analyse

Réseaux thématiques ▷ ▷ ▷ ▷

1   Le premier article tiré du *Monde* du 25 octobre 1980 parle des ''déséquilibres . . . qui résultent des évolutions et des actions passées'' (para.2).

   ▶ Identifiez trois causes principales de ces déséquilibres.
   ▶ Sous les deux titres *causes* et *effets*, reliez les effets à leurs causes.

2   Le second texte tiré du *Monde* du 14 octobre 1982 parle du 'procès de l'adaptation des universités. L'enseignement reste pourtant figé!' (para. 1).

   ▶ Dressez une liste des stratégies utilisées par les universités pour tenter de s'adapter, et des obstacles rencontrés, selon les catégories *adaptation* et *rigidité*.
   ▶ Identifiez les grandes lignes des changements proposés.
   ▶ D'après M. Claude Jeantet, quels seraient les effets de ces changements?

Repères structuraux ▷ ▷ ▷ ▷

1   A certains endroits dans le premier des deux textes, des articulateurs sont utilisés pour énumérer les points de l'argument.
   Dans l'un des cas l'auteur utilise une telle structure à l'intérieur d'un même paragraphe pour signaler une énumération tripartite.
   A un autre endroit du texte l'articulateur indique l'addition d'un argument supplémentaire à celui déjà exposé.
   Un dernier articulateur indique un argument final et concluant.

   ▶ Identifiez chacun de ces articulateurs.

2   *A la fois* est employé deux fois dans le premier texte (para. 1).

   ▶ Quelle est sa fonction? Donnez au moins un exemple d'un autre articulateur qui pourrait être utilisé à sa place.

3   A partir des deux textes, complétez les colonnes de ces articulateurs et leurs fonctions spécifiques:

articulateurs	fonctions
en effet ...... (1.2)	....
.... (1.6)	(introduction d'une suite logique, déduction)
ainsi .... (2.4)	....
.... (2.16)	(renforcement d'une assertion)

Activités communicatives

A l'oral ▷ ▷ ▷ ▷

1   Table ronde

Activité: On discute, dans une série d'exposés et d'interrogations, le rapport entre les études et la préparation de l'étudiant à l'emploi. Il s'agit:

(*a*) de définir à la fois la nature et le but d'une éducation dite 'libérale'.

(*b*) d'examiner à quel point les études universitaires peuvent légitimement servir de formation professionnelle.

Préparation: voir: *La Pratique du débat* en tête de ce module, et les *Ressources linguistiques* de ce même module (*Intervenir/Prendre la parole; Exprimer le doute*).

Déroulement du cours: Deux membres du groupe seront désignés à l'avance pour faire de brefs exposés. Ils analyseront l'utilité des études universitaires (*a*) en France et (*b*) dans votre pays, en préparant l'étudiant en vue d'un emploi à la conclusion de ses études.

Les autres membres du groupe prépareront des interventions personnelles sur un choix des questions suivantes:

Exprimer le doute:
(*a*) les études sont destinées en premier lieu à l'insertion d'un étudiant dans une carrière.
(*b*) les études doivent former l'esprit indépendamment de toute préparation professionelle.
(*c*) les problèmes spécifiques à l'insertion des femmes dans une carrière trouvent une réponse satisfaisante dans les universités.

Mettre au clair/mettre en doute:
(*a*) les qualités personnelles et intellectuelles qu'il importe de posséder une fois lancé dans une carrière.
(*b*) l'utilité des études dites "libérales"

(*c*) à quel point une licence de langues vivantes est en elle-même "utile".

(*d*) les universités sont déjà trop rigides pour s'adapter aux besoins intellectuels et pratiques de l'étudiant moderne.

Le groupe sera dirigé par un président de séance.

2   *Interprétation bilatérale*

Dans cet exercice, choisissez un interviewer et un interlocuteur appropriés qui doivent discuter les problèmes actuels dans les universités françaises. Nous suggérons un journaliste et un étudiant de troisième année de l'université de Rennes.

Veillez à ce que des présentations en bonne et due forme soient faites, qu'elles établissent le rôle de chacun et, dans le cas du journaliste, le but de l'entretien. Celui-ci devra se clore par, par exemple, des remerciements. Référez-vous aux *Ressources linguistiques* dans ce module et faites-en bon usage.

Les points à soulever sont les suivants (pas nécessairement dans l'ordre donné):

(*a*) ce qui a provoqué les manifestations; leur ampleur.
(*b*) la position et la réaction du gouvernement.
(*c*) les réformes proposées.
(*d*) comparaison: mai 1968 et novembre/décembre 1986.

A l'écrit ▷ ▷ ▷ ▷

Vous écrivez pour le Sénat de l'université où vous faites vos études un mémoire esquissant:

(*a*) la forme d'orientation que vous croyez appropriée pendant la première année d'études.
(*b*) les filières que vous croyez essentielles pour assurer au diplômé un avenir fructueux dans l'emploi.

Vous ajouterez vos recommendations pour la formation professionnelle de vos futurs professeurs de faculté. Votre mémoire est personnel, mais conçu comme un document qui puisse aider le Sénat à prendre des décisions pratiques et accepté par les étudiants comme par le corps enseignant.

Le Rôle du professeur

Dossier culturel ▷ ▷ ▷ ▷

Mai 1968: Ce furent des ''événements'' qu'à l'époque on guetta dans les média, commenta dans les revues et projeta interminablement au petit écran. Les étudiants firent un mouvement de protestation violent, mais non inattendu, contre le système d'éducation du jour, et manifestèrent dans les amphithéâtres comme dans les rues. On chahuta. On adopta mainte résolution. On lança des pavés. Les ministres se rappelèrent les dangers auquel le gouvernement avait été exposé pendant la guerre d'Algérie. Il était très possible, en effet, que cette affaire académique prenne les proportions d'une révolution contre le pouvoir présidentiel et qu'elle finisse par renverser la constitution de la République. Les forces de l'ordre affrontèrent donc les émeutes avec leurs matraques et leurs bombes lacrymogènes. Elles envahirent les facultés à la demande du recteur de l'université de Paris. Comme partout où les forces de l'ordre se sentent elle-mêmes menacées, il y eut des incidents regrettables. Les étudiants eux-mêmes n'étaient pas sans tache.

Ce fut une révolution en germe, mais il n'y eut pas de vraie révolution parce que ceux qui ambitionnaient un changement radical ne prirent pas la relève des étudiants. Il y avait certes des provocateurs d'extrême gauche qui firent tout pour mettre le feu aux poudres, mais c'étaient pour la plupart des étudiants et même des étudiants étrangers. Les seuls à suivre les étudiants dans les facultés, c'étaient les lycéens.

Il y eut un mouvement de panique, une période de flottement et des mesures inconsidérées de la part du gouvernement. On diagnostiqua les symptômes pour voir si ce qui avait commencé par être un mouvement estudiantin de protestation deviendrait une révolution. Mais l'opposition politique fut prise au dépourvu et les syndicats, à qui les étudiants cherchèrent un appui politique, accueillirent le mouvement des étudiants avec hésitation et non sans impatience.

A la longue il y eut un accommodement honorable et des promesses de réformer le système d'éducation de fond en comble. Au fait un programme de réforme fut monté, et le système d'éducation tel qu'il était à l'époque n'existe plus. Mais plus ça change,

...

Note pédagogique: Les deux textes que nous présentons ici sont, l'un, un commentaire sur les événements publié en mai 1968, et l'autre, les résultats d'un sondage effectué par l'*Express* en 1984. Notre objectif est de voir à quel point les problèmes qui étaient si évidents en 1968 ont été éliminés par les réformes subséquentes.

1. MAI 1968: LES EDUCATEURS A L'EPREUVE

... La formation des enseignants français n'a pratiquement pas changé depuis le XIXe siècle. Pour les instituteurs, elle a plutôt empiré. Tous ne passent plus par l'Ecole Normale, et même dans celle-ci la formation pédagogique est souvent donnée par des professeurs de secondaire qui n'ont aucune idée de ce que peut être une classe élémentaire. Les futurs professeurs du secondaire, eux, continuent à apprendre à l'Université la discipline qu'ils doivent enseigner – mais ne savent rien des procédés de transmission de cette discipline, des mécanismes de l'apprentissage chez l'enfant en fonction de l'évolution de son intelligence et de sa personnalité. Ils ignorent même que cela existe, que c'est enseigné dans les Instituts de Psychologie des facultés. Les professeurs de l'enseignement supérieur l'ignorent aussi, d'ailleurs, – ou s'en moquent. Les uns et les autres, produits du système, répètent dans leur enseignement le modèle de l'enseignant, qui possède le savoir et le transmet à l'élève ou à l'étudiant, qui, lui, ne sait rien. Enseigner, c'est exposer le savoir que l'élève reçoit, assimile, répète, applique... Ce système a été conçu à une période où le savoir était stable. Ce qu'on savait au moment où on passait l'agrégation, on pourrait l'enseigner toute sa vie. Fonctionnaire jouissant de la garantie de l'emploi, l'enseignant était toute sa vie possesseur incontrôlé du savoir: toute sa vie, il imposerait ce savoir à un auditoire docile persuadé de sa propre ignorance... Les professeurs continuent à être formés et recrutés exactement selon les mêmes critères qu'autrefois. Or les enfants à qui ils enseignent ne sont plus les mêmes. La signification même de la scolarité a changé pour eux et leurs familles. Aller au lycée ou à l'Université était un luxe réservé aux enfants de la bourgeoisie d'hier, dont l'avenir était assuré, sauf quelques cas marginaux. Aujourd'hui, l'enfant qui ne réussit pas à l'école ne peut recevoir de formation professionnelle, et ne peut donc pas gagner sa vie. Le système de notation et de sélection devient d'autant plus traumatisant que la majorité des parents ne sont pas en mesure de le comprendre, et souffrent d'ailleurs de ne pouvoir suivre les études de leurs enfants. La réussite ou l'échec scolaires dépendent donc de plus en plus de blocages et d'angoisses qui ont des causes psycho-sociologiques: or la quasi-totalité des enseignants ignorent tout de ces problèmes ...

Répression pédagogique et engagement politique

Telle fut une des causes de l'explosion: trop de maîtres formés par un système dépassé enseignaient un savoir désincarné et inadapté devant un public nouveau, sans avoir les moyens de s'en apercevoir et d'y remédier ...

Mais cette situation ne se réduisait pas à une simple inadaptation pédagogique. Elle avait une signification politique. L'admirable, c'est que les étudiants et les lycéens en ont eu très vivement conscience, alors que la plupart des enseignants et des parents, même réformateurs, ont le plus souvent refusé de regarder en face cet aspect du problème, et protesté contre la ''politisation'' du mouvement. D'où leur effort pour aboutir à des réformes précises, et en s'appuyant sur les étudiants et les lycéens les plus ''raisonnables'', les plus ouverts au ''dialogue''.

Quelle dérision d'exiger des jeunes le dialogue après leur avoir imposé pendant des années un régime autoritaire, voire, dans les lycées, un régime policier, qui excluait non seulement tout dialogue, mais tout simplement le droit de se défendre contre les accusations les plus injustes, de discuter la moindre observation, sous peine d'être puni pour insolence! ...

Le corps enseignant français, on l'a souvent dit, était politiquement à gauche, en dehors de l'école et de l'Université. Cela revenait d'ailleurs à rendre le gouvernement responsable de tout ce qui n'allait pas dans l'enseignement et à se donner ainsi bonne conscience – moyennant quoi, dans l'exercice de son métier, le corps enseignant faisait objectivement le travail de la droite. Dispenser un enseignement dogmatique et autoritaire, refuser d'adapter cet enseignement aux enfants du peuple, maintenir un système concurrentiel, une notation négative et répressive, une sélection de fait de l'élite bourgeoise, saboter toute formation sociale, économique et politique en n'assurant même pas sérieusement le minimum prévu d'enseignement ''civique'' – c'était objectivement collaborer avec le pouvoir pour former des hommes dociles, individualistes, carriéristes, prêts à subir toutes les fascinations de la société de consommation, ou à servir de gardes-chiourme de cette société ...

Pouvoir étudiant

Les étudiants n'ont pas rejeté les professeurs. Au contraire, ils attendent d'eux presque trop. Simplement, ils veulent un certain type de maîtres. Ce qu'ils refusent, c'est le monsieur qui apparaît pendant trois heures pour débiter un monologue sans rapport avec leurs problèmes, et disparaît ensuite pour une semaine.

Ils veulent des maîtres qui préparent leurs cours avec eux. Formule admirable. Ils ne refusent pas toute forme de cours, si l'on entend par là une intervention systématique et structurée du professeur communiquant les résultats de sa réflexion et de sa recherche à un moment déterminé du processus pédagogique. Mais ils veulent être associés à la préparation de ce moment.

Car ils ont découvert que l'enseignement n'est efficace que s'il répond à une question de l'enseigné, lorsque cette question a été ouverte, éprouvée, formulée, lorsque le disciple a besoin d'une certaine réponse – bref, lorsqu'il est motivé à assimiler ce qui va lui être apporté ...

Ils veulent des maîtres qui soient là pour les aider à se poser les problèmes, à formuler les questions, à découvrir et à utiliser les instruments de travail – qui soient là pour les aider à apprendre à travailler. Des maîtres qui soient des animateurs plus que des docteurs – qui soient des techniciens d'une discipline, au service de groupes d'auto-enseignement collectif ...

(Jacques Natanson, *Esprit* 1968)

2. 1984: Les questions que vous vous posez sur les profs

Sont-ils solidaires, bons pédagogues, disponibles, répressifs, absents, politisés, cultivés, privilégiés? Ou l'inverse? Les idées reçues ne sont pas forcément la vérité...

LA FORMATION

Quel bagage et quel contrôle? Partagés en deux camps égaux dans leurs réponses (voir le sondage de *L'Express*), les Français semblent considérer que les maîtres de l'enseignement public sont plus consciencieux que bons pédagogues, et plutôt pédagogues improvisés que dotés d'une formation adéquate en cette matière. A l'épreuve des faits, ce jugement nous paraît, dans l'ensemble, raisonnable. (...)

L'enseignement est une branche d'activité où l'on peut entrer sans véritable préparation professionnelle et exercer sans véritable contrôle. Les "bons" profs – et ils sont nombreux – sont des gens qui ont bricolé de toutes pièces leur qualification. Pas facile, avec les seuls moyens du bord!

LA PÉDAGOGIE

Pour les cracks ou pour les cancres? La moitié des personnes interrogées dans le sondage de l'*Express* considèrent que les maîtres privilégient les bons élèves. En réalité, les enseignants sont confrontés à un redoutable dilemme: à qui, pour qui faire cours? Aux trois premiers rangs ou aux trois derniers? Question scandaleuse. Le service public induit que tous ont droit au même service: chaque enfant mérite une part égale d'intérêt. Facile à dire. L'hétérogénéité des niveaux est telle que les profs affrontent dans leur classe cinq ou six auditoires différents. Se porter au-devant des uns équivaut à se refuser aux autres. Entre 20% et 25% des enfants qui pénètrent en sixième ne savent correctement ni lire ni écrire. A qui doit s'adresser le prof d'anglais? A ceux qui possèdent leur langue maternelle et souhaitent en découvrir une autre? Ou à ceux qui manquent des plus élémentaires instruments d'expression? Insoluble débat, et culpabilisant. (...)

LA DISCIPLINE

Une difficulté majeure? La discipline n'est plus ce qu'elle était. Autrefois, les choses étaient simples: il existait des profs "normaux" et des profs "chahutés", en nombre restreint. L'arsenal des sanctions (avertissement, blâme, exclusion) exerçait son effet dissuasif sur les élèves les plus remuants. Nul n'ignorait le tarif en vigueur, et l'administration disposait d'une force de frappe efficace.

Cette époque est complètement révolue. Le chahut carnavalesque, rite cruel mais défoulement tôt contenu, est à ranger au magasin des accessoires folkloriques. Aujourd'hui – tous les enseignants interrogés lors de notre enquête le confirment – les frontières sont devenues floues et chacun vit une épreuve de force plus ou moins bien surmontée; nul ne parvient véritablement à déterminer à partir de quel seuil on passe du murmure au brouhaha et commence réellement l'indiscipline. Sauf dans les secteurs protégés (les meilleures séries des classes d'examen), personne n'est définitivement à l'abri. La majorité des profs, à des degrés divers, éprouvent des difficultés pour "tenir" leur classe. (...)

Quand l'explosion se produit sévit la violence. Il faut le dire: une importante minorité de profs vivent dans la peur, la peur physique. La violence n'est pas un phénomène marginal. Elle affleure partout, si elle devient manifeste sur des terrains à haut risque: collèges périurbains, lycées d'enseignement professionnel.

Le ministère est tellement conscient du phénomène qu'il a demandé, voilà quelques années, deux rapports sur la question à un inspecteur général. Les résultats, non diffusés, sont alarmants: délinquance, vols, déprédations, bagarres, agressions contre les profs (dans 43% des collèges étudiés), racket.

L'école n'est plus une oasis à l'écart des soubresauts de la société. (...)

L'ORIENTATION

Des choix équitables? Etre prof, c'est être juge. C'est accoler un chiffre à une copie, une appréciation à un nom, un destin à un dossier. L'enseignement secondaire, aujourd'hui, est une course d'obstacles. Et, à chaque haie, l'enseignant est là, chrono en main. On sélectionne en cinquième, on sélectionne en troisième, on sélectionne en seconde, on sélectionne encore et toujours. Bien entendu, officiellement, on ne sélectionne pas; on oriente. Mais les profs sont bien placés pour savoir qu'une orientation par l'échec s'appelle une sélection. Or l'échec est la donnée fondamentale du système scolaire français. Si la quasi-totalité d'une classe d'âge entre en sixième, un peu plus de 40% passent en seconde au lycée. Dès la fin de la cinquième, un quart des enfants sont délestés de la voie principale vers l'enseignement professionnel ou les sections-parkings.

A quelle aune apprécier le niveau moyen lorsqu'on est confronté à un public hétérogène? Les instruments d'évaluation perdent de leur pertinence. Dans les collèges, évaluer les connaissances d'un élève, c'est déterminer à brève échéance s'il restera dans le bateau ou s'il sera jeté par-dessus bord. En fin d'année, lors des conseils de classe, il faut choisir, lever le pouce ou le retourner. Là, le malaise est général: les enseignants intériorisent, souvent douloureusement, les "cas" individuels. Quand on pèse ainsi sur le cours d'une vie, difficile de prendre l'air dégagé, surtout si les jugements sont sujets à caution. Peu de maîtres sont à l'abri du doute. Même au sommet de l'édifice. (...)

Embauchés pour instruire et éduquer, les profs ont l'impression d'être transformés en agents de l'A.n.p.e. Ils supportent, meurtris, les vices d'un système qui procède par éliminations successives. Tout le monde se décharge sur tout le monde, personne n'est finalement maître de la décision. Et les enfants trinquent. (...)

(*L'Express*, 14 septembre 1984)

Activités d'analyse

Réseaux thématiques ▷ ▷ ▷ ▷

1 L'une des causes les plus sérieuses des événements de mai 1968 fut que, à tous les niveaux du corps enseignant, les professeurs étaient le produit d'un *système dépassé* (Texte 1, para.3).

   ▶ Classez les expressions de ce texte qui décrivent le système selon les catégories suivantes: *les instituteurs; les professeurs du secondaire; les professeurs de l'enseignement supérieur.*

2 Des facteurs politiques étaient également en jeu. ''Le corps enseignant faisait objectivement le travail de la droite'' (para.6).

   ▶ En quoi consistait, selon l'auteur, le travail de la droite? Etablissez une liste de ses caractéristiques.

3 Les besoins pédagogiques des étudiants furent un facteur principal des événements de mai, et l'article fait état de ce que les étudiants voulaient et de ce qu'ils rejetaient.

   ▶ Esquissez le portrait du maître idéal — suivant les voeux des étudiants.

4 Le second texte contient les résultats d'un sondage effectué par l'*Express* en 1984, qui révéla certaines faiblesses et des problèmes attachés à l'enseignement.

   ▶ Faites une liste des principaux problèmes auxquels doit faire face le professeur.

5 Les professeurs du secondaire sont aussi des juges. C'est-à-dire que des procédures de sélection s'installent, officieusement, à divers niveaux de la vie scolaire. La conséquence de ces procédures est d'attribuer au professeur le rôle de juge.

▶ Quelles sont les éliminations successives effectuées par ce système?

Repères structuraux ▷ ▷ ▷ ▷

1 Dans chacun des textes, les auteurs indiquent assez clairement leur intention d'introduire une conséquence, un argument de contraste, une conclusion etc.

▶ Identifiez dans le premier texte les expressions qui introduisent les éléments suivants:
(*a*) renforcement, comparaison et cause
(*b*) opposition, objection et assertion
(*c*) opposition et contraste

▶ Quels sont les articulateurs utilisés dans les deux textes pour introduire les éléments suivants: *conséquence* (''D'où'') (texte 1); *opposition* (1); *cause* (1); *résumé* (1); *opposition* (2); *exception* (2).

2 *D'ailleurs* apparaît deux fois dans le premier texte (paras. 1 et 6).

▶ Pouvez-vous discerner une différence de fonction?
▶ Remplacez *d'ailleurs* par *de plus* dans les deux cas. L'effet est-il le même?

3 ''Mais les profs sont bien placés pour savoir qu'une orientation par l'échec s'appelle une sélection. *Or* l'échec est la donnée fondamentale du système scolaire français.'' (Texte 2, *L'Orientation*)

▶ Quel est le rapport qui existe dans la pensée de l'auteur entre ces faits, et que la conjonction *or* souligne?

Activités communicatives ———————

A l'oral ▷ ▷ ▷ ▷

Table ronde

Activité: Un colloque a été organisé dans votre université sur le thème de la formation des professeurs pour l'enseignement secondaire. Il réunit enseignants et étudiants, et groupe des personnes ayant une expérience des systèmes secondaires français et britannique (australien etc). Il a comme sujet: *La nécessité de réformes dans la formation professionnelle des professeurs dans l'enseignement secondaire.*

Conduite du colloque: Le colloque commencera par de brefs exposés, présentés par des étudiants désignés à l'avance et traitant les thèmes suivants:
(*a*) Les jugements portés en 1968 et en 1984 (voir les documents ci-dessus) sur le rôle du professeur dans les écoles et sur sa formation professionnelle.
(*b*) Les problèmes auxquels les enseignants sont confrontés journellement.
(*c*) Les réformes que vous jugez nécessaires dans l'enseignement aux niveaux secondaire et tertiaire.
(*d*) La vision que les Français ont des enseignants.

Les autres participants compareront ensuite les conclusions de ces exposés avec leur propre expérience du système français et du leur.

Une fois les problèmes identifiés, les participants tenteront de rédiger une série de propositions, indiquant comment, à leur avis, la formation pédagogique du professeur de lycée dans leur propre pays peut être réformée.

A l'écrit ▷ ▷ ▷ ▷

Lettre

Vous venez de décider pour (ou contre) une carrière dans l'enseignement secondaire et vous écrivez au proviseur du lycée français où vous avez passé une année pour lui expliquer cette décision. Ce même proviseur avait fait de sérieux efforts pour vous persuader de faire une carrière dans l'enseignement. En écrivant votre lettre, ménagez votre collègue et ami en nuançant vos opinions les plus marquées. Servez-vous des expressions du *Collage-vidéo*: *''Nuance!''* (*Module 5*) comme des expressions d'*Exprimer le doute* dans les *Ressources linguistiques* de ce module.

▶▶▶▶▶▶ *Baisse du niveau: les prophètes de malheur*

FOREIGN LANGUAGES IN SCHOOLS

1. The context of change

(...) However, in comparison with some other subjects (and particularly with some of the newer groupings of subjects), modern language teaching has not readily adapted to the requirements of the full range of pupil ability within comprehensive schools. Indeed, although modern language learning is now offered to a very wide range of pupils in most secondary schools in the early years, it has for various reasons failed to extend its recruitment in the 4th/5th years to more than 30-35% of the age group.

Foreign language study is still regarded by many teachers and pupils as a subject for the able minority, with the expectation that many will (and perhaps should) opt out after 2 or 3 years. This trend is reinforced by the often-expressed belief that it is more difficult to achieve comparable grades in modern languages examinations at 16+ than in other subjects.

Of those pupils who continue beyond the compulsory stage of foreign language learning at school, a substantial majority are girls. While the reasons for this are complex, they are due at least in part to the misguided but commonly held view, that languages are a "girls' subject".

At the same time the trend within the school curriculum has been steadily to increase the range of subjects and educational experience offered to pupils. This has placed great pressure on headteachers in trying to allocate time within the week to meet all demands, and has led to a gradual reduction in the time available for foreign language study in many schools. Certain current time-tabling practices have left modern languages in a position of isolation, and have imposed patterns of organisation which are frequently seen as unhelpful. In addition, there is evidence that, in many schools, options systems present unnecessarily difficult subject choices which lead to pupils abandoning the study of a foreign language or languages by 14+.

(National Association of Language Advisers)

Dossier Pédagogique

Pour et contre l'éducation polyvalente: Antoine Prost, professeur d'histoire à l'Université de Paris(I), censure la tentation commune de crier haro sur l'éducation polyvalente. Quiconque entreprend de relever le niveau d'éducation de la société entière, disent les Cassandre, finit par rabaisser le niveau d'instruction du haut échelon. Augmenter la population instruite équivaut à priver de ressources ceux qui constituent l'élite de la jeunesse. "More is worse", comme dirait l'autre.

L'argument opposé prétend que notre besoin social le plus pressant est de créer un système d'éducation valable pour la masse des gens. Pour le gros de la population, leurs années de scolarité les privent de toute instruction adaptée à leurs besoins et à leurs capacités. Les années d'école sont vite effacées. Leur niveau d'alphabétisme, de civisme élémentaire et d'aptitude en mathématiques nous le démontrent. C'est l'argument d'Antoine Prost, ou peu s'en faut.

Dans ce document nous abordons deux problèmes trop souvent confondus et que les anglophones appellent du nom de ''standards'' sans faire de distinction.

1 Il y a d'abord la sérieuse possibilité que la vocation d'enseignant attire de moins en moins de candidats bien qualifiés, pour les raisons que l'on sait. Ceux qui entrent quand même dans l'enseignement sont souvent surmenés, submergés par des responsabilités excessives et qu'il devait appartenir à d'autres de régler. On ne saurait éliminer la possibilité d'une baisse du niveau, mais d'une baisse imposée sur le corps enseignant et non créée par lui.

2 Le deuxième problème c'est la tendance trop fréquente de taxer de peine perdue, ou de gaspillage de ressources, tout effort pour donner de l'instruction à la section de la jeunesse la moins douée. Faute des moyens nécessaires, la société finit par priver les enfants les mieux doués de ressources essentielles pour fournir aux besoins des enfants désavantagés. C'est la doctrine suivant laquelle il faut distribuer des ressources limitées de façon à protéger l'excellence. Une modeste amélioration dans la compétence de la masse des gens ne compense jamais une réduction des moyens disponibles pour l'élite.

BAISSE DU NIVEAU : LES PROPHETES DE MALHEUR

''Un étudiant sortant du collège après huit ans (d'études) n'est pas en état de lire un livre français dans une compagnie d'honnêtes gens ...''

''Tous les professeurs et tous les examinateurs de France (et pas seulement du baccalauréat) sont d'accord là-dessus : les jeunes Français n'écrivent pas en français. La déchéance progressive est, en cette affaire, d'une prodigieuse rapidité ...''

Ces constats sans appel ne datent pas d'hier. Le premier est extrait d'un mémoire de la faculté de droit de Rennes, en date du 25 mars 1762 ; le second est de Faguet, dans l'*Univers* du 18 février 1909, et j'en tiens des dizaines d'analogues à la disposition des collectionneurs. Tant il est vrai que, de génération en génération, nous n'avons jamais manqué de Cassandre pour diagnostiquer la décadence des études. Pourquoi tant de constance à reprendre le même rôle?

Sans doute ces exhortations ont-elles une fonction régulatrice. Rien n'est jamais acquis, nous le savons : ni la démocratie ni la culture, et peut-être convient-il, en effet, que des prophètes nous tiennent en éveil pour éviter tout relâchement. ''C'est la fièvre de la jeunesse qui maintient le reste du monde à la température normale'', disait Bernanos. Peut-être faut-il, symétriquement, des Cassandre. La seule façon d'éviter la détresse de l'enseignement serait ainsi d'être régulièrement sommés de la conjurer.

Ce rôle, pourtant, tenterait moins les acteurs s'il n'était aussi flatteur. Qui jette un cri d'alarme contre le déclin des études se place, du fait même, dans une position prestigieuse : il parle au nom des valeurs culturelles et morales, au nom de l'intelligence et de l'effort. Contester le diagnostic est courir le risque de se voir rangé parmi les adversaires du savoir, les niveleurs et les laxistes, d'où vient tout le mal. Tentons cependant de poser deux questions simples.

Et d'abord, parle-t-on des classes ou des jeunes? Comme on ne trouve plus les mêmes jeunes qu'hier dans les mêmes classes, la question se pose. Si l'on parle des classes, à l'exception des plus prestigieuses que chacun connaît, le niveau baisse. Dans les sixièmes de 1939, il y avait trente-cinq mille élèves : 6% d'une génération. Maintenant, la génération se retrouve au complet en sixième, y compris les élèves qu'on aurait placés en classe de fin d'études : le tout venant, et non plus la fine fleur. La physionomie des classes en est évidemment affectée. Mais si l'on parle des jeunes, à moins d'oublier un peu vite qu'en 1939 à peine la moitié d'entre eux obtenaient le certificat d'études, il semble incontestable que leur niveau moyen a augmenté. Simplement, les élèves faibles sont désormais dans ces classes où l'on n'avait pas l'habitude de les voir, et les professeurs ne peuvent plus faire avec eux ce qu'ils faisaient avec leurs prédécesseurs.

Qu'on me comprenne. Je n'affirme pas que tout va pour le mieux dans le meilleur des enseignements. A côté de progrès indéniables dans le domaine scientifique et technologique, des facteurs graves de dégradation sont à l'oeuvre, qui tiennent en partie à une sélection absurdement fondée sur les mathématiques et l'âge. L'optimisme béat serait niais. Mais, de grâce, regardons aussi un peu à côté des enseignements littéraires, les seuls pour lesquels, curieusement, parle Cassandre, aussi loin qu'on remonte. Et à côté des lycéens des sections A ou C, voyons ceux des LEP et des sections techniques: ensemble, les deux tiers des lycéens. Le catastrophisme à la mode semble les oublier.

Ma seconde question est: que faire? où le discours nous conduit-il?

S'il s'agit de relever le niveau des classes, il est un remède simple: la purge. Certains professeurs l'appellent d'ailleurs de leurs voeux; ils croient – un peu vite – qu'en éliminant les élèves qui ne sont pas ''à leur place'' ils retrouveraient le plaisir d'enseigner et la satisfaction de réussir. Mais que changerait la purge au niveau des élèves? Et n'est-ce pas le vrai problème?

D'autres accusent les professeurs: il faut bien des boucs émissaires. On met en cause les recrutements hâtifs, les qualifications insuffisantes, et l'on trouve aisément avec des bourdes pédagogiques de quoi se gausser. Mais ce progrès est globalement injuste, car le corps enseignant des collèges et lycées est plus qualifié en France qu'à l'étranger. Surtout, il ne conduit nulle part. Ou propose-t-on d'épurer le corps enseignant?

Au vrai, je crains les surenchères auxquelles conduisent ces cris d'alarme. L'appel à maintenir envers et contre tout le niveau des études risque d'en précipiter la chute. Personne ne se propose d'amuser les élèves au lieu de les instruire, et notre enseignement n'est pas laxiste.

Il l'est si peu que les élèves de seconde sont aujourd'hui plus jeunes qu'hier. En revanche, il est trop prétentieux. Un professeur de piano qui, pour sauver la musique, mettrait des débutants aux Etudes de Chopin ou de Liszt tuerait son art plus sûrement que le modeste qui commence par le petit livre d'Anna-Magdalena Bach.

La règle d'or de l'enseignement, c'est d'exiger des élèves tout ce qu'ils peuvent donner: le maximum, pas l'impossible. Et de l'un à l'autre la frontière est ténue qu'on risque de franchir de crainte de passer pour un fossoyeur de la culture. Exiger des élèves plus qu'ils ne peuvent donner, c'est se condamner et les condamner à l'échec. C'est destructeur et pour le maître et pour l'élève.

Cassandre a le beau rôle. Mais, si on l'écoute, sa prophétie porte en elle la certitude des catastrophes qu'elle prétend conjurer.

(Antoine Prost, *Libération*, article réimprimé dans *Le Monde de l'éducation*, avril 1984)

Activités d'analyse

Réseaux thématiques ▷ ▷ ▷ ▷

1 Le thème principal de cet article est la ''baisse du niveau d'éducation''. Pourtant, il existe, avoue-t-on, des exemples de progrès indéniables.

▶ Faites une liste de toutes les expressions qui se rapportent au thème principal et donnez quelques-uns des exemples des progrès mentionnés. Utilisez les titres suivants: *déchéance progressive* et *progrès indéniables*.

2 Les Cassandre – ce sont les prophètes du malheur.

▶ Identifiez le beau rôle des Cassandre en choisissant dans le texte toutes les expressions qui s'y réfèrent, par exemple, *jeter un cri d'alarme* ...

▶ Est-ce que ce Cassandre est toujours négatif? Etayez votre réponse d'exemples tirés du texte.

3 Après avoir traité plusieurs aspects variés du thème de la décadence dans l'éducation, A. Prost suggère une règle d'or simple mais essentielle pour remédier à la situation.

▶ Trouvez cette règle dans le texte.

Repères structuraux ▷ ▷ ▷ ▷

1 L'articulateur *tant il est vrai que* apparaît dans le paragraphe 3.

▶ Définissez avec précision sa fonction.

2 Les adverbes *pourtant* et *cependant* se trouvent en tête et en fin du para.5. Ils expriment le plus souvent un rapport d'opposition entre deux faits.

▶ Que peuvent-ils indiquer d'autre?

3 Un rapport de contraste entre deux faits est exprimé par l'articulateur *en revanche*.

▶ Pourrait-on substituer *au contraire* à *en revanche* dans la phrase suivante: ''En revanche, il est trop prétentieux''?. (para.11)

Activités communicatives ———————————

A l'oral ▷ ▷ ▷ ▷

1 Débat

Activité: Les étudiants débattront la proposition que, relever les niveaux des classes, c'est nécessairement priver de ressources les enfants les plus doués.

Préparation: Ce débat propose la confrontation de deux attitudes opposées:

(a) l'opinion qu'il faut à tout prix maintenir la qualité de l'enseignement offert aux plus doués, et que toute baisse du niveau d'instruction dans ce groupe est inacceptable.
(b) l'opinion que l'éducation sert tous les niveaux d'intelligence de la population, et que notre priorité sociale est d'adapter l'enseignement aux besoins, et aux capacités des jeunes, quelles que soient ces capacités. Que dans ce contexte une légère réorientation des priorités de l'enseignement est nécessaire.

On désignera à l'avance deux étudiants pour soutenir la proposition, et deux autres pour l'opposer. Ceux-ci prépareront chacun de courts exposés de 3 minutes.

Déroulement du cours: On désignera un président de séance pour assurer la bonne conduite du débat. (Voir *Pratique du débat* dans ce module, et les conseils donnés pour le président de séance.)

Les deux étudiants désignés donneront leurs exposés (3 minutes).

Les autres prendront la parole par la suite, ouvrant un débat plus général sur la question.

Le débat se terminera par une prise de décision par le groupe.

2 Résoudre un problème

On accuse un étudiant de tricher à un examen
Contexte: A la conclusion d'un examen, une copie disparaît, contenant les réponses d'un étudiant à deux questions sur les trois qu'il qu'il dit avoir traitées. C'est

du moins ce que maintient l'étudiant qui jure avoir remis trois questions à la personne chargée de la surveillance. Une brève enquête suggère la possibilité d'un mensonge, vu que le surveillant déclare être ''sûr d'avoir contrôlé la séance et d'avoir inspecté la salle avant de la quitter.''

Le professeur chargé de la correction met en doute la bonne foi de l'étudiant et décide finalement de faire comme si l'étudiant avait omis de répondre à deux questions sur trois.

Des étudiants, alertés par leur camarade, se chargent d'intervenir et de jouer le rôle de médiateurs avec le chef du département en question. Ils ne savent pas si leur camarade est tricheur. Personne ne le sait, si ce n'est l'accusé. (Celui qui joue le rôle de l'accusé décidera s'il a triché ou non. Il ne dira rien là-dessus à qui que ce soit avant la conclusion de l'affaire. Nb. un escroc pourrait bien tromper ses co-étudiants aussi bien que ses professeurs.)

Activité: La classe intervient dans le rôle de médiateur pour régler cette question épineuse en interrogeant l'étudiant accusé et ses professeurs.

Déroulement du cours: La classe se divisera en trois groupes: (*a*) l'accusé(e); (*b*) un groupe de professeurs (3 personnes); (*c*) le groupe des étudiants etc. (le reste).

▶ **Travail en sous-groupes:** Les étudiants interrogeront l'étudiant accusé de mensonge, pour vérifier la véracité de ses dires. Les professeurs examineront les règlements relatifs à une telle situation, la procédure à adopter en cas d'appel, et les détails du système de surveillance des examens et pour la vérification des épreuves (20 minutes).

▶ **Mise en commun:** On se rassemblera pour ouvrir une discussion formelle entre le groupe d'étudiants, l'accusé et des représentants du département. Cette réunion n'est pas un tribunal officiel: elle a été convoquée pour guider l'étudiant.

▶ **Prise de décision:** sous la présidence de l'étudiant nommé à cet effet.

A l'écrit ▷ ▷ ▷ ▷

Article de journal

Vous écrivez une réponse aux assertions d'Antoine Prost (ou à ses critiques). Au lieu de lui opposer carrément vos propres opinions, vous adoptez la tactique de rapporter ses opinions de façon à révoquer en doute certaines de ses hypothèses fondamentales.

Utilisez des arguments et exemples tirés de ce module, mais aussi d'autres documents et films disponibles. Voir également le collage-vidéo (5): *Nuancel*, et la *Ressource linguistique*, 6, 2: *Exprimer le doute*.

Glossaire: L'Education (1)

(Le glossaire *L'Education* [2] se trouve en Module 9)

La pré-scolarisation

la crèche	le jardin d'enfants
l'école maternelle	être à la maternelle

Le primaire

l'école primaire   la communale

le cours préparatoire   (C.P. ou 11ème)
le cours élémentaire   (C.E.1 ou 10ème; C.E.2 ou 9ème)
le cours moyen   (C.M.1 ou 8ème; C.M.2 ou 7ème)

l'institutrice/la maîtresse   l'instituteur/le maître
la directrice   le directeur

les compositions (de calcul, de français etc.):
être fort(e)/premier/première en calcul
     premier/première   au classement général

la distribution des prix (NB: en principe abolie)

les récompenses:
           recevoir des bons points
           des images

les punitions:
     être mis en retenue   être mis au coin
     faire des tours de cour

la cour de récréation (**à l'oral:** la récré)
se mettre en rang

avoir un an d'avance   sauter une classe   redoubler (une classe)

Le secondaire

(a) *les établissements:*
les collèges   C.E.S. (collège d'enseignement secondaire)
être en 6ème/5ème/4ème/3ème

les lycées
être en seconde/1ère/terminale   sections A,B,C,D,E,F,G …
L.E.P (lycée d'enseignement professionnel)
Lycée technique

(b) *les élèves:*
être interne/externe/demi-pensionnaire
être en pension dans:
     un externat/internat (enseignement privé)
     un pensionnat de jeunes filles/une école mixte
manger à la cantine
prendre le bus de ramassage scolaire

(c) *le personnel enseignant:*
les enseignants   les professeurs (agrégés ou certifiés)
les maîtres auxiliaires (M.A.)
les P.E.G.C. (professeurs d'enseignement général de collèges)
     et tous les autres assimilés
les A.E. (adjoints chargés d'enseignement)

(d) *le personnel administratif:*
le proviseur   le censeur (Nb: Madame *le* proviseur;
                                le censeur)
le directeur   la directrice
le principal
le conseiller d'éducation   (le surveillant général)
les surveillants (les maîtres d'internat/externat);
     les pions (**à l'oral**)
la documentaliste

(e) *les examens:*
le B.E.P.C. (brevet d'études du premier cycle)
     aboli mais remis en place depuis 1985
     de 1979–1985 = BDC (brevet des collèges)

le baccalauréat (série B) les épreuves
passer le bac   passer certaines matières à l'écrit
                     d'autres   à l'oral
l'oral de rattrapage
avoir/réussir son bac   (du premier coup)
avoir une mention

(f) *les récompenses:*
le tableau d'honneur   les félicitations   les encouragements
                                   (abolis)
passer dans le cours supérieur   monter de 4ème en 3ème
          en classe supérieure

(g) *les sanctions:*
être collé   avoir une colle (ATTENTION: voir ci-dessous:
                        examens p. 260)
faire des lignes
redoubler
avoir une observation
     un avertissement   passer en conseil de discipline
être convoqué par le proviseur
être expulsé/mis à la porte

(h) *le conseil de classe:*
          avoir un mauvais bulletin   avoir un bon bulletin
élève: distrait, bavard, turbulent,   appliqué, assidu,
        désordonné, paresseux,   ordonné, soigneux,
                             travailleur,
        insolent, souvent absent,   ponctuel, vivant,
        ayant de (grosses) lacunes,   intéressé, intelligent,
        en retard,   en progrès,
        qui ''peut mieux faire!''   montrant de la bonne
                             volonté

(i) *les diplômes:*
être bachelier
le C.A.P.(certificat d'aptitude professionnelle)
le B.E.P. (brevet d'études professionnelles)
le B.T.   (brevet de technicien)
le B.T.S. (brevet de technicien supérieur)

 ## Ressources linguistiques

1 **Intervenir ou prendre la parole**
2 **Exprimer le doute**

1   Intervenir

Il est parfois difficile de se faire écouter et d'arriver à placer son mot dans un débat, surtout si le discours de votre interlocuteur est bien *étoffé* (Voir, *Etoffer, Ressources linguistiques* 5,2).

Vous n'aurez besoin des conseils suivants qu'**à l'oral**, car **à l'écrit** on a toujours la possibilité de répondre à son interlocuteur et de réfléchir avant de le faire.

A   Le président de séance a recours à un certain nombre de formules reconnues par tout le monde et qui lui permettent d'interrompre la discussion pour faire passer la parole ou pour diriger le débat (Voir *Glossaire du président de séance*, Pratique du débat, en tête de ce module).

Si le président de séance vous passe la parole, vous le remerciez et vous indiquez le but de votre intervention:

Remerciements	*But*
Merci Monsieur/Madame	J'aimerais revenir sur ce qu'a dit . . .
	Je reviens sur . . .
Je vous remercie.	Je relève ce que vient de dire . . .
	Pour ma part, . . .
	En ce qui me concerne, . . .
	Personne jusqu'ici n'a parlé de . . .

B   Vu que le désir d'*intervenir* peut se faire sentir à n'importe quel moment dans un débat, il n'y a pas de signal qui précède une intervention,
mais, on choisit d'intervenir de telle ou telle façon
1 selon la situation dans laquelle on se trouve;
2 selon le but de l'intervention.

1 La situation:
 ► connaissez-vous bien vos interlocuteurs?
 ► l'ambiance est-elle détendue/formelle?
 ► représentez-vous des intérêts importants ou s'agit-il d'une intervention personnelle?
 ► avez-vous intérêt à ne pas froisser vos interlocuteurs?

2 le but de l'intervention:
 ► voulez-vous exprimer votre désaccord?
 poser une question?
 recentrer le débat?
 introduire un nouvel argument?
Les réponses à de telles questions dicteront la forme et la force de votre intervention.

On peut classer les interventions suivant une progression du *familier* au *soigné*.
Mais dans tous les cas (i) *la formule d'intervention* est suivie immédiatement de (ii) votre *question/remarque/commentaire*.

(i) *Intervention*   +   (ii) *Enchaînement* (question/remarque/ commentaire)

[Vous saisissez   +   [Vous en profitez] l'avantage]

C   Dans la plupart des cas vous prenez la parole principalement pour exprimer votre désaccord.

1 Si vous connaissez bien vos interlocuteurs;
 si le débat a lieu dans une ambiance amicale;
 si vous voulez faire une intervention personnelle

 vous pouvez intervenir
 (i) en *intervenant*/poussant une exclamation qui implique le désaccord (Voir *Ressources linguistiques* 4, 1): Mais non!
 Ça alors!
 Ecoutez!
 Attendez!
 (ii) et en *enchaînant* immédiatement: Moi je vous dis que . . .;
 Je crains que . . .;
 Ne soyez pas dupe! . . .;
 La question qui se pose
 est la suivante . . . .

2 Dans une situation plus formelle, où vous représentez peut-être quelqu'un d'autre/un groupe/votre employeur/votre compagnie/vos collègues, vous parlez apparemment au

président, mais en réalité c'est à celui qui a la parole que vous vous adressez.
Vous devriez vous imposer en parlant avec autorité (Voir *La communication non-verbale* dans la *Pratique du débat* en + tête du module):
intervention
(*Je*)
 Je vous arrête là.
 Je me permets ici d'intervenir.
 J'interviens parce que . . .
 J'interviendrai ici en disant . . .
(*Vous*)
 Votre attention s'il vous plaît!
 Laissez-moi ajouter un mot.
 Permettez-moi de vous dire que . . .
 Permettez-moi de faire une intervention.
 Vous permettez? Je disais donc . . .
(*Nous*)
 N'oublions pas que . . .
 Arrêtons-nous là!
 Mais rappelons-nous que . . .

3 Dans certaines situations il importe de ne pas froisser les autres participants au débat ou de ne pas provoquer une confrontation. Ceci est d'autant plus important dans le cas où:

   vous ne les connaissez pas très bien;
   vous représentez d'autres personnes;
   la discussion est délicate et une décision difficile.

Dans ces cas, vous employez une des formules de politesse suivantes:

Vous vous excusez:
   Je vous en prie . . .
   Je m'excuse de vous interrompre.
   (Je suis) désolé de vous couper la parole, mais . . .
   Excusez-moi, mais j'interviens parce que . . .
   Veuillez m'excuser, mais il me semble que . . .

Vous demandez à celui qui parle permission d'intervenir:
   Je peux vous interrompre?
   Vous me permettez de dire un mot?
   Voulez-vous me permettre d'intervenir?
                      de dire un mot?
                      d'expliquer . . .

   Si vous le permettez, je vais intervenir.
                   j'aimerais ajouter que . . .
                   je voudrais revenir sur . . .

Vous demandez au président la permission d'intervenir:
   Puis-je intervenir?
         faire une intervention?
         placer un mot?
         poser une question?

Pour intervenir plus poliment et moins brusquement, on a recours aux formules de politesse:
verbe vouloir/aimer au conditionnel + adverbe de nuance:

Verbe	Adverbe (de nuance)	Enchaînement (infinitif ou subjonctif)
Je voudrais	quand même	rectifier . . .
aimerais	tout de même	dire un petit mot.
	simplement	insister sur . . .
	cependant	communiquer une information nouvelle.
	néanmoins	que vous me disiez . . .

D   Dans d'autres situations, vous intervenez moins pour exprimer le désaccord que pour recentrer le débat ou pour introduire un autre aspect du sujet discuté (Voir aussi, *Changer de sujet, Ressources linguistiques* I, 2, ainsi que *Le glossaire du président de séance*, 3; *recentrer le débat*, en tête de ce module.).

1 Vous voulez revenir sur un argument:
   Je reviens sur . . .
   Je voulais encore revenir sur . . .
      voudrais qu'on revienne sur . . .
   Pour revenir à la question posée par X:
           à ce qui est de notre propos:

2 Vous voulez reprendre ce que vient de dire un de vos interlocuteurs:
   Je relève ce que vient de dire mon collègue:
   J'aimerais relever l'explication de Madame X.
           que Monsieur Dupont m'explique . . .
   Pour echaîner sur ce qu'a dit le secrétaire, . . .

E   Si on vous empêche de parler, vous aurez recours à des interventions plus énergiques, voire impolies pour arriver à vous imposer:
   Un instant, Madame (s'il vous plaît)!
   Puisque la parole m'est donnée . . .
   C'est moi qui avais la parole!
   Laissez-moi finir/parler!
   (Est-ce que) vous me laissez parler?

Intervenir – Activités ▷ ▷ ▷ ▷

A l'oral

1 Visionnez le document vidéo *A propos de l'Europe.*
   ▶ Imaginez que vous voulez interrompre François Vautrin pour lui dire ce que vous pensez de ses idées sur l'Europe.
   Employez le bouton *pause* pour l'arrêter, et prenez vite la parole.

2 Visionnez le document vidéo *Sachez vous vendre* (Module 4).
   ▶ Vous êtes tout à fait opposé à l'idée que l'on puisse ''se vendre''. En employant le bouton *pause* du magnétoscope, intervenez pour exprimer vos propres idées sur l'emploi et l'embauche.

3 Relisez le texte 4 du module 2: *Vacances à l'anglaise.*
   Comment interviendriez-vous si:
   ▶ vous vouliez faire parler du temps incertain en France (fin du paragraphe 2);
   ▶ vous vouliez demander à l'auteur des précisions sur ses vacances en Angleterre (paragraphe 4);
   ▶ vous vouliez marquer votre désaccord avec l'opinion exprimée par Denuzière dans le paragraphe 11 (''le peuple anglais'').

2   Exprimer le doute

Exprimer le doute, c'est aussi une façon nuancée d'exprimer son désaccord. En suggérant que ce que dit votre interlocuteur n'est peut-être pas bien fondé, vous laissez entendre qu'il ne dit pas la vérité ou qu'il n'a pas bien recherché ses arguments. Il s'ensuit que l'on ne peut pas se fier à ce qu'il dit.

A   S'il s'agit d'une réaction spontanée, on peut exprimer le doute de façon très simple:
adjectif (*Vrai?*)
adverbe (*Vraiment?*)
exclamation (*Comment!*)
interjection (*Mais non!*)

C'est surtout **à l'oral** que l'on s'exprime ainsi, et on peut ainsi faire savoir son opinion sans troubler le déroulement de la discussion.
On peut utiliser un seul mot ou un groupe de mots:

question:	Vraiment?
exclamation:	Tout à fait!
	Pas nécessairement!
négation:	Pas forcément!
adverbe + pause:	Pourtant, (pause)
	Cependant, (pause)
conjonction + pause:	Quoi que (pause)
	Encore que (pause)
interjection:	Dit-on!

B   Par contre, exprimer le doute peut être une stratégie du débat **écrit** ou **parlé**.

Vous exprimez le doute après que votre interlocuteur a parlé pour suggérer que ce qu'il a dit n'est pas vrai, à la fois pour: *minimiser* la force de son argument, et mieux faire *ressortir* la puissance du vôtre, toutefois sans aller jusqu'à provoquer une confrontation.

Dans un débat, vous pouvez suivre l'expression du doute de *deux* façons différentes, selon la stratégie que vous adoptez:

(i) DOUTE   (ii) PAUSE
(iii)   ENCHAÎNEMENT:
(a)   Vous insistez   (b)   L'interlocuteur reprend
    (*Ressources*   la parole pour
    linguistiques, 8,1) sur ce   s'expliquer (*Ressources*
    qui n'admet pas de   *linguistiques*, 1,3)
ou   doute

Pour profiter au maximum de ces stratégies, vous choisissez la nuance exacte (*Ressources linguistiques*, 5,1) qui se prête à votre tactique. Comme pour d'autres ressources linguistiques, vous disposez, **à l'oral** surtout, de toute une gamme d'approches possibles:

1   Une simple *question* à votre interlocuteur (*vous*) suivi du *subjonctif* s'il s'agit des verbes *dire que, penser que, croire que, se douter que, être sûr que, savoir que, voir que, espérer que* ou *croire.**

*Voir Ferrar, Ch.5, §45

question positive:	Croyez-vous que } Vous croyez que } ceci *soit* vrai?
question positive *+ adverbe de nuance:*	Etes-vous *tout à fait* sûr de ce que vous avancez?
question négative:	Ne faites-vous pas fausse route? Ne croyez-vous pas plutôt que ce *soit* ...?

2   Une expression de doute personnelle (*Je*):

Expression positive:

(a) | Je | + | verbe | + | *adjectif* |
|---|---|---|---|---|
| Je | | suis | | sceptique |
| | | | | perplexe |
| | | | | saisi par le doute |
| | | reste | | incrédule |

(b) | Je | + | verbe | + | (*enchaînement*) |
|---|---|---|---|---|
| J'en | | doute | | |
| Je | | doute fort | | que |
| Je | | doute | | de |
| Je | | me demande | | si |
| Je | | me pose la | | |
| | | question | | |

(c) | Je | + | verbe au conditionnel |
|---|---|---|
| Je me | | méfierais |
| J' | | aurais des réserves à faire |
| Je | | serais étonné si |

ou une *expression négative* (attention *au subjonctif!*):

Je n'en	suis	pas	sûre	
ne	suis	pas	convaincue	
Je ne	suis	pas	sûr	de ...
				que + *subjonctif*
Je ne	suis	pas	persuadée	de ...
				que + *subjonctif*
Je ne	sais	pas		si ...
Je ne	pense	pas		que + *subjonctif*

3 Il est plus poli de demander (ironiquement) la permission de dire que vous doutez. Vous donnez de cette manière l'impression que vous avez bien réfléchi à ce que vous dites.

Ces expressions peuvent s'employer aussi bien **à l'écrit** qu'à **l'oral**.

Demande (ironique) de permission	verbe	complément
Permettez-moi d(e)	en douter	
Je voudrais	dire	ma perplexité
		mon incertitude
	émettre	des doutes
		réserves quant à …
	apporter	un doute
		une restriction
	faire part de	mon incertitude
		mon hésitation

4 Le pronom ''on'' est moins personnel que ''je'' et d'un niveau de langue plus *soigné*.
Il vous permet d'insinuer que votre doute est partagé par un grand nombre de personnes.

On en doute.
se demande si …
aimerait être sûr que …
voudrait pouvoir affirmer que …
doit (cependant) émettre de sérieuses réserves sur …

5 Les pronoms impersonnels permettent d'exprimer le doute général et encore moins personnel:

Il + verbe +	adverbe de nuance+	adjectif	+ que	
Il est	peu			
serait	fort	probable	que + *subjonctif*	
serait	tout à fait	improbable	que + *subjonctif*	+ reprise
semble	très	étonnant	que + *subjonctif*	de ce qui
Il semblerait		faux de croire que		est douteux
	plutôt	incertain	que + *subjonctif*	
			que + *subjonctif*	

Il faut	se méfier	de …	+ reprise
Il faut	se demander	si …	de ce qui
Il y a lieu	de s'interroger	sur …	est douteux

Les *pronoms démonstratifs* – ce, ceci, cela, ça – introduisent plutôt une référence à ce que vous avez trouvé douteux (et qui *précède* votre intervention):

[ce qui est douteux]
C'est (difficilement) acceptable.
(extrêmement) douteux.
(très) discutable.
problématique.
improbable.
Ceci n'est pas crédible.
Cela ne traduit pas forcément …
Ça m'étonnerait.
Ça me laisse incrédule.

6 **En langue écrite**, et dans des situations formelles, vous pouvez employer des expressions complètement impersonnelles qui, selon les *nuances* que vous ajoutez, peuvent exprimer un doute profond, voire l'incrédulité.

Vous pouvez commencer votre phrase par un *substantif* exprimant le doute:

Le doute suscité par une telle affirmation …
Les doutes que provoquent de tels arguments …
Le scepticisme du grand public à l'égard de tels propos …
Les réserves exprimées partout en ce qui concerne …
L'incertitude naît tout naturellement de …

ou employer un *adjectif* pour exprimer le doute:

Les propos fort *douteux* qu'on vient d'entendre …
Les arguments plus que *discutables* avancés par le gouvernement …

ou poser une *question* (verbe exprimant le doute au conditionnel):

Qui *oserait* prétendre que …?
ne *douterait* pas de …?
ne *serait* pas sceptique devant …?
n'*émettrait* pas de doutes …?

Il reste d'autres possibilités à exploiter. N'oubliez pas de noter vos propres suggestions sur une feuille séparée.

Exprimer le doute – Activités ▷ ▷ ▷ ▷

A l'oral

1 Dans une discussion entre étudiants sur la sélection dans l'éducation, vous voulez intervenir pour exprimer un doute sur la nécessité d'introduire d'autres formes de sélection que celles qui existent déjà.
   ▶ Imaginez votre intervention, faites une pause, et enchaînez pour insister sur vos doutes.

2 Dans un entretien d'embauche, votre interlocuteur vous suggère que vous n'avez pas suffisamment de diplômes pour le poste que vous voulez avoir. Vous doutez qu'il y ait un rapport quelconque entre diplômes et capacité pour faire ce travail, mais vous ne voulez pas contredire votre employeur éventuel.
   ▶ Comment exprimez-vous vos doutes?

A l'écrit

3 Etudiant(e) dans une université britannique, vous écrivez une lettre au président d'un syndicat d'étudiants en France pour lui exprimer votre soutien et en même temps exprimer vos doutes sur le type d'action engagée par les étudiants français: manifestations dans la rue, confrontations avec la police, …
   ▶ Ecrivez le paragraphe dans lequel vous exprimez vos doutes.

4 Vous êtes professeur dans une école primaire. Vous répondez à la demande de votre directrice de mettre par écrit les doutes que vous inspire la décision de supprimer deux heures de maths par semaine pour les remplacer par une heure de musique et une heure de danse.
   ▶ Comment vous exprimez-vous?

183

MODULE 7 LE DÉBAT (2)

Politique et conflit

Pratique de la discussion politique

Texte 1 (vidéo):	**Basque, Breton ou Français?**
Texte 2 (écrit):	**L'Irlande du Nord (I)**
Texte 3 (écrit):	**L'Eglise engagée**
Texte 4 (écrit):	**84 ou le meilleur des mondes**
Glossaire:	**Politique et conflit**
Ressources linguistiques:	**Prouver**
	Réfuter

Collage-vidéo: **"Je dirai deux choses"**

Pratique de la discussion politique

1 L'art de la discussion politique ne se limite nullement à l'étude d'un style polémique élevé, ni à la 'rhétorique' formelle, si importants qu'ils soient tous les deux. Nous avons surtout affaire ici à la stratégie de la communication en public, où l'intention est de persuader et d'appeler le public à l'action. (*Ressources linguistiques, 9,2*).

2 *La discussion politique entraîne une série de décisions:*
   (a) des décisions *stratégiques* sur les objectifs qu'il est possible d'atteindre dans le temps disponible et avec un public connu.
   (b) une décision *tactique* sur la méthode à suivre pour atteindre ces objectifs.

3 Cette forme de communication impose des limites draconiennes en ce qui concerne le *fond* de l'argument. Le public n'est pas prodigue de son attention. Comme on peut implanter tout au plus une ou deux idées dans l'esprit de l'auditeur, leur choix n'est pas sans importance.

4 Ces idées prioritaires formulées, il est utile de les placer au début, ou à la conclusion du discours. On ralentit son discours et on fait des pauses pour assurer à l'auditeur le temps de vous suivre. On emploie des formules graphiques et lapidaires. Plus l'idée est importante, plus il faut la reprendre et la reformuler en d'autres termes (*Nuance, Ressources linguistiques, 5,1*). On choisit bien les phrases qu'on désire entendre citer par le public, et voir paraître dans la presse. Souvent on circule le texte du discours, ou un résumé, pour que les journalistes aient la tâche plus facile.

5 La présentation dépend de l'appréciation que vous faites du public auquel vous adressez vos remarques. Certaines gens préfèrent le ton calme et flegmatique; d'autres un stimulus émotif ou passionné. Souvent vos auditeurs jugeront l'orateur plutôt que le message et les reporters utiliseront vos idées de base pour garnir une réflexion totalement divorcée de ce que vous avez dit.

6 Il importe de vous approvisionner d'anecdotes, d'à-côtes, de plaisanteries et de ripostes à des questions embarrassantes. Tout discours de ce genre est spectacle. Si le public arrive à retenir d'un discours la suggestion d'une nouvelle ligne de conduite ou d'une politique précise — chapeau bas!

7 Il s'agit, dans ce module, du choix entre deux approches:

   (a) l'approche logique et documentaire, quand on examine une question en profondeur pour instruire le public. Dans la présentation logique et sérieuse, il convient de présenter un argument cohérent en suivant les modèles établis dans les modules précédents (modules 1 et 2 surtout: *Pratique de l'exposé* et les *Ressources linguistiques.*)
   (b) l'approche tendancieuse ou polémique quand il s'agit d'émouvoir le public. Consultez les *Ressources linguistiques* du module 4 (*persuader/dissuader*), module 7 (*prouver/réfuter*) et module 9 (*appeler à l'action*).

8 Plus que dans d'autres contextes possibles, le discours politique nécessite une voix audible, même sous des conditions difficiles. Puisque nos interventions sont parfois rendues inaudibles par une réaction favorable ou hostile, le locuteur est obligé de répéter certaines phrases plusieurs fois. Cesser de parler en attendant le silence est parfois imprudent parce qu'on pourrait supposer que vous avez terminé. Il suffit de continuer à parler, en répétant ce que l'on vient de dire, dans l'intention de reprendre le fil une fois le public attentif.

A toutes fins utiles: ''Parlons peu et parlons bien!''

Basque, Breton ou Français?

Dossier culturel ▷ ▷ ▷ ▷

L'autonomisme régional

Il faut d'abord distinguer l'autonomisme du simple multiculturalisme. Le multiculturalisme résulte de l'immigration de peuples de pays différents, transplantant chacun dans leur nouvelle demeure des éléments d'une culture étrangère. Ces demeures accueillent le plus souvent une multiplicité de races et leurs problèmes — si problème il y a — sont d'ordre culturel plutôt que politique. Prenons deux cas représentatifs: celui de l'Australie du Sud, et celui du Québec. La terre australe rassemble plus de 20 nationalités parmi ses immigrants. Les Québecois, comme les Jurassiens du module 5 texte 1, sont en majeure partie francophones. Toute demande d'autonomie en Australie du Sud serait à base topographique ou économique. La race et la culture n'y seraient pour rien. Par contre le Québec a une identité culturelle, linguistique, confessionnelle et historique et ses frontières sont partout entourées de communautés multiculturelles.

Le document vidéo présente un éventail d'opinions émises par des gens — étudiants ou professeurs — représentant différentes tendances autonomistes, mais tous parlent au nom d'une culture. Ce sont des voix modérées, *non*-extrémistes, voire conditionnelles qui, chacune, accordent une part de bonne volonté et de logique à l'argument opposé.

Activités communicatives

A l'oral ▷ ▷ ▷ ▷

1 Table ronde sur l'autonomise

Activité: Le groupe débattra la question de l'autonomie dans une région de leur choix (ou tout simplement dans les régions traitées dans la vidéo). Ils examineront le bien- ou mal-fondé des réclamations des autonomistes, et ils feront la critique de la résistance des autorités qui semblent refuser toute autonomie, même partielle.

Préparation: On nommera à l'avance ceux qui joueront les rôles des autonomistes. On sélectionnera le pays où on situe la discussion.

Du côté *linguistique* c'est un exercice de persuasion qui exploite les *Ressources linguistiques* (*prouver* et *réfuter*) de ce module.

Du côté *pratique* le but de la discussion consiste à:
(*a*) faire la mise au point du problème de l'autonomisme;
(*b*) appliquer cette analyse au pays sélectionné pour le débat;
(*c*) constater l'étendue et la gravité des différends entre les autonomistes et les autorités;
(*d*) décider si une solution durable s'avère possible.

Déroulement du cours: Commencer par élire un président de séance.
(*a*) Deux personnes (ou plus) prennent le rôle des autonomistes (basques, antillais, écossais, québécois etc.). Au départ ceux-ci font des exposés de leurs idées et de celles des autonomistes dans la vidéo.
(*b*) Ils essayent de persuader les autres de la justice de la cause des autonomistes.
(*c*) Ils se déclarent prêts à défendre ces idées, justifiant ou rejetant le terrorisme comme instrument de la politique.
(*d*) Les autres membres du groupe les interrogent, s'inspirant des déclarations plus réservées et des objections émises par les autres personnes apparaissant dans la vidéo.

Le rôle du président de séance est de présenter les autonomistes et de faire le bilan de la discussion avant de proposer au groupe une résolution basée sur les idées émises.

2 Discours politique

Activité: Ceux parmi les étudiants qui ont vécu dans une région marquée par un fort mouvement autonomiste jouent le rôle d'un autonomiste. Ils seront interrogés par un public qui assiste á la conférence et qui nuance ou réfute leurs assertions.

Préparation: On désigne les autonomistes, et la région représentée. Les ''autonomistes'' expliciteront:
(*a*) à quel point la région manifeste une culture et des traditions qui diffèrent de celles du reste du pays.
(*b*) pourquoi cette individualité nécessite une forme d'autonomie politique, et
(*c*) quelles seraient les conséquences des changements proposés.

Ceux qui ne présentent pas d'exposé constitueront un jury pour interroger les principaux locuteurs, pour nuancer et réfuter certaines de leurs assertions et pour faire le bilan de la discussion.

A l'écrit ▷ ▷ ▷ ▷

Lettre

Un livre vient d'être publié intitulé *L'Irlandisation des provinces*, proposant qu'un mouvement autonomiste en France (basque, breton, alsacien, corse etc), ou dans votre propre pays, adopte des méthodes terroristes pour atteindre son but. Vous écrivez une lettre à un journal de votre région pour offrir votre définition d'une autonomie légitime, et pour opposer (ou appuyer) l'emploi de la violence. (Voir: *Pratique de la discussion politique* en tête de ce module.)

▶ ▶ ▶ ▶ ▶ ▶ l'Irlande du Nord

Dossier culturel ▷ ▷ ▷ ▷

La question irlandaise

Cette question ne date pas d'hier. Se prononcer pour les ''unionistes'' ou les ''nationalistes'' en accordant à qui que ce soit le monopole de la vertu, c'est peut-être simpliste.

Les ''nationalistes'', ce sont les Irlandais à dominante catholique qui réclament la réunification du nord et de l'état libre du sud en une république détachée de la Grande-Bretagne. L'IRA (l'Armée républicaine irlandaise) a pu être un mouvement d'opposition intellectuelle entre les deux guerres: elle ne l'est plus. C'est une armée de guérillas, exerçant une autorité totale sur la communauté catholique et conduisant des opérations militaires contres les forces de l'ordre britanniques (police ou armée). Elle est au ban de la loi dans l'état libre. Leur objectif: de fatiguer les ''Brits'' au point de les faire se retirer de l'Irlande du Nord et de forcer la communauté protestante à négocier la création d'une Irlande indépendante et unie.

Les ''Unionistes'' sont les protestants du nord, en grande partie des descendants des colonisateurs, venus il y a des siècles de l'Ecosse et de l'Angleterre. Ce sont des Irlandais de vieille souche, car cette colonisation remonte plus loin que celle des Etats-Unis. Ce sont eux qui ont fait du pays agricole qu'était le nord une terre industrielle et prospère. Le chômage atroce de nos jours ne démentit nullement la prospérité potentielle du pays. La tactique des Unionistes est de rester inactifs mais de rappeler aux autorités de temps en temps qu'ils représentent une capacité militaire et civile puissante qui couve. Ils se réclament d'un pur nationalisme britannique et rejètent toute idée d'une association avec l'Irlande, de quelque genre qu'elle soit. De là leurs défilés arborant des écharpes oranges, leurs grèves-surprise ... On est dans une impasse totale.

Il suffirait d'une négociation raisonnable pour trouver une solution, mais les passions et les haines étouffent la raison. La religion vient s'ajouter aux passions politiques. Les combattants morts sont des martyrs. La modération devient trahison pour les uns comme pour les autres. Dans cette situation, la politique du gouvernement britannique est de maintenir le statu quo et un simulacre de paix.

Nous imprimons ces textes en tendant d'humbles excuses à nos amis les étudiants irlandais. Eux nous diront que la situation n'est plus la même. Nous avertissons le lecteur que, bien sûr, certaines choses ont beaucoup évolué, mais d'autres peut-être moins.

1. Voir Belfast et mourir (1980)

Belfast. – Il y a la ''question irlandaise'', les plans et contre-plans de Londres et de Dublin, la position des partis et des Eglises, les commentaires savants et pessimistes des journaux et les communiqués laconiques de l'IRA et de l'armée britannique – et puis il y a Belfast, ses habitants et la vie qu'ils y mènent. Le choc que l'on éprouve en découvrant ou en retrouvant la capitale de l'Ulster, on n'ose guère en parler, le plus souvent: crainte de paraître naïf, impressionnable, de

verser dans la sensiblerie, ou, peut-être, tout simplement, d'enfoncer une porte ouverte. N'y a-t-il pas plus d'une décennie que les hostilités ont commencé en Irlande du Nord?

Mais les portes, justement, y sont fermées – comme est oubliée, ailleurs, cette guerre qui n'en est pas vraiment une. Faut-il que les déchirements y soient profonds pour que la principale ville de cette terre d'accueil par excellence, à l'hospitalité légendaire, soit devenue en si peu

d'années une juxtaposition de ghettos où, passé une certaine heure, tout visage inconnu, à *priori* (et non sans raison parfois, hélas), est suspect.

La méfiance commence dès l'aéroport où l'on embarque pour Belfast. Il faut vraiment faire un effort d'imagination pour se dire que l'on va monter à bord d'un appareil des lignes intérieures britanniques. Tous les bagages sont minutieusement fouillés un par un par des policiers consciencieux et navrés, et il n'est pas question de conserver avec soi dans l'avion la plus modeste serviette, le plus petit sac. Un livre, à la rigueur, mais l'on s'assurera qu'il ne dissimule rien entre ses pages.

A l'arrivée, sitôt franchie la sortie de l'aéroport de Belfast, la présence militaire britannique ne se laisse pas ignorer: en gilet pare-balles et le pistolet mitrailleur à la hanche, des soldats fouillent les voitures aux postes de contrôle installés dans les deux sens sur la route qui relie le terrain d'aviation à la ville. Il n'est jusqu'au gardien, lui aussi consciencieux, lui aussi navré, du parking de l'hôtel, qui ne fouille à son tour la voiture de location du visiteur avant de le laisser entrer.

Veut-on aller faire un tour en ville? Mieux vaut laisser sa voiture où on a réussi à la faire stationner. Dès que l'on entre dans les quartiers du centre, en effet, il n'est plus possible d'abandonner son véhicule sans surveillance. Toute voiture arrêtée le long du trottoir sans qu'une personne au moins reste à l'intérieur est aussitôt repérée et emportée avec force précautions par les démineurs de la police: l'IRA a commis naguère trop d'attentats avec des voitures piégées pour que l'on puisse encore en prendre le risque. De sorte qu'à l'heure des courses dans les magasins les principales artères de Belfast offrent un spectacle singulier: dans chaque voiture arrêtée, absolument dans chacune d'entre elles, il reste quelqu'un, une voisine que l'on a emmenée à cette fin et, à charge de revanche, un enfant qui ne va pas à l'école ce jour-là ...

Contrôles et patrouilles

Au demeurant, il n'est pas question de s'approcher en voiture des grands magasins: toute circulation est interdite alentour, sauf pour les bus et les taxis, fouillés eux aussi à l'entrée de cette "control area" que l'on retrouve au centre de la plupart des agglomérations de l'Ulster. Les piétons eux-mêmes doivent montrer patte blanche. Ou, du moins, faire la preuve qu'ils ne transportent sur eux ni armes ni explosifs. Leur identité, elle, n'est pas demandée. Le centre est ainsi entouré d'un mur que seuls quelques postes de contrôle permettent de franchir. Depuis son édification, il n'y a plus guère d'attentats "aveugles" dans les grands magasins. "C'est pour votre propre sécurité, n'est-ce pas." Oui. Ce n'est pas le mur de Berlin, bien sûr, mais enfin ce coquet dispositif, n'embellit pas précisément le centre de Belfast. En outre, il ferme en fin de soirée. Après minuit, et jusqu'à sept heures du matin, il faut passer la nuit dehors, ou dedans.

De toute façon, on ne se promène guère dans le centre après la fermeture des magasins et des bureaux. Les rares passants pressent le pas. De loin en loin, on distingue la double silhouette de policiers. Dans tous les pays du monde, ils ont la réputation d'aller par deux. Ici, c'est une nécessité impérative: l'un regarde devant, l'autre derrière, en marchant le plus souvent à reculons ...

Un épicier s'apprête à fermer sa boutique. Autrement dit, à tirer, par-dessus le grillage anti-grenades qui protège sa devanture, un second rideau de fer. Un écriteau, derrière sa porte, annonce qu'"on ne sert que les clients connus". Un peu plus loin, à défaut de restaurants (difficiles à trouver en dehors des grands hôtels), un vrai pub irlandais, qui a l'air plein d'une foule animée. Mais celle-ci se tait instantanément à l'entrée du visiteur, tout heureux pour une fois de son accent français qui détend aussitôt l'atmosphère. C'est que les pubs aussi sont spécialisés par confession religieuse et qu'une soif catholique ne saurait s'étancher à un comptoir protestant ...

Retour par les rues désertes. De loin en loin, une maison calcinée par un incendie ou éventrée par une bombe, des slogans peints sur les murs, des affiches, viennent rappeler à qui en douterait encore que, pour les nationalistes irlandais – et les unionistes intégristes contre l'IRA – n'est pas une guerre pour rire. C'est, bien plutôt, une guerre pour pleurer. Combien y a-t-il, derrière ces façades sinistres, d'Irlandais en deuil, et d'Irlandaises plus encore? Combien de chagrins et de haines, combien aussi de petits Roméo et Juliette du pauvre, qui ne pourront transgresser l'interdit parce que les Capulets sont catholiques et les Montaigus protestants ou l'inverse?

Une patrouille britannique passe, armes et lampes braquées sur les façades, avec les inévitables gilets pare-balles qui constituent la dernière mode vestimentaire de Belfast. Un taxi enfin, dont le chauffeur a envie de parler: "Avouez que vous vous attendiez à pire! On dit beaucoup de choses sur nous, mais vous voyez bien que la vie continue ici. Ça pose quelques problèmes, mais on se débrouille, il faut bien ... A Londonderry, oui, là c'est dur. Mais ici, non, pas vraiment."

Ainsi va la vie à Belfast, jour après jour, nuit après nuit, depuis plus de dix ans, même hors de toute période de tension particulière, de toute vague d'attentats. La vie, et parfois – dans le fracas d'une explosion qui n'intéresse déjà plus personne, ou d'une rafale – la mort.

(Bernard Brigouleix *Le Monde*, 4 juillet 1980)

2. Deux mille morts en dix ans en Irlande du nord (1983)

Les nationalistes irlandais rattachent leur lutte à celle des Vietnamiens et des Algériens hier, des Palestiniens et, pourquoi pas? des Corses aujourd'hui. Ils ne se battent pas seulement pour jeter les "Brits" à la mer – en tout cas les forces de l'ordre britanniques – ou pour une Irlande unie débarrassée des séquelles de tout "colonialisme", mais pour un objectif plus ambitieux : une république socialiste. Sans doute devrait-on apporter quelque nuance entre les "provos" de l'IRA, plus nationalistes et catholiques, et les membres de l'Armée de libération nationale irlandaise (INLA), plus marqués par le marxisme. Mais, globalement, ils sont d'accord.

Objectif en principe respectable, auquel s'opposent les deux gouvernements de Londres et de Dublin, "impérialistes et répressifs", voués ensemble aux gémonies. Par des moyens démocratiques, il paraît cependant hors de portée : au sud, le gouvernement oscille entre deux partis de centre ou de droite, au nord, la majorité protestante se caractérise plus par son intégrisme religieux que par son progressisme.

Dans un pays occidental "normal", le terrorisme au service du socialisme ne sortirait guère de la marginalité. Mais l'Irlande n'est pas un pays normal. La lutte armée se nourrit des frustrations nationales de minorité de l'Ulster, où le Sinn Fein a obtenu 10% des suffrages (soit un tiers des voix catholiques) aux récentes élections à l'assemblée provinciale. Ce n'était certes pas un choix en faveur du terrorisme. Mais c'était, du moins sans conteste, un vote contre les Britanniques.

Les hommes politiques de Londres et de Dublin exagèrent et minimisent tour à tour, selon les besoins du moment, les dangers du terrorisme, qui a tout de même fait plus de deux mille morts en dix ans. Leur rêve secret est d'oublier le cauchemar nord-irlandais. C'est difficile quand une bombe détruit totalement une discothèque remplie de soldats et de civils, comme en décembre dernier à Ballykelly. L'émotion retombée, ils ne se font guère preuve d'énergie ou d'imagination pour trouver une solution.

Malgré les efforts, louables mais isolées de M. James Prior, secrétaire d'Etat à l'Irlande du Nord, pour chercher une issue constitutionnelle, le gouvernement britannique semble compter d'abord sur les mesures de police pour rétablir l'ordre.

Il est vrai que c'est la quadrature du cercle. Passons sur les pétitions de principe contre toute ouverture de pourparlers avec les "terroristes" : en 1974 et en 1975, des émissaires gouvernementaux n'ont pas hésité à négocier avec l'IRA des trêves qui ont, si l'on ose dire, fait long feu. Les obstacles tiennent davantage au fond. Les autorités ne peuvent ni vider le bocal dans lequel prospère le poison terroriste en donnant satisfaction aux nationalistes modérés ni trouver dans une forme ou dans une autre de régionalisation un remède à la violence.

C'est, au contraire, l'exercice, pendant cinquante ans, d'une certaine forme d'autonomie au sein du Royame-Uni – un gouvernement local responsable devant le Parlement de Belfast – qui est à l'origine du mouvement pour les droits civiques et des troubles de la fin des années 1960. Entièrement dominé par les Unionistes protestants, le Stormont avait superbement ignoré les droits de la majorité catholique de l'Ulster. Le retour à une "dévolution des pouvoirs" n'apparaît pas comme une solution à la crise : il suppose les problèmes résolus, les divisions confessionnelles surmontées. Abandonnés à eux-mêmes par une armée britannique qui, il y a dix ans, est intervenue plus pour protéger les catholiques que pour défendre les privilèges des protestants, les Irandais du Nord, "papistes" ou loyalistes, s'entre-déchireraient de plus belle.

"Lutte armée" et paranoïa

Les nationalistes refusent évidemment l'étiquette de "terroristes". Ils se sentent engagés dans une guerre contre une armée coloniale, ne visant officiellement que les objectifs militaires ou industriels, et voudraient, théoriquement, épargner les civils (les auxiliaires à temps partiel des forces de l'ordre n'entrent pas dans cette dernière catégorie). Mais le distinguo est difficile, et les victimes innocentes ne sont pas seulement celles de regrettables "bavures".

La "lutte armée", même quand une dérive paranoïaque qualifie comme telle de simples coups de main, a sa logique meurtrière. Elle peut frapper indifféremment dans les camps opposés : dix grévistes de la faim sont morts en 1981 pour une cause incertaine. Elle entraîne à des actes de simple cruauté. Un porte-parole anonyme de l'IRA présente ainsi comme une preuve d'"humanité" le châtiment infligé à un jeune catholique "coupable de collaboration" avec les Britanniques : on l'a renvoyé chez lui, le corps enduit de goudron et orné de plumes …" au lieu de l'exécuter" !

Les nationalistes de l'IRA et de l'INLA savent bien qu'ils ne viendront pas à bout militairement des forces britanniques. Leur objectif immédiat est de susciter en Grande-Bretagne un mouvement d'opinion contre la présence des "boys" en Ulster, d'unifier les forces opposées à la présence britannique et d'imposer une solution politique.

Mais l'opinion britannique s'intéresse sporadiquement à l'Irlande, quand des bombes explosent dans le centre de Londres. D'autre part, les gouvernements anglais (conservateurs comme travaillistes) se sentent liés par leur engagement envers les protestants de refuser toute réforme constitutionnelle n'ayant pas l'approbation de la majorité de la population d'Irlande du Nord. Une majorité qui, à cause du partage soigneusement effectué en 1920, est encore largement protestante pour plusieurs générations. Les nationalistes les plus modérés dénoncent ce ''veto'' accordé artificiellement aux unionistes, qui bloque toute évolution pacifique de la situation.

Le traité de 1921 entre les gouvernements de Londres et de Dublin, immédiatement dénoncé par les protestants d'Ulster et miné par la guerre civile dans ''l'Etat libre d'Irlande'', prévoyait la constitution de deux entités autonomes au Nord et au Sud, et la création d'un Parlement pan-irlandais à Dublin. La ''lutte armée'' ne perdrait-elle pas tout alibi si l'ensemble des forces politiques irlandaises et britanniques reprenait une idée qui n'a peut-être pas tellement vieilli? ''Est-il écrit quelque part qu'aucune rébellion ne doit être liquidée par des moyens pacifiques?'', demandait Lloyd George en signant le traité de 1921 avec le terroriste Michael Collins, devenu, entre-temps, chef du gouvernement irlandais ...

(Daniel Vernet *Le Monde*, 16–17 janvier 1983.)

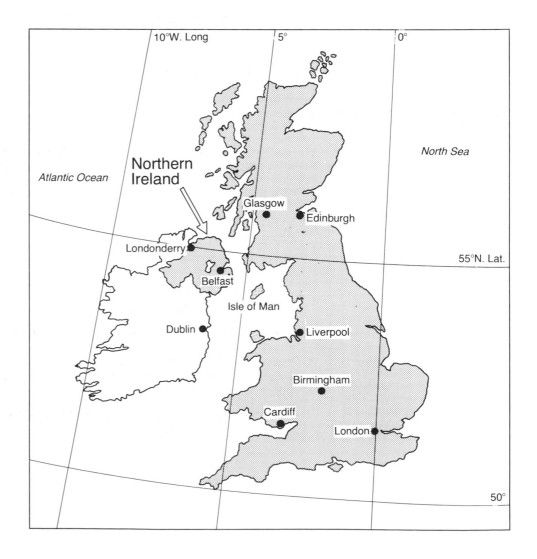

Activités d'analyse

Réseaux thématiques ▷ ▷ ▷ ▷

1 Le thème dominant de l'article de Bernard Brigouleix est le conflit de l'Irlande du Nord. Ce conflit a, bien sûr, ses effets sur la sensibilité et la psychologie.

▶ Faites une liste complète des mots et expressions se rapportant au thème principal.

▶ En sélectionnant tous les termes de l'article qui indiquent les émotions et les attitudes, illustrez l'état mental prévisible des personnes impliquées.

2 Le deuxième article, signé Daniel Vernet, traite du même thème mais sous un angle différent. Dans ce cas, le thème du conflit va de pair avec celui de la politique.

▶ Choisissez, comme vous l'avez fait pour l'article précédent, tous les termes ayant trait au thème du conflit.

▶ Quels sont les efforts déployés par le gouvernement britannique pour trouver une solution au problème de l'Irlande du Nord? Faites-en une liste.

▶ Quels sont les objectifs politiques des nationalistes irlandais?

Pour répondre à ces deux dernières questions, faites des listes portant en tête les titres suivants: *efforts du gouvernement britannique* et *objectifs politiques des nationalistes irlandais*.

▶ Relevez tous les termes ayant trait au thème de la politique.

Repères structuraux ▷ ▷ ▷ ▷

1 Il y a dans les deux textes plusieurs expressions qui indiquent que les auteurs veulent réfuter une idée déjà mentionnée ou à laquelle ils viennent de se référer.

▶ Choisissez-les dans le texte 1, para. 9, et dans le texte 2, paras. 3 et 7.

2 Dans ces textes, plusieurs expressions semblant à première vue avoir la même fonction sont utilisées.

 (i) bien sûr (1.6), évidemment (2.8)
 (ii) de toute façon (1.7), en tout cas (2.1)
(iii) cependant (2.2), tout de même (2.4)
(iv) en outre (1.6), d'autre part (2.11)

▶ Ces expressions ont-elles une fonction identique dans leur contexte?

3 *De sorte que* (1.5), *au demeurant* (1.6), *autrement dit* (1.8) et *même quand* (2.9) sont des points de repère sans ambiguïté à la fois pour les auteurs et pour les lecteurs.

▶ Dites précisément en quoi consistent leurs fonctions. Donnez une autre façon d'exprimer la même fonction.

Activités communicatives ─────────────

A l'oral ▷ ▷ ▷ ▷

1   Négociation en table ronde

Activité: Un groupe d'Irlandais représentant différents secteurs d'opinion examinent le problème de l'Irlande du Nord, pour voir s'il existe la possibilité d'une solution politique, même partielle. A l'exception du président de séance et du journaliste français en visite dans le pays, les membres du groupe jouent le rôle d'Irlandais.

Préparation: Elire un président de séance non irlandais. Nommer à l'avance des représentants de différents secteurs de l'opinion: par ex. : églises protestante et catholique, forces de l'ordre (police et armée), journaliste français et journaliste d'un quotidien de Dublin (dans l'état libre d'Irlande), étudiants protestants et catholiques etc.

Voir les *Ressources linguistiques* de ce module (*prouver* et *réfuter*), et du module 8 (*insister*).

Déroulement du cours:
(a) Le président de séance présente les représentants et les invite à prendre la parole. Les représentants font le bilan de la situation telle qu'ils la voient. Ils feront l'effort de servir de porte-parole au secteur d'opinion qu'ils représentent. Ils sont libres de dire en quoi les portraits brossés par les journalistes français en 1980 et 1983 ne sont plus valables, si telle est leur opinion.
(b) La discussion tournera autour de la situation actuelle, ses origines, sa gravité, les solutions à apporter.
(c) On soulèvera la question du fonctionnement du système démocratique pour les minorités confessionnelles. La majorité doit-elle toujours détenir le pouvoir?
(d) Le groupe essayera de fixer certains domaines où un accord semble possible.

Il incombe au président de séance d'assurer l'intervention de tous les secteurs de l'opinion, et de faire lui-même une mise au point à mi-chemin pour réorienter la discussion vers une résolution possible.

2   Interprétation bilatérale

Activité: Deux interlocuteurs discutent la question du terrorisme. C'est la deuxième rencontre dans une série consacrée à ce thème et elle soulève en particulier la moralité du terroriste, et celle des gouvernements auxquels il fait face.

Préparation: Pour cet exercice identifiez deux interlocuteurs désirant discuter la question du terrorisme. Il s'agit du deuxième entretien d'une série, donc les participants se connaissent déjà bien et reprennent leur dialogue après quelques semaines d'intervalle. Nous suggérons un journaliste français qui prépare une série d'articles sur le terrorisme, et un maître de conférences dans la section des langues vivantes à l'Université de Dunedin en Nouvelle-Zélande.

En interprétant les présentations formelles, faites en sorte qu'elles soient reformulées, et que figure une conclusion formelle, comprenant une formule de satisfaction et la perspective d'une troisième rencontre.

Consultez et utilisez au maximum les *Ressources linguistiques* de ce module ainsi que des éléments de cohésion (afin de structurer clairement les arguments).

Les *points à soulever* sont les suivants (pas nécessairement dans l'ordre donné):
(a) problème à caractère universel
(b) attitudes et actions des gouvernements

(*c*) combattants pour la liberté ou terroristes?
(*d*) types de terroristes – criminel, politique, religieux . . .
(*e*) moralité des terroristes, des combattants pour la liberté et des gouvernements

A l'écrit ▷ ▷ ▷ ▷

1   Rédaction

'La situation en Irlande du Nord n'admet pas de solution possible.'

2   *Lettre du journaliste français au Néo-Zélandais*

Après la rencontre interprétée, le journaliste français écrit en français à son collègue et ami néo-zélandais pour mettre ses idées au clair et pour fixer son opinion sur la moralité du terroriste.

L'Eglise engagée

1. AUX ETATS-UNIS

UN DOCUMENT DES EVEQUES CATHOLIQUES:

Il faut garantir à chacun un «minimum de dignité humaine dans la sphère économique».

Washington. – La conférence annuelle des évêques catholiques, réunie du lundi 12 novembre au jeudi 15 (1984) à Washington, a discuté d'un projet de lettre pastorale sur la justice économique, préparé par un groupe de cinq évêques sous la direction de l'archevêque de Milwaukee, Mgr Rembert Weakland.

Intitulé "L'enseignement catholique et l'économie américaine", ce document de 136 pages, dont l'élaboration avait été décidée en 1980, se prononce, en se fondant sur l'expérience de la démocratie politique américaine, pour une démocratie économique et la "création d'un ordre qui garantisse les conditions minimales de la dignité humaine pour chaque personne dans la sphère de l'économie".

Critiquant, indirectement mais clairement, le gouvernement républicain, le texte des évêques recommande des mesures allant concrètement à l'encontre de la philosophie politique et économique du président Reagan. C'est dire qu'il provoque déjà des remous au sein de la communauté des croyants et au-delà.

La distribution des revenus et des richesses aux Etats-Unis est si inéquitable qu'elle viole les normes minimales de la justice, soulignent les évêques en précisant qu'«en 1982, 20% des Américains les plus riches ont reçu plus de revenus que les 70% de citoyens se situant aux niveaux inférieurs de l'échelle sociale». Et le document ajoute: «Cette inégalité dans notre société, et encore plus dans le monde, est moralement inacceptable. Il est honteux que 35 millions d'Américains vivent au-dessous du seuil de la pauvreté et que d'autres millions le dépassent tout juste». Les évêques recommandent un changement du système fiscal pour «alléger le fardeau des pauvres», une révision des programmes d'assistance «entièrement inadéquats», bref, ils suggèrent une

plus grande intervention du gouvernement tout à fait contraire au credo des républicains qui veulent justement réduire le rôle de l'Etat.

Toutefois, les évêques, rejetant «une concentration des pouvoirs des gouvernements», recommandent une coopération entre les secteurs public et privé. Ils déplorent les discriminations affectant les minorités et les femmes et souhaitent un changement de législation pour renforcer les droits des syndicats, qu'il faut protéger, disent-ils, contre ceux «qui veulent les briser ou les intimider». Enfin, ils se prononcent pour l'extension des expériences de participation des travailleurs à la gestion des entreprises. Toutes ces suggestions et conceptions sont évidemment considérées comme de lourdes hérésies par le gouvernement républicain.

Les critiques les plus sévères de la hiérarchie concernent la politique américaine envers le tiers-monde. Les évêques déplorent que l'aide américaine aux pays en voie de développement soit déterminée en fonction des intérêts militaires des Etat-Unis et non pas en considérant seulement les besoins économiques fondamentaux de ces Etats. Les investissements privés sont utiles, reconnaissent les évêques, mais ils peuvent aussi «créer ou maintenir une situation de dépendance et menacer ceux qui se trouvent au bas de l'échelle économique».

Ce document, qui ne saurait être considéré comme définitif, sera vraisemblablement amendé d'ici son adoption à la fin de l'année prochaine. Néanmoins, il confirme bien l'activisme de la hiérarchie catholique, que la lettre pastorale sur la guerre nucléaire avait déjà mis en évidence en mars dernier.

Cet activisme est contesté par ceux des catholiques qui estiment que l'Eglise doit se tenir à l'écart des problèmes politiques et économiques.

Mais même les éléments les plus conservateurs, comme l'archevêque O'Connor, de New-York, acceptent comme normal que l'Eglise définisse ses positions. Il est légitime, disent-ils, que l'Eglise catholique, qui a cessé d'être celle des pauvres immigrants, préoccupée essentiellement d'afficher son loyalisme au point de ne pas critiquer le gouvernement, assume un rôle plus grand dans la vie publique. Aujourd'hui, les deux cent quatre-vingt-dix évêques à la tête de cinquante-deux millions de catholiques – le groupe le plus important de l'électorat "religieux" – estiment avoir leur mot à dire, tout comme les églises protestantes, sur les grands problèmes de l'heure.

Sans doute Vatican II a-t-il accéléré une évolution au sein de la hiérarchie catholique, jadis pilier du conservatisme social, et qui, aujourd'hui, rejoint sur bien des points la position des démocrates libéraux. Mais cette évolution provoque des réactions hostiles. Ainsi, la semaine passée, un groupe d'hommes d'affaires catholiques, parmi lesquels un secrétaire au Trésor, M. W. Simmon, et l'ancien secrétaire d'Etat, M. Alexander Haig, a publié un document contestant les thèses de la hiérarchie et célébrant les mérites du capitalisme et de l'économie de marché, qui, disent-ils, assurent la croissance économique et permettent d'aider «les pauvres et les chômeurs».

Du côté des démocrates, on regrette que les évêques aient, à dessein, ajourné, après le scrutin présidentiel, la publication d'un document qui aurait compensé l'intransigeante position prise par la hiérarchie sur l'avortement, accompagnée de critiques à peine voilées de Mme Ferraro, la partenaire de M. Mondale dans la course à la présidence.

(Henri Pierre, *Le Monde*, 14 novembre 1984.)

2. Les évêques contre le reaganisme

(...) UN CHOMAGE «INJUSTIFIABLE», UN «SCANDALE SOCIAL»

LA version préliminaire de la lettre pastorale des évêques américains tient un langage tout à fait différent. Les évêques se félicitent, eux aussi, de la tradition politique démocratique de l'Amérique; ils reconnaissent les bienfaits des immenses capacités de production du pays; ils notent l'importance d'une bonne gestion et de l'esprit d'entreprise. Mais toutes ces réussites sont considérées comme autant de points de départ pour affronter les graves problèmes qui persistent ou même s'enveniment. «L'immense richesse de notre pays, sa puissance économique lui donnent une responsabilité toute particulière dans la promotion d'un ordre économique juste».

Ce qui retient l'attention dans la déclaration épiscopale, ce n'est pas une quelconque analyse critique des rouages internes du capitalisme; à cet égard, leur texte se montre relativement réservé et, pourrait-on dire, donne un aval tacite à quelque variante capitaliste d'Etat-providence. Mais, en proposant des critères permettant d'évaluer la réussite ou l'échec de la politique économique, l'épiscopat s'affirme intransigeant. «Les enjeux sont considérables ... Les choix effectués ici ont des conséquences à l'échelle mondiale ... Nul ne peut en même temps se dire chrétien et s'accommoder de l'existence de populations affamées et sans abri, dans le monde comme chez nous. Nous voudrions que cette lettre soit une invitation et un défi pour tous ceux qui, dans notre Eglise, peuvent être tentés par une perspective plus étroite ... NOTRE NORME FONDAMENTALE EST LA SUIVANTE: CETTE DECISION OU CETTE POLITI-QUE VA-T-ELLE AIDER LES PAUVRES ET LES PLUS DEMUNIS D'ENTRE LES HOMMES ET LEUR PERMETTRE DE DEVENIR DES PARTICIPANTS PLUS ACTIFS DANS LA VIE ECONOMIQUE?» (souligné dans l'original).

Les évêques n'hésitent pas à déclarer que le niveau actuel du chômage aux Etats-Unis est «moralement injustifiable», que la persistance d'une telle pauvreté «dans un pays aussi riche que le nôtre est un scandale social et moral» et que «la répartition des revenus et des richesses aux Etats-Unis est si inéquitable qu'elle enfreint cette norme minimale de la justice distributive». Et ces formules ne sont aucunement des traits de rhétorique. Tout, dans ces deux années de discussions avec un large éventail d'experts économiques et dans l'analyse solide des données économiques fournie par ce document, montre que les évêques sont pleinement conscients des complexités de la politique de l'emploi, des programmes de lutte contre la pauvreté et des problèmes posés par la répartition des revenus. Ils ont été exposés de plein fouet aux pressions qui se multiplient aujourd'hui aux Etats-Unis en faveur d'une redistribution des ressources au profit des nantis et des «productifs» et d'une réduction de l'aide publique aux chômeurs et aux pauvres. On peut être assuré que l'épiscopat a bien pesé ses mots. (...)

(Peter Steinfels, *Le Monde diplomatique*, novembre-décembre 1984.)

Activités d'analyse

Réseaux thématiques ▷ ▷ ▷ ▷

1 Le document préparé par les évêques catholiques romains des Etats-Unis contient
la critique de certaines injustices sociales, politiques et économiques aux Etats-Unis.
Cependant, comme c'est le cas pour les rapports bien faits, les auteurs proposent
des solutions aux inégalités qu'ils identifient.

   ▶ Retracez les grandes lignes de pensée du document en notant tous les termes
qui expriment *la critique* et tous les termes qui suggèrent *les remèdes*.

2 Un autre thème important du document est celui de la hiérarchie catholique aux
Etats-Unis.

   ▶ Faites une liste de toutes les expressions qui ont trait à l'église catholique aux
E.U.A..

3 Mais au moins deux autres affaires concernant l'église catholique sont mentionnées
dans l'article.

   ▶ Quelles sont-elles?

4 L'article de Peter Steinfels s'intitule *Les Evêques contre le Reaganisme*. Mais la version préliminaire de la lettre des évêques reconnaît des réussites autant que des échecs dans la politique économique des Etats-Unis.

   ▶ Quels sont les réussites et les échecs mentionnés dans la lettre?

Repères structuraux ▷ ▷ ▷ ▷

1 *Toutefois* (1.5) exprime en général un rapport d'opposition. Mais il est ici placé aussi en position initiale dans son paragraphe.

   ▶ Identifiez précisément sa fonction dans ce cas.

   ▶ Suggérez une alternative dans le même texte qui pourrait lui être substituée.

   ▶ Connaissez-vous d'autres adverbes aux fonctions similaires?

2 Les articulateurs reflètent la pensée de l'auteur et en même temps agissent comme points de repère pour le lecteur.

   ▶ Qu'attend-on après *c'est dire qu'il* (l.3) et *bref* (l.4)?

   ▶ Qu'est-ce qu'indique l'utilisation de: *évidemment* (1.5) et *Sans doute* (1.9)?

Activités communicatives ─────────────

Avant d'aborder ces exercices il serait utile de consulter les *Ressources linguistiques* de ce module (*prouver/réfuter*), ainsi que les expressions employées dans les textes pour marquer la *désapprobation*.

A l'oral ▷ ▷ ▷ ▷

Résoudre un problème

Contexte: Vous êtes paroissien d'une église. Votre pasteur (ou prêtre) s'est lancé, au grand déplaisir de certains, en une campagne politique. Il a prêté son appui à un mouvement à caractère politique prononcé (par exemple: venant en aide aux familles des membres d'un groupe opposé au gouvernement, ou s'associant à un mouvement de désobéissance passive).

Une réunion est convoquée pour régler le différend entre le pasteur/prêtre et ceux de ses paroissiens qui l'accusent d'une action incompatible avec sa vocation et ses responsabilités. Toute l'affaire tourne autour du rôle de l'église dans la société. L'église doit-elle s'abstenir de toute intervention dans des questions politiques, au point de prendre position pour ou contre le gouvernement, ou peut-elle légitimement s'associer à une action politique?

Activité: Les paroissiens prennent une décision sur les actions du pasteur (prêtre). Un représentant de ses critiques dépose leurs plaintes contre lui. Le pasteur se défend contre ces plaintes, en précisant quelles ont été ses actions, et les raisons pour lesquelles il avait agi. Les autres paroissiens interrogent les accusateurs et l'accusé avant de prendre une décision, justifiant ou condamnant leur pasteur.

Préparation: L'activité ne concerne pas directement le cas cité aux Etats-Unis, mais les mêmes principes sont en jeu.

La classe choisira à l'avance le genre d'action politique de la part du pasteur qu'il préférent discuter, par exemple:

(*a*) un mouvement adoptant une *tactique illégale* (par exemple: la désobéissance passive d'un mouvement opposé aux armes nucléaires)

(*b*) un mouvement qui emploie une *tactique plus militante ou violente* (par exemple: des piquets de grève volants, sabotage de camions, menaces et violence contre des "jaunes" qui refusent de se mettre en grève, etc.)

La classe désignera à l'avance (*i*) le pasteur/prêtre, (*ii*) ceux qui mènent le mouvement d'opposition contre lui et leur porte-parole, (*iii*) un président de séance et (*iv*) ceux qui formeront la "Cour d'Appel", c'est-à-dire le gros de la paroisse.

Déroulement du cours: Le président de séance présentera le problème à résoudre, et proposera un ordre du jour, avant d'inviter les principaux personnages à prendre la parole. Il fera le bilan de la discussion après un certain temps, invitant les participants à concentrer leur attention sur les points qui restent à résoudre. Il demandera à la réunion de formuler une résolution et de prendre une décision.

A l'écrit ▷ ▷ ▷ ▷

1 Article de journal

Prenant l'action des évêques américains comme point de départ, vous écrivez un article pour un journal de tendance conservatrice et traditionnelle approuvant (ou condamnant) l'intervention de l'église dans une campagne politique dans votre pays. Ce mouvement propose que le gouvernement passe à l'action de manière radicale pour réduire les inégalités dans la société, pour lancer un programme social de vaste envergure, et pour créer de meilleures conditions matérielles et sociales pour la section la plus pauvre de votre société.

Préparation: En proposant cet article pour un journal conservateur, nous avons l'intention de faire penser l'étudiant à sa stratégie de persuasion. (Voir par exemple les *Ressources linguistiques* du module 4 (*persuader/dissuader* et *faire des concessions*), et du module 8 (*insister, faire des comparaisons* etc.).)

2 Lettre d'appui (ou d'opposition)

Vous écrivez: *ou* une lettre d'appui qu'on doit remettre au pasteur/prêtre avant la réunion des paroissiens; *ou* une lettre de "dénonciation" aux autorités de l'église (évêque, président de l'assemblée de l'église etc.) pour condamner l'action politique du pasteur (ses actions ayant été approuvées par le conseil de la paroisse).

Préparation: En préparant cette lettre consultez la *Ressource linguistique* de ce module (*prouver/réfuter*). Vous soumettrez vos propres idées quant au rôle de l'église dans la société en gardant un ton sobre, raisonné et 'chrétien'. Nb. Ceux qui s'opposent à l'intervention de l'église dans la politique ne sont nullement censés être indifférents aux problèmes sociaux, mais simplement partisans de la non-intervention de l'église dans de tels domains.

"1984", ou le meilleur des mondes

Dossier culturel ▷ ▷ ▷ ▷

Louis Marcorelles offre dans ce texte une appréciation du film ''1984'' de Michael Radford, adaptation du roman de George Orwell publié en 1948. Le lancement du film avait été synchronisé avec l'année qui sert de titre au roman. En sélectionnant cette année, et en situant à un moment précis de l'avenir ce régime totalitaire, l'auteur avait simplement interverti les chiffres de l'année de publication.

« 1984 », DE MICHAEL RADFORD

Prolétaires en gris argenté

Refusée successivement par Francis Ford Coppola et Milos Forman, l'adaptation du *1984* de George Orwell a finalement été prise en main par le chef de file de la nouvelle vague anglaise, Michael Radford, trente-huit ans, dont nous vîmes la saison passée l'*opera prima*, *Another Time, Another Place* (*Coeurs Captifs*), différent sous tous les rapports. A l'intimisme, à la chronique d'un village écossais à la fin de la dernière guerre, succède cette fresque de fin du monde où les hommes ont été réduits à l'état de larves, où un Grand Frère (Big Brother) omniprésent surveille les citoyens en permanence.

George Orwell écrit son roman en 1948 et le situe en 1984 tout simplement en inversant les deux derniers chiffres. Il a vécu jusqu'au désespoir l'engagement politique ; il a vu la misère de la classe ouvrière en Grande-Bretagne. Enrôlé dans les Brigades internationales, il a suivi les violentes rivalités intestines de la gauche. Nommé à la radio pendant la guerre, il a pu prendre conscience du rôle capital de l'information dans la propagation mais aussi dans la déformation éventuelle de la vérité. Il n'a pas été assez aveugle pour ne pas deviner – malgré l'entente du temps de guerre où les Alliés se retrouvent au coude à coude, URSS incluse, pour abattre l'Allemagne hitlérienne – que le stalinisme, et d'abord Staline, sortait renforcé de l'épreuve, nullement décidé à concéder le moindre fragment de "liberté" (au sens où nous l'entendons en Occident) aux citoyens soviétiques.

Le livre *1984* jaillit de cette expérience, d'une réflexion mûrie au feu des batailles quotidiennes sur tous les fronts. Le propos s'élargit, par-delà le côté science-fiction, en une analyse des mécanismes de l'idéologie totalitaire, avec, corollaire inévitable, le parti unique, le refus d'accepter la contradiction déstabilisatrice, donc la critique véritable. On avait découvert dans le monde anglo-saxon, au début des années 40, le célèbre *Darkness at Noon*, qui nous sera révélé peu après 1945 sous le titre français *Le Zéro et l'Infini*. George Orwell reprend quelques-uns des éléments du roman de Koestler, qui fut à l'époque une révélation. Mais il en déplace la portée ; il met au premier plan le peuple, des employés, des travailleurs.

Michael Radford évite le piège de l'idéologie qui aurait vite fini de caricaturer le propos original : il ne cherche pas à démontrer ; il analyse un comportement, une société précise, assez proche, par certains aspects, de la société britannique. Son Océania, le pays imaginaire inventé par le romancier, possède certaines caractéristiques de cette Angleterre toujours si "class conscious" (consciente des rapports de classes), où Marx lui-même, après tout, puisa une partie de son information. Loin de s'abandonner au délire du film d'anticipation, Michael Radford renforce l'effet Orwell, utilise avec beaucoup d'habileté le décor naturel de son pays, ou plutôt de certains quartiers de Londres délabrés, ces terrains vagues, ces bâtiments pas exactement en ruine, mais dont la laideur reste la marque dominante.

Décervelage primaire
Il habille ses prolétaires non plus du bleu de chauffe cher à la Chine de Mao, mais d'une tenue encore plus sombre, à l'image de la grisaille environnante. Il n'a qu'à forcer très légèrement sur la réalité industrielle qui nous entoure, qui entoure encore le monde du travail dans tant de pays, pour restituer une aliénation devenue permanente. Développant le propos d'Orwell, Michael Radford montre la nomenklatura policière partout aux commandes et ne rate pas l'essentiel ; le cours de l'histoire est transformé ; passé et futur n'ont plus de consistance, susceptibles de manipulation permanente. Ce décervelage primaire a pour témoins dans le film trois personnages : Winston (John Hurt), préposé à l'information, sous-fidélisé qui s'éveille un moment à une forme de prise de conscience et donc de révolte ; son amie, une ouvrière, jolie prolétaire aux cheveux noirs de jais (Suzanna Hamilton) ; un commissaire politique, à la fois confesseur, penseur, médecin des âmes, préposé aux hautes oeuvres (Richard Burton).

La propagande ne s'arrête jamais, ni les médias, radio, télévision (George Orwell a eu le temps d'entrevoir, avant sa mort en 1950, l'avènement du petit écran et la mission de rabotage des esprits qui lui était impartie). La haine et l'enthousiasme sont constamment entretenus, selon un rythme alternatif bien dosé. Ailleurs l'autocritique déferle. Michael Radford a choisi un ton uniforme, une sorte de rappel à l'ordre ininterrompu. Il n'est pas question de relâcher une seconde la tension dramatique. Lentement, à pas comptés, le récit accumule ses évidences. Et puis, soudain, courtes échappées dans la meilleure tradition des premiers films d'Alain Resnais, l'imaginaire se réalise, existe en images, amour bien réel, bonheur fugitif, hors du temps. Mais cet imaginaire garde-fou, ce refuge provisoire, est à son tour balayé, contaminé par l'idéologie. L'essentiel de *1984* (les neuf dixièmes) a été filmé dans des teintes spécialement travaillées en laboratoire, une forme de gris argenté qui recouvre tout, avec quelques taches de rouge. L'évasion vers la liberté, l'amour, le rêve, n'ont plus de raison d'être.

Le réalisateur pousse si loin son apologue qu'on se demande s'il ne va pas trahir le propos initial et épouser à son tour le dogmatisme réducteur, tentation inévitable face à tant de monstruosité. Et puis il écarte le piège, pour aboutir à la scène la plus forte du film, interprétée magistralement par Richard Burton. O'Brien essaie de démontrer comment deux plus deux ne font pas nécessairement quatre, mais aussi trois et cinq. Winston, la victime, allongé sur la table de torture, les poignets pris dans des sangles, fait semblant d'accéder au désir de son

bourreau qui refuse de se contenter d'à-peu-près. Le réflexe doit venir naturellement: la vérité n'existe pas, sauf par, dans et à travers la vision du parti, l'Angsoc, au-dessus des consciences et de l'histoire. Brisé, réduit à l'état d'aboulique, Winston retrouve un certain bonheur végétal jusqu'à la balle dans la nuque quelque petit matin.

La parabole de George Orwell, mise en images avec un grand souci de fidélité, peut par extrapolation recouvrir toutes les Inquisitions, aussi bien Staline et Mao Zedong que l'Iran de Khomeiny, et même en un sens s'élargir à nos sociétés modernes, mais nous dépasserions le propos initial. Candide, le visage angélique, Michael Radford enfonce le couteau dans la plaie avec une rigueur dans l'analyse et un goût de l'audace visuelle jamais en défaut. George Orwell, et ce que nous en restitue le cinéaste – dans le livre, c'est encore plus manifeste, – nous invite à plonger dans l'utopie absolue, au-delà du socialisme, de ce socialisme qui a bel et bien existé, avec ses élans généreux, sa révolte authentique et son détournement au profit de concepts et d'actes

criminels. *1984*, film et livre, débouche d'une certaine manière sur la métaphysique, sur le mal en l'homme, quand la pire trahison coïncide avec le rêve matérialisé.

Richard Burton, redisons-le, et John Hurt sont prodigieux. Burton affronte la folie, la double pensée ("double thought"), avec cette froideur totalement contrôlée de l'intellectuel robot, sans la moindre passion, excellant à décomposer, à mettre à nu un processus: la possession des âmes. John Hurt, visage fripé, regard toujours un peu vacillant, brûle d'un feu intérieur inextinguible, et puis un jour le parti prend le dessus, le rebelle capitule, la flamme s'éteint.

1984 est une fable de ce temps qui touchera probablement les aînés, mais qui devrait aussi séduire – comme c'est le cas en Grande-Bretagne, où il connaît un succès fabuleux – les plus jeunes. Quand verrons-nous la suite de ce constat d'échec: comment survivre en 1985, quelle société rebâtir ensemble demain?

(Louis Marcorelles, *Le Monde hebdomadaire*, 15–21 novembre 1984)

Activités d'analyse

Réseaux thématiques ▷ ▷ ▷ ▷

1 Dans cet article sur le film *1984* de Michael Radford, Louis Marcorelles aborde les thèmes principaux du roman de George Orwell, c'est-à-dire, l'*idéologie totalitaire* (para.3) et le *rabotage des esprits* (6).

▶ En utilisant ces titres, faites une liste complète des expressions du texte qui s'y réfèrent.

2 Louis Marcorelles examine également le travail du metteur en scène.

▶ Relevez tous les termes ayant un rapport avec le tournage d'un film, et aussi ceux concernant spécifiquement le tournage de *1984*.

Repères structuraux ▷ ▷ ▷ ▷

Les expressions suivantes ont une fonction précise dans le texte: *malgré* (para.2), *après tout* et *plutôt* (6), *ailleurs* (8), *même* (10), et *comme c'est le cas* (12).

▶ Identifiez leur fonction.

▶ Suggérez une autre manière de l'exprimer.

Activités communicatives

A l'oral ▷ ▷ ▷ ▷

Débat

Activité: Le groupe débattra la proposition suivante: ''Que le maintien de l'ordre dans l'état implique nécessairement un degré de contrôle de la pensée, et la limitation de la liberté d'expression''.

Préparation: Désigner à l'avance le président de séance et ceux qui défendront l'un et l'autre point de vue.

(a) Ceux qui appuyent la proposition établiront certains domaines où une liberté totale pose des problèmes majeurs (la diffamation de caractère, la sécurité de l'état, le simple tact etc.). On fera référence au film (ou au livre d'Orwell) pour essayer de prouver qu'en créant une histoire plausible, l'auteur dénature la vérité.

(b) Les opposants réfuteront ces réclamations en citant les abus possibles et différents cas connus. On situera l'argument dans le contexte du film et dans celui de l'histoire (citant par exemple un régime totalitaire, la censure de la presse, la persécution des minorités, une législation limitant les droits de l'individu etc.).

Les deux équipes feront attention à suivre les conseils donnés dans les *Ressources linguistiques* de ce module (*prouver/réfuter*).

Conduite du débat: On suivra la procédure normale du débat formel.

A l'écrit ▷ ▷ ▷ ▷

Dans les deux exercices proposés, faites attention à suivre les conseils dans les *Ressources linguistiques* de ce module.

1   Compte rendu

Vous écrivez un compte rendu critique du film pour une revue hebdomadaire (*L'Express* ou le *Nouvel observateur* par exemple) qui vous a demandé un article d'intérêt littéraire et politique.

Vous pouvez baser votre contribution sur l'article de Louis Marcorelles. En plus du compte rendu du film, vous examinerez le rapport entre l'analyse présentée par Orwell et notre société actuelle.

2   Rédaction

Ecrivez une dissertation sur le sujet suivant: ''Que la liberté individuelle est incompatible avec le maintien de l'ordre dans l'état''.

▶▶▶▶▶▶ *Glossaire: Politique et conflit*

La politique intérieure

Les institutions:
la Vème république

le pouvoir exécutif: les autorités

l'Elysée/le palais de l'Elysée   le président de la république

Matignon: le gouvernement
le premier ministre   les ministres   les secrétaires d'état
le conseil des ministres

le pouvoir législatif:
le Palais Bourbon   le parlement

l'Assemblée nationale   les députés   les présidents des
                                                    groupes politiques
le Sénat   les sénateurs

le conseil économique (avis technique)
le conseil d'état (avis juridique)
la commission des sages (avis éthique)
le conseil constitutionnel (décision finale)

les débats parlementaires   la majorité/l'opposition
un texte de loi   un projet
faire l'objet d'un débat en séance publique
adopter un texte   proposer des amendements/
                                    des contre-propositions
enrichir un texte d'articles (préparés par des groupes de travail)
les méthodes d'obstruction

Les partis politiques:
les grands partis (représentés à l'Assemblée):
la gauche: le PS (parti socialiste)
                        le PC(F) (parti communiste français)
la droite: le RPR (rassemblement pour la république)
                        l'UDF (union pour la démocratie française)
l'extrême droite: le front national
diverses droites: le PR (parti radical)
diverses gauches: le PSU (parti socialiste unifié)
                        le MRG (mouvement des radicaux de
                        gauche)
                        FO (force ouvrière)
non alignés: le mouvement écologiste (les verts)

le premier secrétaire ⎫
le secrétaire général ⎬ d'un parti
le président   ⎭

le numéro deux d'un parti   le comité directeur

la base:
les militants   les adhérents
adhérer à un parti politique   devenir membre
prendre sa carte au parti
l'organe/le journal du parti

Les élections:
un référendum   un plébiscite   plébisciter l'opinion publique
les élections au suffrage universel:
    les présidentielles
    les législatives
    les régionales
    les municipales
    les sénatoriales

les grands électeurs:

élections à un tour/deux tours:
    le premier tour   ⎫
    le deuxième/second tour ⎬ de scrutin
les élections partielles
le scrutin majoritaire
            proportionnel
le découpage électoral des circonscriptions

les électeurs:
l'électorat   aller voter
                      aller aux urnes
                      déposer son bulletin de vote dans l'urne
le bureau de vote (l'ouverture/la fermeture)
la carte d'électeur
être inscrit sur les listes électorales
l'isoloir
un bulletin nul   un bulletin blanc   votre blanc
s'abstenir   (15)% d'abstentions   un taux d'abstention
                                                    record
la mobilisation/démobilisation de l'électorat (de droite/gauche)
le report des voix du second tour

les candidats:
poser sa candidature   se présenter aux élections
être tête de liste   conduire une liste
il y a (4) listes en présence
les listes d'union (de la gauche/de la droite)
les petites listes   une liste autonome   une liste dissidente
définir un programme/une plate-forme électoral(e)
le programme commun d'union de la gauche
le candidat unique
le député/maire/... sortant
la campagne électorale
l'ouverture officielle de la campagne
faire/battre campagne
les affiches électorales   les discours électoraux

les résultats:
les scores au terme du scrutin
gagner   des suffrages
obtenir   des voix
remporter   X sièges
recueillir
perdre
céder
remporter les élections
être élu   être réélu reconduit
arriver en tête   sortir vainqueur/gagnant
être vaincu/battu   sortir vaincu

Les conflits

Les luttes syndicales:

faire
se mettre en
voter la   } grève
lancer une
appeler à la
être en

une grève   organisé par/
un mouvement de grève   } à l'appel de
un arrêt de travail   la CGT/CFDT
une manifestation
une journée d'action
une marche

les manifestants ont   défilé
                        organisé un cortège
                        occupé les locaux
                        séquestré les membres de la direction
                        établi des piquets de grève

afin de   s'opposer (au/aux)   le licenciement
           protester contre   les suppressions de postes
                                 le gel des salaires
           exiger   de meilleures conditions de travail
           revendiquer   l'ouverture de négociations avec
           demander   la direction

les revendications portent sur   les salaires
                                 le temps de travail, ...
la manifestation   s'est déroulée   sans incident
les manifestants   ont défilé   dans le calme
                        se sont dispersés   calmement
                        se sont retirés   dans le plus grand ordre
l'ordre   a été rétabli   rapidement
des heurts violents   ont opposé   manifestants et
                                              représentants

les forces de l'ordre   ont fait usage de   grenades
la police   a eu recours à des } lacrymogènes
                        est intervenue
la situation   s'est dégradée

la direction et les syndicats ont conclu un accord
la reprise du travail

Le terrorisme:

un attentat: déposer une bombe (à retardement)
             poser
             faire exploser une voiture piégée
                             un objet piégé
la vague d'attentats   un assassinat   une fusillade

une prise d'ôtages
un enlèvement   un kidnapping   un rapt
détenir un ôtage   capturer un prisonnier
être } captif(s)   exécuter un ôtage
     } détenu(s)

un détournement d'avion
les pirates de l'air/aériens

revendiqué par:
les auteurs (présumés) de l'attentat
donner/faire parvenir un ultimatum   poser leurs conditions

sans goutte de sang versé
       effusion de sang   la mort de ... victimes
l'attentat a fait
                    provoqué   X blessés
les blessés graves
grièvement blessés   dans un état critique

selon   un témoignage
d'après les premiers éléments de l'enquête
         les indications données par
         l'agence France-Presse   } [+ conditionnel]
         les sources officielles
         la version officielle

la lutte anti-terroriste:
mesures prises par le gouvernement
mesures de vigilance pour le public

les enquêtes policières   les enquêteurs   les policiers
la police judiciaire
les suspects sont   interpellés   expulsés
                               interrogés   extradés
                               détenus   arrêtés
                               passés en jugement/jugés
                               inculpés   incarcerés
la police recherche   des indices   une piste
                               des preuves   des renseignements

Les conflits armés:

la guerre
la guerre civile   les hostilités   les affrontements
la déclaration de guerre
les combats ... opposant X à Y
l'offensive   l'occupation des points stratégiques

les   déclenchent   une attaque
               mènent   un raid
assaillants   dirigent   une manœuvre
               participent à   une opération   } militaire
                                  une intervention
               harcélent/pilonnent   les positions ennemies
les batailles de première ligne   le front

un coup d'état   un putsch militaire   renverser
                                         déstabiliser } un régime
l'installation au pouvoir d'un opposant au régime
la prise du pouvoir par la force
la violation d'un traité

neutraliser   se replier
arrêter   se rendre
enrayer   une révolte   déposer les armes
mater   les opposants
éliminer   ordonner un cesser-le-feu
                                         une trève
                          sceller } un pacte
                          signer   } un traité
                                     l'armistice

Ressources linguistiques

1   **Prouver**
2   **Réfuter**

1   *Prouver*

Pour prouver que ce que vous dites est vrai, vous avancez des preuves. Ces preuves peuvent être d'ordre logique (de cause à effet, par exemple); elles peuvent être des chiffres ou des statistiques, ou bien des informations supplémentaires qui vous permettent d'appuyer ce que vous dites/écrivez, et d'en démontrer le bien-fondé. *Prouver* c'est donc *ou*:

(a) un moyen d'insister (*Ressources linguistiques* 8,1, *ou*
(b) une façon de rétorquer, vous permettant de démolir (ou du moins de contrer) l'argument de votre interlocuteur. En ceci, *prouver* ressemble à *réfuter* (ci-dessous, 2).

Si vous voulez prouver pour insister sur la vérité de l'argument que vous avancez, vous pouvez le faire *ou*
A **avant** *ou*
B **après** votre argument.

A   avant:

Preuves [XX] +	Argument/opinion
Puisque X et X,	il s'ensuit que Y
Si X et si X,	alors Y
X	ce qui démontre clairement que Y

Preuves [XX]+	Argument/opinion
XXX	ces faits/arguments prouvent bien que Y
XXX	et voilà Y: C.Q.F.D.

B   après:

une autre stratégie consiste à formuler une théorie, une hypothèse ou une opinion et à ajouter ensuite des preuves:

Théorie	Preuves
Y	et je vais vous le prouver: XXX
Y	et j'en veux pour preuve X, X et X
Y	et j'en donne la preuve: X

Vous choisissez l'une ou l'autre approche selon que vous voulez présenter une argumentation *raisonnée* qui impressionne par son *inévitabilité* et par sa *clarté logique* (preuves + théorie (**A**)); *ou* que vous voulez surprendre/choquer/impressionner vos interlocuteurs (théorie + preuves (**B**)).

A   Dans la langue de tous les jours la structure *preuves + théorie* est très courante, d'où le grand nombre de liens structuraux qui indiquent qu'une conclusion est inévitable. Ces mots/expressions charnières font appel à des motifs extérieurs à la personne qui parle et donnent l'impression qu'on avance une preuve infaillible de son opinion/théorie:

1. Preuve	Lien	Théorie/opinion/conclusion
X	donc	Y
X	par conséquent	Y
X	par voie de conséquence	Y
X	forcément	Y
X	de toute évidence	Y
X	d'où	Y
X	ce qui fait que	Y
X	de sorte que	Y
X	si bien que	Y

On peut aussi commencer une *nouvelle phrase* en affirmant qu'on a prouvé ce qu'on va avancer:

2. Preuve	Nouvelle phrase: expression de la conséquence:	Théorie/opinion/conclusion
X.	Par ces motifs	Y
X.	Pour ces raisons	Y
X.	Voilà pourquoi	Y
X.	Voilà, preuves } chiffres } à l'appui	Y
X.	Ainsi donc	Y
X.	Dès lors	Y
X.	De ce fait	Y
Du fait de X		Y

"Il" + *verbe*:

X.	Il s'ensuit (donc) que	Y
	en résulte que	Y
	en ressort que	Y
	va de soi que	Y
	faut bien voir que	Y
	ne fait pas de doute que	Y

"Il" + *adjectif*:

X.	Il est (donc) indiscutable/clair/patent/indéniable/vrai/inéluctable/irréfutable ... que

A2 (suite)

"Ce" + expression de conséquence:

| X. | C'est pourquoi | Y |
| | ainsi que | Y |

Substantif exprimant une preuve:

X.	La *preuve* est donc faite que	Y
X	Les *faits* sont là qui	
	prouvent/montrent que	Y

3 Pour prouver que ce que vous dites est vrai de la façon la plus objective, vous pouvez utiliser la structure suivante:

Substantif + verbe qui ⎱ affirme le bien-fondé de votre opinion *ou*
⎰ indique le type de preuve dont il s'agit:

Substantif	Verbe actif au présent/ passé composé	(Adverbe de nuance)	Complément
Les sondages	prouvent	bien	que …
documents	montrent	clairement	que …
chiffres	attestent	de façon éclatante	que …
arguments	révèlent	incontestablement	le bien-fondé de
(avancés)	témoignent	inéluctablement	de …
	mettent en évidence		le fait que …
	font apparaître		la pertinence de
	indiquent		la véracité de
	dévoilent		
	apportent		la preuve que …
	corroborent		les arguments de
	confirment		les idées de …

B Si vous voulez *impressionner* votre interlocuteur, plutôt que de l'obliger de suivre votre raisonnement en lui présentant d'abord les preuves et ensuite la constatation qu'elles appuyent (**A**, ci-dessus), vous vous prononcez *d'abord* et vous avancez vos preuves après coup.
La structure de base est la suivante:

Opinion/théorie	Enchaînement	Preuve(s)
Les singes sont plus intelligents que les hommes.	La preuve en est	qu'ils ne s'entretuent pas.

Vous avez besoin donc d'un *enchaînement* qui relie la constatation à la preuve sans permettre à votre interlocuteur d'intervenir.

1 **A l'oral** surtout, pour profiter au maximum de la surprise de votre interlocuteur, vous enchaînez par *et + je + verbe* (au présent ou au futur):

Théorie	Enchaînement	Preuve
Y	(et) j'en donne la preuve:	X
Y	je donne comme preuve	X
Y	j'en veux pour preuve	X
Y	j'en ferai la preuve:	X
Y	je vais vous le prouver point par point/ par A et par B:	X

2 Autre tactique de débat: *la question* à laquelle vous répondez immédiatement:

Enchaînement (question)	+ pause + preuve
En veut-on une preuve?	X
Vous en voudrez des preuves?	XX
Faut-il des preuves?	XXX
La preuve?	X
Comment pourrait-on le prouver?	X
Qu'est-ce qui nous le prouve?	X

La pause est particulièrement importante ici. Si elle est trop longue vous permettrez à votre interlocuteur de répondre. Attendez juste ce qu'il faut pour créer une tension accrue, puis: *la preuve.*

3 Pour une preuve plus impersonnelle, vous pouvez utiliser un verbe au passif (verbes actifs, voir ci-dessus, **A** (3)):

Enchaînement		Preuve
Ceci est attesté démontré prouvé ⎱ par …		X

4 Toujours impersonnel – le substantif + verbe (actif/passif; au présent/au futur):

Enchaînement	Preuve
Les preuves ne manquent pas:	XX
La preuve en est que . . .	X
est fournie par . . .	X
Les statistiques en fournissent ⎱ fourniront ⎰ la preuve.	

Prouver – Activités ▷ ▷ ▷ ▷

A l'oral

1 Vous voulez prouver que vous avez profité de votre séjour en France.
   ▶ Quels arguments avancez-vous, et comment prouvez-vous que votre impression est correcte?

2 A court d'argent, comme toujours à la fin du trimestre, vous essayez de prouver à vos parents que la bourse que vous recevez n'est pas suffisante.
   ▶ Que leur dites-vous?

A l'écrit

3 Vous êtes convaincu(e) qu'un système de contrôle continu serait préférable au système d'examens de fin d'études.
   ▶ Ecrivez une lettre au chef de la section de français (langues modernes) pour lui prouver que l'introduction du contrôle continu serait bénéfique pour les enseignants aussi bien que pour les étudiants.

4 Lisez le texte 3, *L'église engagée*. Vous êtes en visite aux Etats-Unis et vous avez maintenant la conviction que la politique du gouvernement actuel exacerbe les inégalités entre riches et pauvres.
   ▶ Ecrivez une lettre à un(e) ami(e) français(e) dans laquelle vous essayez de lui prouver que vous avez raison.

2   Réfuter

Si l'on veut réfuter les arguments d'un interlocuteur, on en démontre la fausseté, ou on essaie de prouver que le contraire de ce qu'il dit est vrai. Il ne suffit pas d'affirmer que ses propos sont inexacts; il faut le démontrer de façon convaincante.

Vous aurez donc besoin, pour réfuter, des techniques esquissées ci-dessus – *prouver* – et de celles qu'on emploie pour *exprimer son désaccord* (*Ressources linguistiques*, 3,2) et pour *insister* (*Ressources linguistiques*, 8,1).

Ici (comme pour d'autres stratégies), il s'agit d'abord de marquer votre *intention* de réfuter et ensuite de le faire.

La réfutation se fait en trois temps:

A vous exprimez votre désaccord en disant à votre interlocuteur qu'il se trompe

B vous dites votre intention de réfuter

et enfin, vous prouvez que ce qu'a dit votre interlocuteur ne tient pas debout (*prouver*, ci-dessus), par exemple:

A *désaccord*	et	**B** *intention de le prouver = refuter*	+	*preuve(s)*
Il n'y a aucune raison de croire ce que vous dites	et	je vais vous le prouver par A + B:		XXX

Dans les exemples qui suivent il y a progression du *personnel* à l'*impersonnel*.

A   Vous dites à votre interlocuteur qu'il se trompe:

1 *Vous*
   Vous vous trompez
   Vous déformez ⎱
       falsifiez ⎰ les faits/la vérité
       inventez

2 *Je/nous + verbe qui refuse*
   Je m'élève (violemment) contre cette interprétation des faits
       repousse votre raisonnement
       rejette votre argument

3 *Il (impersonnel + adjectif)*
   Il est   abusif de parler de . . .
   Il est (totalement) impensable que . . . ⎱
                 impossible que . . . ⎰ + SUBJONCTIF
   Il est évidemment exclu que . . .
   Il n'en est rien.
   Il n'est pas question de . . .
   Il n'y a aucune raison de croire que . . .

4 *Ce (+ adv de nuance) + adjectif*
   C'est (tout à fait)   faux
      (très)   contestable
      (complètement) sans fondement

209

5 *Adverbe*

Contrairement à ce que vous dites . . .

avancez . . .

disent les propriétaires

6 *Rien*

Rien ne prouve que . . .

permet (pour l'instant) de dire que . . .

n'est moins sûr.

7 *Votre + substantif + être + adj*

Votre interprétation est tout à fait fausse

	argument	contestable
	argumentation	illogique
	raisonnement	fautif
	description	inexacte
Vos	propos	sont	inadmissibles
	opinions		erronées

ou être au négatif + adjectif

ne sont pas valables

admissibles

correctes

logiques

8 *Substantif*

| La réalité | } | est tout autre. |
| vérité | | complètement différente. |

L'interprétation correcte	}
valable	
exacte	

A noter: *le temps des verbes!*
Ici la plupart sont au présent, mais, **à l'écrit** surtout, vous serez quelquefois amené à employer le passé composé (par exemple: 1 Vous vous êtes trompé; 5 Contrairement à ce que vous avez dit/écrit, . . .).

B Marquer son intention de réfuter (prouver le contraire)
La progression ici est la même que celle du paragraphe **A**: du *personnel* à l'*impersonnel*.

1 *Impératif (vous)*:

Laissez-moi (en) démontrer le contraire

établir   la faiblesse de votre argument

(vous)prouver   que c'est une erreur

2 *Je*:

(et) Je peux vous   le prouver

vais   le prouver

le réfuter

vais   prouver   que vous vous trompez

vais   démontrer } le contraire

établir

Je vais vous	démontrer	les erreurs de votre raisonnement
J'aimerais }	le prouver	
voudrais		

3 *Il (impersonnel)*:

Il n'est pas difficile	de prouver	le contraire
	démontrer	votre erreur
Il m'est facile/aisé	de réfuter	votre argument

Ici les verbes sont pour la plupart au *présent*.
Aller + infinitif (Je vais le prouver) n'est pas un futur mais une déclaration d'intention.

Réfuter – Activités ▷ ▷ ▷ ▷

A l'oral

1 Visionnez le document vidéo *Basque, Breton ou Français?*. Vous êtes pour le centralisme et vous vous opposez foncièrement à la position des autonomistes.
   ▶ Essayez de réfuter l'argument de chacune des personnes interviewées.

2 Discutez avec vos amis les arguments avancés par le gouvernement britannique en faveur du financement des études par moyen de prêts aux étudiants.
   ▶ Réfutez ensuite ces arguments.

A l'écrit

1 En tant que secrétaire du parti nationaliste écossais (ou d'un groupe autonomiste de votre pays) vous écrivez un article pour un journal breton sur l'autonomie locale. En particulier vous réfutez les arguments du gouvernement (de Westminster etc.) qui affirme qu'une région indépendante ne pourrait pas survivre.

2 Lisez attentivement le texte *Deux mille morts en deux ans en Irlande du nord* (Texte 2,2).
   ▶ Réfutez aussi énergiquement que possible les constatations suivantes:
   (*a*) Mais, globalement, ils sont d'accord. (para. 1)
   (*b*) Par des moyens démocratiques, il paraît cependant hors de portée. (para. 2)
   (*c*) Les hommes politiques de Londres et de Dublin exagèrent . . . les dangers du terrorisme (para. 4).

▶ 210

MODULE 8 LE DÉBAT (3)

Problèmes éthiques (2)

La Faim dans le monde: "Quoi faire?"

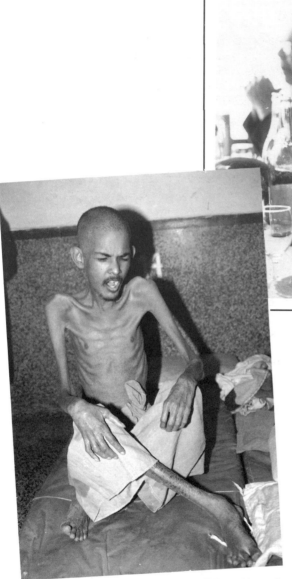

Note pédagogique

La vidéo, réalisée à Nancy et dans les environs de cette ville, offre un éventail
d'opinions favorisant une action plus efficace dans le Tiers-Monde. Les activités
communicatives recommandées pour l'étudiant comprennent une prise de décision
par un comité local et une interprétation bilatérale, les deux basées sur l'opposition
entre deux formes de charité.

Activités communicatives _____

A l'oral ▷ ▷ ▷ ▷

1 Réunion de comité

Contexte: Vous faites partie d'une association d'étudiants à but humanitaire qui a commencé à réunir des fonds pour soutenir une action dans le Tiers-Monde. Les fonds dont on dispose promettent d'être suffisants pour une action importante. Cependant il sera nécessaire d'augmenter la somme disponible. Certains de ceux qui ont déjà contribué à l'appel de fonds stipulent que l'action exclue tout élément politique.

Activité: Le président de l'association tiers-mondiste de l'université convoque une réunion pour que les membres de l'association se mettent d'accord sur un projet à soutenir ainsi que sur la méthode d'action à adopter.

Préparation: On désigne à l'avance celui qui jouera le rôle du président de l'association et ceux qui proposeront les différentes formes d'action possibles. La réunion aura *deux objectifs* principaux:
(a) *Le choix d'un projet:* Trois étudiants (désignés à l'avance) présenteront et
  défendront les projets suivants:
  (i)   l'envoi de nourriture dans un pays frappé de famine;
  (ii)   une aide à la construction d'un hôpital dans un pays où il y a une guerre
  civile, et où de fortes influences étrangères sont en jeu;
  (iii)   la mise en place d'un jumelage-coopération entre votre ville et un pays du
  Tiers-Monde;
  (Les étudiants sont libres de proposer d'autres formes d'action mais il importe de
  les établir à l'avance.)
(b) *Choix de la méthode d'action*: Chaque étudiant devra avoir réfléchi:
  (i)   à la façon la plus efficace d'augmenter les fonds disponibles (collecte, concert,
  journée d'action, marché aux puces, actions sponsorisées, appels à des fondations
  charitables et à de grandes maisons industrielles ou commerciales de la région).
  (ii)   à la meilleure manière de toucher l'opinion publique (tract, article de journal,
  déclaration de presse, manifestation locale, etc.).

Les autres membres du group feront l'examen des projets proposés. Si le nombre des participants est suffisant d'autres participants pourraient jouer le rôle de représentants des pays ou des fondations charitables dont il s'agit.

Déroulement du cours: Le président de séance présentera la question qui est à l'ordre du jour, en proposant un format pour la réunion.
(a) Il invitera les différents représentants à prendre la parole, et les autres à offrir leurs
  réflexions.
(b) Le président fera le bilan de la discussion pour mieux diriger la discussion finale
  vers une décision.
(c) On votera sur une résolution proposant le projet le plus pratique et le plus
  essentiel, voire le plus susceptible d'attirer l'attention du public au travail du
  comité.

Le groupe débattra chacune de ces propositions puis procédera à un vote afin de décider de la démarche à suivre.

2 Interprétation bilatérale

Activité: Dans cet exercice, un reporter anglophone de la télevision interroge un porte-parole belge de l'Organisation mondiale de la santé sur le problème du SIDA.

Préparation: En interprétant les présentations formelles et les formules de conclusions, faites en sorte qu'elles soient reformulées suivant les conventions françaises.

Consultez les *Ressources linguistiques* de ce module et utilisez des éléments de cohésion afin de structurer clairement les interventions.

Les points à soulever sont les suivants (pas nécessairement dans l'ordre donné):
(*a*) le SIDA est pire que toute autre maladie;
(*b*) les groupes à risques;
(*c*) la solution suppose une révolution morale;
(*d*) solutions possibles à ce problème.

A l'écrit ▷ ▷ ▷ ▷

1   Rédaction de la décision prise par le comité

Vous êtes chargé de rédiger le rapport de la décision prise par le comité, sous la forme d'un court article à communiquer aux membres de l'association et à la presse.

2   Un tract

Vous rédigez un tract, qui doit paraître sur une seule feuille de papier pour soutenir l'appel de fonds (voir l'exemple sur la vivisection dans le module 3, texte 2 et le module 4, *Ressources linguistiques*).

▶▶▶▶▶▶ **La Presse, doit-elle tout dire?**

Dossier culturel ▷ ▷ ▷ ▷

Jean Durieux, qui a la cinquantaine, est journaliste de métier et de vocation. Ayant fait toute sa carrière à *Paris Match*, il est monté de jeune reporter-stagiaire à rédacteur en chef aujourd'hui. Ses expériences en Algérie, au Cambodge, et ailleurs, ont formé un professionnel tenace, avec une volonté de fer et prenant des risques inconsidérés : ''On n'a rien sans rien'' est sa devise.

Ce rédacteur en chef possède encore son réseau de dénicheurs de tuyaux et d'informateurs dont il est le seul à connaître l'identité. Plaçant la loyauté et le respect du secret professionnel au-dessus de tout autre principe, tout autre code particulier, il constitue le type-même du journaliste de profession. Tout doit être publié, sans censure, indépendamment de toute pression extérieure. Un jour la France découvre, publiées dans *Photo*, des photos prises par la police des restes d'une femme que son ami avait découpée et commencé à manger. Le refus de Jean Durieux d'identifier la source des photos le fait incarcérer à Fresnes.

Les deux documents que nous présentons ici reflètent l'opinion d'un professeur de sciences politiques sur les aspects légaux de l'affaire, et d'autre part, un éventail d'opinions de journalistes tant français qu'étrangers, recueillis par *le Point*.

Note pédagogique

Ce texte soulève les problèmes posés par l'absence d'une forme de censure sur la presse, ainsi que les problèmes que pose toute forme de censure. Il invite l'étudiant à disputer le pour et le contre de la censure dans un cas spécifique.

Les fonctions exploitées sont la *persuasion*, la *dissuasion*, l'*accord* et le *désaccord* (voir les modules 4 et 3) en plus des fonctions traitées dans les *Ressources linguistiques* de ce module: *insister/faire des comparaisons*).

1. SEUL LE PUBLIC PEUT CENSURER

« *Le droit de montrer, le droit de déranger, c'est ça la démocratie* »

Je sais qu'à propos de cette affaire Durieux, les lecteurs de *Match* et de *Photo* se sont demandé : «N'avait-il quand même pas été trop loin avec ces photos atroces?» Je sais que des adversaires de *Match* et de *Photo* se sont écriés, après l'incarcération de Jean Durieux:

«Bien fait, ça les fera réfléchir! » Je sais que chez les uns et les autres, beaucoup ont pris cela comme une histoire de journalistes, concernant des journalistes, de manière un peu corporatiste, comme les petites histoires de chaque profession.

«Je veux pouvoir me faire une idée personnelle de la vérité»

Moi qui n'avais pas été intéressé par les photos en question – et qui n'avais donc pas acheté ce numéro de *Photo* – je voudrais, à tous, dire combien il me paraît important de défendre, contre vents et marées, le droit de chaque journal de choisir librement et en conséquence ce qu'il imprime – textes et photos – quelle que soit l'origine de ces documents.

Réfléchissons. Ou bien la presse ne dit qu'une vérité officielle, ne publie que des documents «autorisés». Il n'y a plus alors d'information possible en dehors de la vérité officielle. Et avec l'information officielle disparaît la démocratie – même si on appelle «vérité» (*verdad* en espagnol, *pravda* en russe) le journal officiel...

Ou bien le rôle de la presse est de traquer la vérité sous toutes ses formes et de refléter tout ce qui se passe dans une société, le bien comme le mal, le beau comme l'ignoble. C'est cela la démocratie : la vérité multiple, le pluralisme, le droit de montrer et de discuter des différences, le droit de déranger, à condition de ne rien imposer à personne.

Dans ces conditions, il est important, il est vital même que chaque journal puisse décider librement ce qu'il entend écrire et montrer, dans le cadre bien sûr des lois de la République (diffamation, protection de la vie privée, incitation à la haine raciale, etc.). La loi doit donc, bien sûr, s'appliquer aux journalistes comme aux autres citoyens. Dans les cas par exemple où il y a vol ou recel de documents et lorsque la preuve en est faite, ils doivent supporter les conséquences de leurs actes, qu'ils publient des photos ou des notes confidentielles ou encore des documents administratifs secrets. Mais il faut qu'en conséquence, et sans intimidation venant d'une quelconque autorité, les journalistes puissent continuer de publier de tels documents, s'ils les estiment utiles à l'information du public. Je ne me réjouirais jamais assez de vivre dans un pays où je peux me faire une idée personnelle de la vérité parce que chaque journal peut me présenter un aspect de la réalité – heureuse ou triste. Il n'y aurait donc aucune limite à l'intolérable ? Mais si : la plus efficace des censures, le plus terrible des contrôles, c'est au public lui-même de les exercer. C'est aux lecteurs, aux auditeurs, aux téléspectateurs d'exprimer en permanence leur soutien ou leur désaccord aux journaux, ou aux stations de radio-télévision, en leur restant fidèles ou en les désertant.

«La discutable décision d'un juge expéditif»

Nous vivons – c'est notre chance et notre honneur – dans un pays de suffrage universel. Le droit fondamental est donc reconnu à chaque citoyen de se prononcer sur ce qui est le plus important : ce qui engage l'avenir collectif de la Nation et de la société, le choix du gouvernement et de ses orientations. On permettrait à chaque citoyen de décider sur l'essentiel, et on le tiendrait en liberté surveillée, pour ses lectures, son information et sa distraction ?

Il fut un temps où de beaux esprits critiquaient le suffrage universel et pensaient que certains – ouvriers, ou femmes – n'étaient point assez éduqués pour en user à bon escient.

Penserait-on la même chose aujourd'hui des médias ?

Que veulent dire, que prétendent donc tous ces pères la pudeur, toutes ces vivantes statues du commandeur, qui veulent décider pour le peuple – et malgré lui – de ce qu'il doit lire dans le journal ou voir à la télévision ?

Qu'on me permette de voir là la leçon essentielle du débat ouvert par la discutable décision d'un juge expéditif. Cette leçon n'est pas politique au sens étroit du terme : ni la droite ni la gauche ne sont propriétaires de la liberté et de la démocratie – et il est sain que des autorités gouvernementales se soient démarquées de certains actes de procédure.

Mais cette leçon réside aussi dans ce rappel fondamental : la liberté de choix du journaliste, dans le cadre d'un secret professionnel qu'il serait bien utile de lui reconnaître formellement, est l'un des piliers d'une société vraiment avancée.

(Roland Cayrol, maître de recherche à l'Ecole Nationale des Sciences Politiques, *Le Point*)

MODULE 8 TEXTE 2

2 Spontanément, ils sont montés au créneau

Le droit au secret professionnel

"Une affaire grave et très déplaisante qui pose le problème du secret des sources d'information des journalistes, un secret qui doit être respecté (...) je suis pour la liberté de l'information, je suis pour le secret des sources d'information et aussi pour la responsabilité individuelle."

(Max Gallo, porte-parole du gouvernement)

"Les journalistes doivent pouvoir publier sans avoir à révéler leurs sources, quitte à ce que, par ailleurs, on recherche ces sources."

(Simone Veil au Club de la Presse, Europe 1)

"Le fait qu'une autorité policière ou judiciaire exige d'un journaliste qu'il dévoile ses sources est inacceptable."

(Max Clos, *Le Figaro*)

"Est-ce qu'un journaliste doit devenir un indicateur? Le métier de policier et celui de journaliste sont deux métiers distincts. Je crois que, dans ce cas, un journaliste doit se taire."

(Jean-Marcel Bouguereau, Libération).

"Un journaliste a une obligation morale absolue de ne pas dévoiler la source de ses informations lorsque le secret lui est demandé."

(Fédération française des sociétés de journalistes)

"Jean Durieux, interrogé par un juge d'instruction, a choisi la réponse du journaliste qui a, dans sa déontologie, le secret de ses sources. C'est un choix courageux que personnellement j'admire et je respecte. Voilà en tout cas deux personnes qui ont l'une et l'autre un énorme pouvoir: l'un d'incarcérer un journaliste et le journaliste celui d'informer. Je leur dis à l'un et à l'autre, avant de prendre de graves décisions, réfléchissez bien car votre pouvoir dépasse très largement celui que vous imaginez."

(Jean-Luc Lagardère à "7 sur 7")

"Le secret professionnel n'est pas, légalement, reconnu aux journalistes, mais la profession avait réussi à imposer la non-divulgation de ses sources comme un usage qui était, jusque-là, reconnu par la Justice."

(Magali Jauffret, L'Humanité)

"Il est sans précédent qu'un journaliste se voie sanctionner pour l'exercice de sa profession sous prétexte qu'il refuse de dévoiler les sources de son information."

(Charles Pasqua, président du groupe R.p.r. au Sénat et de la Commission sur la liberté de la presse)

"Que cette affaire présente une dimension pénale, c'est une chose, mais il est inadmissible de jeter quelqu'un en prison pour l'obliger à fournir des renseignements. C'est encore plus grave quand il s'agit d'un journaliste dont le devoir est de protéger ses sources."

(Jochen Leibel, *Bild Zeitung*)

La liberté de la presse

"Si ces photos avaient été publiées aux Etats-Unis, elles n'auraient pas attiré autant l'attention. C'est une réaction épidermique à la française, un relent de pudeur. Cette affaire est une atteinte à la liberté de la presse."

(Le rédacteur en chef du *Herald Tribune*)

"L'incarcération de Jean Durieux est une atteinte grave à la liberté de la presse qui a semé l'inquiétude dans tous les milieux de la presse écrite et notamment chez les journalistes."

(André Audinot, président du Syndicat de la Presse Parisienne)

"Je ne suis pas d'accord avec toute loi qui donnera au pouvoir trop de puissance sur la presse. La presse est un juste contre-pouvoir."

(Jean-Luc Lagardère)

"L'effet réel de cette affaire, et son but, est de remettre en cause la liberté de la presse, fondement de tout régime démocratique."

(*Le Figaro*)

"L'incarcération dans l'exercice de ses fonctions de Jean Durieux prend l'allure d'une atteinte à la liberté de la presse."

(L'Union Nationale des Syndicats de Journalistes)

"Mettre un journaliste en prison avant même qu'il n'y ait eu un procès est scandaleux. Cela ne serait jamais arrivé aux Etats-Unis."

(*Time Magazine*)

L'emprisonnement

"On ne saurait emprisonner un journaliste parce qu'il refuse de livrer ses sources, conformément à la déontologie de la profession."

(Le Conseil national pour la liberté de la presse)

"Durieux a décidé qu'il lui était moralement et professionnellement impossible de trahir ceux qui lui ont fait confiance en livrant des documents. C'est en ce sens que son incarcération est intolérable."

(Libération)

"L'emprisonnement de Jean Durieux est un acte scandaleux."

(Max Clos, Le Figaro)

"On poursuit un journaliste alors que c'est dans la police qu'il faudrait rechercher qui a donné ces documents."

(Simone Veil)

"Le journaliste doit prendre des risques et même courir celui d'aller en prison. Il n'est pas au-dessus des lois. Mais il est incroyable qu'on ait écroué Jean Durieux pour le forcer à livrer ses sources."

(Diana Geddes, The Times)

La solidarité des confrères

"Je me sens très solidaire de Durieux et de Paris Match."

(Claude Imbert, directeur de la rédaction du Point)

"Certains craquent. Jean Durieux, lui, n'a pas supplié : "Laissez-moi sortir et je vous dirai tout." Il ne dira rien. Il est inimaginable qu'il dise! Il est journaliste."

(Paul Giannoli, Le Journal du Dimanche)

"L'absurdité de cette situation, la gravité du précédent qu'elle crée en France, font que nous sommes tous solidaires de Jean Durieux."

(Vincent Lalu, Le Matin)

«Photo devait-il publier?»

"La décision de publier concerne exclusivement le journal et ses lecteurs et non l'autorité publique."

(Le Figaro)

"Je n'aurais bien évidemment pas publié de telles photos."

(Alain Lefebvre, directeur de Magazine Hebdo)

"La publication est une affaire de morale. Et je n'aime pas trop juger la morale des autres."

(Vincent Lalu, Le Matin)

"La presse ne peut tout dire, mais les limites de son témoignage ne doivent s'arrêter qu'au mensonge. Le morbide est un aspect du réel que la presse ne peut ignorer."

(Christian Colombani, Le Monde)

Activités d'analyse

Réseaux thématiques ▷ ▷ ▷ ▷

1 Le thème principal de ces deux textes est celui de la moralité.

   ▶ A partir des deux textes, faites une liste de toutes les expressions qui indiquent de façon explicite que les auteurs traitent d'un code moral.

2 Le premier texte se penche sur le problème éthique de la liberté de la presse, et plus précisément sur le problème de la liberté d'un éditeur lorsqu'il décide de la publication d'un article.

   ▶ Quelles sont les autres libertés mentionnées dans le texte?

3 Toutefois, une mesure visant à contrôler les journalistes est appliquée par les biais de la loi et de la censure.

   ▶ Faites une liste des exemples donnés pour ces deux moyens, sous forme de deux colonnes intitulées: *les lois* et *les censures*.

4 Le concept du gouvernement démocratique est le second thème qui se rapporte aux libertés individuelles.

   ▶ Selon l'auteur, quels sont les droits de l'individu dans une société démocratique?

5 Le second texte est composé d'extraits exprimant des opinions favorables et défavorables quant à l'action que mène Jean Durieux.

   ''Une affaire très grave et très déplaisante qui pose le problème du secret des sources d'information des journalistes, un secret qui doit être respecté . . . je suis pour la liberté de l'information, je suis pour le secret des sources d'information et aussi pour la responsabilité individuelle.''

   (Max Gallo, porte-parole du gouvernement)

   Ce porte-parole fait référence à la *liberté d'information*, au *secret professionnel* et à la *responsabilité individuelle*.

   ▶ Relevez dans ces extraits tous les termes qui ont un lien avec ces trois thèmes, qu'ils expriment un avis favorable ou défavorable.

6 Cette série d'extraits contient un grand nombre d'expressions qui indiquent l'accord ou le désaccord. (Voir *Ressources linguistiques*, Module 3 (*exprimer l'accord/son désaccord.*)

   ▶ Identifiez-les toutes et répertoriez-les en deux catégories: *approbation* et *désapprobation*.

7 Comme l'on pouvait s'y attendre, le texte est ponctué d'adjectifs fréquemment répétés et exprimant le désaccord quant au sujet traité.

   ▶ Dressez une liste de tous ces adjectifs.

Repères structuraux ▷ ▷ ▷ ▷

1 ''Ou bien la presse ne dit qu'une vérité officielle, ne publie que les documents autorisés.'' (Texte 1, para.3)

   ''Ou bien le rôle de la presse est de traquer la vérité sous toutes ses formes et de refléter tout ce qui se passe dans une société, le bien comme le mal, le beau comme l'ignoble." (1,4)

▶ Quel est le rapport entre les deux propositions ci-dessus?

▶ Connaissez-vous d'autres moyens pour exprimer le même rapport?

2 Le rapport de *conséquence* se trouve à plusieurs reprises dans le paragraphe 5 de l'article de Roland Cayrol. Les adverbes qui l'expriment établissent de façon logique la conséquence d'un fait.

▶ Quels sont ces adverbes?

3 "Il n'y aurait donc aucune limite à l'intolérable? Mais si: la plus efficace des censures, le plus terrible des contrôles, c'est au public de les exercer." (para.5).

▶ Quelle est la fonction du groupe *mais si*?

▶ Est-il possible de l'exprimer autrement?

Activités communicatives

A l'oral ▷ ▷ ▷ ▷

Table ronde

Contexte: Le groupe envisage de soumettre une résolution sur la censure de la presse au membre du parlement représentant leur arrondissement.

Activité: Les membres du groupe se réunissent pour examiner les difficultés et les problèmes posés par l'absence de toute censure ou retenue dans la presse. Le débat fera le bilan de la situation et terminera par une série de propositions résumant les opinions du groupe, et proposant, ou déconseillant, la censure.

Préparation: Le groupe élit à l'avance un président de séance, et quatre membres, dont deux réclameront l'indépendance de la presse de toute forme de censure, et les deux autres se chargeront de recommander une forme de censure qu'ils jugent appropriée.

Ces exposés terminés, les autres membres examineront ces réclamations. L'objectif de la discussion est:
(a) d'établir une définition de la liberté de la presse
(b) d'en marquer les limites (référez-vous au cas de Jean Durieux dans le texte)
(c) de fixer la fonction et les limites de la censure. (La censure existe-t-elle dans votre pays? Exemples?)
(d) de prendre une décision pour, ou contre, la censure de la presse et de l'édition (Un journal doit-il pratiquer une auto-censure? La censure du gouvernement peut-elle être justifiée? Dans quel cas?)

Nb: Les besoins créés par la sécurité nationale et par la défense seront sans doute soulevés, mais n'oubliez pas le ''droit'' de préserver sa vie privée, et d'éviter toute intrusion dans l'intimité du foyer ou dans un malheur personnel, etc.

N'oubliez pas non plus qu'en plus de la presse (journaux, revues hebdomadaires et mensuelles), la censure contrôle aussi l'édition des livres.

Notez, les *Ressources linguistiques* de ce module (*insister* et *faire des comparaisons*) et le *Collage-vidéo*, ''J'aimerais souligner''. Le deuxième texte offre une mine d'expressions d'approbation et de désapprobation.

A l'écrit ▷ ▷ ▷ ▷

Lettre du groupe au membre du parlement

Activité: En tant que président de l'association, vous écrivez une lettre au membre du Parlement représentant votre arrondissement. Cette lettre lui soumet les décisions prises à la table ronde ci-dessus.

Préparation: Vous utiliserez les notes prises en vue de la table ronde et votre résumé de la discussion, soulignant les décisions prises et une sélection des raisons les plus frappantes. Consultez également les *Ressources linguistiques* de ce module pour:
(*a*) *insister* sur les droits qui vous semblent indispensables pour sauvegarder d'un côté la liberté de la presse, et de l'autre la sécurité du pays.
(*b*) *comparer* la situation dans votre pays avec celle qui existe dans d'autres pays.

L'Hydre du nucléaire

Dossier culturel ▷ ▷ ▷ ▷

Trois articles sur le nucléaire publiés dans *Le Nouvel observateur* du 9 avril 1979, leur valurent un très important courrier. Dans une édition plus récente les éditeurs publièrent une sélection des réponses qu'ils avaient reçues. Nous reproduisons une de ces lettres: celle du professeur Francis Perrin, Membre de l'Institut. Nous y ajoutons un commentaire sur la situation des partis politiques britanniques sur cette même question, de la plume du professeur J.-C. Sergeant de l'université de Nancy II.

Ces textes attirent l'attention sur deux aspects distincts du problème du nucléaire: celui des réacteurs nucléaires des centrales électriques, et celui, plus grave encore, de la force de frappe et de dissuasion nucléaire.

Notes pédagogiques

L'activité proposée prend la forme d'une table ronde où se déroule un exercice de persuasion. Elle commence par un exposé systématique conduisant à une discussion dont le but est de chercher s'il existe une possibilité de consensus entre les positions opposées.

Nous offrons aux étudiants le choix entre les aspects civils et les emplois militaires du nucléaire. Une heure de classe ne suffit pas pour les aborder tous les deux.

1. Des vérités et des passions

« La force de frappe est plus dangereuse que les centrales »

[...] Ce n'est pas que je sous-estime la gravité symbolique de l'accident du réacteur nucléaire de Three Mile Island, mais je trouve inadmissible de suggérer, comme vous le faites, que, pour évaluer les risques que peuvent faire courir aux populations voisines les grandes centrales électro-nucléaires, on puisse les assimiler à ceux qui résultent de l'existence des immenses stocks d'armes thermonucléaires stratégiques. Il me semble très grave de contribuer ainsi à développer dans l'esprit des Français l'idée que les réacteurs nucléaires ou les installations de traitement de combustibles nucléaires usagés créent pour les populations voisines des risques comparables à la terrible menace que fait peser sur toutes les grandes villes et sur l'hémisphère nord tout entier le sur-armement nucléaire des deux superpuissances. Ces derniers risques sont immensément plus grands.

Les Français n'ont que trop tendance à refuser d'envisager une guerre atomique et à reporter sur les centrales nucléaires leur angoisse souvent irrationnelle devant le danger des radiations. Il est frappant de voir l'ampleur des manifestations contre la centrale de Malville, alors qu'il n'y a pas eu de manifestation contre l'installation sur le plateau d'Albion, dans les Alpes de Haute-Provence, de dix-huit silos contenant des missiles à tête nucléaire mégatonique braqués vers Moscou. Ces installations créent pour toute la région un danger bien plus grand que la future centrale de Malville. Il est bien évident que, en cas d'invasion soviétique de l'Europe occidentale et d'une menace de la France d'utiliser ces missiles, l'URSS n'attendrait pas que la France mette sa menace à exécution pour écraser les installations du plateau d'Albion par quelques dizaines de bombes mégatoniques, dont l'explosion couvrirait de retombées radio-actives, rapidement mortelles, des milliers de kilomètres carrés du sud-est de la France et, suivant les vents dominants, de l'Italie du Nord ou de la Suisse. Les silos du plateau d'Albion me paraissent être un paratonnerre risquant beaucoup plus d'attirer la foudre nucléaire sur la France que de l'en protéger. Comme d'ailleurs ils ne me paraissent constituer qu'un élément mineur de la force de dissuasion française, à côté de nos sous-marins porte-missiles, je pense qu'on devrait envisager de les détruire, ou tout au moins de les désarmer, peut-être dans le cadre des futures négociations sur la réduction des armements nucléaires en Europe. Je vois là un grand début à ouvrir devant l'opinion publique française.

Professeur Francis Perrin, *Le Nouvel observateur*, 1979

2. Les Partis et l'arme nucléaire

BIEN que l'initiative de la mise au point de la bombe A britannique revienne au gouvernement Attlee, le parti travailliste mène campagne depuis vingt ans contre la force nucléaire nationale. Dans son manifeste électoral de 1964, il dénonçait l'accord de Nassau passé avec les Américains au sujet des missiles Polaris. A Blackpool, en octobre 1982, le congrès travailliste a adopté une résolution en faveur du désarmement unilatéral qui réaffirmait, en outre, l'opposition du parti au remplacement des Polaris par les Trident ainsi qu'à l'implantation des missiles de croisière. Au cours du même congrès, les délégués se sont prononcés pour le démantèlement des bases nucléaires tant américaines que britanniques, sans toutefois remettre en cause le principe de l'appartenance à l'OTAN.

Le problème du désarmement unilatéral divise le parti depuis plus d'un quart de siècle. En 1960 déjà, le congrès souscrivait au principe du désarmement unilatéral, désavouant ainsi le leader de l'époque, Hugh Gaitskell. Aujourd'hui, M. Michael Foot, pacifiste de la première heure, se déclare tout à la fois unilatéraliste et multilatéraliste. Le manifeste électoral des travaillistes réaffirme les options dégagées au congrès tout en prévoyant une série de consultations avec les alliés pour parvenir aux objectifs fixés. Soucieux d'éviter tout risque de fracture sur ce sujet, les points de désaccord à l'intérieur du parti étant déjà suffisamment nombreux, M. Michael Foot considère que le désarmement unilatéral n'est nullement incompatible avec la réduction négociée des arsenaux nucléaires.

Il n'est du reste pas certain que, de retour au pouvoir, les travaillistes appliqueraient leur programme à la lettre. En 1964, Wilson réduisait la flotte Polaris d'une unité, mais n'en poursuivait pas moins l'action des conservateurs. On sait que le projet de renforcement de la charge des missiles Polaris (programme "Chevaline"), entamé dans la plus grande discrétion par le gouvernement Heath, fut prolongé par les travaillistes avant de devenir opérationnel en 1982. On estime, en outre, que la décision d'acquérir les Trident, contre laquelle s'élève aujourd'hui le parti, a été préparée par le précédent gouvernement travailliste, ce qui illustre l'inconfort de la position des travaillistes perpétuellement en quête d'un équilibre entre l'idéologie et le pragmatisme.

LE parti libéral partage les options travaillistes. Le congrès de Blackpool en 1980 a réaffirmé l'opposition inconditionnelle du parti à la force de dissuasion nucléaire britannique ainsi qu'à l'acquisition des Trident. N'envisageant la défense nationale que dans le cadre d'une défense collective au sein de l'alliance atlantique, le parti n'en rejette pas moins le projet d'implantation des missiles de croisière, allant jusqu'à se prononcer, contre l'avis de son leader, M. David Steel, en faveur de la dénucléarisation de l'Europe.

A cet égard, l'identité de vues est loin d'être parfaite avec les sociaux-démocrates qui, tout en s'engageant à dénoncer l'accord portant sur les Trident, refusent de prendre position au sujet des missiles de croisière. Selon le SDP, il appartiendra au Parlement de trancher en cas d'échec des négociations en cours sur la réduction des forces nucléaires intermédiaires. Dans leur manifeste électoral, les partenaires de l'alliance libéraux-SDP proposent que l'annulation des Trident et des Polaris soit discutée dans le cadre des négociations de Genève.

LA position des conservateurs a le mérite d'être claire. Le manifeste électoral de 1979 prévoyait la modernisation de la force stratégique britannique sans en spécifier toutefois les modalités. Le document d'orientation présenté aux Communes par le ministre de la défense en mars 1982 justifie le choix du missile Trident D5 et souligne la nécessité de moderniser l'arsenal stratégique de l'alliance atlantique afin d'amener les Soviétiques à la négociation. Si les options gouvernementales en matière de défense nucléaire sont globalement défendues par le parti, le choix du missile Trident ne fait pas l'unanimité, certains regrettant que des solutions plus économiques (des missiles de croisière britanniques, notamment) aient été écartées.

A l'heure actuelle, un groupe de parlementaires conservateurs britanniques, soutenu par le SDP, fait pression sur le gouvernement pour que les missiles de croisière américains attendus pour la fin 1983 soient dotés d'un système de «double clé», garantissant aux Britanniques un authentique pouvoir de contrôle sur ces matériels. M. Michael Heseltine, ministre de la défense, s'en tient au système de «double responsabilité» en vigueur depuis Truman et Attlee, mais rien n'assure que le gouvernement conservateur ne sera pas contraint, sous la pression de ses propres troupes et de l'opinion publique, de revoir sa position à cet égard.

J-C. Sergeant, professeur à l'université de Nancy II, *Le Monde diplomatique*, numéro 361, juin 1983.

Activités d'analyse

Réseaux thématiques ▷ ▷ ▷ ▷

1 Les armements nucléaires constituent le thème central des deux articles.

   ▶ Dressez une liste de tous les termes se rapportant aux armes nucléaires, et classez-les sous deux colonnes *Texte 1* et *Texte 2*.

2 J.-C. Sergeant décrit les attitudes des principaux partis politiques en Grande-Bretagne face aux armes nucléaires.

   ▶ Faites une liste chronologique détaillée de l'évolution des attitudes du parti travailliste britannique.

   ▶ Montrez les similitudes et différences de points de vue des trois autres principaux partis en Grande-Bretagne en ce qui concerne l'armement nucléaire, en les répertoriant sous les titres suivants: *parti libéral; sociaux-démocrates; conservateurs.*

3 Le second texte, qui comprend deux sujets de controverse par excellence, à savoir la politique et les armes nucléaires, est rempli d'expressions qui reflètent un point de vue politique particulier quant au problème des armes nucléaires, par exemple: *mener campagne contre; sans toutefois remettre en cause* (para.1).

   ▶ Relevez d'autres expressions qui, à votre avis, renforcent ces deux thèmes.

Repères structuraux ▷ ▷ ▷ ▷

1 Le premier texte contient des expressions employées afin de convaincre le lecteur que les centrales nucléaires ne représentent pas un danger égal à celui des armes nucléaires.

   ▶ A votre avis, quelles sont les expressions utilisées pour rallier directement et subjectivement le lecteur afin de le convaincre de la véracité des arguments de l'auteur? (par exemple: *je trouve inadmissible* (para.1))

2 Un rapport d'opposition peut être signalé par bon nombre d'expressions telles que *malgré, en dépit de, cependant, pourtant, et, ou, mais* . . .

   ▶ Quelle est l'expression qui exprime un rapport d'opposition ou de concession dans le deuxième paragraphe?

   ▶ Suggérez une autre expression que l'on pourrait utiliser pour remplacer cette expression dans ce contexte.

3 Le schéma suivant esquisse la structure de base d'un argument visant à montrer que la solution d'un problème que l'on propose peut avoir non seulement des avantages mais aussi des inconvénients:

idées favorables
énumération ⎫
addition   ⎬ ⟶ transition ⟶ idées défavorables
conclusion ⎭   énumération
                                 addition
                                 conclusion

   ▶ Suggéréz d'autres schémas d'argument que l'on pourrait utiliser à ce même effet. Utilisez des expressions tirées des textes du Module 8 lorsque c'est possible pour étayer votre schéma alternatif.

4 Complétez la liste suivante en donnant la, ou les fonctions des repères structuraux: *ainsi* (texte 1, para.1 et 2,2); *alors que* (1,2); *d'ailleurs* (1,2); *en outre* (2,1 et 3); *du reste* (2,3); *à cet égard* (2,5).

Activités communicatives

A l'oral ▷ ▷ ▷ ▷

1   Exposé et table ronde sur les armes nucléaires

Activité: L'activité prend la forme d'un exposé, suivi d'une discussion sur la justification et la nécessité de l'emploi des armes nucléaires dans la défense du pays. Les emplois civils seront traités de façon secondaire pour pouvoir guider la discussion vers une conclusion.

L'objectif de la réunion est de formuler le consensus du groupe, et de voir à quel point ce groupe, comme microcosme de la société, est informé de la question, et tolérant de l'opinion contraire, au point de pouvoir formuler une politique commune avec elle.

Préparation: On désignera à l'avance un président de séance, et ceux qui soutiendront le pour et le contre de l'argument. On désignera également une personne pour parler des aspects civils, offrant un commentaire sur les rapports entre le civil et le militaire dans ce domaine.

Déroulement du cours:
(a) Suivant l'opinion prépondérante, on commencera la séance par un exposé soulignant *ou* la nécessité, *ou* le mal-fondé d'un arsenal nucléaire comme partie intégrante d'un système de défense. L'exposé représentera l'opinion *minoritaire* plutôt que celle de la majorité.
(b) Des représentants de la majorité prendront ensuite la parole pour essayer de persuader les étudiants opposés de leur tort et pour élaborer une stratégie de défense qu'ils trouvent plus acceptable.
(c) Puisque l'emploi civil du nucléaire dans les centrales électriques a un certain rapport avec l'emploi militaire dans l'esprit du public, nous proposons qu'une personne seulement soit désignée pour traiter cet aspect. Le président de séance maintiendra cependant la discussion générale dans le domaine de l'emploi militaire.

2   Exposé et table ronde: les emplois civils de l'électro-nucléaire

La procédure suit le modèle de l'activité *à l'oral 1*, ci-dessus, en substituant l'emploi civil à l'emploi militaire, et inversement.

A l'écrit ▷ ▷ ▷ ▷

1   Dissertation sur les armes nucléaires

Activité: Dans le contexte du deuxième texte, résumant les attitudes des partis britanniques envers les armes nucléaires en 1983, écrivez une dissertation sur le sujet suivant:

''Que la situation mondiale actuelle, et les risques d'une catastrophe désastreuse pour le genre humain, rendent essentiel l'abandon des armes nucléaires par les grandes puissances.''

2   Lettre ouverte sur les centrales nucléaires

Activité: Vous écrivez une lettre ouverte, adressée au premier ministre de votre pays, pour exprimer votre opinion sur le programme d'investissement dans les centrales nucléaires. Vous offrez votre opinion sur la stratégie qui vous semble le mieux répondre à nos besoins énergétiques.

Préparation: Informez-vous sur la possibilité (ou l'impossibilité) de pourvoir à nos besoins énergétiques futurs si nous abandonnons le nucléaire. Consultez les *Ressources linguistiques* de ce module (*insister/faire des comparaisons*).

Les Nouvelles Formes de maternité

Dossier culturel ▷ ▷ ▷ ▷

La plupart des étudiants de langues sont des femmes, y compris celles qui seront de futures mères. Ainsi la question des nouvelles formes de maternité n'est nullement une affaire de scandale destinée à tomber dans l'oubli après avoir défrayé la chronique dans les journaux. Les avances médicales futures poseront des problèmes toujours plus épineux. La question vaut d'être étudiée sérieusement, et soulève des problèmes, légaux et matrimoniaux, sans parler des aspects obstétriques, féministes etc.

Note pédagogique

Le cas que nous citons dans le texte a fait époque en France et mérite bien de retenir un instant l'attention. L'activité proposée, pourtant, concerne deux autres cas précis et qui alimenteront une discussion légale, morale etc. Le document imprimé sert principalement à familiariser l'étudiant avec les termes employés.

La mère « porteuse »

Patricia, une jeune femme de vingt et un ans, porte un enfant pour le donner à un couple stérile qu'elle ne connaît pas. Elle est la première « mère de substitution » française dans cette situation. Certes, il y avait déjà eu le cas des deux jumelles de Montpellier. Magal, qui était stérile, avait demandé à sa soeur Christine de faire un enfant à sa place. Le bébé était né le 27 avril 1983. Cette fois-ci, la mère « porteuse » ne connaît pas les futurs parents de son enfant, et elle a accepté de recevoir 50.000 francs. On se retrouve tout à fait dans le cas des « surrogate mothers » américaines.

L'histoire de Patricia a été rendue publique par la revue *Parents*. Patricia a obtenu l'accord de son mari, Pascal, avec lequel elle a déjà eu un enfant, âgé aujourd'hui de dix-huit mois. « Les parents, c'est bien eux, ce n'est pas moi. La mère, c'est celle qui aime, ce n'est pas seulement celle qui porte », a déclaré Patricia à *Parents*.

Le couple stérile, dont la femme n'avait pu mener à terme des grossesses, s'était adressé à un médecin marseillais, le docteur Sacha Geller. Celui-ci a prélevé le sperme du mari pour inséminer Patricia qui se proposait comme mère « porteuse » depuis un an. Pour Patricia, « il faudrait que cela devienne classique comme le don de sperme. La seule différence, ajoute-t-elle, c'est que la femme qui prête l'utérus va porter l'enfant, alors que, bien sûr, l'homme après n'a plus rien à faire. »

Le docteur Geller est président du Centre d'exploration fonctionnelle et d'études de la reproduction (CEFER) de Mar-Marseille, et président de l'association « Mères d'accueil ». Cette association, créée en 1983, a pour but de venir en aide à des couples dont la femme est stérile. Il s'agit d'inséminer artificiellement avec le sperme du mari, des femmes qui accepteraient de mener à bien une grossesse et de laisser ensuite l'enfant au couple.

Sur le plan juridique, l'association propose d'utiliser les dispositions existantes : la mère accouche à la maternité sous « X », pour garder son anonymat. Le père biologique déclare l'enfant comme étant le sien, et son épouse entame alors une procédure d'adoption.

Une indemnisation forfaitaire de 50.000 F est versée à la mère porteuse après la naissance. Cette somme a paru « suffisante » à l'association pour éviter les surenchères, « pour vaincre les résistances légitimes sans pour autant susciter des vocations indésirables. »

Pour Patricia, cette indemnisation n'est pas un salaire, ni le prix de l'enfant. « De toute façon ce n'est pas une affaire destinée au plus offrant », estime Patricia, qui ajoute quand même « je ne le ferais pas pour rien non plus. Cet argent me motive un peu. »

« Industrie » en expansion

Interrogé sur ses réactions quand Patricia a envisagé cette grossesse, Pascal, son mari, répond : « C'était vraiment bête de priver un couple d'avoir un enfant puisque, nous, on peut en avoir autant qu'on veut. Si ma femme peut en avoir, pourquoi ne pourrait-elle pas en faire profiter un autre couple ? Pourquoi un autre père ne pourrait-il pas avoir le même bonheur que moi ? » (...)

Mais toute ne se passe pas toujours très bien. Au printemps 1983 un procès avait défrayé la chronique : un bébé anormal né dans le Michigan avait été rejeté à la fois par sa mère biologique et par le couple qui l'avait « commandé ». Le mari affirmait que l'enfant n'était pas de lui, et les examens biologiques ordonnés par le tribunal avaient révélé qu'en fait la mère « porteuse » avait conçu l'enfant avec son époux !

Plus récemment, en août, une mère australienne avait refusé de remettre l'enfant qu'elle avait conçu pour un couple stérile. Elle avait été inséminée artificiellement par le sperme du mari, s'était engagée par contrat, mais quinze jours après la naissance avait refusé de se séparer de l'enfant. Or l'Etat de Nouvelle-Galles du Sud venait juste d'adopter une nouvelle loi en réponse à la multiplication des inséminations artificielles : la paternité de l'enfant conçu ainsi, avec l'accord du mari de la mère, revient légalement à ce dernier et non au donneur de sperme.

(*Le Figaro*, 20 septembre 1984)

227

Activités d'analyse

Réseaux thématiques ▷ ▷ ▷ ▷

1 La nouvelle façon de devenir mère (qui a donné lieu à la création du terme ''mère-porteuse'') soulève toute une série de problèmes: moraux, légaux et matrimoniaux.

▶ En prenant des expressions tirées du texte, établissez trois listes de termes se rapportant aux aspects moraux, légaux et matrimoniaux de ce problème épineux auxquels il est fait allusion dans le texte.

2 Des termes et expressions appartenant au registre médical apparaissent tout au long du texte. Ces termes ne se rapportent pas aux mères-porteuses, mais à la maternité en général.

▶ Quels sont ces termes? Groupez-les sous les titres suivants: *la maternité* et *la nouvelle forme de maternité.*

Repères structuraux ▷ ▷ ▷ ▷

1 La cohésion dans ce texte est assurée en grande partie par l'emploi répété de pronoms et d'adjectifs démonstratifs.

▶ Identifiez ces mots (pronoms et adjectifs démonstratifs) et essayez d'en expliquer la fonction cohésive dans le texte.

2 Le mot *or* a de multiples fonctions. Il peut marquer l'opposition, la concordance, une transition dans un raisonnement, ou, tout simplement, souligner l'importance du rapport qui existe entre deux faits.

▶ Quelle est sa fonction (ou quelles sont ses fonctions dans le paragraphe 9?

▶ Quel est le lien qui existe entre la phrase précédente et celle qui est introduite par *or*?

3 La mère-porteuse utilise une expression au moyen de laquelle elle semble chercher à justifier ses actions (para. 6)

▶ Identifiez-la, et proposez des substituts appropriés dans ce contexte particulier.

Activités communicatives

A l'oral ▷ ▷ ▷ ▷

Régler un problème: consultation des partis intéressés

Contexte: Il y a eu rupture dans les accords conclus entre deux jeunes couples stériles et des mères de substitution ou mères porteuses avec qui ils avaient conclu un contrat légal.

(a) *Premier couple*: Un jeune couple, malheureusement stérile, avait profité de l'occasion fournie par un centre médical pour trouver une mère ''porteuse''. Celle-ci a reçu le sperme du mari et donné naissance à des jumelles. Un des enfants est en parfaite santé, l'autre handicapé. Le couple stérile a dit qu'il veut accepter l'un, mais refuser l'autre. La mère porteuse insiste pour que le couple remplisse son engagement.

(b) *Deuxième couple*: Une jeune mère porteuse a décidé de garder le bébé auquel elle a donné naissance, après avoir conclu un contrat légal avec un couple sans enfants. Le couple insiste pour qu'elle leur remette le bébé.

Activité: Les deux jeunes couples essaient de régler ces problèmes qui sont venus compliquer leur adoption d'enfants portés par les mères de substitution.

Ils fixent un rendez-vous devant une tiers personne (un avocat ou un pasteur, etc.). Le but de la réunion est de discuter tous les problèmes posés par la rupture des accords précédemment conclus entre les couples et les mères porteuses.

Le groupe essayera d'arriver à une conclusion satisfaisante aux personnes intéressées, ou à défaut d'un accord, de solliciter un jugement personnel et privé du ''Salomon'' qui leur sert de conseiller.

Préparation: Le groupe nommera à l'avance:
—le conseiller (pasteur ou avocat)
—les deux jeunes couples stériles
—les deux mères de substitution
—d'autres personnes choisissant chacun un rôle *légal*, *moral* ou *matrimonial*.

Déroulement du cours: Le conseiller (qui doit servir de président de séance) fera les présentations avant de proposer au groupe qu'il suive un modèle de discussion plutôt formelle pour éviter de tomber dans la confusion. Il invitera les participants à prendre la parole pour résumer la situation telle qu'ils la voient.

Les autres auront le droit d'interroger ceux qui parlent.

Si d'autres experts assistent à la réunion on leur demandera de prendre la parole à leur tour.

A la conclusion de la discussion le président de séance fera le bilan sous chacun des aspects discutés et on prendra les décisions qui semblent acceptables.

A l'écrit ▷ ▷ ▷ ▷

Lettre

Choisissant l'un des deux cas cités, vous écrirez la lettre envoyée par une des mères de substitution au couple sans enfants, suivant la naissance et dans la nouvelle situation créée par la naissance. (Voir *persuader* et *insister* dans les *Ressources linguistiques* des Modules 4 et 8.)

Glossaire: La Prise de position

Parler d'un problème:

un problème/un sujet/un point/une question/un aspect/un débat/une polémique
un projet/une proposition/une mesure/une action/des pratiques/une motion/une déclaration/une décision
    délicat, épineux, difficile, problématique, complexe, touffu, grave, préoccupant, sérieux, équivoque, ambigu, paradoxal, polémique, controversé
    difficile à clore/trancher

le plaidoyer
extraordinaire, enthousiasmant
formidable, louable, tout à fait fondé/justifié, compréhensible

le procès
honteux, inadmissible, injustifiable, indigne de, odieux, condamnable, révoltant, écœurant, malsain, atroce, un tissu de mensonges

qui	qui	
a déclenché l'enthousiasme	a déclenché	des mouvements
a forcé l'admiration	donné lieu à	de protestation/
emporté l'adhésion de …	suscité	des manifestations
reçu un accueil chaleureux	été accueilli froidement	
été applaudi		

Il faut/convient de/est indispensable de/nécessaire de:

le plaidoyer	le procès
marquer son accord	exprimer son désaccord devant
exprimer	indignation
rendre justice à,	condamner, dénoncer, refuser
défendre	d'accepter, arrêter, se dispenser de
complimenter,	se passer de,
encourager, aider	remettre en question,
	mettre un terme à

apporter son soutien / sa voix / son support / son appui — à — s'insurger / se battre / se dresser / prendre position / s'élever / se déclarer — contre

ne pas tarir d'éloges sur
être persuadé/certain/convaincu de la valeur de …
croire/avoir foi en une telle décision/de telles pratiques

neutre
être neutre
ne pas se prononcer
réserver son jugement
ne pas avoir d'idée sur la question
ne pas être sensibilisé par le problème

Parler d'une œuvre d'art:

L'originalité

l'auteur écrit dans un style   qui lui est propre
                                ne ressemble à aucun autre
on est frappé par l'originalité de la construction
il aborde le sujet d'un angle totalement nouveau
c'est une analyse extrêmement originale
le thème est traité de façon inhabituelle
le film regorge de trouvailles

le romancier / l'auteur / il — nous étonne à chaque page / nous offre une vision totalement neuve / est en rupture avec / se détache totalement de / se détourne de — la tradition

(A la différence de X),
    il   se place en porte-à-faux avec
          est à contre-courant
          refuse de suivre le courant/la mode
le peintre était un innovateur
                      novateur
c'est une œuvre d'avant-garde
l'auteur se démarque des autres romanciers par …
c'est un précurseur
ce poète a été le chef de file d'un nouveau mouvement

Comparer:

l'histoire   nous rappelle …
              fait songer à …
              n'est pas sans rappeler …
on songe/pense aussitôt à …
on reconnaît/sent immédiatement l'influence de …
il existe une forte ressemblance / une certaine similitude — entre … et …
on retrouve les thèmes chers à …
              les mêmes techniques que dans …
on ne peut s'empêcher de faire un parallèle entre …
certains parallèles   s'imposent à nous
                       sautent aux yeux
                       sont flagrants

cette oeuvre foisonne   de clins d'œil
                         d'allusions
                         de références à
l'auteur   utilise les clairs-obscurs à la manière de …
il   se situe dans la tradition des …
            descend en droite ligne de …
            fait partie de l'école de …
on sent peser l'héritage de …
c'est un hommage constant à …
c'est un disciple de …
l'auteur s'est plus qu'inspiré de …
c'est un plagiat pur et simple
         un pastiche
         une parodie
l'intrigue est calquée sur …

Les réactions:

le public / le lecteur / l'audience / le (télé)spectateur / l'auditeur — est — subjugé / pris sous le charme / captivé / émerveillé / ému par / interpellé

cette œuvre suscite / engendre — chez le lecteur un sentiment de
est empreinte d'un charme désuet

de cette œuvre émané
cette œuvre (est):

positif	négatif
un plaidoyer pour/contre …	une critique acerbe de …
une apologie de …	une condamnation de …
la défense de …	
chante les louanges de …	un réquisitoire violent contre …
	un procès contre …
	une peinture au vitriol de …

Les opinions:

positives	négatives
un chef d'oeuvre	une oeuvre mineure
un moment fort	de la littérature de gare
une oeuvre	un film série B
d'une extrême importance	une pièce ratée
qui fait date	qui ne vaut pas
qui a révolutionné le	le déplacement
cinéma	un bide

positives	négatives
une œuvre qui marque une étape	un four
importante dans	un navet (cinéma)
l'histoire de	de la sous-littérature
	(un roman) à l'eau de rose
réussir une prouesse	
un tour de force	un échec
un triomphe	un moindre talent
une réussite totale	

Le style:

positif	négatif
ample, puissant, évocateur, étonnant, passionnant, foisonnant, riche, inventif, sublime, remarquable, splendide, amusant, charmant, drôle, cocasse, empreint de fraîcheur, charme, concis, juste, sans artifice, vrai,	plat, banal. simpliste, traitant d'un sujet: ressassé de lieux communs, rebattu, obscur, confus, embrouillé, laborieux, lourd, caricatural, grossier, primaire, bâclé, maniéré, précieux, ampoulé artificiel

positif	négatif
possédant un souffle/une force, touchant, pur bien ficelé*, bien mené avoir le souci du détail vrai	présentant un intérêt limité peu d'intérêt, sans intérêt, médiocre, au goût du jour se contenter de brosser à grands traits pêcher par le manque de …
faire preuve d'un immense talent d'originalité de rigueur d'une maîtrise de son art	remarquable …

Ressources linguistiques

1 **Insister**
2 **Comparer**

1 Insister

Il est assez facile de renforcer ce que vous dites – d'insister là-dessus – en ajoutant un simple adjectif, adverbe ou locution adverbiale de renforcement.

Si l'on veut aller plus loin et insister sur l'importance d'un argument, le mettre en relief pour en tirer le plus grand avantage possible, on a besoin de stratégies plus complexes qui demandent qu'on y réfléchisse à l'avance. *Insister*, ce n'est pas uniquement une question de vocabulaire (adjectifs, adverbes, etc.), c'est aussi structurer ses propos de façon à impressionner son interlocuteur par la force d'un argument qui paraît, dès lors, incontrovertible.

A Renforcer
Au niveau de la phrase, il existe bon nombre de moyens de renforcer ses propos.

1 **A l'oral** vos propos auront plus de force si vous donnez aux mots les plus importants *un accent d'insistance*:
A côté de l'accent *tonique*, placé sur la *dernière voyelle prononcée*, il existe un autre accent, employé pour rendre expressifs (= pour *insister sur*) certains mots. C'est l'accent *d'insistance*.

L'accent d'insistance est placé sur *la première consonne prononcée* du mot à mettre en relief:

Merveilleux! **M**agnifique! **F**ormidable! **T**aisez-vous!
L'accent d'insistance consiste surtout à *allonger* ou à *redoubler* la première consonne, en même temps que le ton s'élève généralement sur toute la syllabe.

Mmerveilleux! **Ff**ormidable! **ill-Il**lisible!
Un autre type d'accent d'insistance, très intellectuel (!), consiste à allonger démesurément la première *voyelle* du mot:
Elle est **a-a**-dorable! Il est s-**en**-sationnel.
P. et M. Léon. *Introduction à la phonétique corrective*. pp. 67–8.

2 Vous pouvez, bien sûr, utiliser les adverbes *bien, même, tout, tant, très* pour renforcer vos propos.

Vous trouverez ci-dessous des listes d'autres adverbes, de locutions adverbiales et d'adjectifs qui peuvent s'insérer dans la phrase pour vous permettre de mieux souligner l'importance de ce que vous dites.

adverbes	locutions adverbiales	adjectifs
assurément	en effet	essentiel
surtout	quand même	indiscutable
notamment	par-dessus tout	important
incontestablement	avant tout	incontestable
indubitablement	de surcroît	indéniable
particulièrement	d'autant plus que	capital
tellement	mieux encore	primordial
…	…	…

Ajoutez à ces listes d'autres termes qui peuvent remplir la même fonction.

3 Pour frapper encore plus votre interlocuteur, vous pouvez employer plus d'un de ces mots, par exemple:

adverbe + adjectif	adverbe + adverbe
particulièrement important	très précisément
absolument essentiel	(plus) notamment encore
tout à fait capital	incontestablement même

Ajoutez à cette liste d'autres combinaisons du même type.

B Insister, envisagé en tant que *stratégie*, consiste surtout à ajouter quelque chose à votre argument, que ce soient.
—**des précisions** ("Précisons:"; "Entendons-nous:"; "Encore faut-il ajouter que …")
—**la conséquence** d'une action ou d'une idée ("au point que …"; "(tant et) si bien que …")
—**des exemples** ("à savoir …"). (Voir *Ressources linguistiques*, module 2, 1: *Donner un exemple*.)

Normalement on *annonce son intention* d'insister sur quelque chose:

annoncer son intention	insister
Je voudrais	insister sur le fait que …
aimerais	souligner ce point.
Il faut	faire ressortir le fait que …
importe de	mettre en valeur
	en relief
	l'accent sur
On ne saurait trop	accentuer
	préciser
	affirmer

Après avoir annoncé son *intention* de le faire, on *insiste* en ajoutant à la discussion un/des argument(s) nouveau(x) ou d'une des façons suivantes:

(a) on pousse *une exclamation*:
Attention!
Et encore!
Qu'on ne s'y trompe pas!
Qu'on ne vienne pas dire le contraire!

(b) on pose *une question*:
Avez-vous remarqué l'importance de …?
Savez-vous quel est le poids de cet argument?
Puis-je vous rappeler qu'il est fondamental de …?

(c) on *reprend* (dans d'autres mots) *un argument* qu'on a déjà avancé:
Ceci est, je le répète, extrêmement important:
Je réitère mes propos:
Rappelons que …
N'oublions pas que …

(d) on *répète* la même structure:
C'est aussi et avant tout une question de …
Ce que je dis et ce que j'affirme …
Nous avons souligné, nous avons insisté sur …
Nous croyons, nous sommes convaincus que …
Il importe d'écouter et de comprendre …
Ces arguments, ces révélations prouvent bien que …

C Pour créer un effet frappant, *à l'écrit* surtout, on peut employer:

(a) *un changement* d'ordre (souvent dans une phrase du type *Ce qui … c'est …*:
Ce qu'il faut souligner, c'est que …
Ce qui saute aux yeux, c'est la mauvaise foi de …
L'important c'est que vous compreniez …
Un point à souligner c'est l'attitude de …
Manger, c'est ce qu'il nous faut.
Encore faut-il préciser que …
Toujours est-il que …
Force nous est de reconnaître que …
En ont-ils dénoncé, des desseins méprisables!
Le savoir, le professeur en général en a.

(b) un des mots appelés en français *les indéterminants*:
tout, seul, tel:
tout (pronom):Tout porte à croire que …
Tout concourt à …
Tout nous indique que …
(adj) :Tout apprentissage est difficile.
C'est ici que cette idée prend toute son importance.
et ce ne sont, en tout état de cause, que …
C'est à toutes les forces politiques de …
(adv) :un produit qui est tout aussi résistant (sinon plus)
Nous prêtons à cet événement une importance tout autre.
J'aimerais insister tout particulièrement sur …

seul: Ce sont là les seules difficultés à résoudre.
Seuls les étudiants s'y opposent.
Vous êtes seuls à ne pas vouloir en profiter.
tel (pronom): Telle est la tâche qui nous incombe.
Tel serait le triple objectif de ...

(c) un des mots *quel* (adjectif) ou *quelque* (adverbe) suivi du subjonctif = niveau de langue soigné:
Quelle que soit l'opinion du président, ...
Quels que soient ses desseins, ...
Quelque intransigeante qu'elle soit, ...
A quelque niveau que l'on l'envisage, ...

Insister – Activités ▷ ▷ ▷ ▷

A l'oral

1 Ajoutez à chacune des phrases suivantes une ou plusieurs nuances d'insistance:
► Je suis fatigué.
► Vous ne m'avez pas convaincu.
► Il faut réfuter des propos aussi dangereux.
► Cette idée est fondamentale.

2 Commencez chacune des phrases ci-dessous par l'annonce de votre intention d'insister:
► ... la situation est intenable.
► ... vos enfants sont impossibles.
► ... la température est au-dessous de zéro.
► ... ce plat est immangeable.

3 Vous êtes contre la censure.
► Trouvez autant de façons de le dire et d'insister là-dessus que possible.

A l'écrit

4 Vous écrivez le texte d'un discours que vous allez faire dans un débat sur le problème du nucléaire. Vous voulez, pour votre part, insister surtout sur le danger d'un accident.
► Ecrivez deux paragraphes dans lesquels vous soulignez l'importance de cet aspect du problème.

2 Comparer

Consultez également le Glossaire 8, p. 230: *Comparer*.

Dans un débat ou un argument, on compare deux (ou même plusieurs) choses pour mieux faire ressortir l'importance ou la supériorité d'une d'entre elles. Comparer, c'est aussi le moyen de prouver à votre interlocuteur que vous appréciez son point de vue, tout en préférant le vôtre. Une comparaison peut avoir trois résultats: *positif* (plus); *négatif* (moins); *neutre* (équilibre).

A La comparaison simple

1 On peut faire une comparaison en employant simplement le comparatif ou le superlatif d'un adjectif ou d'un adverbe:

Voir: Ferrar, *A Reference Grammar of French*, Chapter XIII, *Comparison*, ou consultez n'importe quel autre livre de grammaire française.

2 Il existe en français un certain nombre d'adverbes qui sont utilisés dans des comparaisons: *autant, aussi, comme, de même, moins, plus*...
En connaissez-vous d'autres?

davantage
(un) aussi que

3 En français il existe plusieurs paires de mots qu'on utilise pour faire des comparaisons:

Plus on étudie,	*plus* on est fatigué
Moins j'ai d'argent,	*moins* je mange.
Plus je pense à Robert Redford,	*moins* je dors.
Moins tu me parles,	*plus* je suis content.

Essayez de trouver d'autres exemples.

Il existe également d'autres structures binaires pour exprimer une comparaison ou une équilibre entre deux choses:
A travail égal, productivité égale.

Notez d'autres structures de ce type.

B Une *locution adverbiale* peut servir à signaler une comparaison entre deux choses/idées/situations/solutions. Normalement on suggère *une différence* entre les deux choses comparées (X et Y).

1 Cette différence peut être ou *positive* ("plus") ou *négative* ("moins"):

locution adverbiale	plus ou moins
Par comparaison avec X,	Y est …
Relativement à X,	Y est …
Par rapport à X,	Y est …
Vis à vis de X,	Y est …
A côté de X,	Y est …
Auprès de X,	Y est …
A la différence de X,	Y est …

Là où il n'y pas de différence à signaler on peut dire:

A l'image de X,	Y est (ni plus ni moins) …
(Tout) comme X,	Y est …

2 Tout en employant les mêmes locutions adverbiales, on peut structurer sa phrase de la façon suivante:

X, relativement à Y,	est …
X, à la différence de Y,	est …
X, d'autant plus que Y,	est …
X, en regard de Y,	est …

3 La phrase comparative peut commencer par Y:

(X)	Y, en revanche,	est …
(X)	Y, en comparaison,	est …
(X)	Y, par contre,	est …

C Si on veut simplement confronter deux choses/situations sans apparemment tirer de conclusion sur leur importance relative, on peut employer d'autres structures binaires (voir **A3**, ci-dessus) qui typifient la comparaison en français:

pour selon d'après	l'un les uns certains d'un côté soit	l'autre les autres d'autres de l'autre soit

d'ire que … d'autre part

D *A l'écrit* ou *à l'oral,* on déclare souvent son intention de faire une comparaison *avant* d'en tirer un avantage dialectique:

(*a*)

J'aimerais voudrais	faire	une comparaison	entre X et Y:
		analogie	
	établir	un parallèle	
	souligner	la ressemblance	
	mettre	en parellèle	X et Y:
		comparaison	
		vis-à-vis	

(*b*) Comparons, par exemple, X et Y:
Confrontons ces deux hypothèses:
Rapprochons ces deux points de vue:
Mettons ces idées dans la balance:

(*c*) Ces deux stratégies
ont en commun …
peuvent se comparer:
se ressemblent à bien d'égards

(*d*) Une comparaison s'impose:
Un parallèle
Une analogie me vient à l'esprit:

E **A l'écrit** surtout on compare assez souvent *plusieurs* choses entre elles. Nous appelons ce type de comparaison, à la différence de la comparaison *simple* (**A–D**, ci-dessus), la comparaison *asymétrique* ou *multiple*.

Il s'agit, pour ce type de comparaison, de comparer plusieurs aspects de plusieurs objets/idées/plans … à la fois.

Pour que la comparaison multiple puisse se faire, il faut des articulateurs qui assurent la cohésion entre les différentes étapes de la comparaison.

Voici, à titre d'exemple, deux extraits de comparaisons multiples tirés de deux revues pour consommateurs, *Que choisir?* et *50 millions de consommateurs.* Ces magazines fournissent de bons exemples de comparaisons de ce type. Ici il s'agit:
1 de comparer le prix de plusieurs produits détaxés dans un certain nombre d'aéroports et
2 de comparer la qualité de différentes marques de sirops.

1 En règle général, les boutiques d'aéroports sont toujours MOINS CHERES QUE celles de la ville, mais *les écarts* de prix entre aéroports sont très variables *d'un pays à l'autre* et selon les produits.

Si pour les cigarettes, les prix sont 3,8% MOINS CHERS à l'aéroport de Francfort QUE dans les magasins de la ville, *l'écart* dépasse les 57% à Dublin. *Pour les alcools, la différence* entre magasins traditionnels et boutiques d'aéroports *varie de* 13,8% à Madrid *à près de* 58% à Zurich. QUANT AUX parfums, *si les prix* affichés dans les magasins de Lisbonne sont pratiquement LES MEMES QUE *ceux* relevés à l'aéroport, à Athènes, les prix des magasins *dépassent de* 44% *ceux* des boutiques hors taxes de l'aéroport.

Reste que LES MOYENNES elles-mêmes peuvent s'avérer trompeuses: *produit par produit,* la réalité est parfois plus nuancée. Ainsi à Paris, les alcools sont EN MOYENNE MOINS CHERS à Orly et Roissy QUE dans les hypermarchés de la région parisienne. *Pourtant,* la bouteille de 100cl de Chivas Regal 12 years vaut 141F en boutique hors taxes, et *celle de* 75 cl, 99.50 F au magasin Auchan de Plaisir et 102,92 F à l'Euromarché de Saint-Quentin en Yvelines, ce qui correspond respectivement au litre de 132,66 F et 137,20 F, soit MOINS CHER QU'à l'aéroport. QUANT AU Pernod 45 …

A Madrid, l'atomiseur d'eau de toilette "Eau sauvage" est vendu à l'aéroport AU MEME PRIX QUE LA MOYENNE des prix pratiqués en ville. A Lisbonne, le parfum Chanel No 5 est même MOINS CHER en ville QU'à l'aéroport.

Si globalement, les prix des articles sont MOINS CHERS en ''duty free'' QUE dans les magasins classiques . . . il existe également des *différences importantes* d'un aéroport à l'autre.

Pour les cigarettes, il y a 36% d'*écart* entre les aéroports de Vienne et d'Amsterdam; *pour les alcools*, 76% entre les aéroports de Dublin et de Madrid; *pour les parfums*, 178% entre *ceux* de Vienne et d'Athènes. . . . Vienne reste la ville LA PLUS CHERE DE toute notre enquête.

Que choisir?, No 219, juillet-août 1986

2 ''50'' a testé cette qualité des sirops. *Sur le plan microbiologique* . . .

Néanmoins des levures peuvent se développer. *Deux sirops* en contenaient. La qualité gustative, *elle*, dépend de l'équilibre entre les composants. *Ces trois éléments* nous ont permis de définir deux groupes: *le haut et le bas de gamme*.

50 millions de consommateurs, No 187, août/septembre 1986

On voit ici que les fils conducteurs ou réseaux thématiques (en *italique*) sont tout aussi important que les mots qui expriment la comparaison (en MAJUSCULES) dans les comparaisons multiples:

noms de villes	produits	conclusions
Dublin	les cigarettes	l'écart
Madrid	les alcools	la différence
		(importante)
Zurich	les parfums	varie de
Lisbonne		la/les moyenne(s)
Athènes		dépassent de
. . .		le haut et le bas
		de gamme

Les repères structuraux sont aussi extrêment importants pour assurer la cohésion d'une comparaison multiple:

1 d'un pays à l'autre; Si pour (les cigarettes); Pour (les alcools); Si (les prix); produit par produit; Pourtant; celle; Si (les prix); Pour (les cigarettes/alcools/parfums).
2 Sur le plan de; Deux sirops; elle; trois éléments; ceux.

Comparer — Activités ▷ ▷ ▷ ▷

A l'oral

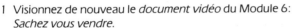

1 Visionnez de nouveau le *document vidéo* du Module 6: *Sachez vous vendre*.
   M. Heftre expose ses idées sur la recherche d'un emploi dans un développement comparatif.
   ▶ Analysez la comparaison sur laquelle il base son exposé.

2 Vous voulez expliquer à vos parents les changements qui ont eu lieu dans le domaine de l'éducation depuis qu'ils ont terminé leurs études.
   ▶ Faites la comparaison entre le sytème actuel et celui qu'ils ont connu.

3 Une amie qui n'est jamais allée en France vous demande de lui décrire la cuisine française.
   ▶ Vous essayez de lui faire comprendre les différences entre la cuisine de votre pays et la cuisine française en les comparant. Que lui dites-vous?

A l'écrit

1 Vous écrivez pour le journal des étudiants de votre université un article dans lequel vous comparez entre eux tous les professeurs aux conférences de qui vous avez assisté. (*comparaison multiple*, **E**, ci-dessus).
   ▶ Considérez les points suivants;
   maîtrise du sujet
   organisation du cours
   voix
   expressivité
   gestes nerveux ou tics

2 Quelles comparaisons pouvez-vous faire entre l'énergie nucléaire et l'énergie non-nucléaire? (2 paragraphes)

MODULE 9 LE DÉBAT (4)

L'apprentissage d'une langue étrangère

8. *Dialogue.*

Pour parlér Anglois.

MOnsieur, étes-vous *François?*
Oui, Monsieur, à votre service,
De quelle province de *France* étes-vous?
De l'Isle de *France*, de la *Touraine*, de
l'*Anjou*, &c.
De quelle ville?
De *Paris*, de *Blois*, &c.
Combien y a-t-il que vous étes en *Angle-
terre?*
Il y a un an,
Parlez-vous *Anglois?*
Je le parle un peu,
Je l'entends mieux que je ne le parle,
La langue *Angloise* est fort difficile aux
Français,
La *Françoise* est bien plus difficile aux
Anglois,
J'ai de la peine à le croire,
L'expérience nous le fait voir tous les
jours,
La prononciation du *François* est bien
plus facile, que celle de l'*Anglois*,
Je connois quantité d'*Anglois* qui pro-
noncent parfaitement bien le *François*,
Et à peine peut-on trouver un *François* en
cent, qui prononce passablement bien
l'*Anglois*,
Les *François* mangent la plûpart des
mots *Anglois*,
Je connois pourtant quelques *François*,
qui prononcent

Dialogue 8.

To speak *English*.

SIR, are you a Frenchman?
Yes, Sir, at your Service.
What Province of France *are you of?*
Of the Isle *of* France, *of* Touraine, *of*
Anjou, &c.
Of what City?
Of Paris, Blois, &c.
How long have you been in England?

A Year.
Do you speak English?
I speak it a little.
I understand it better than I can speak it.
The English *Tongue is very hard for a*
Frenchman *to learn.*
The French *is far more difficult to* English-
men.
I can hardly believe it.
Experience shews it us every Day.

The Pronunciation of the *French is far*
more easy than that of the English.
I know many Englishmen, *who pronounce*
French *perfectly well.*
And one can hardly find a Frenchman *in a*
hundred, who can pronounce English
indifferently well.
The French *clip most of their Words in*
English.
And yet I know some Frenchmen, *who*
pronounce English

New Royal French Grammar 1747

Texte 1 (vidéo):   **Apprendre à apprendre**
Texte 2 (écrit):   **A quel âge faut-il apprendre une langue étrangère?**
Texte 3 (écrit):   **Quel français parlons-nous? (I)**
Texte 4 (écrit):   **Comment apprendre une langue étrangère?**
Glossaire: **L'Education (2)**
Ressources linguistiques: **Suggérer**
                       Appeler à l'action

Collage-vidéo: **"Je propose . . ."**

Notes pédagogiques

Ce module, par contraste avec le Module 6, *Les Educateurs à l'épreuve*, met en jeu l'expérience de l'étudiant en tant qu'apprenant. Ses années d'apprentissage des langues vivantes l'équipent suffisamment pour qu'il puisse formuler des conclusions personnelles sur l'efficacité des méthodologies rencontrées. Dans bien des cas une année passée dans un système scolaire étranger lui aura offert une autre perspective pédagogique.

Les documents présentés ici offrent un contact avec:

—*Texte 1*: un système d'apprentissage des langues auto-dirigé, pratiqué dans l'Université de Nancy.
—*Texte 2*: le problème de l'enseignement d'une langue étrangère au niveau de l'école primaire.
—*Texte 3*: la langue française telle qu'elle se parle de nos jours.
—*Texte 4*: une appréciation personnelle par un professeur d'espagnol en France, de ce qui facilite l'acquisition de la compétence dans une langue.

Les *Ressources linguistiques* nous mènent vers des *appels à l'action* et à la *suggestion*.

The *four simple Tenses* are,

1. The *Present*, which shews that something is now a doing; as,

Je parle, *I speak*, or *I am speaking*.

2. The *Imperfect*, which shews that something was then a doing, or present at that Time, which we speak of; as,

J'écrivois quand vous entrâtes, *I was writing when you came in*.

3. The *Preterperfect Definite*, which expresses a precise and determined Time; as,

Je parlai hier à votre père, *I spoke yesterday to your Father*.

Observe that this Tense is never used to signify an Action done that Day we speak in.

4. The *Future*, which shews that something is to come; as,

J'écrirai ma lettre demain, *I shall write my letter to-morrow*.

The *three compound Tenses* are those that are compounded with the three first *Simple* Tenses of the Verb *avoir*, to have, or *être*, to be; and the *Participle Passive* of the Verb; *Ex.*

1. J'ai diné, *I have dined.*　　1. Je suis venue, *I am come.*
2. J'avois diné, *I had dined.*　　2. J'étois venue, *I was come.*
3. J'eus diné, *I had dined.*　　3. Je fus venu, *I was come.*

1. The *Preterperfect Indefinite, and first Compound Tense*, or *Compound* of the *Present*, is that which shews that something is intirely done and past, without mentioning any precise Time; as,

J'ai écrit ma lettre, *I have written my Letter*.

Or else it expresses an Action done the same Day one speaks in; as,

J'ai mangé un poulet ce matin, *I have eaten a chicken this Morning*.

The *1st Preterpluperfect*, and *Second Compound Tense*, or *Compound* of the *Imperfect*, is that which shews that something had been done before another Thing that was done and past; as,

J'avois diné quand vous vintes. *I had dined when you came*.

Apprendre à apprendre

1 Document vidéo: Le CRAPEL

Dossier Culturel ▷ ▷ ▷ ▷

Ce film a été tourné au CRAPEL, Centre de Recherches et d'Applications Pédagogiques en Langues à l'Université de Nancy II.

Le centre se spécialise dans la didactique des langues et son originalité réside dans son mode de fonctionnement et dans la façon dont est conçue la recherche. Les chercheurs du CRAPEL sont à la fois praticiens de l'enseignement des langues et chercheurs en didactique des langues. Leur recherche est du type "recherche-action", définie à partir de problèmes concrets rencontrés dans la pratique pédagogique. Les résultats de ce travail de recherche se poursuivent donc à travers l'expérience pédagogique et sont aussitôt investis dans l'enseignement.

La méthode CRAPEL s'applique en premier lieu à ceux qui exercent déjà une profession ou un emploi, et qui éprouvent le besoin d'ajouter une compétence en langues étrangères à leurs autres qualifications. Le contexte est professionnel ou social et implique des études à court terme, normalement à temps partiel et à domicile, suivies d'une visite à l'étranger. Que ce soit pour raisons d'affaires ou en vue du tourisme, la situation est définie à l'avance, ce qui permet au CRAPEL de définir un programme adapté à l'individu, à ses besoins personnels et à un niveau de compétence précis.

La vidéo nous présente un entretien avec le directeur du CRAPEL, le professeur Henri Holec. Nous voyons également Danielle Abé et Marie-José Gremmo, chercheuses. La pédagogie présentée est une forme d'enseignement de l'anglais: le SAAS (système d'apprentissage auto-dirigé avec soutien). Les deux chercheuses qui ont mis ce système sur pied nous en expliquent le fonctionnement et nous confient les principes et les objectifs qui ont guidé leurs recherches.

2   Document écrit:

Personnaliser l'apprentissage des langues

(Reportage du 14 février 1985, sur le pédagogue Richard Duda, à l'université)

Faire apprendre les langues: les bons maîtres s'y échinent depuis que l'école existe. Pourtant, la barrière de « roestis » continue de flanquer le frisson aux générations convaincues que le Père Fouettard parle allemand. La solution existe. Mais le veut-on?

Chacun son rythme, chacun sa voie: Richard Duda, pédagogue d'enseignement des langues à l'Ecole des mines de Nancy, se préoccupe d'acquisition de langues par des adolescents et adultes. Comment être plus efficace dans ce domaine? Devant un parterre d'étudiants et d'enseignants, le maître-assistant a partagé la semaine dernière, en faculté des lettres, son expérience acquise face aux adolescents et aux adultes. La clé de son plaidoyer en faveur d'un apprentissage autonome des langues: les démarches personnelles sont les plus efficaces, l'enseignant doit donc amener l'étudiant à mieux utiliser sa « configuration cognitive personnelle ».

Il s'agirait de développer la conscience, déjà durant l'enfance, de ce qu'est une langue, de l'ensemble qu'elle constitue, de son usage, de ses limites, de ce qu'elle ne prend pas en charge, le non-dit, le geste, etc., conscience de la pluralité des langues, de leurs ressemblances, de leur situation géographique, etc. Plus tard, placé devant l'objectif précis, l'apprentissage d'une ou de plusieurs langues étrangères, l'étudiant peut cultiver une vision claire de son but, et découvrir par lui-même les démarches possibles, celles qui lui sont utiles, celles qui lui correspondent.

FIN DU PRIVILEGE MAGISTRAL

Cette correspondance individuelle est fondamentale: deux personnes tout aussi capables l'une que l'autre peuvent fonctionner très différemment. Certains ne peuvent faire qu'une chose à la fois, d'autres jubilent en menant plusieurs choses de front. Certains ont une excellente mémoire, alors que d'autres doivent répéter longuement, ou prennent beaucoup de notes. Pour certains l'encadrement par un programme des manuels et un maître routinier constituent une voie idéale alors que d'autres esprits sont prétérités par une démarche-carcan et se démotivent au fil des années. En apprenant à apprendre, en découvrant concrètement la complémentarité centre grammaire, vocabulaire, thème, version, lecture, conversation, et ceci selon son appétit personnel, l'élève reste dynamique et se forge un outil transposable à d'autres apprentissages.

239

Pratiquement, l'élève a accès à tous les documents possibles: livres, affiches, journaux, bandes magnétiques, dictionnaires, exercices, etc. Il organise lui-même, ou en petits groupes, son travail. Il recourt au professeur pour le mettre en relation avec les sources utiles, pour corriger ses erreurs, pour procéder aux évaluations, notées ou non, quand il pense avoir acquis la matière visée. L'enseignant n'est plus la source du savoir.

AUTONOMIE CONTAGIEUSE. DANGEREUSE?

Autonomie, apprentissage à la carte, multiplication des entretiens avec le maître: cette formule d'enseignement peut-elle trouver place dans l'institution scolaire actuelle? Cette manière de procéder, qui à terme devrait se signaler par l'abandon de la compétition et la remise de diplômes à tous les élèves, même partiellement capables, ne pose-t-elle pas tellement de problèmes d'organisation étouffants? Les maîtres sont-ils prêts à abandonner leur statut privilégié de «celui qui sait» pour se mettre à disposition des élèves comme un simple moyen? Un tel changement de comportement dans la sphère scolaire ne va-t-il pas entraîner automatiquement des changements insupportables dans la société?

M. Duda a répondu aux nombreuses questions: il ne prétend pas avoir toutes les solutions. Pas de fanatisme dans son propos, mais l'expression d'un chercheur, d'un pédagogue, soucieux avant tout d'efficacité. Au titre de l'objectivité et du meilleur développement possible de l'individu, il retrouve certains processus pédagogiques dont Freint ou Steiner avaient déjà proclamé la valeur. L'accent mis sur l'importance de la conscience est significatif de cette parenté.

Activités communicatives

A l'oral ▷ ▷ ▷ ▷

Groupe d'étude: Prise de décision

Contexte: Au cours d'un séjour en France, vous avez rendu visite au CRAPEL et fait la connaissance du directeur ainsi que de deux chercheuses. Vous avez, d'autre part, assisté à une conférence donnée par Richard Duda, autre chercheur au CRAPEL.

Dès votre retour, vous êtes prié de communiquer vos conclusions à un comité chargé de monter un nouveau programme dans la section de langues de votre établissement. Le programme aura un but pratique et social, offrant des programmes d'apprentissage des langues à des groupes et des individus exerçant un métier ou une profession dans la région.

Activité: Vous assistez à la réunion du comité, composé de vos collègues, pour communiquer votre rapport sur le système pratiqué au CRAPEL

Vous ferez l'analyse du système CRAPEL, en soulignant les aspects qui vous semblent applicables dans votre institution. Votre exposé terminé, le comité vous interrogera avant de débattre l'utilité de cette expérience française dans un contexte pédagogique et économique différent.

Préparation: Tous les étudiants prépareront un exposé. Les enseignants sélectionneront au commencement de la classe ceux qui vont se relayer pour présenter leurs rapports, et ceux qui les interrogeront en comité.
Comme *rapporteur* ou comme *interrogateur*, vous devez vous préparer à être capable:
(a) d'exposer la théorie et la pratique du centre.

(*b*) d'en dégager les aspects qui vous semblent adaptés à l'utilisation dans votre établissement.

(*c*) d'évaluer l'influence que de telles recherches peuvent avoir sur l'enseignement des langues en général, dans les écoles, les collèges et les universités.

Comme *membre du comité*: vous devez vous préparer à être capable:

(*a*) de poser des questions afin de clarifier les points restés obscurs.

(*b*) de donner et d'argumenter votre opinion personnelle sur ces concepts.

Les participants sélectionnés prendront le relais pour jouer le rôle du rapporteur. Tous font partie du comité quand ils ne font pas leur rapport personnel.

Il incombe au comité réuni de formuler une décision sur le mode d'enseignement à offrir, et sur les raisons pour lesquelles ils croient pouvoir soutenir ces propositions.

A l'écrit ▷ ▷ ▷ ▷

Compte rendu

Vous écrivez le compte-rendu de votre visite à Nancy, ayant bien soin de souligner les avantages pratiques et personnels du système observé. Votre compte rendu sera soumis au comité décrit ci-dessus. Vous *appelez* votre institution à formuler une stratégie appropriée, et à faire face au manque de compétence dans les langues dans votre pays sous une forme active et pratique (voir les *Ressources linguistiques* de ce module).

▶▶▶▶▶▶ *A quel âge faut-il apprendre une langue étrangère?*

Notes pédagogiques

Le document pose le problème de la possibilité et de la rentabilité d'une instruction bilingue au niveau de l'école primaire. Les *Ressources linguistiques* de ce module étant *suggérer* et *appeler à l'action*, nous avons proposé comme activité une discussion pratique et une prise de décision relatives à l'introduction de l'enseignement d'une langue étrangère dans une école primaire de votre localité. Les étudiants joueront les rôles du proviseur, des enseignants et des parents.

Il ne s'agit donc pas d'une discussion théorique sur les principes en jeu, mais plutôt d'une discussion pratique passant en revue toutes les questions – pratiques, touristiques, économiques etc. – que vous auriez à poser si votre école primaire locale affrontait le même problème.

Enseignement précoce des langues: la déroute

Victime de l'absence de soutien officiel, l'apprentissage des langues étrangères dans les classes maternelles et primaires vit des heures difficiles.

A Bordeaux, derrière la gare Saint-Jean, une école maternelle de quartier: Mme. Dufourc-Finola, institutrice d'origine irlandaise, se dirige vers la salle des moyens. Au programme des quatre-cinq ans, comme chaque jour, quarante-cinq minutes d'anglais ...

– *Hello, Arthur! Hurry up, Cyprien and Sandra!*

C'est parti ... en chanson; les treize enfants présents, assis en cercle, ne se le font pas dire deux fois. Derrière la porte vitré, Michel ...

– *Good morning, Michel! Take off your coat!*

Tous les enfants reprennent en chœur: «Good morning, Michel!» Deuxième couplet. Michel s'installe. Puis Zavatta, puis Séverine et d'autres retardataires encore, accueillis à gorges déployées. Et l'on chante toujours. Un air entraînant, des paroles simples, souvent improvisées par «Miss» et reprises à pleins poumons par les "boys".

Le héros de la chanson, M. Wolf, s'en est allé. On passe à un autre exercice, tambour battant.

– *Where's Sylvie?*

– *On the radiator!* hurlent les chœurs.

Sous le feu incessant des questions, les enfants répondent: sous la chaise, derrière la porte, à côté de Sylvie ... A présent, une ronde; commentée en anglais comme il se doit. Les enfants avancent, s'arrêtent. Chansons, mimes, jeux – l'avalanche grossit, – paroles, expressions toutes faites, mots nouveaux, dits et répétés trois, quatre, cinq fois, par des enfants littéralement sous le charme. Et le plus étonnant: ils comprennent et parlent anglais.

M. Peurière, inspecteur pédagogique régional d'anglais à Bordeaux, est formel: «La réussite de cette expérience est uniquement due au talent exceptionnel de cette monitrice». On est tenté de le croire: l'enseignement précoce des langues en France, après vingt ans d'hesitations et de demi-mesures, est aujourd'hui livré à lui-même.

En 1979, un bilan des expérimentations innombrables lancées sur tout le territoire sera établi. Positif. Pourtant, on renonce à généraliser cet enseignement en cours moyen première année (C.M. 1) et deuxième année (C.M. 2), et même à poursuivre les expérimentations. «Situation gélée(sic)», commente Mme. Guerrini, à la direction des écoles du ministère. Les évaluations sont jugées trop partielles et ne permettent pas de savoir si l'enseignement précoce des langues est une bonne chose. A cette question essentielle, certains répondent par l'affirmative, replaçant l'apprentissage des langues dans un contexte plus général: « Il faut mettre l'enfant dans une situation où d'emblée l'environnement est le plus riche possible, saturé, maximal, explique M. Jean-Pierre Changeux, neuro-biologiste, professeur au Collège de France. En enrichissant de plus en plus l'environnement de l'enfant, il n'est pas impensable que l'homme élargisse artificiellement ses limites. »

A cela, les adversaires du bilinguisme précoce rétorquent, exemples à l'appui, qu'il peut être facteur de surcharge de la mémoire, de confusions linguistiques, et même de déséquilibres culturels. Dans un enseignement primaire où les échecs sont déjà nombreux, ne va-t-il pas introduire des difficultés supplémentaires? Sans parler des problèmes réels que soulève cet enseignement précoce: le choix de la langue, l'aménagement des horaires, la formation des maîtres, le suivi en sixième. Et surtout, la question – jugée insoluble – des crédits qu'il faudrait dégager pour poursuivre ou généraliser l'expérience. Une évaluation en avait été faite en 1974 par M. Denis Girard, inspecteur général d'anglais: 250 millions de francs de l'époque par an pour la généralisation à tous les enfants de trois à onze ans; 25 millions si l'on s'en tient aux C.E.2, C.M.1 et C.M.2; 5,5 millions si l'on se borne à un développement progressif par secteur.

Cent mille élèves

Réclamé par les parents, porté à bout de bras par des enseignants convaincus, soutenu par des inspecteurs conciliants, l'apprentissage précoce des langues n'aurait cependant pas dit son dernier mot. Aujourd'hui, près de cent mille enfants découvrent une « autre » langue en maternelle, et surtout en primaire. Encore faut-il distinguer ce qui est vrai sur le papier et les réalités du terrain.

Dans le Bas-Rhin, plus de 80% des élèves de C.M.1 et C.M.2 font de l'allemand. Mais c'est parce que l'expérience, impulsée en 1972 par l'inspecteur général Holderith, est devenu officiellement réforme en 1976, ce que justifiait la situation historique et géographique de l'Alsace; (36.900 élèves dans l'académie de Strasbourg et 9.200 dans le département de la Moselle). Dans l'académie de Bordeaux, l'allemand, instauré par Mme. Delaunay, inspectrice générale, doit essentiellement sa survie, difficile, aux efforts de la ville de Bordeaux qui finance une partie des postes d'enseignants et organise avec Munich des échanges d'instituteurs. Dans l'académie de Lille, qui connut de

riches heures, on s'apprête aussi à enterrer les derniers vestiges de l'enseignement précoce des langues. Il ne reste plus, dans le Pas-de-Calais, que deux monitrices d'anglais. « Le bilan pédagogique était pourtant positif », affirme M. Descamps à l'inspection académique. A Paris, enfin, l'enseignement précoce de l'allemand n'est plus. Seul subsiste l'anglais dans une dizaine d'écoles primaires. Rien en maternelle.

Sur le terrain, les difficultés se multiplient. Depuis trois ans, les écoles normales ne dispensent plus de formation en langues étrangères; fait d'autant plus grave qu'elles encadraient – via leurs professeurs de langues – de nombreuses expérimentations. Le nombre de stages de formation à l'étranger pour les instituteurs stagne. Les enseignants bilingues, à leur demande ou à leur corps défendant, sont mutés et non remplacés. A Paris, à l'école primaire de l'avenue de Versailles (seizième arrondissement), la monitrice d'anglais dépend statutairement d'un autre établissement qui va fermer ses portes. Elle va être nommée ailleurs: finis les cours d'anglais précoces. Rue des Vertus (quatrième arrondissement), c'est le départ à la retraite de la directrice qui entraîne des demandes de mutation. La nouvelle équipe sera-t-elle disposée, et surtout compétente, pour assurer la relève? Probablement pas.

La lourdeur du système de nomination est aussi en cause: comme l'explique un directeur d'école, « on bricole et on s'arrange ». Ainsi telle institutrice, nommée sur une classe, devient dans les faits monitrice d'anglais itinérante du cours préparatoire (C.P.) au C.M.2, tandis qu'une institutrice non bilingue prend en charge « sa » classe. Le tout avec la complicité plus ou moins avouée de l'inspection d'académie.

Autre écueil, le suivi au collège. « Depuis 1966, explique le directeur de l'école primaire, rue Francin à Bordeaux, nous demandons que le collège assure la poursuite de l'expérience ». Sans résultat. Les jeunes anglicistes de la rue Francin sont répartis indifféremment dans les classes de sixième. Il serait pourtant possible, comme au collège Turgot à Paris, de créer des groupes de niveaux en langues, afin que soient pris en compte les acquis linguistiques de l'école primaire.

Le privé prend la relève

"Quelque chose qui n'est pas soutenu officiellement et administrativement est voué à disparaître", constate Mme. Goutalier, inspectrice d'anglais à Paris. Rien de plus net: l'enseignement précoce des langues est en faillite. La seule porte de sortie: l'enseignement privé.

Au sommet de l'édifice, l'Ecole active bilingue (E.A.B.): trois établissements à Paris, plus de deux mille élèves dont deux cent quatre-vingts en maternelle, et de l'anglais pour tous. A raison d'une heure et demie par jour, dès la grande section de maternelle. De trois à cinq ans, trente minutes par jour seulement; mais c'est déjà presque autant qu'en C.M.2 dans le secteur public . . .

Objectif défini par Mme Manuel, directrice et fondatrice de l'école en 1954: «Obtenir pour l'entrée en sixième des élèves bilingues c'est-à-dire capables de travailler les différentes disciplines dans une langue ou dans l'autre.» En cours élémentaire deuxième année (C.E.2), Jean-Pierre, Jérôme, Nathalia, Cédric, Julien et les autres parlent déjà un anglais fort convenable. Nathalia, neuf ans, parle français dans la cour de récréation, anglais pendant la leçon et espagnol à la maison. «L'anglais, ça me plaît parce que c'est très beau et pas très difficile», exlique-t-elle, déjà experte. Julien? Son papa est dans l'armée de l'air; avec lui, il est allé en Amérique et en Suisse . . .

Cosmopolitisme: 20% des enfants arrivent bilingues à l'E.A.B. Aisance financière: le prix de la scolarité varie entre 1.800 et 3.000 F par trimestre, selon le niveau. On comprend que les fils de diplomates, de fonctionnaires internationaux – l'UNESCO est à deux pas – de médecins, de journalistes, ne manquent pas. Réussite: 80% des enfants nés dans une famille non bilingue peuvent être bilingues à dix ans. Les résultats sont là.

Une école victime de son succès, pensent certains. Une écolé élitiste, pensent d'autres. Une école chère, en tout cas. Si chère, estime le ministère des relations extérieures, qu'il a entamé des pourparlers avec l'éducation nationale en vue de la création, dans une école publique parisienne, de deux classes bilingues réservées aux fonctionnaires des relations extérieures. Ils ne veulent plus payer!

Une langue étrangère, oui, mais à quel prix? La question est présente dès que l'on se tourne vers l'enseignement privé. A l'école maternelle «la Petite Hutte», non loin du lycée international de Saint-Germain-en-Laye, la scolarité revient à 770 F par mois: le prix d'une école privée classique avec, en prime, quinze à quarante-cinq minutes d'anglais quotidien, en classe et au jardin, sous la coupe d'une institutrice qui fait partie des choeurs de l'Opéra. Est-on prêt à payer la note?

Alternative simple, mais ô combien insatisfaisante, entre le secteur privé et le secteur public où l'enseignment précoce des langues est livré à lui-même et se dégrade lentement, malgré son succès auprès des parents et des enfants. Plus que jamais, la parole est au ministère, qui ne la prend pas. Faute d'être convaincu?

Régis Louvet,
Le Monde de l'Education, janvier 1983

Activités d'analyse

Réseaux thématiques ▷ ▷ ▷ ▷

1 Ce texte fait le point sur l'apprentissage d'une langue étrangère, et en particulier, sur les réussites et les échecs de cet apprentissage chez les très jeunes élèves.

   ▶ Etablissez la liste de toutes les expressions qui illustrent la réussite d'une expérience à Bordeaux.
   ▶ Faites la liste des inconvénients présumés de l'enseignement d'une langue étrangère dans les écoles primaires.

2 Le projet de Bordeaux est resté une expérience isolée en ce que sa réussite reposait principalement sur un maître exceptionnel. S'appuyant sur d'autres sources en France, l'article présente des arguments aussi bien *pour* que *contre* l'apprentissage d'une langue étrangère par de très jeunes enfants.

   ▶ A l'aide d'une liste détaillée, recensez les modèles d'enseignement de l'anglais langue étrangère dans les différentes régions de France mentionnées dans le texte. Ces modèles pourraient être présentés sous la forme d'un tableau dont les colonnes seraient intitulées: *ville ou région*; *statistiques*; *commentaires ou observations*.

3 Cependant, dans ce domaine, il existe des obstacles administratifs sur la voie du progrès, et il semble qu'il n'y ait qu'une seule solution.

   ▶ Nommez les trois principaux obstacles mentionnés dans le texte.

   ▶ Donnez la solution apparente et fournissez une liste des défauts qu'elle comporte.

Repères structuraux ▷ ▷ ▷ ▷

1 Ayant décrit l'expérience couronnée de succès à Bordeaux, l'auteur indique clairement qu'il y a de sérieuses réserves quant à des expériences similaires.

   ▶ Quel est l'adverbe unique qui indique que ce qui a été exposé précédemment va être d'une certaine façon remis en question (para.7)?

2 "Sur le terrain, les difficultés se multiplient." (para.11).

   ▶ Illustrez, en extrayant les formules de liaison dans ce paragraphe et des deux suivants, la progression logique en trois parties des arguments développés par l'auteur:

   Complétez, par exemple, le tableau suivant:

1	2	3
affirmation	*fait d'autant plus grave qu'*...	explications.
affirmation		explications.
	explications	

3 Au lieu d'employer le galvaudé *dire*, Régis Louvet introduit de nombreuses affirmations par des verbes ou des expressions qui indiquent le type d'affirmation dont il s'agit, tels que: *il est formel*..., *commente*...

   ▶ Etablissez la liste de tous les verbes ou expressions servant à introduire une affirmation.

► Expliquez-en la fonction par une paraphrase, par exemple:

Verbe	qui indique que le locuteur va ...
explique commente est formel ... etc.	donner des explications faire un commentaire

Activités communicatives

A l'oral ▷ ▷ ▷ ▷

Groupe d'étude et prise de décision

Contexte: Vous faites partie d'un groupe d'enseignants et de parents d'élèves de l'école primaire locale. La proposition a été faite de commencer l'apprentissage d'une langue étrangère dans cette école, bien que l'étude des langues soit normalement réservée à l'entrée en secondaire.

Activité: Le proviseur a convoqué une réunion des parents et des enseignants pour examiner cette proposition. Une institutrice enthousiaste et experte, amie de Mme Dufourc-Finola, détaillera la proposition, appelant les parents à appuyer son initiative auprès des autorités régionales.

Les autres membres de l'assemblée interrogeront cette institutrice, avant de passer à une prise de décision.

Préparation: On attribuera à l'avance aux membres du groupe le rôle du proviseur/président de séance, et des rôles d'instituteurs et de parents.

En vous fondant sur les expériences relatées dans le texte ci-dessus ainsi que sur votre expérience personnelle vous serez appelé:
(a) à exposer les avantages et les inconvénients d'une telle pratique, en citant des exemples concrets;
(b) à tenir compte des autres problèmes et priorités auxquels font face les écoles primaires, et à décider de la priorité de l'éducation bilingue dans ce contexte;
(c) à poser des questions aux membres du groupe qui sont d'un avis différent du vôtre, afin de les forcer à justifier leur position;
(d) à suggérer un plan d'action qui vous semble s'accorder aux réalités dans cette école, et aux compétences connues des instituteurs;
(e) à conduire la réunion (du moins quant au proviseur qui servira de président de séance) de façon à arriver à une décision, à un programme d'action etc.

Tous les participants à l'exception du proviseur incorporeront dans leurs présentations des *suggestions* positives, ou des *appels à l'action* (voir les *Ressources linguistiques* du module).

A l'écrit ▷ ▷ ▷ ▷

Compte rendu de la réunion ci-dessus

Activité: A la suite de la décision prise par les parents et les enseignants, vous écrivez le compte rendu de cette discussion pour l'autorité locale qui gère cette école primaire. Limitez-vous à exprimer le sens général de la réunion sans entrer dans tous les détails des interventions individuelles. Vous remplissez la fonction de secrétaire de l'association des parents.

En communiquant ce rapport aux autorités vous suggérez les bienfaits/désavantages qui découleraient de l'enseignement des langues au niveau de l'école primaire, et vous appelez le directeur de l''Education à donner suite à la décision des parents. (Voir les *Ressources linguistiques* de ce module).

Quel français parlons-nous?

Cagnat.

Notes pédagogiques

Tout étudiant reconnaît les différences essentielles et les points de convergence entre le français écrit le français parlé. Une bonne partie des discussions sur les différents registres du français lui sera également familière. Le sujet n'est nullement inentamé pour lui.

Nous offrons donc dans ce texte deux points de vue divergents sur l'avenir de la langue française, et sur son état présent. Ils soulèvent la question de la légitimité du mouvement de la langue parlée ou écrite, et ils nous forcent à repenser nos attitudes sur la dégradation ou l'enrichissement du français d'aujourd'hui.

Nous proposons comme activité à l'oral un débat formel sur l'avenir de la langue française et nous conseillons aux participants de faire appel à la participation d'un enseignant expert dans ce domaine d'étude, non pas pour qu'il/elle offre une opinion *ex cathedra*, mais pour qu'on puisse l'interroger au moment opportun.

— Alors, esclave, fit le chauffeur, c'est pour aujourd'hui ou pour demain ?

— Combien ? demanda Bensoussan sobrement.

— Le plein.

Tandis qu'une des nanas se lançait dans un long ululement hystérique, deux mecs se mirent à rythmer sur les portières un air de reggae qui sortait de l'auto-radio poussé à fond. Bensoussan connaissait ce genre de largués, chercheurs de salades. Par le biais du rétroviseur, le chauffeur ne le quittait pas des yeux, Bensoussan le sentait. Ne pas regarder. Il ne savait que trop ce qu'un simple coup d'œil peut avoir parfois de provocateur. Prudent, il décida de n'accepter que de l'argent liquide. C'était le genre de loulou à payer avec un chèque en bois. Ou à ne pas payer du tout.

Cloc, fit la pompe qui en avait à ras du goulot. Vroummm, lui répondit soudain l'embrayage de la Simca en s'arrachant au ciment de la station-service. Ils étaient déjà dans l'avenue Philippe-Auguste que la pompe lui pissait encore sur les pieds.

C'était le genre à ne pas payer du tout.

Ah, les chiens. Douze sacs au compteur. Bensoussan fouilla dans sa poche pour réunir les cent vingt francs. Il rentra et les posa sur le bureau. Il n'y avait aucune raison pour que son Bouddha y soit de sa poche.

Pour l'instant, il avait l'œil plutôt vitreux, le Bouddha. Il n'avait pourtant pas encore rompu toutes les amarres. Ça balançait dur mais il était encore à quai.

Bensoussan reprit place dans son fauteuil. Il y eut un long moment de silence, puis Lambert finit par dire :

— Alors ?

— Alors quoi ?

— Tu continues pas ?

— Tu me crois pas.

— Mais si je te crois, mais si, Allez, vas-y, je t'écoute.

Bensoussan avait sur l'estomac les cent vingt francs qu'il venait de sortir pour l'équipe de tordus.

— Écoute, mec, écoute. Je m'en sortirai, je m'en sortirai, nom de Dieu. Je m'en sortirai parce que je suis malin. Oh, tu peux te marrer... Tu veux que je te dise ? Tiens... prends Toni, par exemple... il sortira jamais de son

Alain Page, *Tchao Pantin* (France Loisirs)

1. Sait-on encore parler le français?

Victor Hugo ne reconnaîtrait pas sa langue, noyée sous les emprunts, malmenée par l'argot, l'informatique, et même la littérature … Evolution ou déclin? La question vaut d'être posée. Sereinement.

En rentrant de l'école, comme chantait la comptine de Prévert, les petits Français ne s'interpellent pas dans la langue qu'ils viennent d'apprendre en classe, mais dans un argot tout exprès forgé. On ne compte plus les jargons, plus ou moins spécialisés, dont résonne notre environnement. La publicité possède le sien, comme la science, la communication, la littérature même. Parlers différents qui s'entrechoquent et viennent contaminer le langage courant, ce « basic French » de quelques centaines de mots par lequel nous exprimons, vite, les choses de la vie. Il se nourrit de tics, de néologismes, d'expressions changeantes, de raccourcis, d'images et d'emprunts …

Faut-il pleurer ou bien en rire? La question, en tout cas, se pose – et se la posent avec nous ceux qui, à l'étranger, se font toujours une certaine idée de notre langue: parlons-nous encore le français ou, tout simplement, quel français parlons-nous? Un vieux débat entre les tenants d'une expression corsetée dans ses règles et les partisans de l'évolution du langage. Chaque génération de penseurs et d'écrivains a laissé son témoignage, affrontement d'idées contradictoires qui s'inscrivent pourtant dans le même dessein de fortifier, soit en le pérennisant, soit en l'enrichissant, notre langage.

Au XVIe siècle, Jean Lebon affirmait, en jouant habilement sur les mots: «Le beau parler n'écorche pas la langue.» Plus tard, Stendhal ajoutera: «Le premier instrument du génie d'un peuple, c'est sa langue.» Le ton est donné. Il s'agit de choisir entre un style immuable, académique, ou celui qu'infléchissent les effets du progrès – découlant du génie … qu'engrange chaque époque.

Pourtant, on peut se demander quel génie reflète, aujourd'hui, le parler ordinaire, celui de tous les jours. Celui qui consiste, pour les jeunes, à jouer, dès la maternelle, du «verlan» naguère réservé à la pègre? A laisser s'accumuler les «cuirs», les impropriétés, au mieux les à-peu-près, dans une facilité générale et complice? Sans compter les inutiles inventions officielles.

On reste parfois confondu devant les contorsions (et les torsions) qu'inflige au français notre administration, pourtant tenue, pour se faire comprendre de tous, d'user de propos clairs, donc corrects, sinon tout à fait élégants. A cet égard, le «Journal officiel» et les actes publics révèlent la profondeur d'un sottisier national qu'on souhaiterait moins riche. Par exemple, pour nommer le symbole signalant aux voyageurs l'emplacement des toilettes, pourquoi donc la SNCF emploie-t-elle le mot «picto-gramme», lequel signifie, en français moderne: dessin exprimant symboliquement une idée. Que l'on sache, il n'y a rien d'idéal dans la nécessité de se rendre aux lieux . . .

Alors, comme Paul Guth, comment ne pas céder à l'indignation? Dans sa «Lettre ouverte aux futurs illettrés», il grince: «En se ravalant au rang d'"hexagonale", notre langue de princes est devenue un idiome de clochards, un sabir de poubelles, où des loques de franglais s'accrochent à des débris de parler journalistico-radio-phonico-télévi-suels.» Trop sévère, le père des «Naïfs»? A feuilleter les pages d'opuscules récemment publiés, de certains romans même, on peut en douter. Qu'on ne vienne pas, à leur propos, parler de littérature. Ni même de recherche dans l'élaboration du langage.

«Ce qui se conçoit bien . . .»

Les impératifs de la recherche, dans le domaine de la science, précisément, servent de prétexte sérieux à la fabrication de tous les mots nouveaux qu'exige le progrès. Leur compréhension par le profane ne va pas sans quelque peine – à tout le moins bien des étonnements. Passe encore que les «puces» sautent de la zoologie à l'informatique. Mais ne pourrait-on pas, sans porter pour autant atteinte à leur rigueur, attendre des manuels scientifiques qu'ils s'exprimassent d'une façon moins rugueuse et moins hermétique? Le bon abbé de Condillac estimait que «l'art de bien traiter une science se réduit à l'art d'en bien faire la langue». Et la maxime de Boileau d'affirmer «ce qui se conçoit bien . . .». Espérons que la suite demeure con-nue . . .

Au fond, et notre dossier le démontre, l'avenir du français s'écartèle à la croisée de deux chemins. Celui qui entend le conduire vers une évolution rapide. Et l'autre, qui suit la ligne d'une défense ferme. Mais le choix est-il encore possible, tant cette langue, au cours des siècles, s'est transformée par d'in-nombrables emprunts?

Fénelon, déjà, raillait les puristes dans sa «Lettre à l'Académie»: «Qu'importe qu'un mot soit né dans notre pays ou qu'il nous vienne d'un pays étranger, écrivoit-il. La jalousie serait puérile, quand il ne s'agit que de la manière de mouvoir ses lèvres et de frapper l'air.»

D'accord. Encore faut-il que ces apports rendent le parler plus clair, plus précis, plus harmonieux. Sinon, il s'enfonce dans un jargon qui aura, certes, quelque mérite à pouvoir s'entendre à peu près partout. Mais qui, au-delà d'un sens convenu des mots, n'apportera plus rien d'une civilisation origi-nale.

Or, précisément, c'est aussi ce bénéfice que les étrangers attendent du français. Ne nous berçons plus d'illusions: voilà long-temps que notre langue a perdu de ses vertus universelles. Naguère celle des cours (et des beaux sentiments), puis de la diplomatie (et des grands principes . . .), elle voit son usage se rétrécir. Cent millions de francophones dans le monde, c'est peu en regard des autres communautés linguistiques. L'an-glaise, mais aussi l'arabe (200 millions), l'espagnole, la portugaise, même, avec près de 150 millions. Sans compter un milliard de Chinois.

De ces hommes attachés à manier et à apprendre le français – surtout lorsque pres-que rien ne les y oblige – on pourrait dire qu'ils ont, aussi, des droits sur cette langue. Et d'abord celui d'attendre du pays où elle s'élabora qu'il en soutienne la diffusion. Est-ce toujours le cas?

S'ils ne répugnaient pas au vulgaire, ces étrangers qui nous surprennent souvent par la correction parfois naïvement ampoulée de leur propos, ils pourraient apostropher la France: «Ton parler fout le camp!» Et, de fait, il s'effiloche dans les pays où il régnait naguère. Beyrouth nasille en anglais, comme Le Caire. L'Algérie s'arabise. Au Portugal, l'un des durables effets de la Révolution des œillets aura été la suppres-sion – sans que Paris proteste – de l'enseig-nement systématique de notre langue. Par-tout disparaissent, ou s'étiolent, les gazettes en français.

Pour combattre ce phénomène, que faut-il? Des crédits? Sans doute. Mais, les temps étant durs, les concours financiers devien-nent de plus en plus maigres. Alors, quelque ressort d'une fierté un peu trop pudiquement éteinte? Surtout retrouver la saveur du parler national, fût-il tenu à se montrer flexible.

Faute de quoi, on s'expose à s'entendre demander dans quelque volapuk: «Parlez-vous encore le français?» Faute de quoi, surtout, on devra convenir, avec Chateau-briand, que «parvenues à leur apogée, les langues restent un moment stables; puis elles redescendent sans pouvoir remonter».

L'Express, le 24 août 1984

2. L'avenir de la langue française

La langue française est en péril », déclarait le président de la République en recevant à l'Elysée, le 15 janvier, les membres du Haut Comité de la Langue française. Et il développait cette constatation d'une part, en dénonçant la dégradation de notre langue dans l'usage qui en est fait actuellement, d'autre part, en signalant la dure concurrence à laquelle elle est soumise. Plus précisément, il stigmatisait l'«introduction rapide et massive de mots étrangers dans notre vocabulaire», et, dans la compétition internationale, il désignait clairement la menace majeure en ces termes : « Les progrès de l'anglais compromettent la position des autres grandes langues internationales. »

Tenter de prévoir l'avenir de la langue française revient à évaluer, d'abord, l'ampleur de ces menaces si bien identifiées par le chef de l'Etat, puis à délimiter le champ d'action possible dans les années prochaines, pour ensuite examiner les moyens pouvant aider à faire face à cette situation et à l'améliorer en notre faveur.

Dans le domaine de la culture, tout comme ailleurs, ce sont les bons produits qu'on exporte le plus facilement. Si la langue française a été, au cours des trois siècles précédant le nôtre et jusqu'à la première guerre mondiale, celle de l'Europe cultivée et celle de la diplomatie mondiale, ce n'est pas par un effet du hasard. Cette quasi-universalité tient, certes, à des circonstances historiques favorables, telles que les conquêtes napoléoniennes et la constitution de notre empire colonial. Il faudrait ajouter aussi le prestige de notre littérature, en particulier à l'époque classique et pendant le siècle des Lumières. Mais une autre raison de cette expansion est la qualité même du français. On contestera difficilement à notre langue la précision, la clarté, son aptitude à permettre les nuances et à favoriser la rigueur intellectuelle. Ce sont là des atouts majeurs, auxquels il faut ajouter la richesse et la valeur esthétique.

On constate, malheureusement, que trop de jeunes aujourd'hui utilisent un vocabulaire rudimentaire, ignorent la syntaxe et conduisent la langue parlée à ne ressembler que de loin à celle qui a fait la grandeur de notre littérature. On pourra incriminer un certain laxisme à l'école, la baisse du niveau des lectures et l'invasion de l'audio-visuel dans l'apprentissage linguistique. Même dans les milieux que l'on peut considérer comme instruits, la décadence prend des formes variées, telles que le recours à des néologismes inutiles, à un jargon pédant et plus ou moins ésotérique. Enfin, partout, c'est l'envahissement de ce qu'Etiemble appelait le « franglais ».

Certes, comme le déclarait le président de la République, une langue doit évoluer, s'adapter aux nécessités des temps modernes. Mais les tranformations doivent se faire de manière à ne pas la défigurer, à lui laisser son identité, à respecter son génie.

La dégradation du français en France est une des causes possibles de son déclin dans le monde. Elle n'est pas la seule. Ici et là, le nationalisme a remis en honneur les langues autochtones, au détriment de la nôtre. Et, surtout, l'anglais, soutenu par la puissance américaine, s'impose de plus en plus dans le monde des affaires et dans les milieux scientifiques internationaux. C'est ainsi que le français a cessé d'être enseigné comme première langue dans plusieurs pays.

Cependant, le bilan actuel n'est pas partout négatif. On enregistre avec plaisir les progrès de notre langue en Suède, en Irlande, en Pologne, dans les émirats du golfe persique, en Thaïlande, en Indonésie, au Japon. Dans les grandes organisations internationales, le français et l'anglais sont le plus souvent les deux langues de travail.

Il serait trop long de décrire ici la situation du français dans le monde, pays par pays. Il est surtout intéressant de savoir ce qu'il est permis de prévoir en tenant compte de l'évolution démographique. On peut ainsi, avec une approximation raisonnable, établir des prévisions pour l'année 1985. Elles sont, dans l'ensemble, les suivantes.

En Europe, le français était en 1975 la langue officielle et maternelle pour 59 millions de personnes (soit 12,35% de ce continent), il le sera en 1985 pour 64 millions (soit 12,44%). En Amérique ce chiffre était en 1975 de 14 millions (2,47%), il sera en 1985 de 17 millions et demi (2,44%). En Afrique et en Océanie, il était de 1.200.000 en 1975 (0,28%) ; il conservera le même pourcentage dix ans plus tard atteignant alors près de 2 millions. Dans l'ensemble du monde, ce pourcentage, dans le même temps, tombera de 1,85 à 1,68%. Il est clair, en effet, que les populations concernées ici ne sont pas celles qui ont le plus fort taux d'expansion démographique. Mais on accède à des pronostics plus encourageants, si l'on considère non pas seulement les personnes ayant le français comme langue officielle en maternelle, mais comme langue plus ou moins connue et pratiquée, puisque leur nombre était de 264 millions en 1975 (soit 6,58% de la population globale) et devrait passer à presque 332 millions, c'est-à dire à 6,72% des personnes vivant sur la terre en 1985. Les mêmes calculs donneraient un pourcentage de 7,30 pour l'an 2000.

Mais ces prévisions, fondées sur des évaluations théoriques, peuvent être modifiées en bien ou en mal par des décisions politiques des Etats concernés, notamment en ce qui concerne l'enseignement, et elles peuvent l'être aussi par notre action ou notre inaction. Il est donc intéressant de voir quelles mesures sont prises en faveur de la défense et de l'expansion du français.

Divers organismes publics ou privés et plusieurs ministères œuvrent efficacement dans ce sens. Le Haut Comité de la Langue française a pour vocation principale de coordonner et d'encourager ces efforts. Fondé en 1966, il fut modifié en 1980 par un décret améliorant son fonctionnement, affermissant ses structures, renforçant son rôle, précisant ses missions et lui donnant les moyens d'une plus grande efficacité.

Sous la présidence du Premier Ministre, il a pour fonction, non plus seulement d'étudier, mais de recommander des mesures propres à assurer la défense et l'expansion de la langue française. C'est à ce titre que le Haut Comité renouvelé a pu, le 15 janvier 1981, adopter une série de quatorze directives sous l'autorité du Premier Ministre. Elles ont reçu l'approbation du président de la République. C'est donc là un premier programme d'action qui constitue maintenant le point de départ pour la politique de la langue

française dans l'avenir. Ces quatorze mesures, qu'il serait trop long de reproduire en détail ici, concernent la qualité de la langue, sa vitalité et sa fonction internationale.

Au premier titre, il est décidé de renforcer et développer l'enseignement du français dans les écoles primaires et secondaires, dans les universités et aussi dans les grandes écoles qui forment les futurs cadres de la nation.

On veillera d'autre part à l'amélioration du langage administratif et à la qualité du français qui est employé à la radio et à la télévision. On s'assurera aussi que le personnel recruté pour s'adresser à un vaste public par ces moyens de diffusion possède une bonne connaissance du vocabulaire et de la syntaxe. Par ailleurs, dans le domaine du langage scientifique et technique, le Haut Comité coordonnera l'action des commissions ministérielles de terminologie. Enfin, il ne faut pas oublier qu'à la fin de ce siècle le nombre des personnes scolarisées en français sera plus élevé hors de France que dans l'hexagone. Des

dispositions sont donc prises pour préserver l'unité de notre langue à travers la diversité de ses expressions culturelles.

Quant à la vitalité du français, elle sera stimulée par diverses mesures fondées sur une connaissance plus exacte de sa répartition sur le globe et sur une prospective mieux étudiée que dans le passé.

La fonction du français comme grande langue de communication internationale sera affirmée en tenant compte des évolutions dans les systèmes d'enregistrement et de diffusion. C'est ainsi que la place de notre langue devra être maintenue dans la constitution des banques de données, dans les échanges de productions audio-visuelles, dans la circulation des ouvrages et œuvres scientifiques et dans les grands colloques internationaux. En conclusion, un système de mesures concrètes vient d'être mis en place pour faire face à une situation certes préoccupante, mais nullement désespérée.

Par Jean Cazeneuve, Membre de l'Institut

Activités d'analyse

Réseaux thématiques ▷ ▷ ▷ ▷

1 Ces textes fournissent différentes opinions sur l'état actuel de la langue française et sur son avenir.

▶ Faites un tableau du rétrécissement de l'usage de la langue française à travers le monde, en donnant la liste des différentes régions mentionnées et de leur situation actuelle. Utilisez les libellés de colonnes suivants: *Bilan négatif – déclin* (1.12-1.14) *Bilan positif – évolution* (2.7-2.9)

2 Les Français ont toujours eu conscience des qualités de leur langue et se sont efforcés de les conserver. Cela devient de plus en plus difficile pour un certain nombre de raisons. Et ainsi, le *vieux débat* sur la continuité et le changement continue à se faire entendre.

▶ Donnez la liste des qualités de la langue qui sont mentionnées (Texte 1).

▶ Donnez la liste des changements qui pourraient être interprétés comme un déclin (Texte 1).

▶ Donnez la liste des types de jargon mentionnés (Texte 1).

3 ''La langue française est en péril.'' (Texte 2, para.1).

▶ Donnez la liste des dangers et des champs d'action possibles.

▶ Enoncez toutes les mesures prises en faveur de la défense et de l'expansion du français par le gouvernement français (Texte 2, paras. 10 à 14).

Repères structuraux ▷ ▷ ▷ ▷

1 L'auteur du premier texte établit fréquemment la progression de ses arguments en plaçant une formule de liaison de sens fort, en tête de paragraphe.

▶ A la suite d'une lecture rapide du texte, donnez des mots et expressions placés au début des paragraphes qui à votre avis, signalent clairement le développement de la pensée de l'auteur (par exemple: *Pourtant* (para.4) = réservation)

▶ Donnez la fonction de chacun des mots et expressions que vous avez sélectionnés.

2 Dans le dixième paragraphe du texte, l'auteur indique avec une précision minutieuse comment sa pensée se développe.

▶ En complétant les listes suivantes, suivez la pensée de l'auteur, et étayez votre analyse en citant le mot ou l'expression que vous interprétez.

expression employée par l'auteur	*votre interprétation*
d'accord	avoir la même opinion

3 Dans le second texte *certes, cependant* et *quant à* se trouvent en tête de paragraphe (5,7,15).

▶ Indiquez le rapport auquel vous vous attendez entre le paragraphe précédent et celui qu'ils introduisent.

Activités communicatives

A l'oral ▷ ▷ ▷ ▷

1 Débat formel

Contexte: Vous faites partie d'un groupe d'étudiants, d'enseignants ou de futurs enseignants du français. Partant de la base de documentation dans les deux articles ci-dessus, vous débattez la question de l'avenir de la langue française.

Activité: On débattra la question suivante:
''La dégradation de la langue française en France est une des causes de son déclin dans le monde.'' (Texte 2 para.6)

Préparation: Désignez à l'avance le président de séance, et les principaux protagonistes et antagonistes de la proposition. Vous examinerez, en préparant cet exercice:
(a) les caractéristiques de la langue française qui vous semblent pertinentes à la discussion;
(b) des exemples de la décadence dans l'emploi de la langue dans la société moderne (l'argot, le franglais etc.);
(c) la situation mondiale de la langue française par rapport à celle de l'anglais;
(d) les problèmes qui vous semblent réels par rapport aux problèmes qui ne sont en somme que les symptômes de l'évolution naturelle d'une langue;
(e) des mesures susceptibles de remédier à ce problème.

Déroulement du cours: On suivra la procédure normale du débat formel.

2 Interprétation bilatérale

Contexte: Dans cet exercice une journaliste freelance a pour tâche de soumettre un article au *Français dans le monde*.

Activité: Dans la première interview d'une série, elle s'adresse à un ex-professeur de français, devenu membre du parlement européen, sur la question: *La langue française et la Communauté européenne*.

Préparation: Faites en sorte que des présentations formelles soient formulées, en précisant que cette interview est la première d'une série à venir. Il faut conclure par une formule de remerciements et de satisfaction anticipée à l'idée des discussions suivantes.

Consultez les *Ressources linguistiques* de ce module (*suggérer, appeler à l'action*) et utilisez des éléments de cohésion afin de structurer clairement les arguments.

Les points à soulever sont les suivants (pas nécessairement dans l'ordre donnée):
(a) il est essentiel de parler une ou plusieurs langue(s) étrangère(s)
(b) la priorité est donnée à la science et à la technologie
(c) la langue la plus utile – français/anglais
(d) langues officielles/de travail dans la Communauté européenne
(e) l'anglais de Grande-Bretagne/des E.U.A.
(f) un commonwealth français?

A l'écrit ▷ ▷ ▷ ▷

''Défense et illustration de la langue française''

Ecrivez un article de journal (*Le Monde de l'éducation* par exemple) appuyant *ou* la purification de la langue d'éléments étrangers et familiers, *ou* la reconnaissance de l'évolution de la langue, et ses principaux caractéristiques.

▶▶▶▶▶▶ # Comment apprendre une langue étrangère?: un professeur témoigne

Note pédagogique

Tout étudiant de la langue française au niveau de la licence a eu l'expérience de différentes méthodes d'apprentissage d'une langue. Ce témoignage par un professeur de lycée français, d'ailleurs professeur d'espagnol, nous présente la liste des méthodes en vogue ces dernières années, soulève le rôle de l'élément non-linguistique en motivant l'étudiant et souligne les problèmes d'ordre pratique qui dominent dans la salle de classe.

Nous imprimons ce texte pour susciter une discussion sur notre but en étudiant une langue, et sur l'efficacité des méthodes classiques et innovatrices, tant en faculté qu'à l'école.

Enseigner, apprendre parler des langues étrangères

Parler une langue étrangère est devenu une nécessité pour les citoyens du vingtième siècle. Au-delà des voyages, la vie professionnelle et culturelle oblige jeunes et adultes à maîtriser une ou plusieurs langues. L'acquisition de systèmes linguistiques différents favorise la perception que les jeunes ont du monde qui les entoure. L'anglais est la première langue étrangère que les

élèves apprennent. Ils sont plus de 83% à suivre cet enseignement alors que 13% choisissent de s'initier à l'allemand. En classe de quatrième, au moment d'opter pour une seconde langue vivante, 43,1% des élèves choisissent l'espagnol, et seulement 31,6% l'allemand.

De la place des langues vivantes, de l'enjeu qu'elles constituent, de la façon de les

apprendre aux jeunes et aux adultes, il va être question, lors du Salon Expo langues, organisé par le Centre de formation et de recherche pour l'enseignement et l'emploi des langues (CIREEL), du vendredi 28 janvier au mardi 1er février, au Grand Palais, à Paris. Editeurs, organisateurs de séjours linguistiques, fabricants de matériel, instituts et associations vont présenter leurs programmes et leurs méthodes de travail à un moment où les formateurs s'interrogent et cherchent encore les moyens de mieux transmettre leur savoir, comme l'explique ci-dessous une enseignante.

Elle enseigne l'espagnol depuis une quinzaine d'années. A partir de son expérience dans des collèges et des lycées, une certifiée de province parle. Elle évoque les différentes méthodes d'apprentissage des langues vivantes, fait part de ses difficultés, de ses espoirs. Mme. le professeur s'explique.

"De nombreuses années de contact et de présence avec des élèves vous permettent-elles d'apprécier l'enseignement actuel des langues vivantes?

— Le bilan de ces dernières années est complexe. Il peut paraître globalement négatif, car la plupart des élèves qui sortent d'une terminale de lycée ne savent pas s'exprimer correctement dans une langue usuelle et idiomatique. Mais des exemples nombreux montrent que quantité de jeunes qui, pour des raisons de loisirs ou de travail, vont à l'étranger, "se débrouillent" et expriment aux enseignants le fait que les années d'apprentissage ont été profitables. Une réserve: ces jeunes sont peut-être plus motivés et se sont trouvés dans une situation qui les a contraints d'utiliser une langue étrangère.

— Comment enseigner?

— Depuis vingt ans, tout a été expérimenté dans le domaine de l'enseignement des langues vivantes. Complexés par les exemples étrangers où l'on affirmait que tous les jeunes parlaient couramment une seconde langue en dehors de la langue maternelle, les enseignants français n'ont pas été réticents à l'expérimentation. Encouragés parfois par les inspecteurs généraux ou régionaux, contre eux, d'autre fois, ils ont essayé "l'expression orale spontanée", "les laboratoires de langues", "les méthodes audiovisuelles", "les méthodes issues des recherches structuralistes"

…

— Que choisir?

— Enseigner une langue, c'est, dans l'éducation telle qu'elle est conçue, se placer à deux niveaux: le niveau de la langue elle-même, le niveau culturel. Les méthodes souvent préconisées par ceux qui ont le souci de l'efficacité abandonnent le second aspect pour ne privilégier que le premier. Ce sont en

particulier les méthodes employées dans les laboratoires de langues, audiovisuelles … Elles visent à apprendre une langue par la répétition de structures figées que l'enseigné répète inlassablement jusqu'à ce qu'il les ait assimilées. Ces méthodes peuvent avoir un intérêt pour des personnes extrêmement motivées. Elles sont totalement inadaptées dans l'école. D'une part, le travail en laboratoire est un travail individualisé, qui nécessite une forte motivation et que l'enseignant ne peut contrôler que partiellement, d'autre part, l'ennui qui suinte de ce genre de cours, avec des jeunes, est vite insupportable pour tous. Enfin, du point de vue de la compréhension de l'individu, il n'est pas sûr que le message passe.

L'efficacité de ces méthodes suppose que l'on n'ait recours que très exceptionnellement à la traduction. C'est pourquoi elles ont été abandonnées par la plupart des enseignants.

— Par vous aussi?

— Dans l'enseignement de l'espagnol, une des dernières méthodes en vue est celle de l'expression "orale spontanée". Quelles raisons ont poussé les inspecteurs généraux à mettre en valeur cette méthode et à s'en faire les ardents propagandistes auprès des enseignants? Les cours se réduisent bien souvent à un dialogue entre les bons élèves et le maître; les mauvais ou les timides ne parlent pas. Il faut donc faire parler chacun, à partir de ce qui l'intéresse, avec le niveau de langue qu'il a, et, s'il n'en a pas, lui fournir au fur et à mesure les matériaux linguistiques dont il a besoin. Le professeur est un vrai dictionnaire ambulant. Le danger, c'est que les élèves se cantonnent dans une expression un peu trop pauvre. Alors, l'enseignant intervient en donnant des amorces de phrases qui doivent permettre d'enrichir vocabulaire, expression, idée. La spontanéité diminue. Cette méthode, qui n'est pas à rejeter en bloc, est difficile à manier. En effet, elle a l'inconvénient de partir dans tous les sens et reste mystérieuse quant à la façon de fixer les connaissances acquises, puisqu'elle n'a pratiquement pas recours à l'écrit. Les élèves qui ont de la mémoire se souviendront peut-être des tournures mille fois employées et répétées en classe, mais beaucoup les oublieront quand même.

— Faut-il revenir aux anciennes méthodes?

— L'apprentissage par coeur? Peut-être pas, mais il s'agit de trouver des méthodes qui soient rigoureuses au niveau de la progression dans les acquisitions, qui essaient de fixer dans la mémoire des élèves des structures. Il s'agit alors de faire aussi travailler la mémoire. On a vécu trop longtemps, dans l'éducation, avec l'idée que le développement de l'intelligence, de la curiosité, allait de soi. Il semble que la valorisation, la pratique, l'exercice quotidien de la mémoire en sont le fondement. La mémoire s'use si l'on ne s'en sert pas, et, bien développée, elle est un atout dans la lutte contre les inégalités scolaires et culturelles.

— Vous avez évoqué précédemment l'aspect culturel …

— C'est le second aspect d'une langue, l'ouverture à une autre culture, à une autre civilisation. Il s'agit d'une chance extraordinaire pour l'enseignant de langues vivantes, et il est indispensable pour l'élève que cette dimension soit toujours présente. Souvent, l'art, la musique, la politique, les coutumes, sont au coeur même de ce que les enseignants veulent transmettre aux jeunes.

— Quelles sont les difficultés auxquelles sont confrontés les enseignants?

— Elles sont dues aux tâtonnements des enseignants quant aux objectifs qu'ils se fixent, au flou des objectifs qui leur sont fixés. Cela est sensible plus particulièrement dans des classes comme les seconds, où sont accueillis des élèves provenant de collèges différents et ayant reçu un enseignement hétéroclite. Tous les cas de figure sont là: ceux qui savent parler, ceux qui ne savent pas; ceux qui ont appris les conjugaisons, ceux qui ne les ont pas apprises; ceux qui n'ont jamais fait de grammaire, ceux qui en ont fait; ceux qui traduisaient, ceux qui ne traduisaient pas; ceux qui savent surtout dire et ceux qui savent surtout écrire …

La coupure entre le second cycle et le premier ne fait qu'aggraver ces différences. Que faire en seconde? Tout reprendre? C'est difficile, cela engendre de l'ennui chez certains; les disparités entre élèves ne se révèlent pas d'emblée, un moment assez long d'observation s'avère indispensable. Pourtant, c'est souvent ce que chacun est contraint de faire avec ces méthodes.

— Il faut donc diminuer le

nombre des élèves dans les classes de langue?

– Le problème des effectifs ne doit pas être minimisé, mais ce n'est pas toujours une excuse. Au-delà d'un certain seuil, il est pratiquement impossible de bien conduire une classe de langue. Mais des classes à faible effectif sans méthodes plus efficaces ne résoudront pas tout.

La formation des professeurs de lycée est en général insuffisante. Les enseignants de langue ont souvent un niveau de langue très correct, des connaissances approfondies de la littérature, de la civilisation ... Là où est la faiblesse, c'est, bien sûr, le manque de temps de rechercher sur les méthodes. Il serait indispensable de permettre à tous les enseignants de réfléchir à cette question pour qu'une harmonisation soit possible. (...)

(*Le Monde*, janvier 1985)

Activités d'analyse ————————————

Réseaux thématiques ▷ ▷ ▷ ▷

1 Dans cet entretien, avec un professeur français d'espagnol ayant beaucoup d'expérience, de nombreuses questions sont posées au sujet des méthodes d'enseignement, des difficultés auxquelles est confronté le professeur, et des remèdes possibles.

▶ A partir de ses réponses aux questions, fournissez les listes des réussites et échecs dans l'enseignement des langues au cours des dernières années, et identifiez dans le texte un titre approprié à chacune des listes.

2 Un autre domaine qui pose des problèmes est celui des nombreuses difficultés pratiques et pédagogiques auxquelles sont confrontés les professeurs.

▶ Présentez, sous la forme d'un tableau, le détail des difficultés mentionnées dans l'article.

3 Le professeur voit le jour au bout du tunnel – à condition que certaines améliorations soient apportées.

▶ Citez au moins trois problèmes importants où il est possible d'apporter des améliorations.

Repères structuraux ▷ ▷ ▷ ▷

1 Si nous étudions le paragraphe 6 du point de vue de la structure, il est possible de tracer un diagramme représentant le développement de la pensée du locuteur.

▶ Enoncez tous les repères qui, par une organisation explicite et systématique de l'information, établissent et maintiennent l'attention de l'auditeur.

▶ Présentez ces repères sous la forme d'un diagramme.

2 Dans le même paragraphe (6) la formule de liaison *d'une part . . . d'autre part . . .* est employée.

▶ Déterminez sa fonction dans ce contexte. Vous devez décider si elle présente des alternatives, un contraste, une simple énumération, ou si son sens est causal.

3 Relisez les derniers paragraphes du texte (paras. 11 à 15) et notez l'emploi des articulateurs suivants: *quant aux; pourtant; donc; bien sûr.*

▶ Suggérez un substitut pour chacun de ces articulateurs.

Activités communicatives ————————————

A l'oral ▷ ▷ ▷ ▷

Groupe d'étude

Contexte: Vous faites partie d'un groupe d'enseignants et d'étudiants qui se penchent sur le problème posé par la méthodologie de l'enseignement des langues étrangères dans les lycées. Lors de votre séjour à l'étranger vous avez recueilli le témoignage d'un professeur d'espagnol et vous le relatez aux membres de votre groupe.

Activité: Le groupe étudie les différentes méthodes, classiques ou novatrices, dont les membres ont fait l'expérience, avant de se mettre d'accord pour proposer une méthodologie préférée.

Vos contacts avec le professeur d'espagnol mentionné dans le texte vous permettent de faire une synthèse de vos expériences personnelles et de celles d'un enseignant professionnel.

Préparation: Vous serez amené:
(a) à résumer votre propre expérience à l'étranger comme dans votre propre pays.
(b) à résumer les points saillants de votre entretien avec le professeur d'espagnol et à tirer des conclusions.
(c) à formuler des idées quant au but qu'on se propose en apprenant une langue étrangère.

Le groupe est tenu à arriver à une décision sur la méthode d'apprentissage des langues qu'ils proposent pour l'école, et pour l'enseignement supérieur. Il précisera les raisons pratiques et théoriques qui déterminent le choix.

A l'écrit ▷ ▷ ▷ ▷

Critique raisonnée des cours

Contexte: Vous approchez de la fin de l'année scolaire, et d'un programme de cours basé sur la méthode communicative.

Activité: Vos professeurs font le bilan de cette expérience, et vous demandent de leur présenter vos conclusions, notant si vos efforts ont été couronnés de tout le succès que vous aviez attendu. Votre rapport se basera sur:
(a) une appréciation pratique des cours suivis.
(b) une analyse sommaire de la théorie de l'apprentissage des langues étrangères que cette année représente.

Glossaire: L'Education (2)

(Le glossaire *L'Education* [1] se trouve en Module 6)

L'Enseignement supérieur: ''BAC + 1/2/3 . . .''

Les établissements:

(la liste identifie un échantillon des établissements les mieux connus)

Voir les schémas graphiques au module 6 texte 1, illustrant
— Les filières, de la 6e au bac
—Les formations de l'enseignement supérieur

Ecoles des grands concours traditionnels
    Ecole polytechnique (''X'')
    Ecole centrale des arts et manufactures de Paris
    Ecole des mines
    Ecole des ponts et chaussées etc.

Ecoles normales supérieures
    Ecole normale supérieure (Normale sup. = la rue d'Ulm)
    Ecole normale supérieure de Saint-Cloud

    Ecole normale supérieure de Sèvres
    Ecole normale supérieure de Fontenay-aux-roses
    Ecole nationale supérieure d'enseignement technique
      (E.N.S.E.T.)
    Ecole nationale supérieure de sport et d'éducation physique
      (E.N.S.E.P.)

Ecoles nationales d'ingénieurs
Instituts nationaux des sciences appliquées

Ecoles nationales supérieures agronomiques (E.N.S.A.)
    Institut national agronomique (Paris-Grignon, ''I.N.A.'')

Ecoles nationales supérieures d'ingénieurs et des travaux
    agricoles (E.N.I.T.A.)

Institut d'études politiques (I.E.P.) (''Sciences Pô.'')

Grandes écoles de commerce et de gestion
Hautes études commerciales
Ecole supérieure des sciences économiques et commerciales (E.S.S.E.C.)
Ecole supérieure de commerce de Lyon/de Paris etc.

Grandes écoles de la fonction publique
Ecole nationale d'administration (l'E.N.A) → "les énarques"
Ecole nationale supérieure de la magistrature
Ecole nationale supérieure des postes et télécommunications

Ecoles nationales supérieures d'ingénieurs (E.N.S.I)

Ecoles artistiques
Ecole du Louvre
Ecole nationale supérieure des beaux arts
Ecole nationale supérieure des arts appliqués
Ecole nationale supérieure des arts décoratifs
Ecole nationale supérieure d'architecture
Institut des hautes études cinématographiques (I.D.H.E.C.)
Conservatoire national supérieur d'art dramatique de Paris
Conservatoire national supérieur de musique

Grandes écoles militaires
Ecole navale (EN)
Ecole de l'air (EA)
Ecole spéciale militaire (ESM)

Ecole nationale de la marine marchande

Institut national des langues et civilisations orientales

Classes préparatoires aux grandes écoles
faire maths sup (supérieures)/maths spé(spéciales) → taupe
lettres sup/1ère sup
hypo-khâgne/khâgne* (ou câgne*) → les cagneux* (ironique)
véto* (Maisons-Alfort)
préparer une école supérieure militaire → les corniches*
préparer HEC/agro/X . . .

IUT (instituts universitaires de technologie)

Universités
Faculté des lettres et sciences humaines/de droit/
de médecine/des sciences . . .
Institut d'études politiques (les Sciences Pô)

être en fac/aller à la fac*

l'UER (Unité d'enseignement et de recherche) de langues vivantes
la section d'anglais

Le personnel enseignant:

les détachés du secondaire, adjoints d'enseignement (AE)
les assistants, maîtres-assistants, chargés de cours
maître de conférences, le corps professoral, le professorat
un professeur de faculté/de l'université, les enseignants
le chef de la section d'allemand
un professeur titulaire d'une chaire
la chaire de français

Le cursus universitaire:

le cursus, le programme
les filières (par ex. L.E.A.: langues étrangères appliquées)
les formations professionnalisées
être de formation scientifique

le 1er, 2ème, 3ème cycle habilités par le Ministre de l'Éducation nationale

les cours:
cours magistraux, travaux dirigés (TD), travaux pratiques (TP)
demander des équivalences
assister/suivre/aller à/être inscrit à un cours
faire des études de médecine
être en médecine/allemand/histoire/anglais . . .
demander une dispense d'assiduité/de contrôle continu
sécher les cours*
(faire) sauter les cours*

Les modalités d'accès:

les critères d'admission   les verrous
quantitifs (numerus clausus) *ou* qualitatif (concours d'entrée ou admission sur dossier et/ou entretien)
les pré-inscriptions
les inscriptions administratives/pédagogiques
les dates/la clôture des inscriptions

Les examens:

avoir des colles (grandes écoles)
le contrôle continu
passer des partiels (cours d'année)
un examen de fin d'année
avoir 7 unités de valeur (U.V.) à passer
être admis à l'oral   être admissible
réussir l'écrit
la session de juin/de septembre
le grand oral (Sciences Pô., ENA)

la soutenance du mémoire de maîtrise/D.E.A./de thèse

réussir ses examens/obtenir sa licence/être titulaire du DEUG
être diplômé(e)/licencié(e) ès lettres
décrocher son diplôme
afficher les résultats

être recalé(e)   échouer
repasser à la session   de septembre/session de rattrapage

passer un concours
tenter l'agrégation/le CAPES
réussir son concours
être agrégé(e)/bi-admissible/certifié(e)

Les diplômes:

le BTS   brevet de technicien supérieur
le DUT   diplôme universitaire de technologie (Bac + 2)
le DEUST   diplôme d'études universitaires scientifiques et techniques
le DEUG   diplôme d'études universitaires générales (Bac + 2)
la licence   (Bac + 3)
la maîtrise   (Bac + 4)
le DEA   diplôme d'études approfondies
le DESS   diplôme d'études supérieures spécialisées (Bac + 5)
la thèse de 3ème cycle
          d'université
          d'état

nouveaux diplômes à finalité professionnelle:
les mastères (MS) (grandes écoles) (Bac + 6)
les magistères (universités) (Bac + 5)

Organismes/structures divers(es)

la CUIO   cellule universitaire d'information et d'orientation
le CROUS   centre régional des œuvres universitaires et sociales
la BU   bibliothèque universitaire

la BN   bibliothèque nationale (Paris)
la BM   bibliothèque municipale
les foyers socio-éducatifs

 *Ressources linguistiques*

1   **Suggérer**
2   **Appeler à l'action**

1   *Suggérer*

Si vous voulez suggérer à quelqu'un de faire ou de penser quelque chose, vous devriez tout d'abord *analyser la situation de communication*. Entre amis on peut faire des suggestions directes, sans risquer de vexer son interlocuteur. Dans des situations où vous êtes moins à l'aise, il convient de ménager vos effets et de laisser paraître plus subtilement le fait que vous tentez de faire glisser dans l'esprit de votre interlocuteur une idée nouvelle.

La suggestion peut être considérée comme une façon de *persuader (Ressources linguistiques, 4, 1)*.

A   Au plus simple, et **à l'oral** surtout, vous annoncez votre intention de faire une suggestion:
1 de façon directe (*je/me*/etc.):
    J'ai un plan (à suggérer):
      une idée (à proposer):
      une suggestion à faire: ·
      une proposition
    Une idée me vient:
    Voici ma suggestion:

2 Ou de façon plus *nuancée (je + pouvoir (+ permettre) + vous)*:
    Si je peux (me permettre de) faire une suggestion:
    Puis-je (me permettre de) vous donner un conseil?
                vous suggérer quelque chose?
                vous proposer mon plan?

B   Même les suggestions simples sont cependant souvent composées de *deux* éléments qui se renforcent:

a	b	a	b
1 *Je + verbe de suggestion au présent*	+ *verbe au conditionnel*	4 *Je + verbe de suggestion au conditionnel*	+ *verbe au subjonctif*
Je pense que suis d'avis qu(e) crois qu(e)	(l') on pourrait … devrait … il faudrait …	Je suggérerais que proposerais que serais d'avis que	nous lui accordions le diplôme. les enfants s'en aillent. l'on parte.
2 Je suggère que propose que	+ *verbe au subjonctif* (l') on écoute Madame Blanc. dise la vérité.	5 J'aimerais voudrais	+ *infinitif* vous soumettre un plan. vous proposer de …
3 Je suggère de propose	+ *infinitif/substantif* chanter/exploser la bombe la solution suivante:		

C   Une suggestion double peut aussi se faire sous forme de
question:

	a	+	b
1 Puis-je			vous suggérer une solution toute simple? vous proposer un plan d'action?

2 Permettez-vous que   je propose l'emploi du
                             cyanure?
                 que   nous la soumettions à la
                             torture?

3 Que diriez-vous de   la solution proposée par
                             Mme Thatcher?
    penseriez-vous d(e)   une moquette rouge et
                             verte?

D   Une suggestion *très* nuancée comporte un élément négatif.
C'est en effet une suggestion triple:

1 (a) *question* + (b) *négatif* (+ (c) *conditionnel*:
    Ne pensez-vous pas que l'on devrait ...?
    Ne trouvez-vous pas qu'il faudrait ...?
    Ne pourrait-on pas résoudre le problème de cette façon?
    Ne serait-il pas possible de l'acheter avant qu'elle
      n'arrive?
    Ne conviendrait-il pas de lui faire part de notre décision?

2 *Peut-être + conditionnel + question:*
    Peut-être pourriez-vous/pourrions-nous faire autrement?
                 devrions-nous nous adresser à lui directement?
    ferait-on   bien   d'abandonner
    qu'on ferait bien*   laisser tomber?*
    serait-il bon de le mettre au vote?
                 possible de demander une audience?
                 temps de lui accorder plus de
                   responsabilité?

E   Une suggestion *à l'écrit*, ou dans une situation où la plus
grande politesse est demandée, comporte plusieurs nuances, et
surtout cherche à obtenir l'accord de l'interlocuteur.

(*Attention!* Ces formules d'introduction ont souvent une
nuance ironique. Voir *Ressources linguistiques*, 10, 1: *exprimer
l'ironie*)

Si vous n'y voyez pas d'inconvénient,
    j'aimerais suggérer que ...
    on pourrait peut-être ...
    il conviendrait peut-être de ...
A moins que vous n'y voyiez un inconvénient,
    je voudrais proposer ...

Suggérer – Activités ▷ ▷ ▷ ▷

A l'oral

1 Un(e) ami(e) persiste à croire qu'il n'est pas nécessaire de
connaître le pays dont on étudie la langue.
    ▶ Gentiment, vous lui suggérez que passer des vacances
      en France pourrait l'aider:
      d'abord *directement*,
      ensuite *sous forme de question*
      et finalement de façon très *nuancée*.

2 Quel type de suggestion emploieriez-vous dans les situations
suivantes?
    ▶ vous voulez qu'une amie achète une voiture
    ▶ vous voulez que vos parents augmentent votre bourse
      d'études
    ▶ vous voulez que votre professeur de français parle plus
      clairement
    ▶ vous voulez faire comprendre à un hôtelier qu'il devrait
      changer les draps dans votre chambre, ceux que vous y
      avez trouvés étant sales.

A l'écrit

Relisez le texte no 2, 1: *Seul le public peut censurer.*

1 Vous voulez suggérer dans une réponse à l'article de
Raymond Cayrol qu'un journal n'a pas le droit de tout
montrer.
    ▶ Ecrivez un paragraphe qui exprime votre suggestion.

2 Vous n'êtes pas raciste, mais vous voulez suggérer, dans une
lettre à votre journal local, que la présence parmi nous de
gens de races différentes crée des problèmes.
    ▶ Qu'écrivez-vous?

2   Appeler à l'action

Lorsque vous avez exposé vos arguments et que vous avez
bien discuté avec d'autres personnes le pour et le contre d'un
plan ou d'une action proposée, vous voulez souvent *terminer*
(voir *Ressources linguistiques* 3, 3: *terminer*) par *un appel à
l'action*. C'est ce que font, par exemple, les hommes politiques à
la fin d'un discours, ou les prêtres à la fin d'un sermon.

Si vous voulez qu'on vous suive, il faut faire attention à deux choses:

► ne tombez pas dans la démagogie, dans la rhétorique exagérée
► suivez un développement logique qui souligne les liens entre la discussion qui vient d'avoir lieu et votre appel à l'action.

Tout appel à l'action est composé logiquement de *3 parties*:

1 On *explique* d'abord la (les) raison(s) de l'appel = résumé de ce qui vient de se dire (voir *Ressources linguistiques* 2, 2: *résumer*);

2 On *exhorte* les autres à passer à l'action = appel proprement dit;

3 (a) on *esquisse* les résultats positifs et avantageux de l'action envisagée, ou
(b) on *expose* les résultats négatifs et désavantageux d'un refus de passer à l'action.

Cette structure ternaire vous rappelle sans doute la structure de base de la *persuasion* (voir *Ressources linguistiques* 4, 1: *persuader*), et, en effet, *appeler à l'action* est un exemple très pratique de la persuasion, vous permettant d'évaluer immédiatement votre pouvoir persuasif:
—si l'on passe effectivement à l'action après votre exhortation, vous pouvez vous féliciter;
—s'il n'y a pas de réponse, c'est que vous n'avez pas su être assez persuasif; dans ce cas, il faut *examiner de nouveau votre stratégie*.

A Dans le cas le plus simple (et surtout *à l'oral*, où des explications supplémentaires (1 et 3 ci-dessus) ne s'imposent pas toujours), vous vous contentez d'une exclamation. Vous utilisez:

tu pour les gens que vous connaissez bien:
  Vas-y!
  Fonce!
  Lance-toi!

vous pour les personnes que vous connaissez moins bien:
  Allez-y!
  Remuez-vous!
  Activez-vous!

nous si vous voulez vous identifier à l'action:
  Allons-y!
  Commençons!
  Marchons!
  N'attendons pas!

le subjonctif pour impressionner:
      Et maintenant qu'on y aille!
      Qu'on n'attende plus!

On peut employer aussi *une exclamation sans verbe*:
  Aux armes (citoyens)!
  Au travail!
  En marche!
  En avant!
  Courage!
  Du nerf (que diable)!

B A un niveau de langue moins familier, et *à l'écrit* aussi bien qu'*à l'oral*, on peut faire un appel moins direct et moins personnel en employant une expression impersonnelle:

ou *avec* un adjectif ou un pronom personnel:
  Il faut mobiliser tous nos efforts/nous mettre à l'épreuve;

ou *sans* ces rappels de l'aspect personnel de votre appel:
  Il faut agir/se lancer/se jeter à l'eai/oser/passer à
      l'action/faire quelque chose/relever le gant
  Il s'agit de prendre des initiatives

Vous pouvez aussi ajouter á votre appel une indication de l'urgence avec laquelle il faut agir:

ou en employant une expression indiquant qu'on a assez tardé:
  Il faut agir *et non plus parler*.

ou en employant une expression temporelle:
  Il s'agit d'intervenir *maintenant*.

C Insister.
1 On emploie souvent une (ou plusieurs) expression(s) temporelle(s) pour insister sur l'importance d'une action ponctuelle (voir *Ressources linguistiques*, 8, 1: *insister*):

  C'est *maintenant* qu'il faut agir.
      maintenant le moment d'intervenir.
      maintenant l'heure de frapper.
  Il s'agit de prendre *instamment* des initiatives.
  Il importe de nous mobiliser *au plus tôt*.
  Il faut agir *d'urgence/immédiatement/sans plus tarder*.
  Il est *urgent* que la France relève *dès maintenant* la tête.
  Le moment est venu *aujourd'hui* de descendre dans la rue.
  A l'heure actuelle, il convient de demander nos droits.

  Il n'y a aucune raison de *différer*, mais toutes les raisons, au contraire, de prendre *immédiatement* cette mesure.

2 On peut également *insister* en structurant sa phrase pour qu'elle mette clairement en relief ce qui est nécessaire à l'accomplissement de l'action envisagée:

  Ce qu'il (nous) faut maintenant,
  Ce qu'il (nous) reste à faire,
      c'est de l'huile de coude.
      c'est de frapper fort.
      c'est/ce sont
          des femmes et des hommes.
          quelqu'un qui sache crocheter une serrure.
      2.000 volontaires.

3 On peut aussi *insister* en indiquant clairement *à qui* on fait appel:

Je *vous* invite à   nous suivre.
          engage à
          exhorte à
          demande de
          somme de
Nous *vous* invitons à   nous suivre.
          engageons à
          exhortons à
          demandons de
          sommons de

Je m'adresse à *vous* pour m'aider à . . .
Je lance un appel à *tous les membres du club* . . .
J'en appelle aux *Français!* Vous devez . . .

C'est à *vous* que je m'adresse pour agir maintenant.
Ce qui *vous* incombe c'est de boycotter toutes les directives du PDG.

Françaises! Français! Aidez-moi! (géneral de Gaulle)
Travailleurs! Aux urnes!

D L'appel à l'action proprement dit, comprend cependant *trois* étapes (dont l'ordre peut être varié):

	1 *Explication/Résumé*	2 *Appel*	3 *Conséquences (a)positives/ (b)négatives*
(a)	Pour vous qui voulez que la France reste verte,	choisir les Verts,	c'est choisir la Vie!
	Dans tous ces domaines donc,	il est urgent de passer à l'action,	pour que nos enfants ne soient plus en danger.
	C'est dans cette perspective que	je vous demande de suivre le mouvement de grève.	C'est la seule façon d'améliorer les conditions de travail.
(b)	Il reste donc du travail à faire.	Ce qu'il nous faut, ce sont des hommes et des femmes enthousiastes.	Sans vous, rien ne s'accomplira.
	Cette tâche nous incombe.	Sachons agir,	faute de quoi nous serons tous menacés.
	Pour y parvenir	il est urgent de nous fixer des objectifs précis.	Tout délai serait fatal.

Appeler à l'action – Activités ▷ ▷ ▷ ▷

A l'oral

1 Dans chacune des situations suivantes vous faites un appel à l'action. Qu'est-ce que vous dites?
   ▶ Dans une réunion des étudiants de la section de français/ langues vivantes, vous essayez d'inciter vos camarades à faire grève.
   ▶ Entre collègues dans une entreprise, vous parlez de la possibilité de lancer un produit nouveau. Vous voulez qu'on le fasse.
   ▶ Dans un wagon d'une rame de métro en panne, vous essayez de persuader les voyageurs de descendre sur la voie pour gagner la station la plus proche par le tunnel.
   ▶ Vous vous trouvez parmi les hôtages pris au cours d'un détournement d'avion. Vous voulez que, tous ensemble, vous vous attaquiez aux pirates.

A l'écrit

1 Choqué(e) par la décision d'exclure les étudiants britanniques des universités françaises, vous écrivez une série de lettres pour encourager diverses personnes à passer à l'action et à protester, chacun à sa façon, contre cette décision. Comment se terminent ces lettres?
   ▶ au Ministre de l'Education nationale (en France)
   ▶ aux présidents des syndicats d'étudiants français
   ▶ au Premier Ministre français
   ▶ au Président de la République française
   ▶ à l'ambassadeur britannique à Paris

MODULE 10 LE DÉBAT (5)

Une Société en mouvement

Texte 1 (vidéo):   **Voix de femmes**

Texte 2 (écrit):   **Délinquance nouveau style**
Texte 3 (écrit):   **L'Informatique: d'immenses possibilités**
Texte 4 (écrit):   **L'Avenir des grandes villes, Liverpool et Besançon (I)**
Glossaire: **Les Relations sociales 2.**
Ressources linguistiques: **Exprimer l'ironie**
                                   Se concilier quelqu'un

Collage-vidéo: **"C'est une question difficile."**

Notes pédagogiques

Ce module prend comme point de départ une société qui évolue à une allure toujours plus rapide. Les textes sélectionnés mettent en relief le risque de conflit qui se crée entre cette évolution et les réactions qu'on constate au niveau de l'individu et du groupe.

1 Le premier texte soulève, au moyen d'une vidéo, les problèmes auxquels les femmes doivent faire face pour avancer dans leurs carrières.
2 Le texte 2 cerne le problème de la délinquance et de la criminalité dans cette société en mouvement et en examine les causes profondes.
3 Le texte 3 nous place devant le phénomène de l'informatique et son rôle, spécialement dans les écoles.

4   Le texte 4 souligne le contraste entre la transformation et les embellissements effectués dans certaines villes, et la décadence et le sentiment d'abandon qui pénètrent ailleurs.

Les *Ressources linguistiques* nous initient à l'ironie d'un côté, et à la discrétion qui nous mène à nous concilier les bonnes grâces de l'interlocuteur plutôt que de le provoquer.

▶▶▶▶▶▶ **Voix de femmes**

Notes pédagogiques

Le document vidéo présente le problème des difficultés touchant la femme qui se consacre à une carrière aussi bien qu'à sa famille. Les trois interlocutrices sont (de gauche à droite à l'écran): Mireille Poots, professeur de langues à Heriot-Watt University, Edimbourg, Laurence Brisset, étudiante, et Chloé Gallien.

Activités communicatives

A l'oral ▷ ▷ ▷ ▷

Résoudre un problème

Contexte: L'activité proposée est celle d'une consultation sur un problème personnel et professionnel. On invite le groupe à passer par toutes les étapes du problème et de sa solution finale.

Activité: Une jeune femme a l'intention de se marier, ayant déjà réussi dans sa carrière au point de pouvoir anticiper un avenir heureux. Devant la variété d'opinions contradictoires que lui offrent famille, collègues etc., elle cherche à éclairer les conséquences pour sa carrière du double rôle qu'elle a choisi dans sa profession et dans sa famille.

Avant de prendre des décisions sur la meilleure manière de concilier famille et carrière, elle accepte, non sans hésitation, de demander conseil au groupe. Ce qui lui manque ce n'est pas la confiance en elle-même, mais l'information nécessaire pour prendre des décisions valables.

L'activité prend la forme de la consultation, d'une prise de décision par le groupe, et des conseils verbaux qu'il offre à la jeune femme.

Le groupe est informé du problème par un de ses membres et offre ses services à la jeune femme dont il s'agit. On fixe un rendez-vous pour la consultation. On déterminera les éléments du problème en invitant la jeune femme à en faire l'exposé et en l'interrogeant. On analysera les différentes solutions possibles avant de formuler des conclusions. Cela fait, on présentera ses recommandations de manière diplomatique et conciliante. On ira jusqu'à coucher ses conseils par écrit pour servir de procès-verbal au groupe et pour aider et fortifier le client.

Préparation: On désignera à l'avance:
(a) un(e) président(e) de séance
(b) la jeune femme qui a formé le vœu d'élever une famille sans pour autant abandonner ou compromettre sa carrière.

L'étudiante qui joue le rôle de la jeune femme prendra sur elle de s'informer des problèmes — personnels, familiaux et professionnels — qu'elle croit devoir affronter en poursuivant cette intention. Le document vidéo lui servira de guide.

Il incombe au groupe de l'interroger sur ces questions et d'identifier les problèmes majeurs.

Déroulement du cours:
(a) Le président fait les présentations et invite la jeune femme à préciser sa situation en un exposé.
(b) Elle est interrogée par le groupe.
(c) Le groupe analyse la situation en séance close, mais sans trop de formalités. Leur but est d'arriver à une conclusion sur les conseils à donner à la jeune femme.

(d) Le président sert de porte-parole au groupe pour présenter ces conseils à la jeune femme et pour solliciter une réaction.

(e) Remerciements.

A l'écrit ▷ ▷ ▷ ▷

1 Lettre

Contexte: (Voir *l'activité à l'oral*). La jeune femme se retire avant de recevoir les conseils du groupe, et il incombe au président de lui transmettre leurs conseils par écrit. Vous écrivez cette lettre.

Activité: Vous ajoutez en appendice l'appréciation par le groupe de l'étendue du problème parmi les femmes, et les solutions que la société devrait adopter à l'avenir.

2 Exercice de traduction

Contexte: Nous présentons ci-dessous le texte d'une notice nécrologique sur la Baroness Sharp, haut fonctionnaire britannique qui s'était fait une carrière des plus distinguées dans l'administration, le modèle d'une *Enarque* britannique s'il en fut.

Activité:

(a) Traduisez en français la section du texte comprise entre: 'It is, even today, comparatively rare . . . earned appreciation.' (para.9)

(b) Trouvez des équivalents en français des qualités d'esprit qui suivent, attribuées à la Baroness Sharpe. Observez partout les exigences imposées par le contexte:
—her capacities and achievements (para.2)
—her outstanding gifts were still slow to reveal themselves (para.4)
—Evelyn Sharp was capable of making her way in any company (para.5)
—she cared about achieving results that were useful (para.5)
—she was impatient of standing still (para. 5)
—her ability to hold her own among the chosen few (para.6)
—she was marked out for very high office (para.6)
—They did not always see eye to eye with her (para.10)
—She knew what she thought needed doing (para.11)
—keen to cut a path through every problem (para. 14)
—always ready with a practical next step to suggest (para.14)
—she earned a personal trust that was unique (para.16)

(c) A quel point les conventions de la notice nécrologique dans le *Times* de Londres rendent-elles sa traduction d'anglais en français difficile, voire impossible?

BARONESS SHARP

Baroness Sharp, GBE, Permanent Secretary, Ministry of Housing and Local Government from 1955 to 1966, died on September 1 at the age of 82.

She was a maker of Civil Service history. It was not simply that she was the first woman to attain the highest executive position in a great department. Her capacities and achievements were such as to make it impossible, from her time onward, to question the right of a woman to hold the office and carry the responsibilities of a Permanent Secretary.

Evelyn Adelaide Sharp was born on May 25, 1903, elder daughter of the Rev C.J. Sharp, vicar of Ealing. From St Paul's Girls' School, where she gained mainly athletic distinctions – she captained the school at cricket and netball – she went up in 1922 as a commoner to Somerville College, Oxford.

There her cheerfulness made her many friends, but her outstanding gifts were still slow to reveal themselves. She obtained a Second in Modern History, and passed into the Civil Service.

Not many girls at that time thought of the administrative

grade of the Civil Service as their career. But Evelyn Sharp was capable of making her way in any company. Among civil servants she possessed more than the average of resource-fulness and imagination, and she cared about achieving results that were useful. Her concern was always to do something about problems, not to pigeon-hole them. She knew there was much to be done in the world, and she was impatient of standing still.

Starting in the Board of Trade, she soon transferred to the Ministry of Health, which then and for many years afterwards was the department principally concerned with local government matters. It was this relationship which became her speciality. During the Second World War she was seconded to the Treasury, where she established her ability to hold her own among the chosen few of the Civil Service; and from then on she was marked out for very high office.

In 1946 she was back with local government and its new post-war responsibilities, as Deputy Secretary of Town and Country Planning. Two years later she was created DBE.

When housing and planning were once more brought together under the same department – she had learnt the dangers in separating them, and ever after insisted on their conjunction – she found herself Deputy Secretary of the Ministry of Housing and Local Government and then, from 1955 onwards, its Permanent Secretary, a post which she held with distinction and un-flagging vigour until her retirement in 1966.

It is, even today, comparatively rare to find a woman as the executive head of a large and mainly male organization – so rare that men of high ability themselves might conceivably jib at serving under one. There was no feeling of that sort where Evelyn Sharp was in command. None of her subordinates ever questioned that she was the best man among them; in administration she had all the hard sense of a man, with the intuitions of a woman added to it. She was respected and feared, for mistakes or inaction brought sharp admonition as surely as precision and foresight earned appreciation.

Five Ministers of Housing and Local Government of different parties, enjoyed the benefit of her advice, invariably given with candid directness. They did not always see eye to eye with her, nor she with them; but not one of them would have wished for anyone else as his Permanent Secretary during his tenure of what was throughout those years a testing post.

Conservatives who only knew her by repute tended to suspect she was a Socialist, and vice versa. The truth is that she had a singularly non-party mind. She knew what she thought needed doing, but she perfectly understood parliamentary democracy and realized that party prejudices, while in her eyes an evil, were a necessary one.

During the lull which overtakes Whitehall in the weeks preceding a general election, she would occupy herself with drawing up two programmes for her Ministry over the next five years, one such as a Conservative and the other such as a Labour Minister might implement.

But her merit was that she did not attempt to do the Minister's job for him. Her part was to give advice in definite terms, and to explain forthrightly the probable consequences of alternative courses of action. If he overrode her advice, there was no worrying him to get him to change his mind; he had decided, and instantly she bent her energies to see that the Department did everything to support his decision.

This was the more remarkable in that she was not one to present alternative courses as equally balanced. Her recommendations were firm: they were also resourceful. All the Ministers she served realized confidently that they had at their side a Permanent Secretary keen to cut a path through every problem, and always ready with a practical next step to suggest.

In 1961 she was raised to GBE, an unusual honour in Whitehall; with a smile she used to say that it was because the Order of the Bath was not deemed suitable for a woman. Somerville made her an Honorary Fellow in 1955. Oxford an Hon DCL in 1960, and Cambridge an Hon LLD in 1962. So university distinction came to her richly in the end. After her retirement she was a member of the Independent Broadcasting Authority from 1966 to 1973. She was created a life peer in 1968.

She did more than anyone else in this century to bring local and central government closely together, and in local government circles she earned a personal trust that was unique. At local authority conferences she could pungently express thoughts such as a Minister would scarce dare to utter.

She loved walking, and for holidays she would escape abroad to the mountains. She had something of their unemotional strength: they challenged her, and she was at one with them. The Civil Service, to which she devoted all her working life, was never an end in itself to her. She saw in it an instrument for making life better for the people of this country.

The Times, 4 September 1985

Délinquance nouveau style

Notes pédagogiques

Ce document identifie deux interprétations possibles de cette délinquance dite
''nouveau style''. Ce serait d'un côté un mouvement antisocial et criminel, voué à des
attitudes purement négatives. D'un autre côté ce serait une simple étape dans
l'adaptation de l'adolescent à la vie adulte: rituel d'initiation qui se solde par
l'intégration à la société.

L'activité proposée est celle d'un débat sur cette délinquance, laissant aux deux
opinions opposées la possibilité de se justifier et éventuellement de se réconcilier.

Délinquance nouveau style

(...) A écouter la rumeur, la criminalité tout entière serait à l'image
des «petites terreurs» du métro
parisien, des banlieues lyonnaises
ou de la Canebière, à Marseille.
«Les neuf dixièmes de la criminalité française ne sont pourtant pas
marqués par la violence», estime
M. Philippe Robert, responsable
du service d'études pénales et cri-
minologiques au ministère de la
justice. «La criminalité la plus
dangereuse pour la société dans

son ensemble, c'est justement la
plus douce.» (...)

Toutes ces familles inquiètes de
la montée de la délinquance ont
également plus à craindre l'accident de la route que l'introduction
d'un cambrioleur dans le salon de
leur résidence secondaire: près de
treize mille morts par an, dont
80% par «faute humaine».

Tous les spécialistes ont
conscience, cependant, que la logi-

que ne peut plus grand-chose
contre la subjectivité. «L'opinion,
la presse, les partis politiques,
notre administration même, souhaitent que nous nous attaquions
en priorité à la délinquance sauvage des jeunes», estime un responsable des polices parisiennes.
«Mais notre système est mal
adapté». Il est surtout dispropor-
tionné. Un peu comme si l'on ne
disposait que d'un char pour arrêter un homme armé d'une fronde.

Les polices modernes, répondant aux demandes de l'opinion de 1970, se sont spécialisées pour arrêter le plus gros gibier, les bandes très organisées. (...)

« Il faudrait déplacer notre dispositif vers les lycées, les collèges, les bistrots de jeunes, les cités H.L.M., les petites villes bourgeoises où l'on s'ennuie ferme », admet un autre commissaire. Car c'est là que se forme désormais ce qu'on appelle, selon la norme statistique, le « grand banditisme ». Pour obtenir des résultats contre cette nouvelle délinquance, il faudrait quadriller 50% de la jeunesse, investir les banlieues, surveiller les concerts de rock, affecter un inspecteur par bande. Irréaliste.

Plus difficile encore : il faudrait ensuite rendre leur fonction d'exemplarité à la prison, au foyer de redressement, au tribunal des mineurs. « C'est très certainement », note Me François La Phuong, avocat à Lyon, « le plus grand changement par rapport à ce que j'ai connu durant ma carrière : ces nouveaux délinquants sont imperméables à la punition. » Les jeunes pousses font mieux que les vieilles générations. A dix-huit ans, François a connu huit fois le box du tribunal correctionnel de Colmar. Le commissaire Picöne, à Marseille, a arrêté seize fois le même adolescent. « On ne peut rien contre lui », dit-il. « Ni lui faire la morale, ni l'envoyer en prison pour le faire réfléchir. Il lui manque une case. »

Les nuits au « dépôt », les remontrances sévères dans les commissariats, le jeu des menottes, des passages dans le cabinet du juge, toutes les vieilles recettes de la dissuasion ne donnent plus, depuis deux à trois ans, les mêmes résultats. Dans les familles comptant plusieurs enfants délinquants, les différences sont sensibles : la dernière génération semble naturellement immunisée contre des menaces qui pouvaient encore faire réfléchir les aînés. « Ces jeunes sont d'une incroyable dureté. Aucun adulte, même le plus retors, ne pourrait afficher une telle sérénité devant les flics », remarque un policier. « Dans mon commissariat, même de sévères arrestations, difficiles, sont l'occasion de franches rigolades. » La peur du flic est bien morte. Perdant l'arsenal des moyens de la répression « douce », les policiers et les magistrats, à ce rythme, n'auront bientôt plus que le choix entre deux solutions extrêmes : envoyer ces jeunes en prison, appliquer la loi à la lettre, prendre ces amateurs adolescents pour ce qu'ils veulent être, c'est-à-dire des délinquants déterminés. Ou fermer les yeux sur des délits qui méritent une sanction judiciaire. (...)

Une crise aiguë

Face aux demandes de plus en plus pressantes de l'opinion, policiers et magistrats évoquent une autre gêne. La délinquance brutale de 1981 ne serait-elle, pour une large part, qu'une situation transitoire ? Une forme moderne d'accession à l'âge adulte ? L'idée d'une initiation par la violence ne date pas d'hier. Mais elle est, au dire des spécialistes, beaucoup plus inquiétante. « Pour un certain nombre de jeunes, la délinquance se manifeste comme une crise aiguë », estime M. Vincent Peyre, sociologue au centre d'études de l'éducation surveillée. « En six mois, on vit toutes les expériences, on commet deux cents vols de voiture, on vit les arrestations, la prison, la visite du psychiatre. »

Les expressions, pour la délinquance, d'un besoin de reconnaissance pourraient être identiques à celles que la France, stupéfaite, avait connues en 1960 avec les « blousons noirs ». « La part du cri », selon la formule d'un magistrat, pourrait occuper la quasi-totalité du territoire de cette nouvelle criminalité. L'attaque à main armée n'aurait, en soi, pas plus de signification que les bagarres du samedi soir, vingt ans plus tôt. Hier comme aujourd'hui, la délinquance pourrait ne durer que le temps d'une saison, disparaître avec le mariage, un travail pas trop déshonorant ou simplement avec l'âge.

Thèse invraisemblable ? Peu suspects de verser dans les théories utopistes, les policiers, à Marseille ou à Paris, sont pourtant affirmatifs : « On constate une diminution des actes brutaux vers vingt-trois-vingt-cinq ans. Seuls, 15 à 20% de ces jeunes semblent poursuivre au-delà leur chemin dans le crime. Ceux-là resteront des malfaiteurs. Il est possible que les autres deviennent d'honnêtes gens. » L'ennui, c'est que, durant ces « crises aiguës », les jeunes ressemblent à des malfaiteurs endurcis, parfois à des meurtriers que rien n'arrête.

Et pourtant ! « On peut difficilement reprocher à ces jeunes de se précipiter dans la mauvaise voie », explique le commissaire Chatelain, chef de la sûreté urbaine de Marseille, « alors qu'ils ont l'impression que tout le monde triche. » « Tout le monde », pas les grands de ce monde, la haute finance ou l'Etat. Mais les honnêtes gens qui stigmatisent la malhonnêteté grandissante de quelques-uns. (...)

Ecoutons les spécialistes : la France, statistiquement, n'a jamais été aussi malhonnête depuis vingt ans. « Notre tâche la plus urgente, ce n'est pas la violence des jeunes, mais la délinquance financière. » Les brigades économiques sont débordées. « La moindre des escroqueries, le plus banal des vols de camion, rapportent plus que les attaques à main armée. Personne n'en parle jamais et cela ne fait pas les titres de la presse. » Notre société, explique-t-on, fixe ses critères moraux, sur la délinquance de la rue, banalisant plus qu'avant les fraudes et les malversations. Elle marque du sceau de l'infamie les tâcherons du crime. Et eux seuls.

« Après tout », estime un sociologue lyonnais, « ces délinquants ne font que prendre ce qu'on leur laisse. » C'est-à-dire les miettes, les plus mauvais coups. En tout cas, les plus risqués. Ceux qui se soldent par la prison ou par une fusillade.

(...) Les policiers ont aujourd'hui le sentiment que leur rôle sert parfois de stimulant, d'accélérateur à quelques destins de jeunes. La chasse, ainsi, la répression, donneraient du corps à quelques aventures juvéniles, feraient naître un romantisme exacerbé en permettant de se sentir traqué, recherché, poursuivi ou filé. Le « doping » de la vie ne serait plus l'action politique, l'ascension sociale, la marginalité douce ou même la drogue, mais une fuite permanente, une plongée tendue dans l'illégalité.

(...) Pour beaucoup, la délinquance deviendrait le dernier film digne d'être joué au cinéma de la vie. Elle seule proposerait un plaisir bref, aigu, avec en point de mire la garantie d'en finir plus vite.

« Ils sont suicidaires. » La phrase est répétée par tous les policiers, les magistrats et les éducateurs de mineurs. « Comment s'en étonner », dit un policier, « tout le monde nous dit que l'horizon est bouché, que la vie ne vaut pas la peine d'être vécue. » « No future », proclamaient les punks.

Philippe Boggio, *Le Monde hebdomadaire*, 17 juin 1981.

Activités d'analyse

Réseaux thématiques ▷ ▷ ▷ ▷

1 Des questions relatives à l'*ordre public* et à la *justice* constituent le thème de base de cet article.

▶ Etablissez la liste de toutes les expressions qui sont liées spécifiquement à la justice et à l'ordre public, en commençant par *Ministère de la Justice* (para.1)

2 Philippe Boggio suggère qu'il y a, au sein de l'opinion publique, un consensus au sujet de la délinquance: qu'elle est généralement considérée comme une des plus dangereuses formes de la criminalité, en particulier sous sa forme actuelle.

▶ Distinguez les nouvelles et les anciennes formes de la délinquance, en établissant la liste des expressions employées dans le texte qui ont trait à leurs différentes caractéristiques, sous les titres: *la délinquance* et *la nouvelle délinquance*.

3 Dans un texte traitant de la délinquance, il n'est pas surprenant de trouver mention des remèdes ou du châtiment. Cependant, l'auteur suggère que, face à de nouvelles formes de délinquance, de nouvelles formes de châtiment devraient remplacer les ''vieilles recettes'' (para.6)

▶ Etablissez la liste de tous les types de châtiments mentionnés. Pour vous guider, utilisez les intitulés de colonnes suivants: *vieilles recettes de la dissuasion* (para.6); et *sanctions proposées et en vigueur*.

Repères structuraux ▷ ▷ ▷ ▷

1 A de nombreuses reprises dans le texte, l'auteur introduit une déclaration autrement que par le verbe "dire", par exemple *selon la formule de* (para.8); *note* (5).

> ▶ Etablissez la liste exhaustive de toutes ces expressions, et indiquez, éventuellement, ce que chacune d'entre elles ajoute au sens de base *il dit/dit-il*.

2 Les articulateurs suivants expriment différentes relations entre les propositions: *même* (paras.3, 6, 6); *encore* (5, 6); *alors que* (10); *c'est-à-dire* (12); *ainsi* (13).

> ▶ Déterminez la fonction précise de chacun d'entre eux, et suggérez une autre façon d'exprimer la même relation. S'ils assument plus d'une fonction, précisez de quoi il s'agit.

Activités communicatives ────────────

A l'oral ▷ ▷ ▷ ▷

Réunion de comité

Activité: Le groupe se constituera en un tribunal convoqué pour étudier le problème de la délinquance dans votre ville. Le groupe formulera un rapport acceptant, modifiant ou rejetant la perspective suggérée par Philippe Boggio.

Préparation: Vous désignerez à l'avance des membres du groupe pour jouer les rôles suivants:

> Philippe Boggio
> Assistante sociale
> Proviseur du collège ou lycée local, et par conséquent responsable de nombre de ceux qui ont commis des actes d'agression.
> Le parent d'un des délinquants
> Prêtre/Pasteur
> Inspecteur de police
> Un magistrat
> Citoyens et étudiants victimes d'incidents (vols avec agression, etc.)

Le magistrat est chargé d'assumer la présidence de la séance. Chacun étudiera le point de vue qu'il doit défendre.

Avant de préparer l'exercice, tous les participants doivent identifier dans le texte les opinions émises par Philippe Boggio sur:
(a) Le contraste souligné entre criminalité et délinquance.
(b) L'évolution des actes de violence à petite échelle.
(c) Les indices de la montée de la violence.
(d) La délinquance comme comportement anti-social, transition de l'adolescence à l'âge adulte.
(e) L'illégalité et la malhonnêteté répandues dans la société.

A l'écrit ▷ ▷ ▷ ▷

Rapport

Activité: Ecrivez le rapport de cette réunion qu'aurait pu rédiger un journaliste, admis en tant qu'observateur et désirant en tirer des propositions pratiques. A vous de choisir le journal en question.

L'Informatique: d'immenses possibilités

Notes pédagogiques

Ce texte examine les changements que l'informatique exige, à en croire un rapport récent, dans l'enseignement primaire, secondaire et supérieur. Pour éviter une discussion trop technique pour certains, nous proposons comme activité une discussion sur les applications de l'informatique au niveau de l'école secondaire. Nous avons choisi comme texte de départ un document qui fournit une bonne partie du vocabulaire non-technique essentiel, et nous y ajoutons un glossaire de l'informatique.

«L'informatique: d'immenses possibilités»

« L'informatision est un fait socio-économique indiscutable » : les possibilités des ordinateurs sont devenues « infinies » et la micro-électronique a permis de diminuer leur coût. L'informatique est entrée dans la vie quotidienne et cette évolution est loin d'être terminée. M. Simon distingue cependant l'informatique « pousse-bouton » ou « informatique transparente » qui est, aujourd'hui, à la portée de tous (caisses enregistreuses, calculettes ...) et celle, plus complexe mais aussi plus puissante, qui le sera demain, à condition que chaque individu soit capable de dominer la machine, c'est-à-dire de programmer par exemple et d'utiliser, dans la vie courante, un micro-ordinateur.

« Faut-il laisser l'usage de l'informatique au niveau du gadget de première catégorie, du système spécialisé « pousse-bouton », ou devons-nous amener à la disposition du plus large public possible les immenses possibilités de l'informatique ?» Tel est le problème posé par le rapporteur qui évoque d'abord les risques de cette nouvelle science : « Les dangers de l'informatique ne proviennent pas du matériel lui-même, qui n'est ni dangereux ni polluant, mais de l'usage qu'on peut en faire. (...) La génération d'emploi des ordinateurs pourrait amener des effets négatifs (...) difficiles à prévoir. Par exemple, une augmentation du flux de l'information inutile, une montée de la complexité socio-économique

(...), une concentration des savoirs et des pouvoirs, des dangers sur les libertés individuelles, des problèmes graves de sécurité et de fraude, un abandon de nos responsabilités et de nos valeurs. »

A ces dangers, le rapport ajoute les risques d'erreurs de codage de l'information et de programme. Il plaide, ainsi, pour une meilleure formation des professionnels, mais surtout en faveur de la maîtrise par le grand public – qui ne doit pas rester un consommateur passif – de « l'outil informatique » et du « mouvement d'idées » qui accompagne cettte nouvelle technologie. « Il faut donc », conclut M. Simon sur ce point, « l'enseigner à tous les jeunes Français. » Car « tous les citoyens ont le droit et même le devoir de comprendre et de juger un fait de société de cette importance (...). En second lieu, le bon développement de l'informatique passe par une formation de base de ses futurs utilisateurs. Or, ceux-ci seront légion ».

Cette formation de base se distingue nettement de l'utilisation de l'informatique conçue comme technique moderne de pédagogie. Entre, par exemple, dans cette catégorie, l'enseignement assisté par ordinateur (E.A.O.).

Vingt et une propositions

Le rapport de M. Simon avance vingt et une propositions classées sous quatre chapitres correspondant aux différentes conceptions de l'informatique dans l'éducation des jeunes, comme des adultes. Nous exposons ci-dessous les principales d'entre elles:

● *Comprendre l'informatique et ses conséquences :*
Afin de dispenser à tous les jeunes une formation générale à l'informatique, le rapporteur propose d'introduire l'enseignement obligatoire de cette discipline au

collège à partir de la classe de quatrième et au lycée. A titre transitoire, une « *option de formation à l'informatique* » permettrait une évaluation de cet enseignement avant de passer à sa généralisation obligatoire.

Des professeurs spécialisés seraient formés à enseigner cette discipline d'enseignement général. Afin de les recruter, un CAPES et une agrégation d'éducation informatique seraient créés, ainsi qu'une voie de formation spécifique pour les professeurs de collège.

D'autre part, le rapport propose la mise en place, dans les écoles normales d'instituteurs, d'une « *unité de formation* » (c'est-à-dire une unité de valeur) obligatoire de « *formation à l'informatique* ».

● *Un enseignement d'informatique pour les spécialistes :*

Le rapport propose d'introduire ou de renforcer les enseignements d'informatique dans l'enseignement secondaire technique et, en particulier, de réévaluer le contenu des formations menant au baccalauréat de technicien et au brevet de technicien supérieur de série informatique.

A l'université, l'enseignement de l'informatique, théoriquement obligatoire dans les premiers cycles scientifiques, devrait non seulement être réellement dispensé, mais étendu à l'ensemble des études de premier cycle. D'autre part, les formations universitaires d'informaticiens sont, selon le rapporteur, insuffisamment encadrées et équipées. Il propose d'y remédier. Il demande, en outre, la création de grandes écoles d'ingénieurs informaticiens.

● *Utilisation des moyens informatiques dans l'enseignement :*

Dans la ligne de l'expérience de mise en place de micro-ordinateurs dans les lycées, le rapport suggère de former dans les lycées et collèges des « *sections*

informatisées » regroupant les professeurs volontaires pour utiliser dans leur discipline l'enseignement assisté par ordinateur. Ces enseignants devraient justifier d'une « *qualification* » à déterminer par l'inspection générale.

Dans les écoles maternelles et primaires, le rapport se limite à conseiller, dans un premier temps, la poursuite d'expériences pédagogiques utilisant l'audio-visuel et l'informatique dans les activités d'éveil. Un travail de recherche fondamentale doit être fait avant de pouvoir proposer la généralisation des moyens informatiques à ce niveau. De toute manière, l'école primaire, note le rapport, n'échappe pas à l'introduction de l'informatique ne serait-ce que sous la forme de jeux électroniques.

L'enseignement assisté par ordinateur proprement dit devrait être l'objet d'efforts spéciaux en faveur de publics bien définis :
– Les élèves handicapés physiques (handicapés moteurs, mal-voyants, mal-entendants);
– Les élèves « *handicapés par leur origine sociale* ». Selon M. Simon, l'enseignement assisté par ordinateur peut, en effet, « *aider des élèves qui n'atteignent pas un niveau suffisant dans les capacités de base avant leur entrée en sixième* ». Il pense ainsi aux 15 à 20% d'élèves qui n'ont pas acquis, à l'entrée en sixième, une « *capacité suffisante en lecture, écriture, calcul* ». Un tel effort « *jouerait dans le sens de l'égalisation des chances* »;
– Les élèves de la formation professionnelle initiale ou continue, du moins pour la transmission des connaissances techniques théoriques.

Enfin, dans ce même chapitre, le rapport suggère la création d'un centre d'études fondamentales sur l'apprentissage, destiné notamment à faire des recherches sur les mécanismes d'apprentissage, à mettre au point de nouvelles machines éducatives, à former et informer des éduca-teurs.

● **Culture et éducation d'un large public :**
L'enseignement à domicile devrait être développé par l'inter-médiaire notamment du télé-phone et de l'installation de termi-naux. Le rapport propose aussi la création de «mini-palais de la découverte» en province, ainsi que d'une « fondation de l'audio-visuel» chargée notamment d'as-surer des émissions de radio et de télévision à caractère éducatif et culturel.

Catherine Arditti, Le Monde; 25 octobre 1980

Activités d'analyse

Réseaux thématiques ▷ ▷ ▷ ▷

1 Comme l'indique le titre, le thème principal de cet article est l'informatique. Chaque nouvelle technologie est accompagnée d'une nouvelle terminologie.

▶ Etablissez la liste de toutes les expressions ayant trait à l'informatique mentionnées dans le texte. Celles-ci peuvent être ajoutées au glossaire ci-dessous.

2 Une nouvelle technologie fait surgir des problèmes de toutes sortes. En général, cependant, il y a aussi toutes sortes d'avantages.

▶ Définissez-les, d'après l'auteur, sous les titres suivants: *dangers* (para.3) et *possibilités* (1).

3 Parmi toutes les "possibilités", il y en a surtout dans le domaine de la pédagogie. A partir du rapport de M. Simon, Catherine Arditti présente la liste de ses propositions concernant l'utilisation des ordinateurs dans l'éducation.

▶ Identifiez chaque secteur de l'éducation mentionné dans le texte, et, en utilisant chacun d'eux comme titre (par exemple *secondaire, université*) établissez la liste des utilisations de l'ordinateur.

Repères structuraux ▷ ▷ ▷ ▷

1 L'article fut publié en 1980 et fait référence à des propositions concernant les utilisations de l'informatique.

▶ Identifiez les ressources linguistiques utilisées tout au long du texte, qui indiquent que le rapport de M. Simon traite d'utilisations potentielles plutôt que réelles de l'ordinateur dans l'éducation.

2 Les paragraphes 3 et 10 sont clairement structurés par des articulateurs qui indiquent la progression logique des pensées de l'auteur.

▶ Montrez comment ces paragraphes sont reliés aux précédents.

▶ Extrayez tous les articulateurs dans les deux paragraphes et identifiez la fonction de chacun d'entre eux.

3 La section de cet article intitulée *Vingt et une propositions* est présentée comme une sorte de liste: "Nous exposons ci-dessous les principales d'entre elles". Il y a cependant des articulateurs qui sont le reflet d'une structure à l'intérieur de la liste.

▶ Quels sont-ils?

Activités communicatives

A l'oral ▷ ▷ ▷ ▷

Groupe d'étude dans un lycée

Contexte: Deux enseignants, ou professeurs invités, sont en visite dans un lycée français grâce à un échange officiel entre les deux pays. Le proviseur les invite à indiquer à leurs collègues français les possibilités qu'ils entrevoient pour l'utilisation de micro-ordinateurs dans l'établissement français. Il s'agit d'un emploi administratif en plus de l'utilisation dans les salles de classe, où ils feront partie de l'enseignement offert aux élèves.

Activité: Les visiteurs anglophones offrent à leurs collègues français leur appréciation des possibilités pour l'emploi de micro-ordinateurs dans l'administration de l'école et dans les salles de classe. Le personnel enseignant français les interroge pour éclaircir d'autres aspects du problème. Le proviseur soumet leurs propositions à la décision de ses collègues avant de préparer sa soumission aux autorités de la ville.

Préparation: On désigne à l'avance un proviseur et les deux invités. Il importe surtout au proviseur et à ses collègues d'identifier des besoins réels avant d'accepter d'investir des sommes considérables.

Déroulement du cours: Le proviseur présente les collègues étrangers à ceux parmi les enseignants qui n'ont pas fait leur connaissance.
(a) Il demande aux invités de soumettre leur appréciation de la situation.
(b) Il invite ses collègues français à interroger les invités sur certains aspects du problème par priorité: (i) les principales utilisations prévues; (ii) les modifications à prévoir dans la formation des maîtres et des administrateurs et secrétaires.
(c) Le proviseur servira de président de séance et terminera la réunion par le bilan de la discussion et par indiquer celles des propositions qui l'ont surtout frappé.

A l'écrit ▷ ▷ ▷ ▷

Article de périodique

Vous écrivez un rapport pour un périodique français (par exemple *Le français dans le monde*) sur l'utilisation de l'informatique dans la section de français de votre université. Exprimez dans ce rapport une certaine ironie à l'égard de ceux qui désapprouvent l'utilisation de l'informatique dans l'enseignement (ou, si vous préférez, contre ceux qui sont trop partisans de l'informatique).

Voir les *Ressources linguistiques* de ce module (*exprimer l'ironie*).

Glossaire de l'informatique ▷ ▷ ▷ ▷

informatique (f), informatisation (f), information (f)
ordinateur (m), micro-ordinateur (m)
calculette (f)

sous-utilisation (f) du matériel
cerveau (m), mémoire (f), logique (f), mode d'emploi (f)
temps (m) d'accès rapide

codage (m), erreur (f) de codage
programme (m)
traitement (m) automatique de
    l'information, des données
traitement de texte
implantation (f) des ordinateurs
techniques (f.pl) d'informatique
matériel (m)
hardware (m), software (m)
mise en forme (f) des problèmes à
    résoudre
fichier central (m)
banque (f) de données
appréciation (f) pratique du rôle de
    l'ordinateur
réorganisation (f) partielle/totale de
    l'entreprise
structure (f) adaptée (peu adaptée) au
    traitement de l'information

formation (f) de l'utilisateur
formation des enseignants/des
    professionnels
formation de base
brevet (m) de technicien
formation (f) universitaire
    d'informaticiens
grandes écoles d'ingénieurs
    informaticiens
sections informatisées dans les écoles
enseignement (m) assisté par ordinateur
problèmes (m.pl) de recrutement
embauche (f) de spécialistes
personnel (m)/effectifs (m.pl) qualifié(s)
cadres (m.pl) débutants
ingénieurs (m.pl)/programmeurs
    d'informatique

Cete liste se limite à un choix de mots et d'expressions utilisables dans les activités.

L'Avenir des grandes villes: Liverpool et Besançon

Dossier culturel ▷ ▷ ▷ ▷

Ce document attire l'attention sur le sort des grandes villes industrielles d'une autre époque, maintenant réduites à des terrains vagues, ou au niveau de musées d'archéologie industrielle. Déchéance d'une culture désindustrialisée, délabrement d'une architecture civique qui faisait la gloire d'un autre siècle, dépérissement du moral des habitants, abandon ... Et, pour faire pendant à ce tableau désolant: la perspective d'un cité-jardin: en l'occurrence Besançon. Dans un pays qui, lui aussi, ne manque forcément pas de terrains vagues, cette ville offre peut-être une alternative.

Ces deux documents soulèvent des problèmes permanents: celui de la survie de cette vie urbaine, celui de la qualité de cette vie au coeur même des grandes villes.

Note pédagogique

La réunion de comité que nous proposons comme activité exploite les compétences communicatives des participants dans un contexte réel et connu, valable pour tous les pays. Si nous entamons ce sujet ce n'est nullement pour déclencher une protestation inutile, mais pour amener l'étudiant à écarter une rhétorique vide et à débattre l'art du possible.

Dans cette intention nous imposons au comité la recherche d'un programme d'action efficace. Nous cherchons à rejeter la supposition cynique que la parole ne fait souvent que se substituer à l'action.

1. ENQUETE: LIVERPOOL OU LA DECADENCE

«Des bateaux, il y en avait avant. Des grands, des moyens, des qui crachaient plein de fumée. Maintenant, j'attends des heures avant d'en voir un.»

C'ÉTAIT une ville rouge. Elle est devenue noire. Noire de crasse, chaque pierre, chaque mur, bouffé, rongé. C'était une ville debout, construite haute, droite et fière, par une Angleterre victorienne qui ne voulait douter de rien, surtout pas d'elle-même. Un siècle plus tard, Liverpool s'écroule, Liverpool part en lambeaux. En dehors du centre-ville, impossible de se promener sans être confronté au détour des rues, tous les cinquante mètres, à un immeuble abandonné, dévasté, fracassé, à une usine désertée, à un terrain vague où s'empile toute la misère d'une ville sinistrée.

Si l'on veut comprendre Liverpool, si l'on ne veut plus s'étonner d'une Grande-Bretagne soudain livrée à une violence aveugle et quasi-quotidienne, il suffit de marcher, de regarder, de sentir. Une impression, toujours la même, ne cesse de vous poursuivre: Liverpool est un cadavre en voie de putréfaction.

Description apocalyptique? A peine. Les stigmates des sociétés développées n'ont évidemment pas disparu. Encadrées par quelques bâtiments mastocs et grandiloquents à l'image d'un Royame-Uni jadis colonial, les artères commerçantes dégueulent: bagnoles, stéréos, restaurants chinois, indiens, français et éternel homme-sandwich vantant les mérites du *«Christ rédempteur»*, toujours à la même place entre une agence de voyages auréolée des portaits de Charles et de lady Di, et un magasin de sports. Banal. Etouffant.

Sortie de ce périmètre restreint, la ville prend très vite des allures de tiers-monde. Et la décrépitude qui la ronge a fini par se cristalliser autour de deux pôles: le port et Toxteth, ce quartier entré en rébellion au début du mois de juillet. D'ailleurs, les symboles physiques et géographiques vous assaillent en permanence: la rue principale de Toxteth, Upper Parliament Street, finit par buter sur un dock. Abandonné, bien entendu.

(...) Un port à l'abandon, des quais ensablés à perte de vue et des pierres, partout, qui s'amoncellent, des murs qui s'effilochent. Et chaque année, un paysage sinistre qui n'en finit plus de s'abîmer, grues géantes, le nez au ciel, arrêtées et désossées à tout jamais. *«Je ne comprends rien»*, maugrée Teddy Brown. (*note de l'éditeur*: Teddy

Brown était docker) (...). « Ca allait si bien et puis la crise, le drame, les ruines. Alors, dans cette misère, ça a pété, là-haut. Il fallait s'y attendre. Trop facile de s'étonner. »

Là-haut, c'est Toxteth, un kilomètre carré, soixante mille habitants, une avenue principale, une rue commerçante – Lodge Lane – et des habitations, HLM ou maisonnettes, une fois sur deux abandonnées, une fois sur deux dévastées. Toxteth, le nom est devenu mythique d'un bout à l'autre de l'Angleterre. Les Britanniques vous en parlent comme si les émeutiers de Liverpool, l'espace de deux nuits, s'étaient pris pour des soudards, des cow-boys ou des guérilleros. Au choix. « Toxteth, c'est devenu Harlem. » Teddy Brown n'y va pas par quatre chemins. Il vit à la lisière de Toxteth dans un quartier jadis résidentiel, arbres et courts de tennis rétro, celui de Sefton Park. « C'est un camp », dit-il, « où on a enfermé les Noirs, les Jaunes, les Blancs, ceux qui sont les plus pauvres en tout cas. Ils se sont fâchés. Moi, je comprends. »

Pas l'Angleterre officielle, qui elle, a bien du mal. Depuis un mois, elle s'obstine à ne voir dans les révoltes de Liverpool que les conséquences d'une récession économique cyclique et peut-être passagère. Les conservateurs accusent évidemment les travaillistes d'être les grands responsables du « drame », du fait de leur gestion passée. Les travaillistes accusent tout simplement les conservateurs d'être « idiots », tandis que les intellectuels, frileusement repliés en ce mois d'août dans la banlieue londonienne, dissertent sentencieusement sur la portée historique des émeutes : « Ne parlez pas de misère, c'est absurde. L'Angleterre est et demeure un pays riche. Les événements de Toxteth répondent essentiellement à un problème d'intégration raciale. »

Alors, bien sûr, chacun y va de sa solution dans l'Angleterre bien-pensante. Margaret Thatcher, plus intransigeante que jamais, s'estime « innocente ». Mieux, à propos des violences, elle s'est laissée aller à son franc-parler coutumier : « Il faut mettre en cause la démission parentale, celle des instituteurs et la concupiscence d'une bande de dévoyés. » (...)

Le Matin, 24 août 1981

2. LE PALMARES ECOLOGIQUE: LA CARTE VERTE DE BESANÇON

Aucun doute : les espaces verts, ce n'est pas ce qui manque dans la cité franc-comtoise, classée première à ce titre par Le Point.

Lovée dans une boucle du Doubs, entourée de collines, la ville est littéralement nichée dans la verdure. Les coteaux boisés, autrefois plantés de vignes, surmontés de citadelles, déboulent jusqu'aux rives de l'ancienne place forte romaine, revue et corrigée par Vauban. Partout du vert agreste, à quelques pas seulement du centre historique comme des cités HLM.

Avec pas moins de 2.000 hectares de forêts communales, 64 hectares de parcs et jardins, sans compter 65 hectares de terrains de jeux, la préfecture jurassienne – vaste commune de 6.400 hectares peuplée de 130.000 habitants –

verdoie tous azimuts. S'y ajoute, intra-muros, une « ceinture verte » protégée de 3.000 hectares, où les maraîchers cultivent paisiblement leurs salades. Dans toute cette chlorophylle, on chercherait presque les quartiers d'habitation !

A ce verdoiement omniprésent, deux raisons. « La nature nous a gâtés », indique, modeste, le sénateur et maire, Robert Schwint, 56 ans (PS), qui en est à son second mandat municipal. Le site est certes « pittoresque », comme dit le « Guide vert » (évidemment). Encore a-t-il fallu – dans cette commune socialiste depuis 1947 – la volonté politique de le préserver. Depuis 1972, un schéma directeur d'aménagement et d'urbanisme, un SDAU draconien, bannit du territoire communal pratique-

ment toute construction, tout lotissement autres que certaines zones d'immeubles collectifs sociaux. Du coup, les nouvelles urbanisations, notamment les maisons individuelles, se sont bâties sur les communes avoisinantes. Loin du centre : « C'est le revers de la médaille verte », commente le professeur Michel Bitard, rival malchanceux du maire aux dernières élections.

Il n'empêche, les Bisontins fréquentent assidûment leurs espaces verts. Qu'il s'agisse de la promenade Micaud, beau jardin centenaire au bord du fleuve, ou de la Gare-d'Eau, 2 hectares rachetés à l'armée et aménagés en 1980 autour d'un bassin de l'école du génie. (...)

Dans la patrie de Proudhon et de Fourier, socialistes utopistes du siècle dernier, on conserve néanmoins le sens des réalités. « *On vise l'effica-cité sociale plutôt que la sophis-tication; l'utilisation par la population avant le décor* », explique Pierre Contoz, le directeur du service des espaces verts.

Ainsi, depuis 1977, la mairie privilégie-t-elle les jardins de quartier. Tout nouveau bâti-ment, privé ou public, est assorti d'un quota obligatoire d'espaces verts publics, reliés par des cheminements piétons (l'équivalent moderne des anciennes « *trajes* » bisontines) aux autres « *points verts* » du secteur. De surcroît, la ville acquiert systématiquement

tout terrain à vendre, ou au besoin exproprie, pour rever-dir les abords d'immeubles trop denses. Le square de La Fontaine Ecu a ainsi été ouvert et 1982, sur un ancien parc privé (80 ares acquis pour 800.000 francs).

(. . .) Les projets fourmil-lent: un jardin de senteurs pour les non-voyants et un conservatoire de roses anciennes à Battant, l'ancien quartier rénové des vignerons; des vergers municipaux cédés aux habitants comme les fameux jardins ouvriers et . . . un cimetière paysager de 25 hectares.

Ce n'est pas tout. Un

concours va être lancé pour l'aménagement d'un parc de dix-huit hectares, créé sur une ancienne décharge muncipale, en bordure de la ZAC de Pla-noise. Ce nouveau quartier – un millier de logements sont déjà construits – est conçu en « *front de verdure* », les pieds dans l'herbe, avec des percées entre les immeubles. (. . .) La marée verte poursuit son chemin (. . .) A ce train-là, Besan-çon risque de se classer hors concours au palmarès écologi-que! Tous critères confondus, cette fois. (. . .).

Catherine Bergeron, *Le Point;*
2 juillet 1984.

(*Note de l'éditeur:* Nous devons bien sûr apporter une modification au tableau désolant brossé par le journaliste du *Matin.* Le vieux port de Liverpool se voit soudain l'objet d'une restauration magnifique. Il en va de même pour des jardins de récréation qu'on vient de créer sur un terrain vague.)

Activités d'analyse

Réseaux thématiques ▷ ▷ ▷ ▷

1 Les deux textes font apparaître le contraste entre le déclin massif de Liverpool et la réussite écologique de Besançon.

▶ Sur deux colonnes, et sous les titres indiqués, donnez la liste: premièrement de toutes les expressions du premier texte qui font référence à ce déclin (*décrépitude* (1.4)) et deuxièmement de toutes celles qui font référence à la perfection de l'environnement écologique (*palmarès* (2, titre)).

2 Un autre thème dans l'article sur Besançon est celui du rôle qui a été joué par l'urbanisme dans la décision d'accorder le palmarès à cette ville.

▶ Sélectionnez toutes les expressions ayant trait à l'urbanisme qui sont utilisées dans le texte.

3 Non contente des réussites actuelles, la mairie compte étendre cette utopie à d'autres domaines.

▶ Quels sont *les projets qui fourmillent* (para.8)?

4 Il y a encore un autre thème dans le second texte qui suggère que tout n'est pas rose. Diverses expressions indiquent une certaine ironie (voir les *Ressources linguistiques* de ce module: *exprimer l'ironie*) dans l'attitude de Catherine Bergeron à l'égard du succès bisontin, par exemple: *toute cette chlorophylle* (para.3).

▶ Trouvez autant d'expressions que possible qui contiennent un élément sous-jacent de critique envers la *carte verte de Besançon* (titre).

▶ Certaines expressions pourraient laisser entendre que le retour à la nature est dans une certaine mesure forcé. Etablissez une liste de celles qui vous semblent étayer cette interprétation des faits.

Repères structuraux ▷ ▷ ▷ ▷

1 On trouve un écho de l'ironie évidente de certains commentaires émis par Catherine Bergeron dans l'utilisation de tournures adverbiales qui sont capables d'exprimer ou de suggérer des réserves quant à la réussite complète. Une telle expression est *évidemment* (Texte 2, para.4).

▶ Trouvez-en au moins deux autres dans le texte qui peuvent remplir une fonction similaire dans le texte 1. Ces expressions révèlent une trace de *mépris* plutôt que de *réserve*.

2 Le texte sur Besançon contient plusieurs articulateurs qui reflètent le développement de la pensée de l'auteur: *certes* (para.4); *il n'empêche* (5); *ainsi, de surcroît* (7); *ce n'est pas tout* (9).

▶ Faites une grille de ces articulateurs en respectant trois éléments: (i) *l'articulateur*; (ii) *l'identification de sa (ses) fonction(s) dans le contexte de l'article*; (iii) *un équivalent pour l'articulateur*.

Activités communicatives ————————

A l'oral ▷ ▷ ▷ ▷

1 Réunion de comité

Contexte: Dans une ville frappée d'un taux de chômage fort élevé et présentant un aspect visuel peu attrayant, le conseil municipal envisage de nouvelles mesures pour faire face à ces deux problèmes.

Activité: Pour appuyer cette initiative du conseil votre groupe examine à quel point l'expérience française pourrait fournir des solutions partielles. Il est permis de citer d'autres exemples possibles.

La réunion se terminera par une décision sur les propositions à soumettre au conseil et sur les principaux arguments à citer à leur appui.

Préparation: On fera le choix d'une ville pour servir de base à la discussion. On désignera un président de séance et deux membres qui feront le résumé de la situation dans leur pays et en France.

Les autres membres du groupe seront chargés des tâches suivantes:
(a) d'analyser les causes du problème dans leur ville;
(b) d'indiquer si ''la solution bisontine'' est le résultat des activités de l'homme ou du cadre naturel;
(c) de citer d'autres modèles possibles;
(d) de proposer des mesures pour améliorer la situation locale.

Nb.: Il incombe au comité, et en tout premier lieu au président de séance, de veiller à ce que la discussion ne perde pas de vue les contraintes normales (par exemple les crédits disponibles, l'évolution de la base industrielle, le parti actuellement au pouvoir, les relations entre les autorités municipales et le gouvernement, la topographie de la région etc.)

2 Interprétation bilatérale

Dans cet exercice, un sociologue belge et le correspondant politique à Londres d'un journal de qualité tentent d'évaluer le degré de pauvreté et de prospérité en Grande-Bretagne.

Formulez des présentations et concluez par des formules amicales.

Consultez les *Ressources linguistiques* de ce module et utilisez des éléments de cohésion afin de structurer clairement les arguments.

Les points à soulever sont les suivants (pas nécessairement dans l'ordre donné):

(*a*) la division nord/sud
(*b*) le chômage
(*c*) la définition de la pauvreté
(*d*) la prospérité de la Grande-Bretagne
(*e*) la mobilité de la population active

A l'écrit ▷ ▷ ▷ ▷

Article de journal

Activité: En supposant que l'article du *Matin* décrit une ville qui vous est chère, écrivez une réponse sous forme d'article pour rejeter ce tableau désolant, et pour rectifier ce tableau de la vie dans les grandes villes de votre pays.

Préparation: En préparant ce travail, voir les *Ressources linguistiques* de ce module (*exprimer l'ironie*) et utilisez-les pour contester l'attitude de l'auteur de l'article.

Glossaire: Les Relations sociales (2)

(Le glossaire *Les relations sociales [1]* se trouve en Module 2)

La famille:

le mariage   la publication des bans (par affiche)
le mariage civil
   le consentement
   le contrat de mariage (sous le régime de la communauté des
    biens – qui peut être réduite aux acquêts)
   le livret de famille/mariage
le mariage religieux
   les noces
   repas de noces
   robe de mariée
   alliance/anneau de mariage

le concubinage
   le certificat de vie maritale/de concubinage
le divorce   divorcer   le/la divorcé(e)
   par consentement mutuel
   rupture de vie commune
   faute
la séparation de corps

la politique familiale
le code de la famille

la cellule familiale
la famille nombreuse   la carte de famille nombreuse
la famille mono-parentale   la mère célibataire (fille-mère)

le congé parental (père et mère)
les allocations prénatales
         de maternité
         familiales
         (de) logement
         de parent unique

la grossesse   le travail   la naissance
la contraception   la pillule
l'avortement   l'interruption volontaire de
           la grossesse (IVG)
le planning familial

la mort   le décès
le médecin de l'état civil
une autopsie
le permis d'inhumer
l'acte de décès

La sécurité sociale:

la sécu*
les assurances sociales (obligatoires)
les prestations familiales
    allocations
les caisses de sécurité sociale
cotiser   recouvrer les cotisations
verser les prestations
les prestations:
    l'assurance maladie⟶la feuille de maladie⟶l'allocation de
                                                    maladie

l'assurance   invalidité
               maternité
               vieillesse
               décès
               chômage
               retraite
la pension

L'état civil:

la bureaucratie
les pièces d'identité
les pièces à présenter *ou*
    photocopies certifies conformes
        (par le commissariat/la mairie)
les papiers

la fiche d'état civil
    comprenant (en majuscules/lettres d'imprimerie):
    —nom/nom de famille/nom de jeune fille/patronyme
    —prénoms
    —nom et prénoms des parents
    —date et lieu de naissance (ville et département)
    —nationalité
    —adresse permanente
    —situation familiale:
        marié(e); veuf(ve); divorcé(e); célibataire; vivant
            maritalement
    —situation militaire:
        avoir fait son service militaire;
        être dégagé des obligations militaires
            exempté
            réformé
            objecteur de conscience
            en sursis
le livret de famille
l'extrait d'acte de naissance (délivré par la mairie de son lieu de
    naissance)
le certificat de décès
l'extrait de casier judiciaire

avoir un casier judiciaire/avoir un casier judiciaire vierge

la carte d'identité:
    nom de famille
    nom et prénoms, date et lieu de naissance, taille, yeux, signes
    particuliers, adresse

le passeport
le visa d'entrée dans un pays
la carte de séjour (étrangers)
le permis de travail (étrangers)
être valide   être périmé(e)

la carte d'assuré social
le numéro de sécurité sociale
la carte d'électeur
être inscrit(e) sur les listes électorales

le certificat de baptême
la carte de groupe sanguin
un bulletin de salaire
la carte d'adhérente(e)/de membre (syndicat, parti, association)

les cartes de réduction/les cartes d'ayant droit:
    la carte vermeille (3ème âge)
    la carte de famille nombreuse
    la carte couple; le carré jaune (trains)
la carte d'étudiant/de CROUS

le permis de conduire
les papiers d'un véhicule:
    la carte grise
    les papiers de l'assurance
    la vignette

La justice:

la police   la force publique
les forces de l'ordre
le garde champêtre
les gardiens de la paix
les gendarmes = l'Armée: Ministère de la défense
    les gardes mobiles
    la garde républicaine
les agents
les CRS

un procès d'assises
ester en justice
l'instruction:
    le procureur de la République (magistrature debout = le
        parquet)

le juge d'instruction
l'avocat
les témoins à charge
            de la défense

l'audience:
    faire des enquêtes/perquisitions/expertises
    interroger l'accusé/prévenu
    la cour d'assises
    les juges (3) (magistrature assise)
    le jury (9) ⟶ les jurés
    la séance
    l'interrogatoire
    l'accusation   la défense
    le réquisitoire   la plaidoirie
    délibérer

le verdict:			la sentence
coupable	non coupable	non lieu	se pourvoir en cassation
la peine			interjeter un appel

Les impôts:

le fisc   le système fiscal

les impôts directs:
l'IRPP (impôt sur le revenu des personnes physiques)
la taxe proportionnelle
la surtaxe progressive
l'IGF (impôt sur les grandes fortunes)
les impôts sur les revenus des sociétés

les impôts indirects:
la TVA (taxe sur la valeur ajoutée)
les boissons et denrées alimentaires
les automobiles et les carburants

la déclaration des revenus
fournir des renseignements au fisc

Les jours fériés, les fêtes, les congés:

les congés payés

les fêtes religieuses:
(les) Pâques: (le) carême, mardi gras, vendredi saint, la
semaine sainte
l'Ascension, la Pentecôte,
l'Assomption, la Toussaint,
Noël: le sapin, la branche de gui, la dinde,
la bûche, le réveillon, la crèche, le Père Noël

les fêtes civiles:
le Jour de l'An: les étrennes
la Fête du Travail (le 1er mai)
la Fête de Jeanne d'Arc
la Fête Nationale (le 14 juillet):
le (drapeau) tricolore
le défilé
le feu d'artifice
les bals populaires
les lampions

les fêtes légales:

25 décembre:	Noël
1er janvier:	Jour de l'An
mars/avril:	Pâques
1er mai:	Fête du Travail
8 mai:	Armistice, 1945
mai (2ème dimanche):	Fête de Jeanne d'Arc
mai/juin:	Pentecôte
14 juillet:	Fête Nationale
15 août:	Assomption
1er novembre:	Toussaint
11 novembre:	Fête de la Victoire (1918)

les congés scolaires:

Vacances de Noël et du Nouvel An:	10–12 jours
Vacances de février:	1 semaine
Vacances de Pâques:	2 semaines
mardi gras/Pentecôte:	5 jours mobiles = 2 semaines avec les vacances de février
Vacances d'été:	10–11 semaines
Toussaint:	1 semaine
Victoire (1918):	1 jour

 ## Ressources linguistiques

1   Exprimer l'ironie
2   Se concilier quelqu'un

1   Exprimer l'ironie

Qu'est-ce que l'ironie?

Selon le dictionnaire *Le petit Robert* c'est ''une manière de se moquer (de quelqu'un ou de quelque chose) en disant le contraire de ce qu'on veut faire entendre''; et de là à citer Stendhal: ''Les Français *chez qui le plaisir de montrer l'ironie étouffe le bonheur d'avoir de l'enthousasme*''.

Le Littré nous rappelle que pour Socrate l'ironie était une ''méthode de discussion'' ou ce que nous appelons une stratégie argumentative.

L'ironie est donc une stratégie subtile. Elle est adoptée souvent par les Français pour le plaisir de faire entendre deux choses à la fois: ce qu'on veut faire entendre et le contraire. Une remarque ironique est à l'ultime degré de la nuance (voir *Ressources linguistiques*, 6, 1: *nuancer*) parce que très indirecte.

Dans quelles situations employer l'ironie?

Encore une fois, il s'agit d'identifier avec précision la situation dans laquelle on se trouve. L'ironie présuppose la possibilité de communiquer très subtilement avec son interlocuteur. A moins d'être tout à fait sûr qu'il vous suivra, et qu'il existe entre vous une complicité permettant de parler à mots couverts, il faut éviter l'ironie. L'ironie est très près de la moquerie, voire de l'insulte. Prise à la lettre, elle communique le contraire de ce que vous voulez faire entendre.

Imaginez que vous voulez empêcher le président des Etats-Unis d'appuyer sur le bouton qui fera exploser une bombe atomique. Il suffit de dire ironiquement: ''Allez-y! Ne vous gênez pas!'' pour que des milliers de femmes et d'hommes périssent.

A L'ironie, telle que nous la concevons, consiste à suggérer ou à laisser entendre quelque chose qui va à l'encontre de ce que vous dites. La possibilité de l'employer dépend essentiellement de la situation, et elle réussit dans la mesure où votre interlocuteur comprend que vous parlez ironiquement.

L'ironie est signalée par:

1 (*à l'oral*) *une intonation* dont le sens s'oppose au sens des mots prononcés;
2 *une remarque dont le sens est le contraire* de ce qu'on pourrait attendre de vous dans la situation où vous vous trouvez;
3 *un niveau de langue trop élevé* pour la situation;
4 *un surcroît de politesse*.

1 Il est difficile de donner des exemples de *l'intonation* (qui s'accompagne assez souvent d'un regard ironique ou d'une expression légèrement moqueuse). Vous pouvez cependant vous exercer. Mettez-vous devant la glace et donnez à chacune des expressions suivantes *deux* intonations différentes, selon que vous voulez donner votre approbation ou critiquer:
    Evidemment!
    Mais oui! Mais oui!
    Bien sûr! Bien sûr!
    Sans doute!

2 Vous dites ou suggérez le contraire de ce que vous pensez, ou pour *critiquer* ou pour *vous moquer doucement* de votre interlocuteur:
(a) par une exclamation impersonnelle:
    Quelle intelligence! (= Quelle bêtise!)
    Quel chef d'œuvre! (= Quelle horreur!)
    C'est tout simplement admirable! (= stupide/lâche ...)
(b) par une expression plus personnelle (*je/me/moi*):
    Je salue votre courage. [vieilli]
      (= Que vous êtes lâche!)
    Mais je n'en doute pas une seule seconde!
      (= Quel mensonge!)
    Moi, vous savez, je suis un esprit simple/je suis simple d'esprit.
      (= Je suis plus astucieux que vous ne pensez)
    Loin de moi l'idée de vous critiquer.
      (= Je suis extrêmement critique.)
    Cela me laisse un peu rêveur.
      (= Je ne vous crois pas.)

(c) en vous adressant directement à votre interlocuteur (*vous*):
    Permettez-moi d'admirer votre subtil esprit de déduction.
      (= Quelle lourdeur!!)
    Vous êtes tout simplement merveilleux!
      (= Quelle stupidité!)
    Vous avez sans doute raison.
      (=Vous vous trompez.)
    Vous, qui êtes si au courant
      (= Vous n'y êtes pas.)
    Vous, qui etes si amoureux de la liberté
      (= Vous êtes pour la répression.)
    Vous, qui parlez si bien
      (= Vous vous exprimez mal) *ou*
      (Vous parlez peut-être bien, mais vous ne savez pas agir.)
(d) en vous référant au groupe auquel vous appartenez (*nous/tous/tout le monde/expression impersonnelle*):
    Nous savons tous que vous êtes infaillible.
      (= Vous vous trompez souvent.)
    Tout le monde sait que vous êtes le meilleur.
      (= Vous n'êtes certes pas le meilleur.)
    Il est évident (à tout le monde) que vos idées sont de loin les plus lumineuses.
      (= Vous avez de très mauvaises idées.)

3 et 4 Par un niveau de langue inapproprié ou par un surcroît de politesse (emploi du *conditionnel*, du *subjonctif*, voire de *l'imparfait du subjonctif*, etc.):
    Alors là, mon cher/ma chère, très cher mon cher ami
    Pourrais-je vous interrompre (mon cher)?
      (= Je prends la parole)
    Auriez-vous l'extrême obligeance de me dire ...
      (= Je vous demande de vous expliquer.)
    Qu'à cela ne tienne!
      (= Faites attention!)
    Ne vous en déplaise!
      (= Vous dites des bêtises.)
    Plût à Dieu qu'il en fût ainsi!
      (= Il n'en est rien.)

B L'ironie, dans ce qu'elle a de paradoxal, est assez près de la litote si typique du discours de bien des Britanniques – on ne dit pas le contraire de ce qu'on veut laisser entendre, mais on dit *moins* pour suggérer *plus*, par exemple:

Ce sont là des propos non dénués d'acerbité.
Il est permis, cependant, de douter.
Que vous vous y opposiez, on le conçoit.
Maigre espoir!

Exprimer l'ironie – Activités ▷ ▷ ▷ ▷

A l'oral

1 Visionnez le document vidéo du Module 9: *Apprendre à apprendre.*

▶ En vous servant du bouton ''pause'', intervenez en faisant des remarques ironiques.

A l'écrit

2 Exercez-vous à exprimer l'ironie de façon plus soutenue. Ecrivez pour chacun des sujets suivants un paragraphe dans lequel vous dites le contraire de ce que vous voulez laisser entendre – sans toutefois permettre au lecteur de se tromper sur vos opinions réelles:

▶ l'énergie nucléaire
▶ un parti politique
▶ le montant de votre bourse d'études
▶ un télé-roman, du genre de ''Chateauvallon''.

Se concilier quelqu'un

Nous terminons par la stratégie que nous avons appelée *se concilier quelqu'un.*

Se concilier quelqu'un, c'est *nuancer* ce qu'on avance (voir *Ressources linguistiques*, 6, 1: *nuancer*, et *Collage* 6: *Nuance!*). C'est adoucir ses propos pour ne pas provoquer une confrontation ou heurter les opinions d'autrui, en insistant sur le fait que ce sont vos opinions *personnelles*. C'est donc *se protéger* en quelque sorte, éviter une attaque éventuelle. En plus, vous donnez l'impression d'être quelqu'un de très raisonnable, et qui refuse les confrontations destructrices. Toute réfutation de la part de votre interlocuteur serait donc mal vue.

Pour mieux juger l'importance de la conciliation, telle que nous l'avons définie, revisionnez le document vidéo du Module I: *A propos de l'Europe*. Monsieur François Vautrin adoucit souvent des propos qui critiquent la Grande-Bretagne et les Britanniques par des expressions qui insistent sur le fait qu'il n'exprime que sa propre opinion.

Les techniques de la conciliation (ou de la personnalisation) sont multiples. Nous en choisissons deux.

A On insère dans son discours une expression qui laisse entendre qu'on ne parle qu'en son propre nom:

1 A mon avis, ... C'est mon avis.
  Pour ma part, ...
  A mon sens, ... Pris dans mon sens, ...
                       ... C'est personnel.

2 **A l'oral** surtout on peut utiliser un verbe à la première personne (*je*), plus le pronom fort pour insister sur la subjectivité de ce qu'on avance:
  (Moi) je crois que ...
              suis persuadé que ...
              constate que ...
  (Moi) j'ai le sentiment que ...
  (Moi) il me semble que ...

  On peut combiner ces deux possibilités (1 + 2):
  Je crois pour ma part que ...
  Pour ma part, j'ai le sentiment que ...

3 Il existe d'autres expressions plus nuancées (verbe au *conditionnel*/demande de permission):
  Je voudrais dire que je suis de ceux qui ...
  J'aimerais préciser que je suis persuadé que ...
              vous dire
  Permettez-moi de dire que je ne parle pas pour mes collègues.
  Puis-je vous assurer que ceci n'engage que moi.

4 On peut aussi éviter l'emploi du pronom personnel en employant une expression plus soignée:
  Cela n'engage que ma seule personne.
  C'est en mon seul nom que ...
  Ce point de vue m'est tout à fait personnel.
  ou plus impersonnelle:
  Tout le monde ne partage pas cette opinion.
  D'autres ne sont/seraient peut-être pas d'accord.
              n'acceptent/accepteraient pas ce point de vue.
  C'est une opinion que d'autres voudraient contester.
  Ce n'est certes pas l'opinon de tous.

B   On exprime soi-même des réserves, pour empêcher son interlocuteur de le faire:

Attention! Les mêmes expressions peuvent être employées
                ironiquement. Dans ce cas ils ont le sens contraire
                (voir *Ressources linguistiques* 10, 1: *exprimer
                l'ironie*),

par exemple:

Si j'ai bonne mémoire (= Je me souviens *très* bien (ce qui ne
                        vous arrange probablemeht pas!))

1   en suggérant qu'on ne se souvient pas bien d'un point
     important:
        Si j'ai bonne mémoire . . .
        Il me semble me souvenir que . . .
        S'il m'en souvient bien . . .

2   en suggérant qu'on se trompe:
        Je me trompe peut-être.
        Si je ne me trompe, . . .
        A moins que je ne me trompe, . . .
        Je sais, ou plutôt, je crois savoir que . . .

3   en limitant l'étendue de ses propos:
        (En ce qui concerne X,)
            j'aurais des réserves à faire.
            je me sens beaucoup plus réservé.
            je n'irais pas jusqu'à dire que . . .
            je me limiterai(s) à . . .

C   Finalement, on peut chercher à éviter une confrontation en attribuant à un autre/des autres une opinion ou une idée controversée:

   J'apprends par le journal/la radio que . . .
   D'après mon voisin/la directrice/le PDG/le conducteur, . . .
   On me/nous dit que . . .
   . . ., m'a-t-on dit.
   Selon les bruits qui courent, . . .

   D'après les sondages les plus récents, . . .
   Les chiffres (nous) prouvent que . . .
   Le journal/la radio nous apprend que . . .

Le verbe qui suit est souvent au *conditionnel*:

   A en croire les sondages, le parti
      libéral serait au point de . . .

Se concilier quelqu'un – Activités ▷ ▷ ▷ ▷

A l'oral

1   Dans le document vidéo, *Voix de femmes*, deux femmes expriment de façon claire et directe leur point de vue.

   ▶ Prenez le rôle de l'une de ces femmes (Mireille Poots ou Laurence Brisset) et exprimez les mêmes idées qu'elle, mais de façon à vous concilier votre interlocuteur.

2   Il est possible d'aller trop loin dans l'effort de se concilier son interlocuteur, et de donner l'impression que vous vous moquez de lui/elle (voir *Ressources linguistiques*, 10, 1, *exprimer l'ironie*), par exemple:
   Moi, pour ma part, (et vous savez, n'est-ce pas, que ce n'est qu'une opinion toute personnelle) je sais, ou plutôt je crois savoir que . . .

En multipliant les expressions conciliantes, efforcez-vous de vous exprimer ironiquement en réponse à une(e) interlocuteur(trice) qui avance les généralisations suivantes:

   ▶ Tous les Français sont des intellectuels.
   ▶ Les Irlandais ne mangent que des pommes de terre.
   ▶ En Ecosse on ne boit que du whisky pur malt.
   ▶ Les Australiens/Ecossais etc. manquent d'un sens de l'humour.

A l'écrit

1   Lisez attentivement le paragraphe suivant, tiré de *Francoscopie*, par Gérard Mermet (Larousse, 1986), p.185.

   ▶ Ajoutez-y des expressions conciliantes pour nuancer les propos de M. Mermet:
      La grande peur de l'homme vis-à-vis de la machine n'est pas nouvelle. On se souvient de l'hostilité à laquelle se sont heurtées les plus grandes inventions: l'automobile, dont le bruit et la vitesse déclenchait prétendument des maladies; le train qui empêchait les poules de pondre; l'avion qu'on imagina d'abord limité aux courtes distances . . . Les craintes actuelles vis-à-vis de l'informatique, de la biologie ou de l'énergie atomique sont les conséquences logiques de l'avènement de la troisième révolution technologique. Pourtant, cette révolution présente trois différences fondamentales par rapport aux précédentes: les innovations se propagent de plus en plus vite; les générations nouvelles sont de plus en plus rapprochées; la puissance que confèrent ces innovations à l'homme est de plus en plus grande. A tel point d'ailleurs qu'il est, pour la première fois de son histoire, capable de s'autodétruire totalement. Une terrible menace.